Active Portfolio
Financial Assets
Hedge Fund
Zero-investment Portfolio
Complete Portfolio
Zero-coupon Bond
Passive Market-index Portfolio
Portfolio Opportunity Set
Risk-free Rate

Hedge Ratio
Bond Equivalent Yield
Capital Allocation Line(Cal)
Passive Management
Book-to-market Effect
Portfolio Management
Risk Arbitrage
Arbitrage Pricing Theory
Technical Analysis
Yield Curve

Workout Period
Trough
P/E effect
Systemic Risk
Bullish
Bearish
Volatility Risk
Yield To Maturity
Covariance

Risk-averse
Risk-neutral
Risk Lover
Call Option
Turnover
Random Walk
Hedging
Contingent Claim

Alpha α
Contango Theory
Single-factor Model
Single-index Model
Sharpe Ratio
Term Premiums
Treynor's Measure
Value At Risk (Var)
Single-index Model
Variance

Venture Capical
Well-diversified Portfolio
Zero-beta Portfolio
Derivative Security
Bond
Swaption
Unit Investment Trust
Asset Allocation
World Investable Wealth
Risk-free Asset

认识投资

(原书第10版)

INVESTMENTS

10th Edition

[美] 滋维·博迪
(Zvi Bodie)

[美] 亚历克斯·凯恩
(Alex Kane)

[美] 艾伦 J. 马库斯
(Alan J. Marcus)

◎ 著

汪昌云 张永骥 ◎ 译

机械工业出版社
CHINA MACHINE PRESS

图书在版编目（CIP）数据

认识投资（原书第 10 版）/（美）滋维·博迪（Zvi Bodie），（美）亚历克斯·凯恩（Alex Kane），（美）艾伦 J. 马库斯（Alan J. Marcus）著；汪昌云，张永骥译. —北京：机械工业出版社，2020.5（2023.5 重印）

书名原文：Investments

ISBN 978-7-111-65405-6

I. 认… II. ① 滋… ② 亚… ③ 艾… ④ 汪… ⑤ 张… III. 投资－教材 IV. F830.59

中国版本图书馆 CIP 数据核字（2020）第 065723 号

北京市版权局著作权合同登记　图字：01-2015-5078 号。

Zvi Bodie, Alex Kane, Alan J. Marcus. Investments, 10th Edition.

ISBN 978-0-07-786167-4

Copyright © 2014 by McGraw-Hill Education.

All Rights reserved. No part of this publication may be reproduced or transmitted in any form or by any means, electronic or mechanical, including without limitation photocopying, recording, taping, or any database, information or retrieval system, without the prior written permission of the publisher.

This authorized Chinese adaptation is jointly published by McGraw-Hill Education and China Machine Press. This edition is authorized for sale in the Chinese mainland (excluding Hong Kong SAR, Macao SAR and Taiwan).

Copyright © 2020 by McGraw-Hill Education and China Machine Press.

版权所有。未经出版人事先书面许可，对本出版物的任何部分不得以任何方式或途径复制或传播，包括但不限于复印、录制、录音，或通过任何数据库、信息或可检索的系统。

本授权中文简体字翻译版由麦格劳-希尔教育出版公司和机械工业出版社合作出版。此版本经授权仅限在中国大陆地区（不包括香港、澳门特别行政区及台湾地区）销售。

版权 © 2020 由麦格劳-希尔教育出版公司与机械工业出版社所有。

本书封面贴有 McGraw-Hill Education 公司防伪标签，无标签者不得销售。

本书选自美国各大顶尖商学院最为推崇的博迪《投资学》第 10 版，从中精选出最为有价值和经典的资产组合理论，期望读者可以从最基础的知识入手，快速地构建自己系统的投资组合逻辑，发现投资组合之美，并形成独立且理性的思考与决策。

认识投资（原书第 10 版）

出版发行：机械工业出版社（北京市西城区百万庄大街 22 号　邮政编码：100037）

责任编辑：王洪波　　　　　　　　　　　责任校对：李秋荣

印　　刷：北京联兴盛业印刷股份有限公司　版　　次：2023 年 5 月第 1 版第 5 次印刷

开　　本：170mm×230mm　1/16　　　　印　　张：26

书　　号：ISBN 978-7-111-65405-6　　　定　　价：199.00 元

客服电话：(010) 88361066　68326294

版权所有·侵权必究
封底无防伪标均为盗版

赞 誉

博迪版《认识投资》，内容紧跟金融市场发展，影响了一批又一批海内外基金从业者。书中讲解的经典投资理论与模型方法，在今天的中国资本市场愈发显现出价值，是基金经理投资知识体系的核心内容。

——范勇宏
鹏扬基金董事长

投资是一门科学与艺术融合的学问。科学的投资是成功的开始。博迪版《认识投资》，深入、系统地讲述了投资科学性的一面，书中内容精良、覆盖面广、案例丰富、逻辑性强，是从业人员不可或缺的工具手册。

——谢卫
交银施罗德基金总经理

博迪的《认识投资》是一本不可多得的经典之作，20多年前我在美国读研究生的时候使用的就是这本书，它对我了解投资基础知识、搭建投资框架、形成投资理念都发挥了重要的作用。

——邱国鹭
高毅资产董事长

博迪、凯恩和马库斯的这本《认识投资》是面向美国商学院的投资经典之作，涵盖内容从资产配置到衍生品定价，既有严谨的理论，又有鲜活的案例，全面、专业、与时俱进，值得收藏！

——范华

招银理财高级副总裁首席投资官（CIO）

投资需要实践，更需要懂得理论依据和基础原则，方能降低犯错概率，实现资产长期保值增值。博迪的《认识投资》是投资领域一本集大成的经典书，是从事任何领域投资之前都应熟知的优秀读物。

——荣膺

华夏基金数量投资部 ETF 基金经理

作者简介

滋维·博迪

滋维·博迪（Zvi Bodie）是波士顿大学管理学院金融学与经济学荣誉教授。他于麻省理工学院获得博士学位，曾在哈佛商学院、麻省理工学院斯隆管理学院担任金融学教授。博迪教授在养老金和投资策略领域的前沿专业期刊上发表过多篇文章。他最近与CFA研究基金会合作，制作了一系列网络课程，并出版了专著《未来生命周期中的储蓄与投资》。

亚历克斯·凯恩

亚历克斯·凯恩（Alex Kane）是加利福尼亚大学圣迭戈分校国际关系和太平洋学院研究生院荣誉教授。他曾在东京大学经济系、哈佛商学院、哈佛肯尼迪政府学院做过访问教授，并在美国国家经济研究局担任助理研究员。凯恩教授在金融和管理类期刊上发表过数篇文章，主要研究领域是公司理财、投资组合管理和资本市场。最近的研究重点是市场波动的测量以及期权定价。

艾伦 J. 马库斯

艾伦 J. 马库斯（Alan J. Marcus）教授就职于波士顿学院卡罗尔管理学院。他于麻省理工学院获得经济学博士学位，曾在麻省理工学院斯隆管理学院和 Athens 工商管理实验室担任访问教授，并在美国国家经济研究局担任助理研究员。马库斯教授在资本市场以及投资组合领域发表过多篇文章。此外，他还从事广泛的咨询工作，为新产品研发、公用事业产品定价提供专业建议。他曾经在联邦住房担保贷款公司（房地美）工作两年，负责研究开发抵押贷款定价模型和信用风险评价模型。目前担任 CFA 研究基金会顾问委员。

译者简介

汪昌云

现任中国人民大学金融学教授,博士生导师,教育部"长江学者"特聘教授,中国人民大学汉青经济与金融高级研究院院长,曾任中国财政金融政策研究中心主任、中国人民大学财政金融学院应用金融系主任。2007年获国家杰出青年科学基金资助,2013年入选"百千万人才工程"国家级人选,2014年享受国务院政府特殊津贴。主要从事金融衍生工具、资产定价、中国资本市场等领域的研究,在国际高质量金融期刊发表论文30余篇,其中20余篇被SSCI收录。

张永骥

现任北京理工大学管理学院副教授,北京理工大学信息披露与公司治理研究中心副主任,财新、腾讯证券专栏作家。厦门大学理学学士,中国人民大学财务与金融系博士,北京大学光华管理学院会计系博士后,Purdue统计系联合培养博士。在金融和会计类的期刊上发表过数十篇研究论文,著有《价格的情绪》《秃鹫行动:股东积极主义的崛起》等。先后担任多家投资机构的策略顾问。

INVESTMENTS

简明目录

赞誉

作者简介

译者简介

第 1 章 凡是过往,皆为序章

风险与收益入门及历史回顾 / 1

为了预测未来的期望收益和风险水平,必须首先了解如何从现有数据中"预测"。让我们用全球视野窥探各国或地区股票、债券市场的历史收益水平,从而找到历史表现对未来投资的启示,以及风险度量的方法……

第 2 章 收益和风险的权衡

风险资产配置 / 63

多少资金用于投资风险资产,多少又用于无风险资产,你也许会看到大部分投资者在这关键一步犹豫不决,所以开始建立资本配置的框架吧!

第 3 章　理想之境

最优风险资产组合 ／ 100

投资决策可以看作一个自上而下的过程，最优资产配置取决于投资者的风险厌恶程度和风险资产收益预期，要进入理想之境，最优风险组合必须考虑清楚。

第 4 章　分散化的威力

指数模型 ／ 136

指数模型可以简化协方差矩阵的估计，强化证券风险溢价的估计，它可以使基金经理了解分散化的威力和局限性，并度量特定证券和组合的风险因素，是有力的武器。

第 5 章　债券资产组合管理

积极策略和消极策略 ／ 175

各种债券资产组合管理主要分为积极和消极两类策略，而利率风险则对这两类策略的选择至关重要，无论最终确定哪种，通过利率预测和市场内部分析，可以探寻债券市场中更具吸引力的证券……

第 6 章　如何对投资组合业绩评价 ／ 216

对于任何一个投资组合，人们似乎已经习惯于用其平均收益率作为直接评价指标，但事实并非如此。更为专业的看法认为，经风险调整后的收益会带来其他一系列问题，如何判断，又该怎么办呢？

第 7 章 走出去，着眼国际投资
投资的国际分散化 / 267

　　超越国内市场，考察国际市场，是一位优秀基金经理的必经之路。因为你用以构建资产投资组合的"菜单"，势必会越来越"长"，国际分散化为改善投资组合提供了极大的机会，并且已经有不少投资者受益！

第 8 章 揭开对冲基金的神秘面纱 / 317

　　过去 10 多年间，对冲基金有着高得多的增长率，它实际上涉及投资的方方面面，也会遇到所有问题。经典的"市场中性"策略是什么？又该如何评价对冲基金的业绩呢？

第 9 章 积极型投资组合管理理论
如何构建主动管理的资产组合 / 346

　　积极型投资组合管理是如何为客户构建最优组合的？其过程又是什么样的？无论是投资爱好者还是基金经理，都希望了解并且实践，这里不但可以让你看到更多视角，也可以教会你更多！

INVESTMENTS

目 录

赞誉

作者简介

译者简介

第1章 凡是过往，皆为序章：风险与收益入门及历史回顾 | 1

投资环境：实物资产与金融资产 | 3

利率水平的决定因素 | 7

比较不同持有期的收益率 | 12

国库券与通货膨胀 | 17

风险与风险溢价 | 19

历史收益率的时间序列分析 | 23

正态分布 | 29

偏离正态分布和风险度量 | 32

华尔街实战 基金不再靠正态曲线度量风险 | 36

风险组合的历史收益 | 38

长期投资 | 50

华尔街实战 时间和风险 | 60

第 2 章　收益和风险的权衡：风险资产配置 ┆ 63

风险与风险厌恶 ┆ 65

华尔街实战　学习投资使用的四字母单词 ┆ 71

风险资产与无风险资产组合的资本配置 ┆ 74

无风险资产 ┆ 77

单一风险资产与单一无风险资产的投资组合 ┆ 78

风险容忍度与资产配置 ┆ 83

被动策略：资本市场线 ┆ 89

华尔街实战　投资者对专业投资管理者的失望 ┆ 91

风险厌恶、期望效用与圣彼得堡悖论 ┆ 93

效用函数与保险合同均衡价格 ┆ 97

Kelly 准则 ┆ 98

第 3 章　理想之境：最优风险资产组合 ┆ 100

分散化与组合风险 ┆ 102

两个风险资产的组合 ┆ 103

股票、长期债券、短期债券的资产配置 ┆ 112

华尔街实战　成功投资的秘诀：首先做好分散化投资 ┆ 116

马科维茨资产组合选择模型 ┆ 119

风险集合、风险共享与长期投资风险 ┆ 130

第 4 章　分散化的威力：指数模型 ┆ 136

单因素证券市场 ┆ 138

单指数模型 ┆ 141

估计单指数模型 ┆ 147

组合构造与单指数模型 ┆ 156

指数模型在组合管理中的实际应用 ┆ 165

华尔街实战　关于 α 的赌局 ┆ 172

第 5 章　债券资产组合管理：积极策略和消极策略　175

利率风险　177
凸性　189
消极债券管理　200
华尔街实战　尽管大市繁荣，但养老基金表现欠佳　203
积极债券管理　212

第 6 章　如何对投资组合业绩评价　216

传统的业绩评价理论　218
华尔街实战　先锋基金调整 22 只指数基金的基准　222
华尔街实战　是否应追随基金经理　239
对冲基金的业绩评估　241
华尔街实战　夏普的观点：风险测度被误用了　243
投资组合构成变化时的业绩评估指标　244
市场择时　245
风格分析　254
业绩贡献分析程序　260

第 7 章　走出去，着眼国际投资：投资的国际分散化　267

全球股票市场　269
国际化投资的风险因素　276
国际投资：风险、收益与分散化的好处　286
华尔街实战　指数基金 WEBS 降低了境外投资的成本　291
华尔街实战　投资者遇到的挑战：市场似乎太关联了　300
国际分散化潜力评估　306
国际化投资及业绩归因　311
华尔街实战　国际化投资所引起的问题　313

第 8 章　揭开对冲基金的神秘面纱 ｜ 317

对冲基金与共同基金 ｜ 319

对冲基金策略 ｜ 320

可携阿尔法 ｜ 324

对冲基金的风格分析 ｜ 327

对冲基金的业绩评估 ｜ 330

对冲基金的费用结构 ｜ 341

华尔街实战　伯纳德·麦道夫丑闻 ｜ 343

第 9 章　积极型投资组合管理理论：如何构建主动管理的资产组合 ｜ 346

最优投资组合与 α 值 ｜ 348

特雷纳 – 布莱克模型与预测精度 ｜ 358

布莱克 – 利特曼模型 ｜ 363

特雷纳 – 布莱克模型与布莱克 – 利特曼模型：互补而非替代 ｜ 372

积极型管理的价值 ｜ 375

积极型管理总结 ｜ 379

术语表 ｜ 380

第 1 章

凡是过往,皆为序章:
风险与收益入门及历史回顾

INVESTMENTS

INVESTMENTS
导读

投资是指投入当前资金或其他资源以期望在未来获得收益的行为。例如，人们购买股票，自然是期望股票带来的未来收益可以超出正常存款的收益。又如，你投入时间来学习一门课程是一项投资；你放弃了当前的休闲时间通过额外工作可以赚得的收入，并期望通过未来职业生涯的发展以补偿你所付出的时间和努力，也是一项投资。尽管这两类投资在很多方面都不相同，但它们具有一个重要的共同点，这也是所有投资的共性，那就是：投资者放弃现在有价值的东西以期望在未来获益。

本书会帮你成为一名视野开阔的投资实干家。作者将向你由浅入深地介绍各类证券市场组织的发展背景，那些适用于债券市场和股票市场的估值技术和风险管理原理，以及构建投资组合的基本原理。尽管书中重点在于证券投资，但我们讨论的大部分内容适用于各种类型的投资分析。随机观测和学术研究都表明，投资风险与投资的期望收益同等重要。虽然关于风险与期望收益之间关系的一些理论在理性资本市场中确实流行，但是专注于市场中风险确切水平的相关理论却仍未面世，以至于目前我们只能通过历史分析来尽可能估算投资者可能面临的风险水平。这也许就是认识投资的意义。

投资环境：实物资产与金融资产

一个社会的物质财富最终取决于这个社会经济的生产能力，即社会成员创造产品和服务的能力。这种生产能力是通过经济体中**实物资产**（real assets）的函数来体现，如土地、建筑物、机器以及可用于生产产品和提供服务的知识。

与实物资产相对应的是**金融资产**（financial assets），如股票和债券。这些证券不过是几张纸，或者更普遍的是一些计算机录入的条目，它们并不会直接增加一个经济体的生产能力。但是，在发达经济社会，这些证券代表了持有者对实物资产的索取权（或对政府收益的索取权）。我们即使没有自己的汽车厂（实物资产），仍然可以通过购买福特或丰田汽车的股份来分享汽车生产商获得的收入。

实物资产为经济创造净利润，而金融资产仅仅确定收益或财富在投资者之间的分配。人们可以在即期消费和投资之间进行选择。如果选择投资，他们可以通过购买各种各样的证券来投资金融资产。投资者购买企业发行的证券，企业就可以用筹集到的资金购买实物资产，如厂房、设备、技术和原料。因此，投资者投资证券的收益最终来源于企业通过发行证券所筹集的资金购买实物资产所产生的利润。

通过比较美国家庭资产负债表（见表1-1）和美国国内净资产的构成（见表1-2），我们可以发现，实物资产和金融资产之间存在着明显的区别。可以看到，家庭财富包括银行存款、企业股票和债券等金融资产。它们一方面构成了家庭的金融资产，另一方面又是发行者的负债。例如，一张丰田汽车的债券，对投资者来说是一项资产，因为它代表投资者对债券本金和利息的索取权，但对丰田汽车来说却是一项负债，因为它意味着丰田负有偿还本息的义务。因此，当我们汇总家庭和企业所有的资产负债表时，

金融资产和金融负债互相抵消，仅剩下实物资产作为经济的财富净值。同样地，国民财富包括建筑物、设备、存货和土地等。㊀

表1-1 美国家庭资产负债表

资产	金额 （10亿美元）	比例 （%）	负债与净资产	金额 （10亿美元）	比例 （%）
实物资产			**负债**		
不动产	18 608	24.4	抵押贷款	9 907	13.0
耐用消费品	4 821	6.3	消费信贷	2 495	3.3
其他	345	0.5	银行和其他贷款	195	0.3
实物资产总额	23 774	31.2	证券信用	268	0.4
			其他	568	0.7
			负债总额	13 433	17.6
金融资产					
存款	8 688	11.4			
人寿保险	1 203	1.6			
养老保险	13 950	18.3			
公司权益	9 288	12.2			
非公司企业权益	7 443	9.8			
共同基金份额	5 191	6.8			
债权型证券	5 120	6.7			
其他	1 641	2.2			
金融资产总额	52 524	68.8	净资产	62 866	82.4
资产总额	76 298	100.0		76 298	100.0

注：由于四舍五入，竖列各项之和可能与总额略有差异。
资料来源：*Flow of Funds Accounts of the United States*, Board of Governors of the Federal Reserve System, June 2012.

㊀ 你或许有此疑问，为何表1-1中家庭持有的实物资产总额是23.774万亿美元，远低于表1-2中美国国内经济实物资产总额48.616万亿美元。其中一个主要原因是企业持有的实物资产（如财产、工厂和设备等）包含在家庭部门的金融资产中，主要以股东权益和其他股票市场投资的形式存在；另一个原因是表1-1中权益和股票投资的价值是以市场价值衡量的，而表1-2中的厂房和设备的价值是以重置成本计量的。

表1-2 美国国内净资产的构成

资产	金额（10亿美元）
非住宅型房地产	12 781
住宅型房地产	23 460
设备和软件	5 261
存货	2 293
耐用消费品	4 821
总额	48 616

注：由于四舍五入，竖列各项之和可能与总额略有差异。
资料来源：*Flow of Funds Accounts of the United States*, Board of Governors of the Federal Reserve System, June 2012.

虽然本书将以金融资产为重点，但是我们仍然不能忽略这样一个事实，那就是我们所购买的金融资产的成败最终取决于实物资产的表现。

金融资产

金融资产通常可以分为三类：固定收益型、权益型和衍生金融资产。**固定收益型金融资产**［fixed-income，或称为**债券**（debt securities）］承诺支付一系列固定的，或按某一特定公式计算的现金流。例如，公司债券向证券持有者承诺每年固定的利息收入，而浮动利率债券向证券持有者承诺的收益会随当前利率的变化而变化。例如，某种债券可能会向持有者承诺按美国国库券利率上浮2%来支付利息。除非债券发行方宣告破产，否则债券持有者将获得固定收益或按某一特定公式计算的收益。因此，固定收益型金融资产的收益受发行方财务状况的影响最小。

固定收益型金融资产的期限和支付条款多种多样。货币市场（money market）中交易的债券具有期限短、流动性强且风险小等特点，如美国国库券和银行存单。相反，资本市场（capital market）以长期债券交易为主，如长期国债，以及联邦代理机构、州和地方政府、公司发行的债券。这些债券有的违约风险较低相对比较安全（如长期国债），而有的风险相对较高（如高收益债券或"垃圾"债券）。此外，这些长期债券在偿付条款和防范发行者破产条款的设计上有很大差异。

与债券不同，普通股或**权益**（equity）型金融资产代表了证券持有者对公司的所有权。权益型证券持有者未被承诺任何的特定收益，但他们可以获得公司分配的股利，并按相应的比例拥有对公司实物资产的所有权。如果公司经营成功，权益价值就会上升；如果公司经营失败，权益价值就会下降。因此，权益投资绩效与公司经营成败密切相关，比债券投资的风险要高。

衍生证券（derivative security，如期权和期货合约）的收益取决于其他资产（如债券和股票）的价格。例如，若英特尔公司股价一直低于每股20美元的行权价格，其看涨期权（call option）价值为零，但当股价高于行权价格时，看涨期权就会变得非常有价值。⊖之所以将这类证券称之为衍生证券，是因为其价值取决于其他资产的价格，如英特尔公司看涨期权的价值取决于其股票的价格。其他主要的衍生证券还包括期货和互换合约。

衍生证券已成为投资环境中不可或缺的一部分，规避风险是其最主要的用途之一，或者说通过衍生品的投资可以将风险转移给其他方。利用衍生证券规避风险的现象在金融市场中非常普遍，各种衍生金融资产每日的交易额可达上万亿美元。但衍生证券经常被喻为金融市场的"双刃剑"，围绕其产生了大量高风险的投机活动。一旦投机失利，就会引发巨额损失甚至是市场的剧烈波动。尽管这些损失引起人们越来越多的关注，但这只是一种意外，衍生证券更多还是被普遍作为有效的风险管理工具对冲风险。在投资组合构建乃至整个金融系统中，衍生证券将继续发挥至关重要

⊖ 看涨期权是指在期权到期日或之前按约定行权价格买入股票的权利。若英特尔公司股价低于每股20美元，那么以每股20美元购买该股票的权利会变得无人问津。但若在期权到期之前英特尔公司股价高于每股20美元，期权持有者就会以每股20美元的价格购入股票，这项权利就会被行使。

的作用。

投资者和公司还会参与到其他金融市场。从事国际贸易的公司定期会将美元和其他货币间来回兑换。超过1万亿美元的货币每天在外汇市场上进行交易。大型跨国银行是外汇交易的主要平台。投资者还可直接投资于特定实物资产。数十种商品如玉米、小麦、天然气、黄金、白银等在纽约、芝加哥的商业交易所交易。

商品和衍生品市场给予了企业调整其暴露于各种商业风险敞口的机会。例如，一家建筑公司可以通过购买铜期货合约来锁定铜价，从而消除原材料价格突然上涨的风险。只要社会经济中存在着不确定性，便有投资者会对此产生交易兴趣，或许是投机，或许是平抑风险，相应地就会诞生市场以满足此类投资者的交易需求。

利率水平的决定因素

利率水平及未来利率的预测是做投资决策时诸多环节中非常重要的一环。例如，假定你的存款账户中有10 000美元，银行依据短期利率作为参照（比如30天短期国库券利率）向你支付浮动的利息，而你也可以选择将这部分钱转为以固定利率支付利息的长期存款。

你的决策显然根据你对利率的未来预期而定。如果你认为利率未来会下降，你会希望通过购买期限较长的定期存单把利率锁定在当前较高的水平上。相反，如果预期利率上升，你一定会选择推迟长期储蓄存单的购买计划。

众所周知，预测利率无疑是应用宏观经济学中最为困难的部分之一。然而即使如此，利率水平仍然由一些基本要素决定：

（1）来自存款人（主要是家庭）的资金供给；

（2）来自企业投资工厂车间、设备以及存货的融资需求；

(3) 通过美联储运作调整后政府的净资金供给或资金需求。

在我们详尽解释这几个要素及其相互作用决定利率水平之前,我们必须首先区别实际利率与名义利率。

实际利率和名义利率

利率是指在一定期限内(1个月、1年、20年甚或更长)因持有一定量某种计价单位(美元、欧元甚至购买力)而承诺的回报率。因此,当我们说到利率水平是5%时,必须明确说明它的记账单位和期限。

假设不存在违约风险,我们便可以把以上承诺的利率看作该计价单位在此特定期限的无风险利率。无风险利率必须对应一种计价单位和一个时间期限。举例来说,用美元计价时的无风险利率在使用购买力计量时就会因为通货膨胀的不确定性而存在风险。

考虑期限为1年的无风险利率,假设1年前你在银行存了1 000美元,期限为1年,利率为10%,那么现在你可以得到1 100美元现金。但这笔投资的实际收益取决于现在的1 100美元以及1年前的1 000美元分别可以买多少东西,而消费者物价指数(CPI)衡量了城镇家庭一篮子商品服务消费的平均价格水平。

假定上一年的通货膨胀率(CPI的变化百分率,计为i)为6%,也就是说你手中货币的购买力在这一年中下降了6%,每一美元能购买的商品下降了6%。利息收益的一部分将用于弥补由于6%的通货膨胀率导致的购买力下降。以10%的利率计,除掉6%的购买力损失,最终你只能得到4%的购买力增加,所以,我们必须区别**名义利率**(nominal interest rate)——资金量增长率和**实际利率**(real interest rate)——购买力增长率。设名义利率为rn,实际利率为rr,通货膨胀率为i,则有下式近似成立

$$rr \approx rn - i \tag{1-1}$$

或者说,实际利率等于名义利率减去通货膨胀率。

严格上讲，名义利率和实际利率之间有下式成立

$$1 + rr = \frac{1 + rn}{1 + i} \tag{1-2}$$

购买力增长值 $1 + rr$ 等于货币增长值 $1 + rn$ 除以新的价格水平，即 $1 + i$，由式（1-2）推导得到

$$rr = \frac{rn - i}{1 + i} \tag{1-3}$$

显然可以看出由式（1-1）得出的近似值高估了实际利率 $1 + i$ 倍。

【例 1-1】 近似的实际利率

如果 1 年期储蓄存单的利率为 8%，预期下一年的通货膨胀率为 5%，利用近似公式可以得到实际利率为 $rr = 8\% - 5\% = 3\%$，利用精确公式可以计算出实际利率为 $rr = \frac{0.08 - 0.05}{1 + 0.05} = 0.0286$，即 2.86%。由此可以看到，近似公式得出的实际利率高估了 14 个基点（0.14%），通货膨胀率较低并采用连续复利度量时，近似公式较为准确。针对这一问题，后面有更为详细的论述。

注意储蓄存单上所给出的是名义利率，因而投资者应当从中除去预期通货膨胀率才能得到投资项目的实际收益率。

事后计算实际利率总是可行的。已发生的通货膨胀率通常刊登在劳动统计局的报告上。但是将来的实际利率我们往往不知道，人们不得不依赖预期。也就是说，由于未来有通货膨胀的风险，即使当名义利率是无风险时，实际收益率仍是不确定的。

均衡实际利率

3 个基本因素：供给、需求和政府行为决定了实际利率，我们通常听到的名义利率是实际利率加上通货膨胀因素后的结果，所以影响名义利率

的第 4 个因素就是预期通货膨胀率。

正如世界上有许多种证券一样，经济界中有许多利率，但是经济学家往往采用一个利率来代表所有这些利率。如果考虑到资金的供给与需求曲线，我们采用一个抽象的利率可以对实际利率的确定这一问题有更深的认识。

图 1-1 描绘了一条向下倾斜的需求曲线和一条向上倾斜的供给曲线，横轴代表资金的数量，纵轴代表实际利率。

从图中可看到，供给曲线向上倾斜是因为实际利率越高，居民储蓄的需求也就越大。这个假设基于这样的原理：实际利率高，居民会推迟现时消费转为未来消费并进行现时投资。⊖

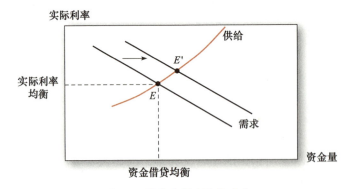

图 1-1　均衡实际利率的决定

需求曲线向下倾斜是因为实际利率低，厂商会加大其资本投资的力度。假定厂商选择投资项目是基于项目本身的投资收益率，那么实际利率越低，厂商会投资越多的项目，从而需要越多的融资。

供给曲线与需求曲线的交点形成图 1-1 中的均衡点 E。

政府和中央银行（美联储）可以通过财政政策或货币政策向左或向右

⊖ 家庭储蓄会不会随实际利率上升而增加，这个问题在专家中有着很大的争论。

移动供给曲线和需求曲线。例如，假定政府预算赤字增加，政府需要增加借款，推动需求曲线向右平移，均衡点从 E 点移至 E' 点。也就是说，预期政府借款的增加将会导致市场对未来利率的增加，导致市场对未来利率上升的预期。美联储也可以用扩张性货币政策来抵消这一预期，这将导致供给曲线发生相应的移动。

所以，尽管实际利率最为基本的决定因素是居民的储蓄倾向和投资项目的预期生产率（或利润率），其同时也受到政府财政政策或货币政策的影响。

均衡名义利率

上文指出资产的名义利率近似等于实际利率加通货膨胀率，因为投资者最为关心的是他们的实际收益率（即购买力的增加值），所以当通货膨胀率增加时，投资者会对其投资提出更高的名义利率要求，这样高的名义利率才能保证一项投资的实际收益率水平。

欧文·费雪（Irving Fisher，1930）认为名义利率应该伴随着预期通货膨胀率 $E(i)$ 的增加而增加。那么所谓的费雪等式为

$$rn = rr + E(i) \tag{1-4}$$

式（1-4）表明如果实际利率是稳定的，名义利率的变化将预测通货膨胀率的变化。根据不同的实证检验结果，这一关系是有争议的。尽管支持这一关系的经验数据并不是强有力的，人们仍然认为名义利率是预测通货膨胀率的一个可行的方法，部分原因是我们无法用其他方法来很好地预测通货膨胀率。

实证研究很难证实费雪假设，这是因为实际利率往往也在发生着无法预测的变化。名义利率可以被视为名义上无风险资产的必要收益率加上通胀"噪声"的预测值。

长期利率同长期通货膨胀率的预测并不一致，由于这个原因，到期期

限不同的债券利率也有所不同。此外，长期债券价格的波动远比短期债券价格剧烈，这意味着长期债券的期望收益应当包括风险溢价，从而不同期限债券的预期实际收益率也是不同的。

税收与实际利率

税赋是基于名义收入的支出，税率则由投资者的税收累进等级决定。美国国会意识到了不断上涨的税收累进制度与通货膨胀率之间的关系（当名义利率随通货膨胀率上升时，将使纳税人面对更高的税收累进等级），便于1986年税制改革中建立了同价格指数挂钩的税收累进制。

同价格指数联系的税收累进制度并没有将个人收入的纳税完全同通货膨胀率分离开来，假设税率为 t，名义利率为 rn，则税后名义利率为 $rn(1-t)$。税后实际利率近似等于税后名义利率减去通货膨胀率，即

$$rn(1-t) - i = (rr+i)(1-t) - i = rr(1-t) - it \qquad (1-5)$$

因此，税后实际利率随着通货膨胀率的上升而下降，投资者承受了相当于税率乘以通货膨胀率的通胀损失。例如，假定你的税负为30%，投资收益为12%，通货膨胀率为8%，那么税前实际利率为4%，在通胀保护税收体系下，税后利率为 $4\times(1-0.3)=2.8\%$，但是税法并没有认识到收益中的前8%并不足以补偿通胀（而不是实际收入）带来的损失，因此，税后收益减少了 $8\%\times0.3=2.4\%$。这样，你的税后实际利率就变成了0.4%，几乎全部抵消了。

比较不同持有期的收益率

考虑一个寻求安全投资的投资者，比如投资美国国库券[一]。假设我们

[一] 国库券收益和不同期限债券的收益率可以在网络上找到，比如雅虎财经、MSN财经或者直接从美联储获取。

观察很多不同期限的零息票国库券。零息票债券简单地说是以票面价值折价出售，收益来自购买价和最终票面价值[○]的差价。假设国库券价格为 $P(T)$，面值为100美元，持有期为 T 年。我们把期限为 T 年的无风险收益率表示成投资价值增长的百分比。

$$r_f(T) = \frac{100}{P(T)} - 1 \qquad (1\text{-}6)$$

当 $T=1$ 时，式（1-6）提供了1年期的无风险收益率。

【例1-2】 年化收益率

假定面值为100美元的零息国库券的价格和不同的年限如下所示。我们运用式（1-6）可以计算出每一种证券的总收益率。

期限	价格 $P(T)$（美元）	$[100/P(T)] - 1$	该期限的无风险收益率（%）
半年	97.36	100/97.36 − 1 = 0.027 1	$r_f(0.5) = 2.71$
1年	95.52	100/95.52 − 1 = 0.046 9	$r_f(1) = 4.69$
25年	23.30	100/23.30 − 1 = 3.291 8	$r_f(25) = 329.18$

不出意料的是，在例1-2中持有期越长，总收益率越高。我们应该怎样比较不同持有期的投资收益呢？这就需要我们将每一个总收益换算成某一常用期限的收益率。我们通常把所有的投资收益表达为**有效年利率**（effective annual rate，EAR），即一年期投资价值增长百分比。

对于1年期的投资来说，有效年利率等于总收益率 $r_f(1)$。总收入 $(1+\text{EAR})$ 是每一美元投资的最终价值。对于期限少于1年的投资，我们把每一阶段的收益按复利计算到1年。比如，对例1-2中6个月的投资，我们按2.71%的收益率复利计算得到1年后的投资终值 $1+\text{EAR}=1.027\,1^2 = 1.054\,9$，意味着 EAR = 5.49%。

○ 美国财政部发行的短期国库券为零息债券，期限最长为1年。而金融机构通过购买一般国库券进行本息分离来构造最长达30年的零息票国库券。

【例 1-3】 有效年收益率与总收益率

对于例 1-2 中的 6 个月的国债来说，$T = 1/2$，$1/T = 2$，因此
$$1 + \text{EAR} = (1.027\,1)^2 = 1.054\,9, \quad \text{EAR} = 5.49\%$$
对于例 1-2 中 25 年的国债来说，$T = 25$，因此
$$1 + \text{EAR} = 4.291\,8^{1/25} = 1.060, \quad \text{EAR} = 6.0\%$$

对于投资期长于一年的投资来说，通常把有效年利率作为年收益率。比如，例 1-2 中，持有期为 25 年的投资在 25 年里增长了 4.291 8（也就是 1 + 3.291 8）。所以有效年利率可以表达为：

$$(1 + \text{EAR})^{25} = 4.291\,8$$
$$1 + \text{EAR} = 4.291\,8^{1/25} = 1.060\,0$$

总的来说，我们可以把有效年利率与总收益率 $r_f(T)$ 联系在一起，运用下面的公式计算持有期为 T 时的回报。

$$1 + \text{EAR} = [1 + r_f(T)]^{1/T} \tag{1-7}$$

我们可以用一个例子来说明。

年化百分比利率

短期投资（通常情况下，$T < 1$）的年化收益率是以简单利率而不是复利来报告的。这被称为**年化百分比利率**（annual percentage rate，APR）。比如，当涉及月收益率（例如信用卡的利率）时，年化百分比利率即为 12 乘以月率。通常说来，如果把一年分成 n 个相等的期间，并且每一期间的利率是 $r_f(T)$，那么，$\text{APR} = n \times r_f(T)$。反之，你可以通过年化百分比利率得到每个期间的实际利率 $r_f(T) = T \times \text{APR}$。

通过这个过程，例 1-2 中 6 个月债券（6 个月的利率为 2.71%）的年化百分比利率为 $2 \times 2.71 = 5.42\%$。概括一下，对一个期限为 T 的短期投资来说，每年有 $n = 1/T$ 个复利计算期。因此，复利计算期、有效年利率

和年化百分比利率的关系可以用下面的公式来表示

$$1 + \text{EAR} = [1 + r_f(T)]^n = [1 + r_f(T)]^{1/T} = [1 + T \times \text{APR}]^{1/T} \quad (1\text{-}8)$$

即

$$\text{APR} = \frac{(1 + \text{EAR})^T - 1}{T}$$

【例1-4】 有效年利率与年化百分比利率

在表1-3中我们运用式（1-8）可以得出有效年利率为5.8%的与不同复利计算期限时相对应的年化百分比利率。相反，我们同样可以得到年化百分比利率为5.8%时有效年利率的值。

表1-3 年化百分比利率和有效年利率

期限	T	EAR = $[1+r_f(T)]^{1/T} - 1 = 0.058$		APR = $r_f(T) \times (1/T) = 0.058$	
		$r_f(T)$	APR = $[(1+\text{EAR})^T - 1]/T$	$r_f(T)$	EAR = $(1 + \text{APR} * T)^{1/T} - 1$
1年	1.000 0	0.058 0	0.058 00	0.058 0	0.058 00
6个月	0.500 0	0.028 6	0.057 18	0.029 0	0.058 84
3个月	0.250 0	0.014 2	0.056 78	0.014 5	0.059 27
1个月	0.083 3	0.004 7	0.056 51	0.004 8	0.059 57
1星期	0.019 2	0.001 1	0.056 41	0.001 1	0.059 68
1天	0.002 7	0.000 2	0.056 38	0.000 2	0.059 71
连续		$r_{cc} = \ln(1+\text{EAR}) = 0.056\,38$		EAR = $\exp(r_{cc}) - 1 = 0.059\,71$	

连续复利

从表1-3（和式（1-8））中可以明显地看到年化百分比利率和有效年利率随复利计算频率变化而产生的差异。随之而来的问题是，随着计算利息的频率不断提高，年化百分比利率和有效年利率的差异可以达到多大？换句话说，当T不断变小的时候，$(1 + T \times \text{APR})^{1/T}$的极限是多少？当$T$趋近于零，我们得到**连续复利**（continuous compounding），并且可以用下面的指数函数得到有效年利率与年化百分比利率（在连续复利时，用r_{cc}表示）的关系：

$$1 + \text{EAR} = \exp(r_{cc}) = e^{r_{cc}} \qquad (1\text{-}9)$$

e 大约为 2.718 28。

为了从有效年利率得出 r_{cc} 的值，我们将式（1-9）化简，如下所示：

$$\ln(1 + \text{EAR}) = r_{cc}$$

这里 $\ln(\cdot)$ 是一个自然对数函数，是 $\exp(\cdot)$ 的反函数。指数函数和对数函数都可以在 Excel 中进行计算，分别叫作 EXP($\cdot$) 和 LN($\cdot$)。

【例 1-5】 连续复利利率

当给定有效年利率为 5.8% 时，连续复利计算的年化百分比利率 r_{cc} 为 5.638%（见表 1-3），与按日复利计算的年化百分比利率差不多。但对复利频率较低的利率（比如半年）来说，为了得到相同的有效年利率，年化百分比利率的值竟然高达 5.718%。也就是说当计算复利频率较低时，达到相同有效回报所需的年化百分比利率会更高。

尽管连续复利看起来是烦琐的数学，但在很多情况下运用这种利率能够简化预期回报和风险的计算。举例来说，在连续复利情况下，对于任何期限 T，总收益 $r_{cc}(T)$ 就可以简单表示为 $\exp(T \times r_{cc})^{\ominus}$。换言之，总收益与时间阶段 T 之间成正向关系。这比用指数按不同阶段的复利计算要简单得多。另一个例子是，回顾式（1-1），实际利率 rr、名义利率 rn 和通货膨胀率 i 之间的关系 $rr \approx rn - i$，只是一个近似值，式（1-3）已给予证明。但是当我们将所有的利率都看作连续复利，式（1-1）就是完全准确的$^{\ominus}$，也就是 r_{cc}（实际

$\ominus$ 推导自式（1-9）若 $1 + \text{EAR} = e^{r_{cc}}$，则 $(1 + \text{EAR})^T = e^{r_{cc}T}$。

$\ominus$ $1 + r(\text{实际利率}) = \dfrac{1 + r(\text{名义利率})}{1 + \text{通货膨胀率}}$

$\Rightarrow \ln[1 + r(\text{实际利率})] = \ln\left(\dfrac{1 + r(\text{名义利率})}{1 + \text{通货膨胀率}}\right) = \ln[1 + r(\text{名义利率})] - \ln(1 + \text{通货膨胀率})$

$\Rightarrow r_{cc}(\text{实际利率}) = r_{cc}(\text{名义利率}) - i_{cc}$

利率)= r_{cc}(名义利率) $- i_{cc}$。

国库券与通货膨胀

金融时间序列通常回溯至1926年7月,因为芝加哥大学证券价格研究中心的精确收益数据库以此为起始日。

表1-4总结了美国短期利率、通货膨胀率和相应的实际利率的历史数据。你可以在www.mhhe.com/bkm网站上找到1926年以来的数据。实际利率是由月度短期国库券利率和CPI变化值计算得来的。

表1-4 1926~2012年短期国库券、通货膨胀率、实际利率的统计数据

	平均年收益率(%)			标准差		
	短期国库券	通货膨胀率	实际值	短期国库券	通货膨胀率	实际值
全部月份	3.55	3.04	0.52	2.95	4.06	3.95
后半段	1.79	1.74	0.10	1.56	4.66	4.98
前半段	5.35	4.36	0.95	3.02	2.82	2.44

资料来源:Annual rates of return from rolling over 1-month T-bills:Kenneth French;annual inflation rates:Bureau of Labor Statistics.

表1-4的前几列展示了不同时间段的平均年利率。可见,后半段(1969~2012年)的平均年利率5.35%明显高于前半段的平均年利率1.79%。其中的原因就在于通货膨胀,从表中也可以看到,后半段的通货膨胀水平也显著高于前半段时期。然而,后半段名义利率相比前半段区区0.10%的水平,其足以使实际利率保持在0.95%的水平。

历史经验告诉我们,即使温和的通货膨胀都会使这些低风险投资的实际回报偏离其名义值,在这个样本中,实际收益大约是名义收益的1/5。

财富指数可以用来表示一定期限内某一特定投资的累积收益。假设在期初投资了1美元,我们按年以复利计算投资的价值,期末的价值指数则表明投资期间每单位美元投资的财富总增长值。图1-2表明1970年年末投资于短期国库券的1美元在2012年9月会增长到惊人的9.2美元。然而,

用实际值计算的期末财富值只有 1.20 美元。类似地，1926~2012 年财富的名义值增长到了 20.25 美元，但是实际值只增长到 1.55 美元。

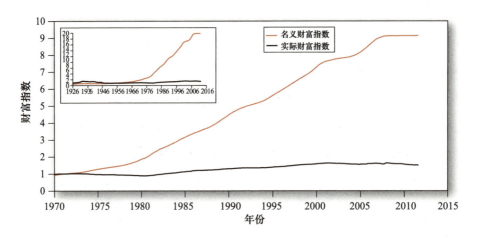

图 1-2　1970~2012 年投资国库券的财富指数名义与实际值（左上小图为 1926~2012 年）

从表 1-4 的标准差中可以看到在后半段期间通货膨胀的标准差（2.82%）显著低于前半段（4.66%），这也使得后半段期间实际利率的标准差（2.44%）低于前半段（4.98%）。我们注意到名义利率的标准差后半段（3.02%）高于前半段（1.56%），说明已实现实际收益的波动归因于期间国库券利率和通货膨胀率更紧密的联动性。实际上，图 1-3 记录了后半段期间通货膨胀率缓和后，通货膨胀率和名义利率之间更紧密的联系。

正如前文所述，投资者关心的是其投资的实际收益率。他们要想获得一定的实际收益，在通货膨胀率走高时，必须获得较高的名义收益率。所以，期初观察到的名义短期国库券收益率应该反映该期的预期通货膨胀率。当预期实际利率稳定时，实际通货膨胀率与预期的相当，通胀率与名义短期国库券利率之间相关系数接近于 1，通胀率与实际利率的相关系数接近于 0。在另外极端情况下，投资者没有通胀预期或预测通胀能力差，通胀率与名义国库券利率相关性为零，与实际利率的相关性为 -1，因为实际利率随通货膨胀率上升而下降。

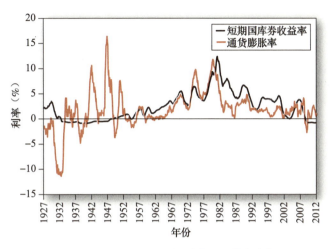

图 1-3　1926~2012 年利率和通货膨胀率

我们可以通过比较两个期间通货膨胀率分别和名义利率、实际利率的相关性来测度通货膨胀与短期国库券的联动性。结果表明预期通货膨胀的准确性在得到改善。通货膨胀率和国库券名义利率的相关性显著地从接近于 0 增加到 0.48。通货膨胀与实际利率之间的负相关性显著地从 -0.98 减少到 -0.67（见表 1-5）。

表 1-5　通货膨胀率与短期国库券

	1926~1968	1969~2012
和名义利率的相关系数	-0.03	0.48
和实际利率的相关系数	-0.98	-0.67

风险与风险溢价

持有期收益率

假设你正在考虑投资于股票指数基金。每一份额的现价为 100 美元，持有期为 1 年。实现的投资收益率由每份额年末价格和这一年的现金股利决定。

假定每份额的期末价格为 110 美元，这一年的现金股利为 4 美元。实现的收益率，也叫作**持有期收益率**（HPR，holding-period return，在这种情况下，持有期为 1 年）可以表示如下：

$$\text{HPR} = \frac{\text{期末每份价格} - \text{期初价格} + \text{现金股利}}{\text{期初价格}} \quad (1\text{-}10)$$

本例中

$$\text{HPR} = \frac{110 - 100 + 4}{100} = 0.14，即 14\%$$

持有期收益率的定义假设股利在持有期期末支付。如果股利支付提前，那么持有期收益率便忽略了股利支付点到期末这段时间的再投资收益。来自股利的收益百分比被称为**股息收益率**（dividend yield），所以股息收益率加上资本利得收益率等于持有期收益率。

期望收益率和标准差

1 年以后的每份基金价格和股利收入具有很大的不确定性，所以无法确定最终的持有期收益率。我们将市场状况和股票指数市场进行情境分析，将其分为四种情况，如表 1-6A～E 栏所示。

表 1-6 股票指数基金持有期收益率的情境分析

	A	B	C	D	E	F	G	H	I
1									
2									
3	买价 =		$100			国库券利率 = 0.04			
4									
5									
6									
7	市场状况	概率	年末价格	现金股利	HPR	标准差	方差	超额收益	方差
8	大好	0.25	126.50	4.50	0.3100	0.2124	0.0451	0.2700	0.0451
9	好	0.45	110.00	4.00	0.1400	0.0424	0.0018	0.1000	0.0018
10	差	0.25	89.75	3.50	-0.0675	-0.1651	0.0273	-0.1075	0.0273
11	很差	0.05	46.00	2.00	-0.5200	-0.6176	0.3815	-0.5600	0.3815
12	Expected Value (mean)		SUMPRODUCT(B8:B11,E8:E11) =		0.0976				
13	Variance of HPR				SUMPRODUCT(B8:B11, G8:G11) =		0.0380		
14	Standard Deviation of HPR					SQRT(G13) =	0.1949		
15	Risk Premium					SUMPRODUCT(B8:B11, H8:H11) =		0.0576	
16	Standard Deviation of Excess Return					SQRT(SUMPRODUCT(B8:B11, I8:I11)) =			0.1949

我们怎样来评价这种概率分布？通过本书，我们将会用期望收益率 $E(r)$ 和标准差 σ 来表示收益率的概率分布。期望收益值是在不同情境下收益率以发生概率为权重的加权平均值。假设 $p(s)$ 是各种情境的概率，$r(s)$ 是各种情境的持有期收益率，情境由 s 来标记，我们可以将期望收益写作

$$E(r) = \sum_s p(s)r(s) \qquad (1\text{-}11)$$

将表 1-6 中的数据运用到式（1-11）中，我们会得到该股票指数基金的期望收益率为

$$E(r) = (0.25 \times 0.31) + (0.45 \times 0.14) + [0.25 \times (-0.0675)] \\ + [0.05 \times (-0.52)] = 0.0976$$

表 1-6 表明这个和可以很简单地由 Excel 得出，运用 SUMPRODUCT 公式先计算出一系列数字对的乘积，然后将这些乘积相加。在此，数字对是每种情境出现的概率和收益率。

收益率的标准差（σ）是度量风险的一种方法。它是方差的平方根，方差是与期望收益偏差的平方的期望值。结果的波动性越强，这些方差的均值就越大。因此，方差和标准差提供了测量结果不确定性的一种方法，也就是

$$\sigma^2 = \sum_s p(s)[r(s) - E(r)]^2 \qquad (1\text{-}12)$$

因此，在本例中

$$\sigma^2 = 0.25 \times (0.31 - 0.0976)^2 + 0.45 \times (0.14 - 0.0976)^2 + 0.25 \\ \times (-0.0675 - 0.0976)^2 + 0.05 \times (-0.52 - 0.0976)^2 = 0.0380$$

这个值已经运用 SUMPRODUCT 公式在表 1-6 的 G13 格计算出来。在 G14 格的标准差可以这样计算：

$$\sigma = \sqrt{0.0380} = 0.1949 = 19.49\%$$

显然，困扰该指数基金潜在投资者的是一个市场崩盘或市场变坏的下跌风险，而不是市场变好带来的上涨潜力。收益率的标准差并没有区分好的市场或是坏的市场。它在两种情况下都仅仅表达的是对平均值的偏离程度。只要概率分布大致是关于平均值对称的，标准差就是一个风险的适当测度。在特殊情况中我们可以假设概率分布为正态分布（即众所周知的钟形曲线），$E(r)$ 和 σ 就可以完美地刻画出分布。

超额收益和风险溢价

你应该投资多少到指数基金中？首先，你必须知道承担股票投资风险可以期望的收益有多高。

我们把收益表示成股票指数基金的预期持有期收益率和**无风险收益率**（risk-free rate）的差值，无风险收益率是当你将钱投入无风险资产比如说短期国库券、货币市场基金或者银行时所获得的利率。我们将这种差值称为普通股的**风险溢价**（risk premium）。在我们的例子中无风险年利率为4%，预期指数基金收益率为9.76%，所以风险溢价为每年5.76%。在任何一个特定的阶段，风险资产的实际收益率与实际无风险收益率的差值称为**超额收益**（excess return）。因此，风险溢价是超额收益的期望值，超额收益的标准差是其风险的测度。

投资者投资股票的意愿取决于其**风险厌恶**（risk aversion）水平。投资者是风险厌恶的，当风险溢价为零时，人们不愿意对股票市场做任何投资。理论上说，必须有正的风险溢价来促使风险厌恶的投资者继续持有现有的股票而不是将他们的钱转移到其他无风险的资产中去。

虽然情境分析解释了量化的风险和收益背后的概念，你可能仍然想知道对于普通股票和其他证券来说怎样更加准确地估计 $E(r)$ 和 σ。历史给我们提供了敏锐的视角。历史上关于有价证券收益的记载运用了各种各样的概念和统计工具，所以首先让我们来做一个初步讨论。

历史收益率的时间序列分析

时间序列与情境分析

在着眼未来的情境分析中，我们设定一组相关的情境和相应的投资回报，并对每个情境设定其发生的概率，最后计算该投资的风险溢价和标准差。相反，资产和组合的历史收益率只是以时间序列形式存在，并没有明确给出这些收益率发生的概率，因为我们只观察到日期和持有期收益率。所以必须从有限的数据中推断收益率的概率分布，或者至少是分布的一些特征值，比如期望收益和标准差。

期望收益和算术平均值

使用历史数据时，我们认为每一个观测值等概率发生。所以如果有 n 个观测值，便将式（1-11）中的 $p(s)$ 替换为 $1/n$，这时期望收益可表示为：

$$E(r) = \sum_{s=1}^{n} p(s)r(s) = \frac{1}{n} \sum_{s=1}^{n} r(s) = \text{收益率的算术平均值} \quad (1\text{-}13)$$

◎【例1-6】 算术平均值与预期收益

表 1-7 显示了标准普尔 500 指数在 2001～2005 年持有期收益率的时间序列。在样本期间中，将 $n=5$ 的观察期间每一个持有期收益率看作样本期间的年度收益，并等可能发生，概率为 1/5，表中的 B 列使用 0.2 作为概率值，C 列显示每年持有期收益。运用式（1-13），可以得到持有期收益的算术平均值。

表 1-7 标准普尔 500 持有期收益的时间序列

	A	B	C	D	E	F
1						
2						
3					总HPR =	
4	时期	假设概率	持有期收益	标准差	1 + HPR	财富指数
5	2001	0.2	-0.1189	0.0196	0.8811	0.8811
6	2002	0.2	-0.2210	0.0586	0.7790	0.6864
7	2003	0.2	0.2869	0.0707	1.2869	0.8833
8	2004	0.2	0.1088	0.0077	1.1088	0.9794
9	2005	0.2	0.0491	0.0008	1.0491	1.0275
10	Arithmetic average	AVERAGE(C5:C9) =		0.0210		
11	Expected HPR	SUMPRODUCT(B5:B9, C5:C9) =		0.0210		
12		Standard deviation	SUMPRODUCT(B5:B9, D5:D9)^0.5 =	0.1774		Check:
13			STDEV(C5:C9) =	0.1983		1.0054^5=
14			Geometric average return	GEOMEAN(E5:E9) - 1=	0.0054	1.0275
15	*The value of $1 invested at the beginning of the sample period (1/1/2001).					

例 1-6 举例说明了算术平均值在投资学中广泛应用的逻辑。如果每个历史收益的时间序列都真实代表了可能的概率分布,那么从历史数据中计算得到的算术平均值就是预期持有期收益的恰当估计。

几何(时间加权)平均收益

我们看到算术平均值是期望收益率的无偏估计,那么关于整个样本期间的投资组合的实际表现,这些时间序列是如何体现的呢?我们继续运用例 1-6 来进行说明。

表 1-7 中 F 列显示了 2001 年年初投资 1 美元在标准普尔 500 指数上的财富指数。2005 年年末财富指数的数值为 1.027 5 美元。这是 1 美元的最终价值,意味着 5 年投资持有期收益率为 2.75%。

样本期间的收益表现可以用某一年化持有期收益率来衡量,由时间序列中复利终值反推而得。定义该收益率为 g,则有

$$\text{终值} = (1 + r_1) \times (1 + r_2) \times \cdots \times (1 + r_5) = 1.0275$$

$$(1 + g)^n = \text{终值} = 1.0275 \quad (\text{表 1-7 中单元格 F9}) \quad (1\text{-}14)$$

$$g = \text{终值}^{1/n} - 1 = 1.0275^{1/5} - 1 = 0.0054 = 0.54\% \quad (\text{单元格 E14})$$

式中,$1+g$ 是时间序列的总收益 $1+r$ 的几何平均数(可以使用 Excel 中 GEOMEAN 命令),g 是年化持有期收益率。

投资者称 g 为时间加权（区别于货币加权）的平均收益，它强调了在平均过程中每个历史收益为等权重的。两种平均方法的差别十分重要，因为投资经理作为投资者常常要经历基金数目显著变化的情况，可能需要购买或者赎回其投资份额，而规模大时比规模小时能获得更多的投资回报（或损失），不能单纯看收益率。

收益率波动越大，两种平均方法的差异就越大。如果收益服从正态分布，预期差异为分布方差的 1/2，即

$$E[\text{几何平均值}] = E[\text{算术平均值}] - 1/2\sigma^2 \qquad (1-15)$$

（注意：使用式（1-15）时，需要将收益率换成小数形式，而不是百分数形式。）当收益率服从正态分布时，式（1-15）的拟合效果较好[⊖]。

【例 1-7】 几何平均值与算术平均值

例 1-6 中的几何平均值 0.54% 显著小于算术平均值 2.1%。这种差异有时使人们困惑，主要是来自投资收益率的正负对组合终值的影响不同。

观察到 2002 年和 2003 年的收益分别为 -0.221 和 0.286 9，这两年的算术平均值是 0.032 95。然而，如果你在 2002 年年初投资 100 美元，2002 年年末你也许只能得到 77.90 美元。要弥补这个亏损，2003 年你需要赚 21.1 美元，这将得到一个相对巨大的收益率 27.09%，为什么只是弥补亏损，这个数值会比 2002 年你损失的 22.1% 大这么多呢？这是由于你以 2003 年的数值为基准，这个基准明显小于 100 美元。较小的基准就意味着它将产生较大的收益率。即使投资组合在 2003 年的收益率达到 28.69%，

⊖ 我们被告知，度量某时段的历史收益时采用几何平均值，而估计未来收益表现时用算术平均。问题是，如果同样的样本出现在未来，收益采用几何平均，那么这是不是预期收益的最佳估计呢？令人惊讶的是，答案是否定的。未来的结果总是包括正的或负的意外（与预期相比）。一连串的正的意外相对一连串负的意外对期末财富影响较大。正因为这种非对称性，几何平均是对未来平均收益的低估。这个低估等于方差的一半，所以采用算术平均来纠正这个误差。

即收益为 77.90 × 1.284 9 = 100.25 美元，这也只是高于 100 美元的数值。这揭示了两年的年化收益率（几何平均）只有 0.12%，明显小于算术平均值 3.295%。

方差和标准差

当人们考虑风险时，关注的是偏离期望收益的可能性。实际中，无法直接预期，所以通过偏离期望收益估计值的平方和来计算方差。改动式（1-12），按每个观测值等概率出现，样本平均值作为 $E(r)$：

$$\text{方差} = \text{离差平方的期望值}$$

$$\sigma^2 = \sum p(s)[r(s) - E(r)]^2$$

使用历史数据，估计方差为：

$$\hat{\sigma}^2 = \frac{1}{n}\sum_{s=1}^{n}[r(s) - \bar{r}]^2 \tag{1-16}$$

由式（1-16）估计得到的方差是有偏的，这是由于采用的是对样本算术平均值 $\bar{r}$ 的偏差，而不是未知的真实期望 $E(r)$，故导致了一些估计误差。这又称为自由度偏差，可以通过方差算术平均值与因子 $n/(n-1)$ 的乘积来消除误差。方差和标准差变为：

$$\hat{\sigma}^2 = \left(\frac{n}{n-1}\right) \times \frac{1}{n}\sum_{s=1}^{n}[r(s) - \bar{r}]^2 = \frac{1}{n-1}\sum_{s=1}^{n}[r(s) - \bar{r}]^2$$

$$\hat{\sigma} = \sqrt{\frac{1}{n-1}\sum_{s=1}^{n}[r(s) - \bar{r}]^2} \tag{1-17}$$

【例 1-8】 方差和标准差

数据表 1-7D 列显示了偏离算术平均值的平方，D12 单元格给出标准差为 0.177 4，为偏离平方与概率乘积和的平方根。

D13 单元格显示了标准差的无偏估计值为 0.198 3，这略微大于 D12 中

0.177 4。如果样本很大，$\frac{n}{n-1}$接近于 1，这时自由度的调整可以忽略不计。

高频数据中的均值与方差估计

观测值的频率越高是否导致估计值越准确呢？这个问题的答案令人惊讶：观测值的频率不会影响均值估计的准确性。样本时段的长度而非样本观测值的数量能改进估计的准确性。

10 年总收益率除以 10 与 12 乘以 120 个月平均收益率能提供同样精度的预期年化收益率估计。平均月度收益率与 10 年的平均收益率具有一致性，额外的月度收益率观测值对平均收益估计提供不了额外的信息。但是，更长的样本期，相比 10 年的收益率，100 年的收益率能提供更准确的收益率估计，这里有个前提条件，即 100 年间收益分布不发生改变。

这里暗示一个规则：即使使用很长时段的样本，你依然相信收益分布不变。遗憾的是，老数据往往包括较少的信息。19 世纪的数据是否可以用来做 21 世纪的收益率？可能不行，这说明我们在估计平均收益时受到局限。

相反，增加样本值可提高标准差或更高阶矩的估计准确性。所以我们可以用变频观测值来提高标准差和更高阶矩的估计准确性。

标准差估计先从方差估计开始。当日度收益不相关时，月度方差可以简单相加。当月度方差相同时，年化方差等于 $\sigma_A^2 = 12\sigma_M^2$。⊖ 总的来说，$T$ 个月的方差等 T 乘以单个月的方差。所以，标准差的增长率为 $\sqrt{T}$，即 $\sigma_A = \sqrt{12}\sigma_M$。均值和方差随时间段成比例增长，而标准差随时间段长度的平方根的增长而增长。

⊖ 当月度收益不相关时，我们可以不关心它们之间的协方差。12 个月度收益之和的方差等于 12 个月方差之和。如果月度收益相关，年化方差时需要调整收益之间的序列相关性。

收益波动性（夏普）比率

最后，必须注意到，应该假定投资者关注的是他们购买投资组合相对于国库券获得的预期超额收益和相应的风险。尽管国库券的利率不固定，我们仍然知道购买债券并持有到期的收益。其他投资比安全的国库券收益率更高，也难免带来更多的风险。投资者为风险资产定价使得其风险溢价能够弥补预期超额收益带来的风险。这样利用溢价的标准差代替总收益标准差来衡量风险更好。

【例1-9】 夏普比率

参见表1-6，投资股指基金的情境分析得到5.76%的风险溢价，超额收益的标准差为19.49%。这表明夏普比率等于0.3，与历史股指基金的业绩一致。夏普比率在度量分散化投资组合风险-收益的权衡时是一种合适的方法，但是将其运用在单个资产比如投资组合中的单个股票时是不合适的。

收益（风险溢价）和风险（通过标准差来衡量）之间的权衡意味着人们需要利用投资的风险溢价与标准差的比率来度量投资组合的吸引力。

$$夏普比率 = \frac{风险溢价}{超额收益率的标准差} \tag{1-18}$$

注意，夏普比率将风险溢价（与时段长度等比例变化）除以标准差（与时段长度为平方根关系）。因此，用高频收益计算年化收益时夏普比率增大。例如，用月度收益计算年化夏普比率，分子乘以12，分母乘以$\sqrt{12}$；这样年化的夏普比率为$SR_A = SR_M \sqrt{12}$。总体来说，一项长期投资为T年的夏普比率以$\sqrt{T}$比率增加。

这一比率被广泛用于评估投资经理的业绩。

正态分布

正态分布在日常生活中频繁出现。例如,一个国家或地区全部人口的身高、体重情况都很好地符合正态分布。实际上,很多由一连串随机事件构成的变量都会呈现出正态分布的形态,例如在连续生产中用于向标准容器中灌 1 加仑(1 加仑 = 3.78 立方米)液体的机器每次的灌装误差。同样的逻辑,如果投资者对收益的期望是理性预期,那么实际收益率应该是服从以此期望为均值的正态分布。

正态分布为什么是"正态"的呢?假设一个报社在生意好的一天赚 100 美元,生意不好则不赚不赔,且两种情况发生的概率各为 50%。因此,它平均每天的收益是 50 美元。我们可以据此画一个二叉树来描述所有可能发生的状况,下面的**事件树**(event tree)展示了两天生意可能发生的情况。

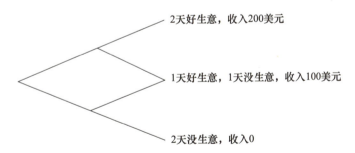

注意到,两天会产生 3 种不同的结果,而总的来说,n 天会产生 $n+1$ 种情况。在上图情况下,最有可能发生的是生意一天好、一天坏,概率为 0.5,两种极端情况发生的概率各为 0.25。

那么在很多天生意之后利润情况会是怎样呢?比如 200 天之后,可能性达到 201 种,但是最可能发生的还是位于正中间的结果,而且抵达这种结果的路径多了很多。比如,只有一条路径能形成连续 200 天惨淡生意的结果，然而 100 天生意兴隆、100 天生意惨淡的结果却有很多种排列的可能性。随着天数的增多，这样的概率分布最终会形成大家熟悉的钟形形状。⊖

图 1-4 展示的是一个均值为 10%、标准差为 20% 的正态分布。这个图形展示了在给定这些参数下各种收益水平发生的理论概率。较小的标准差意味着可能的收益表现更多地聚集在均值附近，较大的标准差则意味着可能实现的收益水平更加分散。任何一个特定收益率实现的概率都由均值和标准差来决定，换句话说，一个正态分布的形态完全由其均值和标准差这两个参数来决定。

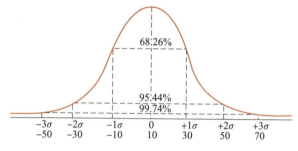

图 1-4　正态分布（均值 10%，标准差 20%）

如果收益率的分布可以用正态分布来近似拟合的话，投资管理将变得更加有理有据。第一，正态分布是左右对称的，也就是说，均值左右程度一样的偏离其发生的概率也一样。没有对称性的话，用收益的标准差来衡量风险显然是不合适的。第二，正态分布具有稳定性，意味着对于具有正态性的不同资产，其构成组合的收益同样服从正态分布。第三，当资产或资产组合收益分布只有两个变量时，对其未来的情境分析因为需要考虑的变量很少而会变得简单许多。第四，当构造证券组合时，我们必须考虑证

⊖ 历史上，早期 18 世纪对正态分布的描述基于很多期"二叉树"的结果，如同我们之前分析的一样。这一表达在实际中多用于期权定价。

券收益的相关性。总体来说，这种相关性是多层面的。但是如果收益是正态分布，收益之间统计相关性可以以相关系数来表达。这样我们在描述任何两个证券的相关性时只需估计一个参数。

实际的收益分布需要与正态分布相似到什么程度时我们才可以使用正态分布代替收益的实际分布呢？显而易见，收益的分布是无法用正态分布完美代替的。比如，与正态分布不同的是，实际收益率并不会低于 -100%，但这并不是说正态分布就一无是处。在其他环境中类似的问题同样存在。比如，一个新生儿的体重会去跟所有新生儿体重的分布做对比，而显然新生儿的体重并不存在零或负值。但是在这种情况下，仍然使用正态分布来表示新生儿群体的体重分布情况，因为体重的标准差和体重的均值相比起来较小，问题中出现负值的概率基本可以忽略不计[⊖]。所以，类似地，我们必须给出一定的标准来决定收益率的正态假设的合理性。

【例 1-10】 Excel 中的正态分布函数

假定标准普尔 500 的月收益率近似符合均值为 1%、标准差为 6% 的正态分布。那么在任何一个月指数收益为负的概率是多少？使用 Excel 建立一个函数能很快解决这个问题。在正态分布函数中观察的结果小于临界值的概率用 NORMDIST（临界值，均值，标准差，TRUE）得到。在这个例子中想得到小于零的概率，即计算 NORMDIST(0, 1, 6, TRUE) = 0.433 8，也可以在 Excel 中建立标准的正态函数来求均值低于 1/6 个标准差的概率：NORMDIST(-1/6) = 0.433 8。

⊖ 实际上，均值为 3 958 克，标准差为 511 克。一个负的体重的概率要在离均值 7.74 个标准差以外，在正态分布的假设下，这一情况发生的概率为 4.97×10^{-15}，于是负的出生体重在实际研究中可以不用考虑。

偏离正态分布和风险度量

前面可以看出超额收益的正态分布大大简化了组合选择的过程。正态分布保证标准差是衡量风险的完美度量，因此夏普比率是证券表现的完美度量。然而，很多投资者通过观察相信资产收益对正态分布的偏离已经很显著，不可忽视。

正态偏离可以通过计算收益分布的高阶矩来看到。超额收益 R 的 n 阶中心矩为 $(R-\bar{R})^n$，一阶矩为 0，二阶矩为方差的估计值 $\hat{\sigma}^2$。⊖

一个关于不对称性的度量，称为**偏度**（skew），计算公式如下：

$$\text{偏度} = \left[\frac{(R-\bar{R})^3}{\hat{\sigma}^3}\right] \text{的平均值} \qquad (1\text{-}19)$$

偏差的立方有正有负。因此，如果分布是右偏，则如图 1-5a 中黑色的曲线，偏度为正。左偏如浅色曲线所示，偏度为负。当偏度为正时，标准差高估风险；当偏度为负时，标准差低估风险。

另一个正态偏离的度量考虑分布两端极端值出现的可能性，即从图像上来看有肥尾特征的情况，分布的尾部发生的概率较正态分布预测的要高，分布中部发生的概率则较正态分布的低，如图 1-5b 所示。这种度量称为**峰度**（kurtosis），计算公式如下：

$$\text{峰度} = \left[\frac{(R-\bar{R})^4}{\hat{\sigma}^4}\right] \text{的平均值} - 3 \qquad (1\text{-}20)$$

之所以减去 3 是因为正态分布的上述比率为 3，所以正态分布的峰度

⊖ 对于一个关于均值对称的分布，比如正态分布而言，所有的奇数矩量（$n=1, 3, 5, \cdots$）的期望都为零，而所有的偶数矩量都仅仅是标准差的一个函数。比如，四阶矩为 $3\sigma^4$，六阶矩为 $15\sigma^6$。因此，对于服从正态分布的收益率而言，标准差 σ 提供了风险的全部信息，而资产组合的投资绩效可以通过夏普比率 $\frac{R}{\sigma}$ 来计算。然而对于其他非对称分布而言，奇数阶矩可能非零。一个比正态分布更大的偶数阶矩，加上一个负的奇数阶矩，意味着发生极端恶劣状况概率的增加。

为零，峰度为正则说明存在肥尾现象。图 1-5b 中的肥尾曲线峰度为 0.35。

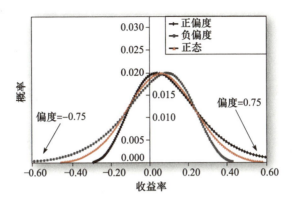

图 1-5a　正态和偏度分布（均值 6%，SD = 17%）

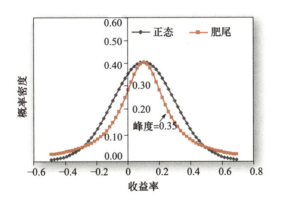

图 1-5b　正态和肥尾分布（均值 0.1，SD = 0.2）

极端负收益更常见于负偏度或正峰度（肥尾）分布。因此，我们需要一个风险度量来衡量极端负收益率的发生情况。注意偏度和峰度都为纯数值。它们不会随着高频观测值的年化而变化。极端负收益的频繁发生会导致出现负偏和肥尾。因此，我们需要揭示极端负收益发生的风险测度。我们将讨论业界最普遍使用的该种测度：在险价值、预期尾部损失、下偏标准差和极端 3δ 收益的相对频率。

在险价值

在险价值（value at risk，VaR）是度量一定概率下发生极端负收益所造成的损失。在险价值一般会写入银行的管理条例并由风险管理人员监控。在险价值的另一个名称是分位数。一个概率分布的 q 分位数是指小于这一分位数的样本点占总体的比例为 $q\%$。因此，当 $q=50$ 时的分位数就是中位数。从业者通常估计 5% 的 VaR，它表示有 95% 的收益率都将大于该值。因此，这一 VaR 实际上是 5% 的最坏的情况下最好的收益率。

当投资组合的收益率为正态分布时，VaR 可以从分布的均值和标准差中直接推导出来。标准正态分布（均值为 0，标准差为 1）的 5% 分位数为 -1.65，因此相应的 VaR 为

$$\text{VaR}(0.05, 正态分布) = 均值 + (-1.65) \times 标准差$$

我们可以将观测值从高到低排列以获取 VaR 的估计值，VaR 就是样本分布的 5% 分位数。通常，受样本数量的影响，我们必须对分位数做插值处理。假设样本由 84 个年收益率组成（1926~2009 年），则 5% 的观测的序号为 4.2。我们必须在从下往上数的第 4 个观测和第 5 个观测之间进行插值运算。假设最低的 5 个收益率为

$$-25.03\%, \quad -25.69\%, \quad -33.49\%, \quad -41.03\%, \quad -45.64\%$$

则相应的 VaR 在 -25.03% 和 -25.69% 之间，并被计算如下

$$\text{VaR} = -25.69 + 0.2 \times (25.69 - 25.03) = -25.56\%$$

预期尾部损失

当我们通过观测最坏的 5% 的情况来评估尾部风险时，VaR 是所有这些情况中收益率最高（损失最小）的。一个对损失敞口头寸更加现实的观点是：关注最坏情况发生条件下的预期损失。这样的一个值有两个名称：**预期损失**（expected shortfall，ES）或**条件尾部期望**（conditional tail expectation，CTE），后者强调了其与左尾分布之间的密切关系。在本书中，我们使用预期损失这一名称。

假设每一个样本点发生的概率相同，因此，我们需要求最底部的5%的观测的平均值。和前面的插值过程一样，我们给最底部的4个值的权重为4/4.2，而给第5个值的权重为0.2/4.2，这样可以求得 ES = -35.94%，显著小于 VaR 的值 -25.56%。[⊖]

下偏标准差与索提诺比率

正态分布情况下用标准差作为风险的度量存在以下几个问题：①分布的非对称性要求我们独立地考察收益率为负的结果；②因为无风险投资工具是风险投资组合的替代投资，因此我们应该考察收益对无风险投资收益的偏离而不是对平均投资收益的偏离。

下偏标准差（lower partial standard deviation，LPSD）可以解决这两个问题。其计算方法和普通标准差的计算相似，但只使用造成损失的那些样本，即它只使用相对于无风险收益率负偏（而非相对于样本均值负偏）的那些收益率，类似求方差一样求这些偏离的平方和的平均值，然后再求其平方根就得到了"左尾标准差"。因此下偏标准差实际代表的是给定损失发生情况下的均方偏离。注意到这样一个值忽略了负超额收益的频率，不同的负的超额收益的分布可能产生相同的下偏标准差值。

从业人员用下偏标准差来替代标准差，同样也用超额收益率对下偏标

⊖ Jonathan Treussard 给出了正态分布下 ES 的一个公式（见 "The Nonmonotonicity of Value-at-Risk and the Validity of Risk Measures over Different Horizons"，*IFCAI Journal of Financial Risk Management*，March 2007）。其公式为

$$ES = \frac{1}{0.05}\exp(\mu)N[-\sigma - F(0.95)] - 1$$

其中 μ 为连续复利计算的收益率的均值，σ 是其标准差，$N(\cdot)$ 为标准正态分布的累计分布函数，F 是其逆函数。在上面的例子中，μ 和 σ 的估计值分别为 5.47% 和 19.54%。正态分布假设下，我们有 ES = -30.57%，这表明这一分布相比于正态分布有更大的左尾值。需要注意的是，虽然 VaR 和 ES 都是利用历史样本估计的无偏估计值，但是仍然可能包含很大的估计误差。

准差的比率来替代夏普比率（平均超额收益率对标准差的比率）。夏普比率的这一变形被称为**索提诺比率**（Sortino ratio）。

-3σ 收益的相对频率

这里我们关注大幅度负收益与相同均值和标准差正态分布相比的相对发生频率。当股票价格发生大幅度变动时，我们称这种极端收益为跳跃（jumps）。我们比较低于均值的 3 倍标准差或以上的收益发生的样本数与正态分布下 -3σ 收益发生的相对频率。

这一程度对于股票价格下行风险有信息价值，实践中它在高频大样本中更有用。观察图 1-4，-3σ 跳跃的相对频率为 0.13%，即每 1 000 个观察值中有 1.3 次。因此，在小样本中很难得到具有代表性的结果，或者很难反映真实的关于极端变化的统计预期。

在下文分析一些常见投资工具收益的历史数据时，我们再说明为什么从业人员需要这么多统计和绩效测度来给风险投资做分析。下面专栏介绍了这些测度日益受欢迎的程度，特别是对肥尾和极端值的关注。

华尔街实战

基金不再靠正态曲线度量风险

2008 年，一个包含 60% 的股票和 40% 的债券的典型投资组合约损失 1/5 的价值。标准的投资组合理论认为这种情况 111 年才会发生一次。经典的投资组合理论认为收益率服从一个钟形分布，但数学家和投资者都知道市场运行并不像理论假设的一样完美。如果收益率真的是钟形分布，那么 2008 年那种下跌发生的概率只可能在概率极小的左尾附近发生，这意味着这种事件几乎是不可能发生的。

近期的历史数据表明，发生这种情况的可能性并非如预测的那么低。在过去 20 多年里，投资者们经受了 1987 年股市崩盘、长期资本管理公司的破产、高科技股泡沫的破裂等事件。

华尔街许多新的金融工具都假设市场收益服从肥尾分布，在这一假定下，2008年将近40%的股票下跌这种事情发生的概率就比之前要大多了。这些假设给出了对风险的另一种认识。考虑之前提到的60%的股票和40%的债券这样一种投资组合。在肥尾分布的假设下，投资组合下跌20%的事件每40年就可能发生一次，而不是之前钟形分布假设下的111年。（最近一次像2008年一样严重的危机发生于1931年。）

一个潜在的缺陷是：我们关于稀有事件的历史样本太少，以至于很难构建相应的模型。MSCI Barra 的首席分析师 Lisa Goldberg 说："数据稀缺是个内在的问题。"

新金融工具的发展同样限制了传统风险测度的作用。正如诺贝尔经济学奖得主哈里·马科维茨于20世纪50年代所指出的，标准差作为一种风险度量可以测量一个投资组合收益率在一段时间内的变化幅度。但是它受收益率向上变化和向下变化的影响相同，而许多投资者相比于获取利润而言更害怕遭受损失。同时，标准差也没有考虑分布肥尾性的影响。

最近几十年，一个考虑了下行风险的新风险指标受到越来越多的关注。这一指标就是在险价值VaR，它可以告诉你在一个特定交易日你有5%的概率损失3%以上的投资之类的事情，但它并没有考虑极端恶劣情况的影响。

为了考虑极端风险，许多公司开始使用预期损失或条件在险价值（conditional VaR）指标，它们代表了当损失超过在险价值时，投资组合的预期损失。条件在险价值估计了不利情况下的预期损失，如 J. P. 摩根和 MSCI Barra 等公司都在使用这一指标。

资料来源：Eleanor Laise, *The Wall Street Journal*, September 8, 2009, p. C1. Reprinted with permission. © 2009 Dow Jones & Company, Inc. All Rights Reserved Worldwide.

风险组合的历史收益

我们现在将前文中介绍的分析工具应用于 6 种风险投资组合，以便后续分析。基础组合是尽可能广泛的美国股票组合，包括在 NYSE、AMEX 和 NASDAQ 上市的股票，并将此标注为"全美股票"。逻辑上说，无人管理（被动）的证券组合应该更多投资于大型公司股票，因此这个基础组合是价值加权的组合。**公司市值**（market cap）一般向右高度倾斜，存在众多小规模公司，少了巨无霸公司。因为采用价值加权，因此"全美股票"组合以大公司为主导。

这里的数据包括 1926 年 7 月至 2012 年 9 月间的全部美国上市公司的月度超额收益，样本覆盖 86 年。我们将样本按照样本长度和经济状况一分为三，以分析这些组合在不同子样本中如何表现。

最早的子样本期大约是 20 世纪的第 2 个 25 年，即 1926 年 7 月至 1949 年 12 月，总共包括 282 个月，覆盖大萧条和"第二次世界大战"时期。

第二个子样本期是 20 世纪的下半期（1950 年 1 月至 1999 年 12 月），总共 600 个月，尽管其间有 3 次战争（朝鲜战争、越南战争和波斯湾战争），8 次相对小幅度经济萧条和复苏期，但总体上属于比较平稳的时期。该子样本期结束于 20 世纪 90 年代后期的网络泡沫。

第三个子样本期涵盖 21 世纪的前 153 个月，属于困难时期，包括两次不同类型的深度衰退，一次是网络泡沫的破灭，另一次是 2007 年开始的房地产泡沫的破灭，每次泡沫破灭导致股票价格大约下跌 40%。其间马拉松式的伊拉克战争和阿富汗冲突使美国经济雪上加霜。

我们以构造的 4 个组合与"全美股票"组合进行比较。这些供比较分析的组合主要依据具有实证证据支持与股票收益相关的两个变量来构造的，即公司规模（股票市值）和市净率。

在其他条件相同时，小规模公司股票收益总体上高于大规模公司股票收益。这里的其他条件指所有能够度量的风险。4个组合中包含两个市值规模较高的股票组合，两个市值规模较小的股票组合。

资产负债表中的会计数据反映公司过去资产投资的历史成本，属于回溯型价值度量。公司净资产（账面价值）等于公司市值减去负债余额。然而，公司市值反映现有公司业务的所有现金流现值，也包含公司业务的预期成长以及尚未投产项目的现金流，可以称之为成长机会。账面价值与公司市值的比例优劣取决于现有资产和成长机会的相对比例。低市净率公司一般是那些公司市值依赖于成长机会的公司，而高市净率公司一般称之为价值型公司，其公司市值主要源于现有公司资产。其他条件相同时，价值型公司的平均收益一般高于成长型公司的收益。

法玛和弗伦奇广泛证明了公司规模和市净率效应，这些效应同样存在于全世界的上市公司。[1]法玛和弗伦奇的数据按照规模大小和市净率高中低划分的美国股票组合的收益，并且每年年中进行组合调整。

我们放弃中等市净率公司，并将高市净率公司称为"价值型"公司。低市净率公司称为"成长型"公司，这样得到4个比照组合，即大型/价值、大型/成长、小型/价值、小型/成长组合。一般采用价值加权方法构造组合，为了更强调小型公司并与含有更多大型公司的"全美股票"组合形成鲜明对照，这里采用等权重法。

表1-8给出了期初期末各组合的公司数量、平均规模、平均B/M值。除21世纪因不景气导致大量小规模公司消失外，组合的公司数量呈增加态势。小规模公司从样本中消失导致余下公司的平均市值增加。所有公司的平均市值从0.57亿美元增加到44.7亿美元，在86年期间平均年增长5.2%，

---

[1] 这类文献最早开始于他们的1992年文章，"股票的预期截面收益"，*Journal of Finance*，第47期，427-465。

较 GDP 平均增速（6.7%）略慢，但较平均 CPI（3.2%）高出2%。

表 1-8　各组合公司数量、平均市值和平均 B/M 值

	全美股票[①]	大型/价值	大型/成长	小型/价值	小型/成长
1926 年 7 月					
公司数量	427	37	85	90	43
平均规模（百万美元）	57	39	108	5	8
平均 B/M 值[②]	1.02	2.36	0.45	3.6	0.81
1950 年 1 月					
公司数量	899	73	196	197	75
平均规模（百万美元）	69	77	186	7	11
平均 B/M 值[②]	1.18	2.60	0.50	2.95	0.67
2000 年 1 月					
公司数量	5 495	150	576	1 709	1 158
平均规模（百万美元）	2 545	3 542	18 246	106	299
平均 B/M 值[②]	0.52	1.38	0.14	1.70	0.22
2012 年 9 月					
公司数量	3 383	153	408	1 065	672
平均规模（百万美元）	4 470	13 325	18 070	297	582
平均 B/M 值[②]	0.68	1.32	0.25	1.33	0.26

①价值加权，因此大型公司占主导。
②B/M 值以年中数计。
资料来源：弗伦奇教授网址：http://mba.tuck.dartmouth.edu/pages/faculty/ken.french/data_library.html。

图 1-6 展示了总计 1 035 个月的短期国库券和 5 个风险资产组合收益的直方图。记住，尽管月平均收益差别不大，但对很长一段样本期的期末财富会产生很大影响。图 1-6a 显示短期国库券收益在 -0.05% 至 1.5% 之间[⊖]，图 1-6b 给出全美股票组合的月均超额收益在 -20% 至 20% 之间，相当于年化收益 -93% 至 891%！纵轴表示各组别的收益（柱状图中黑色柱表示样本收益，有色柱表示正态分布中的收益）。国库券收益的组别宽度为 2.5 个基点（0.025%），股票组合的组别宽为 50 个基点。左侧和右侧

⊖ 这是连续复利计算的超额收益，最接近于正态分布。

的极端组合的组别包括了报告范围以外（小于-20%或高于20%）的所有收益频率。图1-6c和图1-6d给出两个大公司或大市值股票组合超额收益的直方图，图1-6e和图1-6f给出两个小公司组合超额收益的直方图。

从股票的超额收益上第一眼可以看出相对于正态分布而言表现出肥尾特征，意味着极端收益发生的频率高。由于极端收益可能产生的巨大影响，一般采用剔除极端收益外的超额收益来拟合正态分布，而将极端收益单独进行估计。所以，图1-6b~图1-6f中的浅色柱子表示的是与±10%实际收益的均值和标准差相当的正态分布下的预期频率，各图中左上方方格标注的是实际分布的均值和标准差，右上方的方格中是以下分组别收益统计量：中间区域（收益在±10%之间），负向跳跃（极端收益小于-10%）和正向跳跃（极端收益高于10%）。

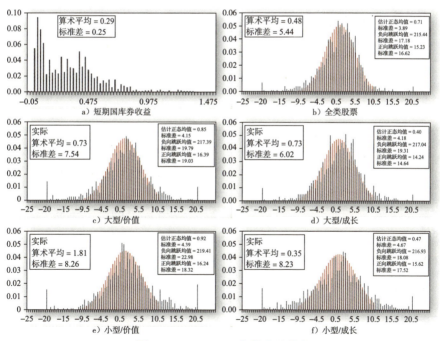

图 1-6　1926~2012年化收益分布

资料来源：同表1-3。

直方图使我们有了关于持有股票风险的直观描述。这里的风险主要是负向跳跃的频率和幅度引起的。我们需要些规范分析来认识这些与状态分布的偏离是否具有经济含义。

表 1-9 列示了全部 86 年期间以及 3 个子样本期的 5 个股票组合的各类统计量。1 035 个月度样本的平均超额收益显著大于 0，表明存在正的溢价。观察价值加权的全美国股票组合，并比较各子样本平均值可以看出，迄今为止的 21 世纪对于大公司而言相当困难。也不奇怪，20 世纪下半期的政治和经济相对稳定，股票组合的平均收益最高，对于等权重组合尤为如此。表 1-9A 对表 1-9 进行了补充报告，显示了这些平均收益情况。

表 1-9 1926 年 7 月至 2012 年 9 月股票月超额收益（年度统计）

Statistic	全美股票①	大型/价值②	大型/成长③	小型/价值④	小型/成长⑤
All 1 035 Months：July 1926 – September 2012					
平均超额收益	7.52	12.34	10.98	26.28	8.38
标准差	20.46	29.25	20.79	41.41	32.80
正态性检验					
下偏标准差（LPSD）	21.67	26.78	20.88	31.57	30.36
偏度⑥	−0.54	0.34	−0.58	1.19	0.17
峰度⑥	6.58	11.40	5.25	13.31	6.19
VaR 5% 实际⑥	−8.01	−10.08	−7.92	−8.30	−11.64
VaR 5% 正态⑥	−8.13	−11.01	−8.76	−11.12	−12.35
ES（CTE）5% 实际⑥	−12.40	−16.35	−13.05	−14.85	−17.39
ES（CTE）5% 正态⑥	−10.17	−13.74	−11.01	−14.08	−15.27
-3σ（obs/1000），实际	7.7	4.8	9.7	2.9	3.9
正态	0.9	0.9	0.8	0.6	1.0
1-month SD conditional on 10% loss, actual	17.18	19.79	19.31	22.98	18.08
正态	12.82	14.95	13.47	16.85	15.16
业绩					
夏普比率（年化）	0.37	0.42	0.53	0.63	0.26
索提诺比率（年化）	0.35	0.46	0.53	0.83	0.28
The 21st Century So Far：January 2000 – September 2012（153 months）					
平均超额收益	1.82	8.80	14.51	17.89	4.83
标准差	20.08	24.08	20.93	28.93	29.49
正态性检验					
下偏标准差（LPSD）	23.02	26.02	19.46	27.40	28.05
偏度	−0.74	−0.59	−0.34	−0.32	0.10
峰度	1.21	2.60	1.43	1.62	1.72

(续)

Statistic	全美股票①	大型/价值②	大型/成长③	小型/价值④	小型/成长⑤
VaR 5%，实际	-8.86	-10.68	-8.11	-9.44	-13.77
VaR 5%，正态	27.85	28.97	28.45	28.77	213.40
ES 5%，实际	-11.09	-14.02	-11.74	-12.36	-17.46
ES 5%，正态	-9.73	-11.22	-10.69	-11.14	-16.47
业绩					
夏普比率（年化）	0.09	0.37	0.69	0.62	0.16
索提诺比率（年化）	0.08	0.34	0.75	0.65	0.17
The 20th Century, Second Half: January 1950-December 1999 (600 months)					
平均超额收益	8.44	11.50	9.83	17.05	7.20
标准差	14.99	17.21	16.51	21.41	25.60
正态性检验					
下偏标准差（LPSD）	15.87	16.39	16.69	20.14	26.40
偏度	-0.81	-0.15	-0.70	-0.22	-0.77
峰度	3.50	2.28	3.76	5.09	4.23
VaR 5%，实际	-6.02	-6.67	-6.94	-6.86	-9.51
正态	-6.08	-6.48	-7.13	-7.33	-9.85
ES 5%，实际	-9.06	-8.98	210.07	210.36	214.30
正态	-7.70	-8.24	-9.01	-9.37	212.25
业绩					
夏普比率（年化）	0.56	0.67	0.60	0.80	0.28
索提诺比率（年化）	0.53	0.70	0.59	0.85	0.27
The 20th Century, Second Quarter: July 1926-December 1949 (282 months)					
平均超额收益	8.64	16.02	11.49	50.48	12.81
标准差	28.72	46.59	27.61	63.74	45.08
正态性检验					
下偏标准差（LPSD）	29.92	40.28	28.43	44.04	37.54
偏度	-0.30	0.40	-0.50	0.96	0.61
峰度	4.60	4.88	4.41	6.25	5.36
VaR 5%，实际	212.55	217.54	211.68	216.73	215.70
正态	211.39	217.46	211.60	216.34	215.88
ES 5%，实际	217.36	224.16	218.22	222.61	221.22
正态	214.14	221.41	214.43	220.59	219.52
业绩					
夏普比率（年化）	0.30	0.34	0.42	0.79	0.28
索提诺比率（年化）	0.29	0.40	0.40	1.15	0.34

①NYSE，AMEX，and NASDAQ，上市股票为价值加权。
②大型股票和最高1/3 B/M股票，等权重。
③大型股票与最低1/3 B/M股票，等权重。
④小型股票与最高1/3 B/M股票，等权重。
⑤小型股票与最低1/3 B/M股票，等权重。
⑥根据月度连续复利计算。

资料来源：Author's calculations, using data from Professor Kenneth French's Web site, http://mba.tuck.dartmouth.edu/pages/faculty/ken.french/data_library.html.

与预期相符，20 世纪的第 2 个 25 年由于经历大萧条和股票价格翻江倒海的变化，这 25 年表现出最高的标准差（见表 1-9B）。

所有股票组合的夏普比率在 20 世纪的后半期达到最好值（见表 1-9C）。21 世纪大型公司占主导的全美公司组合表现最差，等权重组合表现则相对适中。令人奇怪的是，尽管经历大萧条时期，20 世纪第 2 个 25 年的平均收益并不特别低。然而，由于这些估计值很不准确（标准差在 0.2 或 20% 之间），我们不能肯定夏普比率在各子样本期和各组合之间有如此的差异。

表 1-9A 平均超额收益

	全美股票	大型/价值	大型/成长	小型/价值	小型/成长	对照组合平均
所有年份	7.52	12.34	10.98	26.28	8.38	14.49
21 世纪	1.82	8.80	14.51	17.89	4.83	11.51
20 世纪下半叶	8.64	16.02	11.49	50.48	12.81	22.70
20 世纪第 2 个 25 年	8.44	11.50	9.83	17.05	7.20	11.40

表 1-9B 标准差

	全美股票	大型/价值	大型/成长	小型/价值	小型/成长	对照组合平均
所有年份	20.46	29.25	20.79	41.41	32.80	31.06
21 世纪	20.08	24.08	20.93	28.93	29.49	25.86
20 世纪下半叶	14.99	17.21	16.51	21.41	25.60	20.18
20 世纪第 2 个 25 年	28.72	46.59	27.61	63.74	45.08	45.76

表 1-9C 夏普比率

	全美股票	大型/价值	大型/成长	小型/价值	小型/成长	对照组合平均
所有年份	0.37	0.42	0.53	0.63	0.26	0.46
21 世纪	0.09	0.37	0.69	0.62	0.16	0.46
20 世纪下半叶	0.56	0.67	0.60	0.80	0.28	0.59
20 世纪第 2 个 25 年	0.30	0.34	0.42	0.79	0.28	0.46

组合收益

本节主要目的是比较 5 个组合的收益。从价值加权的"全美股票"组合是被动投资者的自然选择这个前提出发，我们选择其他 4 个组合是因为有证据证明规模（大公司 vs. 小公司）和 B/M（价值 vs 成长）是组合表现的主要推动力。表 1-9A 表明小公司/价值型组合事实上在所有时期的平均收益都比较高，与其他组合的平均收益差距都在统计意义上显著。⊖另外，等权重对比组合的平均收益（表 1-9A 的最右侧一栏）较"全美股票"组合的高。但是在判断这种组合更好或更坏之前，必须要证明组合收益之间的差别不能被风险所解释。这里，我们必须质疑标准差作为特定资产或组合风险度量的正确性。标准差度量整体波动性，因此作为一个投资者整个在险财富的证券组合风险测度是合理的，即作为广义资产配置。作为添加与投资者财富组合上的单个资产或组合的风险应该考虑其增加的风险。这一差别需要标准差之外的其他风险测度。

表 1-9B 显示的是这些股票组合的高标准差。年化标准差在 15% ~ 63%。就以最小的标准差计算，组合价值在 1 年期间也算很正常。很明显规模与波动性相关，两个小规模股票组合的波动性较高，而两个大公司组合的波动性较低。而且价值型股票组合的波动性比成长型股票的高，但两者之间的差异并不很显著。

无论怎样考虑这些组合的收益问题，我们必须首先决定标准差是不是风险的一个合适的测度。表 1-9 表明部分组合在部分时期表现出负偏，但是所有组合在所有时期都表现出正的峰度。这表明必须谨慎地评估这些偏离对于在险价值（VaR）、预期损失（ES）以及 -3σ 频率的影响。最后，因为图 1-6 分离出 ±10% 范围内和 ±10% 收益之外的月度超额收益分布，我们可以量化这些极端收益产生的影响。

我们从实际收益分布的 VaR 与相应正态分布（相同均值和标准差）的差异分析开始。记住 5% VaR 是指对应于第 5 个百分位的收益分布的损失。

⊖ 平均收益差的 t 值为平均收益除以收益差的标准差。

它是一个极端结果的风险测度，因为它关注极左侧尾部分布，因此一般称为尾部风险。我们对比实际 VaR 与对应的正态分布 VaR 来比较历史尾部风险和正态分布尾部风险的差异。超额 VaR 指历史实际分布 VaR 与正态分布 VaR 的差异，负数代表更大的损失。

表 1-9D 显示整个样本期 VaR 值并不比相应正态分布的尾部风险大。最差的超额 VaR（21 世纪的大型/价值组合的 VaR 为 -1.71%）比该组合月度收益标准差（6.01%）的 1/3 还小。

然而另外的风险测度则表明尾部风险较相应正态分布的大。表 1-9 中的实际超额收益的预期损失（ES）比相应正态分布的负值更小（与正峰度为标志的肥尾一致）。为评价偏离正态分布的经济影响，我们在表 1-9E 中给出各种组合的预期损失与月度收益标准差的分数。负号表明多数 -5% 的实际观察值较对应的正态分布更糟，但是这种差异并不显著。其量差与月度收益标准差之比从未超过 0.77。从整个样本期看，预期损失没有超过月度收益标准差的 0.44 倍。这说明，我们没有证据表明正态分布的假设不合适。

表 1-9F 列示了大于 3 个标准差的负月度收益或跳跃的实际数量以及正态分布假设下的数量。在每 1 000 个月实际数为 2.9~9.7，而正态分布下的只有 0.6~1.0。这是什么含义呢？ -3σ 收益确实是巨大的负面冲击。为便于理解，我们计算超额跳跃之间的预期时长（以年表示），这里的超额跳跃是指超出正态分布的跳跃时长。我们还计算了该段时期的预期收益（以标准差的倍数表示，见表 1-9F）。数据表明每 9~36 年观察到一次超额跳跃，其间组合的超额收益约为 16~104 倍标准差。因此跳跃风险似乎对长期股票收益的均值和风险影响不大。

最后，我们剖析 ±10% 收益以外的跳跃幅度，在图 1-6 中有预示。为量化风险，我们提出如下问题：当我们观察 1 035 个月中低于 -10% 月度收益时，它们的标准差是多少？与这些样本均值标准差相同的正态分布下的尾部标准差是多少？表 1-9G 给出了上述问题的答案。很明显，正如图 1-6 所示，实际的标准差比正态分布下的标准差要大。在最差的时期实际标准差比正态分布下的标准差高出近 43%。在所有分析过的统计指标中，这也是直接以正态分布近似实际分布得出的最可怕的结果。

表 1-9D VaR（除以月度标准差）

	全美股票	大型/价值	大型/成长	小型/价值	小型/成长	对照组合平均
所有年份	0.12	0.93	0.85	2.81	0.72	1.33
21 世纪	-1.02	-1.71	0.34	-0.67	-0.37	-0.60
20 世纪下半叶	0.06	20.19	0.19	0.47	0.34	0.20
20 世纪第 2 个 25 年	-1.16	-0.09	-0.08	-0.39	0.18	-0.09

表 1-9E 预期损失（除以月度标准差）

	全美股票	大型/价值	大型/成长	小型/价值	小型/成长	对照组合平均
所有年份	-0.41	-0.33	-0.34	-0.08	-0.25	-0.25
21 世纪	-0.28	-0.47	-0.17	-0.19	-0.11	-0.24
20 世纪下半叶	-0.18	-0.06	-0.13	-0.07	-0.18	-0.11
20 世纪第 2 个 25 年	-0.77	-0.59	-0.77	-0.37	-0.26	-0.50

表 1-9F -3σ 收益

	全美股票	大型/价值	大型/成长	小型/价值	小型/成长
负跳数量	7.7	4.8	9.7	2.9	3.9
正态分布下的预期负跳	0.9	0.9	0.8	0.6	1.0
两者差异	6.8	4.0	8.9	2.3	2.8
超额跳跃间时长	12.24	21.06	9.42	36.23	29.37
超额跳跃间预期超额收益（个标准差）	16.90	32.91	17.16	104.23	28.98

表 1-9G 低于 -10% 月度收益标准差

	全美股票	大型/价值	大型/成长	小型/价值	小型/成长
From 1 035-month history	17.18	19.79	19.31	22.98	18.08
From an equivalent normal	12.82	14.95	13.47	16.85	15.16
% Difference	33.99	32.35	43.35	36.39	19.23

总结一下，以正态分布近似组合收益总体上不坏，但是在特殊时期这可能低估投资风险。不过我们可以通过细致估计极端收益标准差来弥补其

缺陷。无论如何，我们在应用正态分布条件下的理论和推理时应该更加谨慎。总体上，应该确保资产或证券组合的标准差反映尾部风险。

下一章我们将继续讨论这些组合并分析其中的"全美股票"组合是不是风险 – 收益权衡下的最有效组合。我们也将考虑规模 – B/M 组合表现的相应调整。不过，对于资产收益近似正态分布的假设令人欣慰，这使我们的分析更顺畅同时也更准确。

全球视野下的历史数据

随着全球金融市场的发展，金融市场变得越来越透明化，美国投资者正在谋求通过国际化投资使投资组合更加多元化。一些国外投资者为了降低风险，还投资于可以看作避风港的美国市场作为其本国市场投资的额外补充。这就相应提出了美国股市和全球股市相比表现到底怎样的问题。

图 1-7 列出了 16 个发达国家股票市场 1900～2000 年这 100 年间的平均名义收益率和实际收益率。我们发现从平均实际收益率来看美国排在第 4 位，处于瑞典、澳大利亚和南非之后。图 1-8 列出了这 16 个国家股票和债券实际收益的标准差，发现股票标准差按照从低到高排列，美国与其他 3 个国家并列排在第 3 位。可见，美国的表现还不错，但是与这些国家相比并不突出。

这些数据一个有趣的特点在于按照平均实际收益率与标准差的比值来计算，表现最差的是意大利、比利时、德国和日本——第二次世界大战中受创最严重的国家；表现最好的国家有澳大利亚、加拿大和美国，而这些国家恰恰是 20 世纪受战争影响最小的国家。此外 16 个国家的实际收益率差距非常小。平均实际收益率最高的国家（瑞典 7.6%）和 16 个国家的平均值（5.1%）差距只有 2.5%。同样，最低的国家（比利时 2.5%）和均值的差距只有 2.6%。取平均标准差 23%，观测样本 100 个，差距 2.6% 的 t 统计量为：

$$t \text{ 统计量} = \frac{\text{均值之差}}{\text{标准差}/\sqrt{n}} = \frac{2.6}{23/\sqrt{100}} = 1.3$$

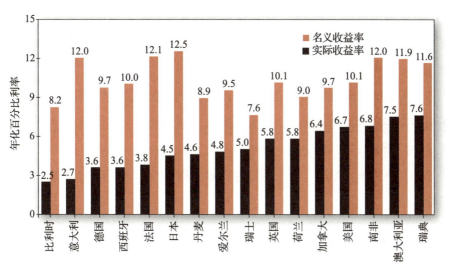

图 1-7　1900～2000 年各国股票的名义和实际收益率

资料来源：Elroy Dimson, Paul Marsh, and Mike Staunton, *Triumph of the Optimists*: 101 *Years of Global Investment Returns* (Princeton：Princeton University Press, 2002), p. 50. Reprinted by permission of the Princeton University Press.

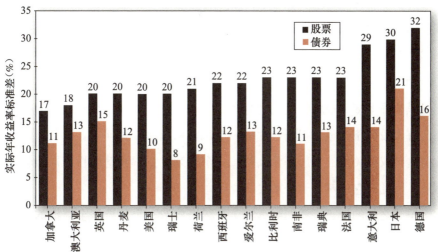

图 1-8　1900～2000 年各国股票和债券实际收益率的标准差

资料来源：Elroy Dimson, Paul Marsh, and Mike Staunton, *Triumph of the Optimists*: 101 *Years of Global Investment Returns* (Princeton：Princeton University Press, 2002), p. 61. Reprinted by permission of the Princeton University Press.

这个数值远小于常见的 t 统计量显著性水平，所以结论是美国的表现不应该作为特例而被排除，美国股票市场作为收益特征的评判标准是合理的。

最近，业内人士和学者正在争论：美国大盘股超过短期国库券 7.92% 的历史平均风险溢价是否可以作为长期合理的预测值。这个争议的焦点落在两个问题上：第一，历史上主导的经济因素是否充分代表了预测假设中主导的经济因素？第二，历史所得的算术平均值是否可以作为长期预测的有效基准？

长期投资

考虑一名投资者为其 25 年后的退休于今天储蓄了 1 美元，把这 1 美元投资于一个风险股票投资组合（获得的股利也进行再投资），这个股票组合的月收益率为 1%，那么退休后他的这笔退休"基金"会增长近 20 倍，其终值为 $(1+0.01)^{300} = 19.79$（美元）（增长了 1 879%）。同时比较投资于一个 25 年无风险月平均收益率为 0.5% 的国债时，投资的终值只有 $1.005^{300} = 4.46$（美元）。可以看出 0.5% 的月风险溢价会使投资的总收益比无风险国债多 3 倍多，这就是复利的作用。你可能会问既然如此为什么还会有人投资于国债，很明显这是一个风险的超额收益问题。那么风险与收益这种权衡关系的本质是什么呢？一个长期收益率波动的投资风险较难理解，因此对它的刻画十分重要。

仿照之前的例子，我们继续用二叉树来构造一个股票基金终值的概率分布。与之前不同的是，这次不采用月利润简单相加，而是根据分布确定一个收益率并以之按复利计算终值。例如，假设某个股票组合的月收益率可以近似看成如下分布：月收益率 50% 的可能性是 5.54%，50% 的可能性是 −3.54%。这种构造的月期望收益是 1%，其风险用月收益标准差来衡

量是 $\sqrt{0.5 \times (5.54-1)^2 + 0.5 \times (-3.54-1)^2} = 4.54\%$。2 个月后的事件树如下所示：

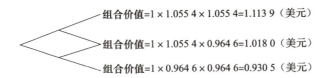

300 个月后二叉树会产生 301 种不同的可能结果，而每种结果的概率可以通过 Excel 中的 BINOMDIST 函数来获得。由此我们计算得到期末终值的均值为 19.79，标准差为 18.09。我们可以用这个标准差来度量 19.79 - 4.29 = 15.5（1 550%）的风险溢价吗？回想前文里讲的收益分布的非对称性会使标准差衡量的风险水平出现偏差的情况，所以我们必须先看看这个事件树最终的分布情况。

图 1-9 画出了期末可能价值的发生概率，可以看出分布的非对称性是很明显的。很高的正偏度表明标准差对风险的度量并不适用。实际上，以复利计算多期二项分布的终值时，其收敛于**对数正态分布**（lognormal distribution）。对数正态分布描述的变量在取对数后服从正态分布。

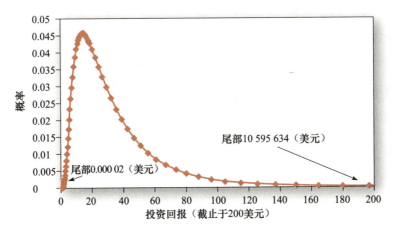

图 1-9　25 年后的概率分布服从对数正态分布

正态分布与对数正态分布

我们前文指出过，正态分布的一个重要特性是它的稳定性，即服从正态分布的收益加总后的结果依然服从正态分布。但是这一特性不适用于正态分布收益的乘积，这样我们依然寻找较长时段收益的分布。例如，两个时段的实际收益率 r_1 和 r_2 均为正态分布，这两个时段总收益率 $(1+r_1)(1+r_2)-1$ 不是正态分布。正态分布不能用来做我们想象的简化分布，但是对数正态分布可以。什么是对数正态分布？

一个随机变量 X，如果其对数形式 $\ln(X)$ 服从正态分布，则 X 服从对数正态分布。这样如果瞬间股票价格服从正态分布（即在一个极短时段收益呈正态分布），那么一个较长时段的复利收益以及未来的股票价格服从对数正态分布。⊖反过来，如果股票价格服从对数正态分布，其连续复利收益（CC）服从正态分布。既然不管时段多长，连续复利收益服从正态分布，如果采用连续复利收益率而非实际收益率，我们依然可以利用正态分布带来的种种简化。

回顾一下连续复利收益公式 $r_{CC}=\ln(1+r)$，如果有实际收益率，我们即可计算连续复利收益率。如果 r_{CC} 服从正态分布，则可以用它进行各种分析和计算。如果有需要，也可以从 r_{CC} 反推实际收益率，即 $r=e^{r_{CC}}-1$。

我们看看当股票价格服从对数正态分布时能得出些什么样的规律。假设对数股票价格服从预期年化增长率为 g、标准差为 σ 的正态分布。收益受到随机冲击时，这些波动对价格的影响并非对称。一个正向的向上冲击提高了股价，则下一个冲击较上一个大。反过来也一样，一个负向冲击降

⊖ 如图 1-9 所刻画的二叉树也有类似情况。尽管情况很糟糕，股票价格也不可能为负，这样其分布受限于零。但是在情况很好时，股票价格上涨不受限，这样一个很长时段的复合收益表现出很长的右尾，但左尾受限于最糟糕的 -100%。这就出现对数正态分布的非对称倾斜的特征。

低了股价，下一个冲击则较小。这样，一连串的正向冲击将有一个较大的上行影响，一连串的负向冲击将产生较大的下行影响。因此，即便 g 为 0 波动性推动股价上行。这种额外移动有多大？这取决于最小价格变动的大小，事实上，它恰好等于其方差的一半。这样连续复利收益率 m 将大于 g。预期的年化连续复利收益率（CC）等于

$$E(r_{CC}) = m = g + \frac{1}{2}\sigma^2 \tag{1-21}$$

有了正态分布的 CC，我们预期期初财富 W_0 复利到年末为 $W_0 e^{g+\frac{1}{2}\sigma^2} = We^m$。因此预期实际利率等于

$$E(r) = e^{g+\frac{1}{2}\sigma^2} - 1 = e^m - 1 \tag{1-22}$$

如果将年化 CC 用到期限为 T 的一项投资，不管 T 是大于或小于 1 年，该投资将按照 $r(T) = e^{r_{CC}T} - 1$ 速度增长。预期累计收益率 $r_{CC}T$ 与 T 成比例，即 $E(r_{CC}T) = mT = gT + \frac{1}{2}\sigma^2 T$，预期的期末财富为

$$E(W_T) = W_0 e^{mT} = W_0 e^{(g+\frac{1}{2}\sigma^2)T} \tag{1-23}$$

累计收益率的方差也与时段长度成比例，即 $\mathrm{Var}(r_{CC}T) = T\mathrm{Var}(r_{CC})$ ⊖，但是其标准差与时段长度呈平方根的关系，即 $\sigma(r_{CC}T) = \sqrt{T\mathrm{Var}(r_{CC})} = \sigma\sqrt{T}$。

上式提供了降低长期投资风险的途径。因为预期收益与时段长度成比例增长，而标准差增长的速度较慢，这样一项长期风险投资的预期收益相对于其标准差增长更快。也许预期损失也随着投资期限增加而下降。我们将在例 1-11 分析这种可能性。

【例 1-11】 短期和长期收益损失风险

预期月度收益率为 1% 的连续复利收益率等于 $\ln(1.01) = 0.00995$（即

⊖ 当实际年收益率，r，呈对数正态分布时，$\mathrm{Var}(r) = e^{2m}(e^{\sigma^2} - 1)$。

每月0.995%)。假设无风险为0.5%/月,相当于连续复利收益率 ln(1.005) = 0.498 8%。实际收益标准差4.54%意味着连续复利下月度标准差4.492 8%。因此CC风险溢价是0.995 - 0.498 8 = 0.496 3%,标准差等于4.492 8%,夏普比率等于0.496 3/4.492 8 = 0.11。换句话说,股票组合的绩效劣于无风险资产的前提是股票收益较均值低0.11倍标准差。采用正态分布,我们发现收益率低于无风险收益率的概率为45.6%(你可以在Excel的NORMSDIST[⊖]公式输入-0.11可得)。这是投资者后悔的概率,有了这个,投资者宁愿投资于短期国库券而非股票。

如果投资期为300个月,累计超额收益高达0.496 3% × 300 = 148.9%,标准差为 $4.492 \times \sqrt{300} = 77.82$,意味着夏普比率高达1.91。在NORMS-DIST公式中输入-1.91,你会发现300个月期间损失的概率仅为0.029。

注意,损失的概率并不是一种完善的投资风险度量方法。这个概率不考虑潜在损失的大小,而一些可能损失虽然发生概率小,却意味着完全的破产。25年投资的最坏情况远比1个月的最坏情况要差得多。图1-10和图1-11用图像展示了长期风险的累积。

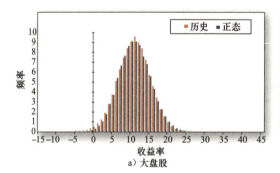

图1-10 拔靴法和正态分布下25年持有期收益率(50 000个样本),右侧为统计值

⊖ 在有些版本的Excel,该式是NORM.S.DIST(z,TRUE)。

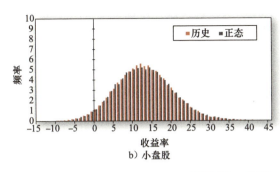

图 1-10 （续）

一个更好地度量长期投资风险的方法是用可以抵御损失的保险的市场价格。这种保险溢价必须考虑到损失的可能性和损失的大小。

尽管一个投资组合的保险兑现赔偿的概率很低，但是可能损失的金额和时机⊖可能会使这样的保险拥有较高的保费。比如，用标准的期权定价模型计算得到一个 10 年期的投资损失的保险价格几乎达到期初投资金额的 20% 左右，而与期限越长损失风险越小的结论相反，在市场上期限越长的保险保费竟然更高，甚至达到 30%。

长期未来收益的模拟

图 1-6 中的频率分布仅仅提供了收益分布性质的大体描述，很难用来反映长期投资。一个从过去了解未来长期收益分布的方法是从有效样本中模拟出未来的收益。实现这一任务的一个流行的方法叫作拔靴法。

拔靴法是一个可以避免各类收益分布假设的实验过程，直接简单假设历史样本中的收益结果发生的可能性相等。例如，可以从历史年收益的样本中随机抽取 25 年的数据来模拟一个 25 年期投资的可能未来收益。将 25

⊖ 这里的时机是说股票价格下降和惨淡的经济有关联性，而在这种情况下投资者非常需要额外的收入来弥补投资损失，所以能补偿这种损失的保险其市场价值是非常显而易见的。

个收益率按复利计算可以得到 1 种期末收益，这一过程重复千次便可以得到长期收益率的概率分布。

现在让我们再回顾一下纳西姆·塔勒布（Nassim Taleb）的黑天鹅事件[⊖]。塔勒布用欧洲人闻所未闻的黑天鹅比喻历史上从未发生过的事件。黑天鹅象征的是尾部风险：它发生概率极低，但影响巨大而且无法根据以往经验预测。拔靴意味着将未来收益局限在过去收益的区间或者过去极端收益发生的频率，这将大大低估了尾部风险。注意在正态分布条件进行模拟，我们允许不限制坏的结果，但是不允许肥尾，因此低估其发生概率。然而，因一种特定的概率分布总是预先设定了未来事件的形态。

描述不确定的难点主要是知道投资者如何就低概率灾难发生进行反映。有人认为长期投资风险较低低估了极端事件的风险。昂贵的组合保险表明绝大多数投资者不会轻视这种极端风险。就现在的实验而言，我们证明即使以过去最糟的美国历史数据进行模拟也会产生投资惨败的情况。

做这一模拟实验中的主要决策就是选取过去多长时间来获得未来收益率观测序列值。答案就是我们应该尽可能多地用全部可靠历史样本来包括低概率极值点。

这一实验一个重要的目标就是评估美国长期股票投资收益分布的非正态性带来的潜在影响。基于这个目的，分别用拔靴法对大盘股和小盘股 25 年年收益率分布进行模拟，并和用正态分布得到的类似样本进行比较。结果如图 1-10 所示。其中图 1-10a 显示了美国大盘股的历史收益和用正态收益分布构造的频率分布，图 1-10b 显示的是小盘股，并附有分布的相关统计量。

⊖ *The Black Swan*；*The Impact of the Highly Improbable*，New York，Random House，2010.

我们先看大盘股。可以看到历史数据模拟和正态收益分布分别构造的频率分布差异很小，但却是显著的，尽管 1 年期和 25 年期的年均收益、标准差只有很小的差别，但是偏度与峰度上微小的差别结合在一起就构成了显著的收益损失可能性的差异。对于小盘股，因为偏度和峰度的差异太小所以形成的分布图非常近似。

我们如何考虑长期投资的风险呢？正如下表所示，损失的概率很小，大盘股发生损失的概率为 1%，小盘股的为 5%。这与我们在例 1-11 中的计算相符；投资期限延长，损失概率下降。

	实际		正态分布	
	大盘股	小盘股	大盘股	小盘股
最大终极损失（%）	95	99	82	98
损失概率	0.009 5	0.041 5	0.006 4	0.042 8
预期损失概率	0.104 4	0.117 8	0.060 3	0.123 2

那么对于投资者其他期限长度的长期投资风险又是怎样的呢？图 1-11 又将 25 年和 10 年做了比较。为了有可比性，我们必须考虑给 10 年期投资期末再加上一个 15 年的国债作为补充。（为了完成这一比较，从 80 年国债历史中抽取 15 年的样本，并给每个样本加上从风险资产收益历史中抽取的 10 个风险收益率。）结果如图 1-11 所示，其概率分布揭示了终值组合的风险差异，从统计量中也可以明显地看出这些差异。

图 1-12 显示了 25 年期大盘股的财富指数和投资于国债的财富指数走势的比较。不同股票组合的收入范围从收入最低组合，到前 1% 低组合、前 5% 低组合、均值组合、中值组合。前 5% 低组合与国债投资相比还是有显著的收益损失。综上所述，这个分析清晰地说明投资股票的风险在长期中更小这一结论并不成立。

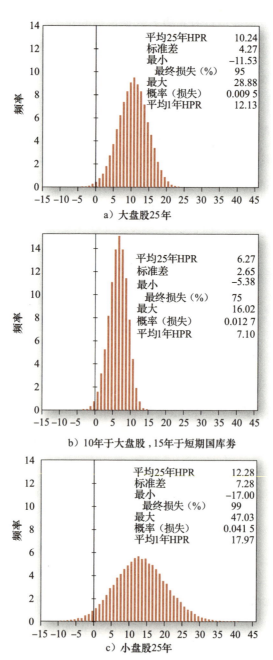

图1-11 按年复利累计,拔靴法获得的25年持有期收益率(50 000个样本)

第 1 章 凡是过往，皆为序章：风险与收益入门及历史回顾 59

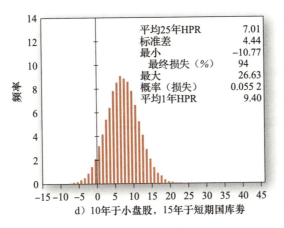

d) 10年于小盘股，15年于短期国库券

图 1-11 （续）

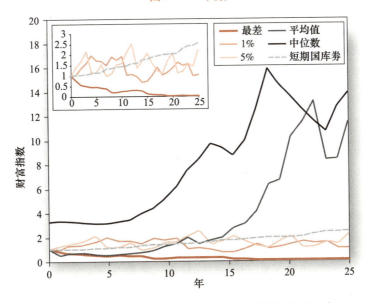

图 1-12 部分大盘股组合的财富指数和短期国库券组合

注：注意最差组合、1%、5%和国库券的对比。

很多业界人士认为对于长期投资者来说，投资风险不很重要。下面专栏表明年化收益标准差对于较长时期而言下降了，但是在投资总收益方面则并无明显变化。

华尔街实战

时间和风险

许多投资新手对股票市场持怀疑态度。他们认为权益投资就像俄罗斯轮盘游戏一样，玩得越久赔得越多。实际上，历史数据告诉我们结果恰好相反。降低风险最容易的方法就是投资权益，而增加收入最容易的方法则是延长你持有投资组合的时间。

下图中的历史数据比较了1950~2005年不同持有期的小股票、大股票、长期和中期国债的收益率。

图中显示，如果持有1年的话，那么在这样短的持有期内，小公司股票无疑是最好的选择。

如果投资年限大于1年呢？你可以顺着横轴向右看，即使投资期限只增加1年变为2年，权益的波动率也会迅速下降，这时你需要点击放大按钮（Zoom In）才能看清楚。当投资期限变为10年时，政府债券的下行风险要比小公司股票低很多。但点击调整通货膨胀（adjust for inflation）按钮后，你会看见债券的低风险完全是一种假象。通货膨胀将使投资回报率低的投资组合的实际回报率为负值。

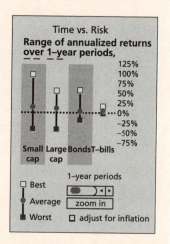

资料来源：CRSP, Federal Reserve.

现在让我们来看投资20年的收益率。调整通货膨胀后，20年长期国债的最优收益率将明显低于小公司和大公司股票的收益率。与公众的预期相反，在最坏的20年里，债券投资在调整通货膨胀影响后实际上是赔钱的。同时，投资小公司股票在20年里能获取不错的回报，即使在市场最恶劣的情况下。

资料来源：Abridged from "Time vs. Risk," SmartMoney.com, July 31, 2010. ⓒ 2013 Dow Jones & Company, Inc. Used with permission via icopyright.

再论无风险收益率

本章开头在没有谈及投资期限时,简单提出了实际和名义无风险收益率的概念。总体原则是,无风险收益率的期限应该与投资期限相匹配。长期投资者需要以长期无风险债券收益作为基准的无风险收益率。利率总体上与期限相关,越长的期限通货膨胀越难预测。因此通胀风险与期限长短相关。

认识到风险资产的风险溢价是一个真实的数字很重要。风险资产的预期收益率等于无风险利率加风险溢价。这个风险溢价是无风险收益率的增加量,无论无风险收益率是实际的还是名义的。

投资者以每个对应期限的实际收益率作为投资的衡量基准,因此实际风险资产收益率应该是实际无风险收益率加风险溢价。即便是长期限国债的无风险名义利率由于未来通胀和利率的不确定性也包含有风险溢价。

通胀保值债券(TIP)承诺向投资者支付一定期限的保护通胀的实际利率。这样我们可以把一定期限风险投资的预期实际收益率看作相同期限 TIP 国债的利率加风险溢价。

同时存在名义国债和 TIP 也提供有用的信息。这两种债券预期收益率之差称为远期通胀率,既包含预期值也包括相应的风险溢价。

那我们为什么在表达超额收益时通常用 1 月期的短期国库券收益率呢?主要是因为我们都在讨论短期投资。严格意义上,在讨论长期投资时,必须要用相应的实际无风险利率。

收益率研究的方向在哪里

要想更多地了解收益的分布特别是罕见的极端事件,我们需要大量数据。通过加速收集日数据不是办法,等我们有了大量数据时,分布就发生变化了。但这样做还是有些帮助。

高频的收益率数据来自每一笔交易。最近天体物理学家开发的统计方法可以从这些数据中提取关于收益分布的有价值成分。这一收益形成过程可以描述为由瞬间正态分布加总形成对数正态再加上偏离正态分布的跳跃,其中的跳跃可以分解为大量的小跳加上尾部的大跳。⊖

希望用不了多久业界人士就可以购买这样的研究成果,获得各种期限风险投资的精确风险参数。

长期预测

我们之所以用算术平均收益来预测未来收益,是因为算术平均收益对相同持有期的期望收益的估计是无偏的。但是用短期的算术平均收益来预测长期累积收益将会出现偏差。这是因为对期望收益进行估计的样本误差会在长期复利计算中产生非对称性影响,且正的误差比负的误差影响更大。

Jacquier、Kane 和 Marcus 证明长期总收益的无偏预测要求计算所用的复利采用算术和几何平均收益率的加权值。几何平均的权重系数等于预测期的长度和样本长度的比值。例如,用 80 年的历史样本预测 25 年期的投资累积收益,其无偏估计应采用的复利利率是

$$几何平均值 \times \frac{25}{80} + 算术平均值 \times \frac{(80-25)}{80}$$

这个改进剪掉了大盘股 0.6% 的历史几何平均风险溢价,小盘股 2% 的算术平均风险溢价。预测的投资持有期越长得到的比率就越小,而当前中年投资者的预测期限就要取决于他们的寿命预期了。

⊖ 更详尽了解这一方法,参见 Yacine Ait-Sahalia and Jean Jacod, "Analyzing the Spectrum of Asset Returns: Jump and Volatility Components in High Frequency Data."Journal of Economic Literature 50 (2012), pp. 1007~1050.

第 2 章

收益和风险的权衡:
风险资产配置

INVESTMENTS

INVESTMENTS
导读

构造一个投资组合分为两步：①投资者确定组合中风险资产的构成如股票、债券等；②决定这个风险资产组合和无风险资产的配置比率。显然，在不知道风险资产和无风险资产的期望收益以及风险水平时，投资者是无法做出上述决策的，所以刻画资产组合收益风险的权衡就显得非常重要。

构造最优风险资产组合的技术比较复杂，投资者可以交给专业人士，因为这需要高超的优化技巧。至于多少资金用于投资风险资产，多少用于无风险资产，取决于投资者自己对风险与期望收益的权衡。在本章涉及的部分行为金融内容中，读者会看到大部分投资者在这关键的一步犹豫不决。

本章首先介绍组合理论中以风险为中心的两项主题。一是投资者一般会规避风险，除非风险意味着更高的期望收益。二是关于衡量投资者个人对收益和风险的权衡取舍。所以我们介绍效用函数，它可以根据风险和期望收益把个人的福利量化为效用值，并选择效用最大的资产组合。在附录中我们展示了效用模型的历史数据和实证基础。

有了效用模型之后，我们可以解决投资者面对的最重要的投资决策——多少钱投入到风险资产中以期望更高的收益。在本章中我们假设用众多风险资产构造风险组合已经发生，下一章中讨论如何构建的问题。用效用模型中期望收益和风险参数可以得出风险组合和无风险资产之间的最优资本配置。

风险与风险厌恶

前文我们介绍了持有期收益率和超额收益率，同样也讨论了估计风险溢价（预期超额收益）和作为风险度量的收益率标准差，并用对特定风险组合的情境分析展示了这些概念。为了强调高风险必须以高收益作为回报，我们在这里首先介绍投机和赌博的差异。

风险、投机和赌博

投机是指承担一定的风险并获取相应的报酬，尽管听起来很容易，但要使投机可以利用，首先必须特别定义"一定的风险"和"相应的报酬"。

"一定的风险"是说风险水平足够影响投资决策。一个投资者也许会因为一项投资产品的潜在收益并不足以弥补它的风险而放弃投资。"相应的报酬"是指投资有正的风险溢价，即期望收益率高于无风险收益率。

赌博是"为了一个不确定的结果下注"。如果把赌博的定义和投机相比较，会发现主要差别在于赌博并没有"相应的报酬"。从经济学上讲，赌博是为了享受冒险的乐趣而承担风险，而投机则指为了风险溢价而承担风险。把赌博变成投机需要有足够的风险溢价来补偿风险厌恶投资者。因此，风险厌恶和投机并不矛盾。风险溢价为零的风险投资也叫作**公平博弈**（fair game），比如一些赌博，风险厌恶的投资者就不会进行这样的博弈。

在某些情况下赌博看起来像是投机。比如两个投资者鲍尔和玛丽对美元与英镑的远期汇率走势进行对赌。如果一年后1英镑价值超过1.6美元，则鲍尔付给玛丽100美元；相反则玛丽付给鲍尔100美元。这个赌局只有两种结果。如果两人对两种结果出现的概率有共同的认识，而两个人认为自己都不会输，则两种结果出现的概率只能为 0.5。在这种情况下，双方的期望收益都为零，两人的行为更像是在赌博。

然而，更有可能的是鲍尔和玛丽对事件结果发生概率认识的不同。玛丽认为英镑汇率超过 1.6 美元的概率大于 0.5，鲍尔认为汇率低于 1.6 美元的概率大于 0.5，他们的主观预期并不相同。经济学家称这种现象为"异质预期"。在这种情况下，双方都把自己的行为看作投机，而非赌博。

鲍尔和玛丽都应该有这样的疑问，为什么对方会投资于其认为期望收益分明为负的投资。解决异质预期问题的理想方法是让鲍尔与玛丽充分交换信息，也就是使双方明确自己已经掌握了所有的相关信息并得当地处理了这些信息。当然，为了消除异质预期而获得信息与深入沟通是有成本的，因此一定程度上异质预期的存在并非不理性。然而，当类似协议经常发生时，双方就会认识到信息不对称问题确实存在：他们或是输赢参半，意识到自己不过是在赌博，或是输的一方意识到自己一直是在欠佳的预测基础上打赌。

风险厌恶和效用价值

第 1 章中展示了不同类型资产的收益率以及大量深入的实证研究，表明风险资产都需要风险溢价作为补偿，这说明大多数投资者都是风险厌恶的。

风险厌恶（risk averse）的投资者会放弃公平赌局和更差的投资。他们更愿意考虑无风险资产和有正风险溢价的投资品。广泛地说，风险厌恶的投资者会"处罚"除去风险组合一定的收益率，以弥补其承担的风险。风险越大，处罚就越大。有人会疑问为什么一定要假设投资者是风险厌恶的，相信多数投资者都会同意这一观点。

为了阐述在众多风险水平不同的投资组合中进行选择将会面临的问

题，我们给出一个具体的例子。假设无风险利率是5%，投资者面临表2-1中3种不同的投资组合。表中用风险溢价、风险水平和标准差（SD）来说明低风险债券（L）、高风险债券（M）和股票组合（H）的风险收益特征。投资者会如何选择呢？

表2-1 可供选择的风险资产组合（无风险利率为5%）

组合	风险溢价（%）	期望收益（%）	标准差（%）
低等风险	2	7	5
中等风险	4	9	10
高等风险	8	13	20

我们假设投资者会根据收益风险情况为每个资产组合给出一个效用值分数。分数越高说明这个资产组合越有吸引力。资产期望收益越高分数越高，波动性越大分数越低。业界存在很多的打分方法。金融学和特许金融分析师机构应用最多的一个效用函数是

$$U = E(r) - \frac{1}{2}A\sigma^2 \qquad (2\text{-}1)$$

U 是效用值，A 是投资者的风险厌恶系数。系数 1/2 只是一个约定俗成的数值。使用式（2-1）时，收益率必须采用小数形式而不是百分数。

式（2-1）表明效用随期望收益的增加而增加，随风险的增加而降低。注意，无风险资产的效用值就是其自身的收益率，因为其风险补偿为零。风险资产方差降低，资产效用值的程度由风险厌恶系数 A 决定。投资者对风险厌恶程度越高（A 越大），对风险要求的补偿就越高。投资者会在投资产品中选择其效用值最高的组合，后面的华尔街实战专栏会讨论财务顾问度量其客户的投资风险厌恶程度的一些方法。

【例2-1】 通过效用得分评估投资

考虑3个风险厌恶程度不同的投资者：$A_1=2$，$A_2=3.5$，$A_3=5$。他们3人都在评价表2-1中的3个投资组合。因为无风险利率为5%，用式（2-1）得到3个投资者对无风险资产的效用分数都是0.05。表2-2展示了他们对每个风险资产的打分情况。每个投资者最优的选择是用粗体显示的部分。

表2-2 几种投资组合对不同风险厌恶水平投资者的效用值

风险厌恶系数 (A)	资产组合 L 的效用分数 [$E(r)=0.07$；$\sigma=0.05$]	资产组合 M 的效用分数 [$E(r)=0.09$；$\sigma=0.10$]	资产组合 H 的效用分数 [$E(r)=0.13$；$\sigma=0.20$]
2.0	$0.07-1/2\times2\times0.05^2=0.0675$	$0.09-1/2\times2\times0.1^2=0.0800$	**$0.13-1/2\times2\times0.2^2=0.09$**
3.5	$0.07-1/2\times3.5\times0.05^2=0.0656$	**$0.09-1/2\times3.5\times0.1^2=0.0725$**	$0.13-1/2\times3.5\times0.2^2=0.06$
5.0	$0.07-1/2\times5\times0.05^2=0.0638$	**$0.09-1/2\times5\times0.1^2=0.0650$**	$0.13-1/2\times5\times0.2^2=0.03$

可以把风险资产的效用值看作投资者的**确定等价收益率**（certainty equivalent rate），即风险资产为达到与无风险资产相同的效应所需要的收益率。这个比率是比较不同组合效用值，最自然、最直接的方法。

现在可以说，只有当一个投资组合的确定等价收益率超过无风险收益率时，这个投资才是值得的。对于一个极度厌恶风险的投资者，任何风险组合甚至风险溢价为正的投资，其效用都有可能低于无风险资产，使得投资者拒绝风险资产组合。同时，风险厌恶程度较低的投资者可能从同样的风险资产组合中获得的效用高于无风险资产，从而愿意投资。如果风险溢价为零或负数，任何降低效用的调整都会使投资组合看起来更糟糕，所有风险厌恶投资者都会选择无风险资产。

和风险厌恶者相对的，**风险中性**（risk neutral）投资者（其$A=0$）只根据风险资产的期望收益率来判断收益预期。风险的高低对风险中性投资者无关紧要，这意味着他们对风险要求的补偿为零。他们的确定等价收益率就是资产的期望收益率。

风险偏好者（risk lover）（其 $A<0$）更加愿意参加公平博弈或其他赌博，这种投资者将风险的乐趣考虑在内后上调了效用水平。风险偏好者总是愿意参加公平博弈，因为公平博弈的确定等价收益率高于无风险收益率。

通过对投资者认为效用相同的投资组合风险收益描点，我们可以得到投资者风险与收益的权衡。纵轴是期望收益，横轴是标准差。图 2-1 画出了资产组合 P 的情况。

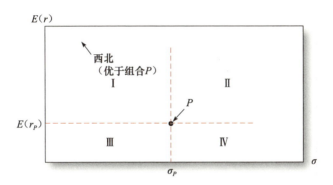

图 2-1 某投资组合 P 的风险 – 收益权衡

资产组合 P（期望收益为 $E(r_P)$，标准差为 σ_P），与第Ⅳ象限的所有组合相比期望收益更高，标准差更小，所以更受风险厌恶者的青睐。相反，第Ⅰ象限的所有组合都比 P 组合受欢迎，因为它们的期望收益大于等于 $E(r_P)$，标准差小于等于 δ_P。

这就是均值 – 标准差准则，或称**均值 – 方差准则**（mean-variance criterion，M-V）。这可以表示为：投资组合 A 优于投资组合 B，如果 $E(r_A) \geqslant E(r_B)$ 与 $\sigma_A \leqslant \sigma_B$ 至少有一个条件严格成立。

在图 2-1 中的期望收益标准差曲线，最受欢迎的方向是左上方向，因为这个方向提高了期望收益同时降低了方差。这意味着所有 P 点西北方向的任何组合都优于组合 P。

那么第Ⅱ象限和第Ⅲ象限的投资组合又如何呢？与组合 P 相比，这些组合的受青睐程度完全取决于投资者的风险厌恶程度。假设投资者确认了所有和 P 一样好的投资组合，从 P 点开始，效用随标准差的增加而减少，这必须以期望收益率的提高作为补偿。因此对于投资者而言，图 2-2 中的 Q 点和 P 具有相同的吸引力。高风险高期望收益的资产和低风险低收益的组合对投资者的吸引力相同。在均值－标准差图表中，用一条曲线将这些效用相同的所有资产组合连在一起，就构成了**无差异曲线**（indifference curve），如图 2-2 所示。

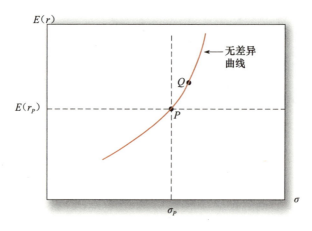

图 2-2　无差异曲线

为了检验无差异曲线上的点，我们用表 2-3 中 $A=4$ 的投资者对曲线上不同投资组合的效用值进行计算。最终得到各资产组合的效用值相同，因为更高风险的资产组合有更高的期望收益。

表 2-3　风险厌恶系数 $A=4$ 的投资者对示例投资组合的效用值

期望收益	标准差	效用 $U = E(r) - 1/2A\sigma^2$
0.10	0.200	$0.10 - 0.5 \times 4 \times 0.04 = 0.02$
0.15	0.255	$0.15 - 0.5 \times 4 \times 0.065 = 0.02$
0.20	0.300	$0.20 - 0.5 \times 4 \times 0.09 = 0.02$
0.25	0.339	$0.25 - 0.5 \times 4 \times 0.115 = 0.02$

估计风险厌恶系数

如何量化实践中观测到的风险厌恶系数呢?有一些方法可供使用。专栏2-1的调查问卷就可以最终给出简单的区分:高、中、低。其他一些问卷通过提问投资者对不同的假想彩票的选择可以得到其具体的风险厌恶水平。

通过观察活跃投资者的投资账户可以得到其投资组合随时间的变化而变化。结合这些信息和投资者这些头寸的风险收益搭配,可以从原理上计算投资者的风险厌恶系数。

最后,研究者跟踪观察一组对象的行为来获得风险厌恶系数的均值。这些研究的观察内容包括从保险选择到消费习惯,范围很广。下面专栏讲述了风险和风险容忍度。

华尔街实战

学习投资使用的四字母单词

当股市狂跌时哪个词会在你的脑海中出现呢?

是的,当然是风险(R-I-S-K)。

风险是一种当你意识到只能得到很低的回报甚至损失金钱时的潜意识,它可能还会使你要实现的重要目标破灭,比如送子女上他们喜欢的大学或实现你退休后所渴望的生活方式。

许多财务顾问与专家都指出,当股市好的时候投资者对风险并没有予以应有的重视,他们总是对股票过于自信。因此,在股市下滑并持续低迷之前,你必须确定对风险的容忍度并使你的投资组合与之相匹配。

评估你对风险的容忍度并不容易,不仅需要考虑你承担风险的最大限度,还要考虑你愿意承担多大的风险。

要确定你愿意承受多大的风险比确定你对风险的容忍度更加困难，因为它很难被量化。

为此，许多财务顾问、经纪公司以及共同基金都设计了一系列风险测试来帮助投资者确定自己是保守、温和还是激进型的投资者。提供这种测试的公司包括：美林、巴尔的摩普莱斯联合公司、纽约的苏黎世集团公司下属的斯库德－坎贝尔投资公司以及宾夕法尼亚州的先锋集团。

一般地说，风险调查问卷包括7~10个问题，关于个人的投资经验、金融证券以及保守或冒险选择的倾向。

测试的好处在于人们可以通过这些入市资料，大致了解自己的风险容忍度，"一个人不可能独立评估自己的风险容忍度"，伯恩斯坦说，"可以说我不喜欢风险，虽然我比一般人更愿意冒险。"

许多专家警告说，问卷只能作为评估风险容忍度的第一步。"它们并不准确。"一个名叫罗恩·迈耶的注册会计师说。

许多专家认为第2步是询问自己一些有难度的问题，比如，长期来看你能承受多大损失。

"大多数人能够暂时承受很大的损失打击。"一个名叫沙特斯基的纽约财务顾问说，关键在于你能够在几个月甚至几年中所能承受的投资损失。

有几个顾问说，正如前文所示，大多数人都是温和的中等风险承受者。"只有10%~15%的客户是激进的。"罗格先生说。

调查问卷：你的风险容忍度是多少

1. 在你将资金投资60天后，其价格下跌了20%。假设其他基本情况都不变，你会怎么做？

    a. 卖掉，以避免更大的担忧，并再试试其他项目。

    b. 什么也不做，等待投资收回。

c. 继续买入，正是投资的好机会，同时现在它也是便宜的投资。

2. 现在换个角度看上面的问题。你的投资价格下跌了 20%，但它是投资组合的一部分。用来在 3 个不同的时间段上达到投资目标。

   2A. 如果投资目标是 5 年以后，你怎么做？

   　　a. 抛出。　　b. 什么也不做。　　c. 继续买入。

   2B. 如果投资目标是 15 年后，你怎么做？

   　　a. 抛出。　　b. 什么也不做。　　c. 继续买入。

   2C. 如果投资目标是 30 年后，你怎么做？

   　　a. 抛出。　　b. 什么也不做。　　c. 继续买入。

3. 你的退休基金在买入 1 个月后，价格上涨 25%，而且基本条件没有变化。在你心满意足之后，你会怎么做？

   a. 抛出，锁定收入。

   b. 继续持有，期待更多收益。

   c. 继续买入，可能还会涨。

4. 你投资了养老保险，期限在 15 年以上，你更愿意

   a. 投资于货币市场基金或保证收益的投资合约，放弃可能得到的资本利得，重点保证资本金安全。

   b. 一半债券，一半股票基金，希望在有些增长的同时，也能成为自己拥有固定收入的保障。

   c. 投资于激进型的共同基金，它的价值在年内可能有大幅波动，但在 5 年或 10 年后有巨额收益的潜力。

5. 你刚刚中了大奖，但具体哪一个由你来定。

   a. 2 000 美元现金。

   b. 50% 的机会获得 5 000 美元。

   c. 20% 的机会获得 15 000 美元。

6. 一个很好的投资机会来临，但你必须借款，你会贷款吗？
   a. 绝对不会。　　　　b. 也许会。　　　　c. 会的。
7. 你所在的公司要把股票卖给员工，公司管理层计划在3年后使公司上市，在上市之前，你不能抛售手中的股票，也没有分红，但上市时，你的投资可能会翻10倍，你会投资多少钱？
   a. 一点也不。　　　　b. 2个月工资。　　　c. 4个月工资。

评分标准

　　　　a. 1分　　　　　　b. 2分　　　　　　c. 3分

　9~14分　　保守型投资者
　15~21分　　温和型投资者
　22~27分　　激进型投资者

资料来源：Reprinted with permission from *The Wall Street Journal*. © 1998 by Dow Jones & Company. All Rights Reserved Worldwide.

风险资产与无风险资产组合的资本配置

历史一方面告诉我们长期债券是比短期国债投资风险高的投资品种，而股票投资风险就更高了，但从另一方面来看，更高风险的投资也确实能提供更高的收益。投资者在这些各类的资产中当然不会全选或者全不选，更多的是选择部分投资短期国债，部分投资更高风险资产的组合。

最直接的方法是通过分配短期国债及其他安全货币市场证券与风险资产之间的比例控制投资组合的风险。这种资本分配策略就是资产配置决策的一个例子——在大量投资资产种类中选择证券，而不仅仅是在每类资产中选择一些特殊证券。许多投资专家认为资金配置是投资组合构建中最重要的问题。思考下面约翰·博格的观点，这是他担任先锋集团投资公司总裁时发表的言论：

投资决策中最基本的决策在于如何分配你的资金。你愿意投入多少于股票，多少于债券？你应该持有多少现金准备……这一决策可以解释机构管理的养老金收益率差异的94%，这一发现是很惊人的。同时没有理由不相信这种决策与资产配置关系同样适用于个人投资者[一]。

因此，为了讨论风险收益权衡，我们首先检查资产配置决策，决定投资组合中多少投资于无风险货币市场，多少投资于其他风险资产。

把投资者的风险资产组合用 P 表示，无风险资产组合用 F 表示。为方便解释，假设投资组合中的风险资产部分由两种共同基金构成：一个投资于股票市场，一个投资于长期债券。现在假设给定风险资产组合，并只讨论风险资产组合和无风险资产之间的资产配置。下一章再讨论风险资产的配置和证券选择。

当我们将资本由风险资产组合向无风险资产组合转移时，并不改变风险组合中各证券的相对比例。我们只是更偏好于无风险资产，从而降低风险组合的整体比例。

比如，假定初始投资组合的总市值为 300 000 美元，其中 90 000 美元投资于即期的货币市场基金，即无风险资产。剩余的 210 000 美元投资于风险证券——其中 113 400 美元投资于股权权益（E），96 600 美元投资于长期债券（B）。股权权益和长期债券组成了风险投资组合，E 和 B 的份额分别为 54% 和 46%：

$$E:w_E = \frac{113\ 400}{210\ 000} = 0.54$$

$$B:w_B = \frac{96\ 600}{210\ 000} = 0.46$$

风险投资组合在**完整资产组合**（complete portfolio）的比重为 P，包括

一 John C. Bogle. *Bogle on Mutual Funds* (Burr Ridge, IL: Irwin Professional Publishing, 1994), p. 235.

无风险和风险投资，记为 y。

$$y = \frac{210\,000}{300\,000} = 0.7(风险资产)$$

$$1 - y = \frac{90\,000}{300\,000} = 0.3(无风险资产)$$

每个风险资产组合占完整资产组合的权重如下：

$$E: = \frac{113\,400}{300\,000} = 0.378$$

$$B: \frac{96\,000}{300\,000} = 0.322$$

$$风险组合 = E + B = 0.700$$

风险组合占到完整资产组合的 70%。

【例2-2】 风险组合

假设该投资组合的所有者为降低总体风险，希望将持有的风险投资组合比重从 0.7 降为 0.56。风险投资组合的总值降低为 $0.56 \times 300\,000 = 168\,000$ 美元，这需要卖出原来 210 000 美元风险组合中的 42 000 美元，用这个部分来购买即期资产（货币市场资金）。整个无风险资产增加到 $300\,000 \times (1 - 0.56) = 132\,000$（美元）。

关键点在于风险资产组合中的资产比例依旧不变。由于 E 和 B 在风险投资组合中的权重分别是 0.54 和 0.46，卖出 $0.54 \times 42\,000 = 22\,680$ 美元的 E 和 $0.46 \times 42\,000 = 19\,320$ 美元的 B。在卖出后，每只股票在风险投资组合中的比例实际并无变化：

$$E: w_E = \frac{113\,400 - 22\,680}{210\,000 - 42\,000} = 0.54$$

$$B: w_B = \frac{96\,600 - 19\,320}{210\,000 - 42\,000} = 0.46$$

与其分别考虑风险资产 E 和 B，不如认为持有单一基金，即以固定比例持有 E 和 B。从这个意义上讲，我们可以把风险资产组合看作单一的风险资产。

给定这个简化方法，现在可以通过改变风险资产和无风险资产的组合来降低风险，即降低 y。只要风险资产中的资产权重不发生变化，那么风险资产的收益概率分布就不发生变化，改变的只是风险资产与无风险资产构成的完整资产组合收益率的概率分布。

无风险资产

政府因其有税收和控制货币供给的权力，所以只有政府才可以发行无违约风险的债券。事实上，即使政府担保无违约风险，债券在其持有期间也不是完全没有风险的。现实里唯一的无违约风险资产是一种理想的指数化债券。另外，无违约风险的理想指数化债券也只有在期限等于投资者愿意持有的期限时，才能对投资者的实际收益率进行担保。即使指数化债券因实际利率随时间变化难以预测，所以面临利率风险。未来实际利率不确定时，未来指数化债券的价格就不确定。

尽管如此，在实际中仍把短期国债看作无风险资产。它们的短期性使得其价值对利率变动不敏感。确实，投资者可以通过购买债券并持有到期来锁定短期的名义收益。另外，几个星期内或几个月内通货膨胀率的走势尽管不确定，但与股票市场的不确定性相比基本可以忽略不计。

在实际操作中，大多数投资者应用货币市场工具作为无风险资产。所有货币市场工具实际上属于无利率风险，因为它们的期限短，并且从违约或信用风险来看基本是安全的。

多数货币市场基金大部分持有 3 种类型的证券：短期国债、银行可转换存单和商业票据，它们在违约风险上有细微不同。例如银行存单和商业票据的到期收益率总是高于同样期限的短期债券。图2-3展示了最近几十年90天银行存单收益率和短期国债的收益率价差。

货币市场基金随着时间推移改变了这些证券的相对持有量，但是，一般来说，短期国债只占到组合的15%左右。尽管如此，这些热门的短期投资工具如银行存单与商业票据的投资风险和大量其他资产如长期债券、股票或房地产相比简直微乎其微。因此，我们把货币市场基金看作大多数投资者最易接触到的无风险资产。

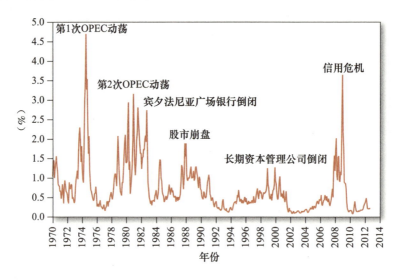

图2-3　3个月银行存单和短期国债收益率差价

单一风险资产与单一无风险资产的投资组合

本节将研究可行的风险收益组合。这是资产配置中的"技术性"部分：它只涉及给定广阔资本市场中投资者可以投资的机会。在2.5节会讨论资产配置中不同投资个性化的部分——风险收益可行集中个体的最优决策。

假设投资者已经确定了风险投资的组合构成，现在所要考虑的是在投资者投资预算中给风险投资组合 P 的比例 y，剩余部分 $1-y$ 分配给无风险资产 F。

定义风险组合 P 收益率为 r_P，期望收益为 $E(r_P)$，标准差为 σ_P。无风险资产收益率定义为 r_f。在下面的数字例子中，我们假设 $E(r_P)=15\%$，$\sigma_P=22\%$，无风险资产收益率 $r_f=7\%$。因此，风险资产的风险溢价为 $E(r_P)-r_f=8\%$。

风险投资组合的投资比例为 y，无风险投资组合比例为 $1-y$，整个组合 C 的收益率 r_C 为

$$r_C = y r_P + (1-y) r_f \tag{2-2}$$

取期望值，得

$$E(r_C) = yE(r_P) + (1-y)r_f = r_f + y[E(r_P)-r_f] = 7 + y(15-7) \tag{2-3}$$

这一结果很容易解释。任何一个投资组合的基本收益率都是无风险资产收益率。另外，投资组合总期望获得风险溢价，希望获取这一溢价的投资者为风险厌恶的，如果没有风险溢价，他们不会愿意持有风险资产。

当把一个风险资产和一个无风险资产放到一个资产组合中，整个组合的标准差就是风险资产的标准差乘以它在投资组合中的比例⊖。由于风险投资组合的标准差为 $\sigma_P=22\%$，所以

$$\sigma_C = y\sigma_P = 22y \tag{2-4}$$

这表明组合的标准差与风险资产的标准差和投资比例都是成比例的。总之，整个投资组合的期望收益率为 $E(r_C)=r_f+y[E(r_P)-r_f]=7+8y$，标准差为 $\sigma_C=22y$。

下一步是在期望收益－标准差平面坐标中标出给定某个 y 值投资组合

⊖ 这是一个统计学中基本原理的应用：如果一个随机变量乘以一个常数，那么新变量的标准差也应由原标准差乘以该常数。

的特征，如图 2-4 所示。无风险资产 F 在纵轴上，因为其标准差为零，风险资产 P 位于标准差为 22%、期望收益为 15% 的坐标点上。如果投资者只选择风险资产，则 $y=1.0$，整个组合就是 P。如果选择 $y=0$，则 $1-y=1.0$，整个组合就是无风险资产 F。

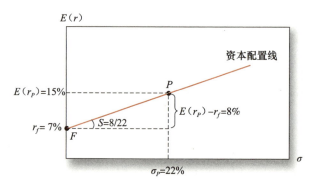

图 2-4　单个无风险资产和单个风险资产的投资可行集

当 y 落在 0 与 1 之间时，更有趣的组合会是什么样子的呢？这些组合坐标点会落在连接 F 和 P 之间的直线上。这条直线的斜率为 $[E(r_P)-r_f]/\sigma_P$，本例中为 8/22。

结论非常直观。随着风险资产投资比例 y 的增加，组合期望收益以 8% 的速率增长，标准差以 22% 的速率增长。每单位额外风险的额外收益是 $8/22=0.36$。

为了给出点 F 和 P 之间直线的方程，我们重新整理式（2-4）得到 $y=\sigma_C/\sigma_P$，替换到式（2-3）中来描述期望收益和标准差之间的权衡关系：

$$E(r_C)=r_f+y[E(r_P)-r_f]=r_f+\frac{\sigma_C}{\sigma_P}[E(r_P)-r_f]=7+\frac{8}{22}\sigma_C$$

(2-5)

因此，整个组合关于标准差的期望收益函数是一条直线，截距 r_f，斜率

$$S = \frac{E(r_P) - r_f}{\sigma_P} = \frac{8}{22} \qquad (2-6)$$

图2-4为一系列投资可行集，即一系列不同的y值产生的所有投资组合期望收益与标准差的配对组合。图形是以r_f点为起点，穿过P的一条直线。

这条直线被称为**资本配置线**（capital allocation line，CAL），表示对投资者而言所有可能的风险收益组合。资本配置线的斜率记为S，等于每增加一单位标准差整个投资组合增加的期望收益。因此，斜率也被称为**报酬-波动性比率**（reward-to-volatility ratio），或者夏普比率。

一个投资组合在风险资产和无风险资产之间等分，即$y = 0.5$，此时的期望收益$E(r_C) = 7 + 0.5 \times 8 = 11\%$，意味着风险溢价为4%，标准差$\sigma_C$为$0.5 \times 22 = 11\%$，在直线上表示为$F$和$P$的中间点。报酬-波动性比率为$S = 4/11 = 0.36$，与$P$完全一致。

资本配置线上处于投资组合P右边的点是什么呢？如果投资者能够以无风险利率7%借入钱，就可以构造出P右边的点。

【例2-3】 杠杆

假定投资预算为300 000美元，投资者额外借入了120 000美元，将所有可用资金投入风险资产中。这是一个通过借款杠杆获得的风险资产头寸。这样的话，

$$y = \frac{420\,000}{300\,000} = 1.4$$

此时$1 - y = 1 - 1.4 = -0.4$，反映出无风险资产的空头头寸。投资者不以7%的利率借出，而是借入资金。组合的收益分布仍然呈现相同的报酬-波动性比率：

$$E(r_C) = 7\% + (1.4 \times 8\%) = 18.2\%$$

$$\sigma_C = 1.4 \times 22\% = 30.8\%$$

$$S = \frac{E(r_C) - r_f}{\sigma_C} = \frac{18.2 - 7}{30.8} = 0.36$$

正如预计的,杠杆风险投资组合比无杠杆投资组合的标准差要高。

当然,非政府投资者并不能以无风险利率借入资金。借款者的违约风险导致贷款者要求更高的贷款利率。因此,非政府投资者的借款成本超过 $r_f = 7\%$,假设借入利率为 $r_f^B = 9\%$,在这样的条件下报酬-波动性比率,也就是资本配置线的斜率将是 $[E(r_P) - r_f^B]/\sigma_P = 6/22 = 0.27$。资本配置线在 P 点被扭曲,如图 2-5 所示。P 点的左边,投资者以 7% 借出资金;P 点的右边,投资者以 9% 借入资金。

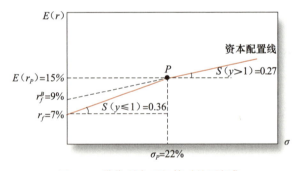

图 2-5 借贷利率不相等时的可行集

在实际操作中,如果你在经纪人那里开立了保证金账户,借钱投资风险资产的方式将会非常容易且直接。你只需要告诉经纪人你要以"保证金"额度购买风险资产。保证金方式不能超过购买资产总价值的 50%。因此,如果你的账户净值为 300 000 美元,你可以再借入 300 000 美元购买额外的股票⊖。这样你的风险资产头寸就达到 600 000 美元,负债为 300 000 美元,即 $y = 2.0$。

⊖ 保证金交易要求投资者在经纪人处开立的保证金账户中存放证券。如果证券市值低于保证金维持水平值,追加保证金的指令会被发出,要求存款使账户净值达到合适的水平。如果追加不成,监管要求部分或全部证券由经纪人卖出,收益用于补偿要求的保证金。

风险容忍度与资产配置

前面已经说明如何建立资本配置线，即资产配置决策下所有可行的风险报酬组合构成的图形。投资者必须从可行集中选择最优的组合。这个决策包含了风险和收益的权衡选择。个人投资者风险厌恶程度不同，意味着给定相同的可行集（无风险利率和报酬-波动性比率相同），不同的投资者将选择不同的头寸。特别地，越是风险厌恶的投资者会选择更少的风险资产，更多地选择无风险资产。

一个面临无风险利率 r_f 和期望收益为 $E(r_P)$、标准差为 σ_P 的风险资产投资者会发现，对于任意 y，组合的期望收益由式（2-3）给出

$$E(r_C) = r_f + y[E(r_P) - r_f]$$

由式（2-4），整个组合的方差为

$$\sigma_C^2 = y^2 \sigma_P^2$$

投资者试图通过选择风险资产的最优配置 y 使效用最大化。效用函数由式（2-1）给出，即 $U = E(r) - 1/2 A\sigma^2$。当风险资产配置增加（y 增加），期望收益增加，但是收益波动性也增加，因此效用可能增加也可能减少。表2-4展示了效用水平随 y 值变化的数据。一开始，效用随 y 增加而增加，最终随 y 增加而降低。

表2-4 风险厌恶系数 $A=4$ 的投资者不同风险资产比例 y 带来的效用值

(1) y	(2) $E(r_C)$	(3) σ_C	(4) $U=E(r)-\frac{1}{2}A\sigma^2$	(1) y	(2) $E(r_C)$	(3) σ_C	(4) $U=E(r)-\frac{1}{2}A\sigma^2$
0	0.070	0	0.070 0	0.6	0.118	0.132	0.083 2
0.1	0.078	0.022	0.077 0	0.7	0.126	0.154	0.078 6
0.2	0.086	0.044	0.082 1	0.8	0.134	0.176	0.072 0
0.3	0.094	0.066	0.085 3	0.9	0.142	0.198	0.063 6
0.4	0.102	0.088	0.086 5	1.0	0.150	0.220	0.053 2
0.5	0.110	0.110	0.085 8				

图 2-6 给出了表 2-4 中效用函数的散点图。效用在 $y = 0.41$ 时是最高的；当 $y < 0.41$ 时，投资者愿意为更高的期望收益而增加投资风险；而当 $y > 0.41$ 时，风险增加效用则会降低。

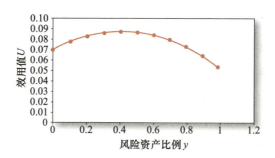

图 2-6　效用值 U 关于风险资产比例 y 的函数

为了解决这一效用最大化的问题，我们把问题写作：

$$\underset{y}{\text{Max}}\, U = E(r_C) - \frac{1}{2}A\sigma_C^2 = r_f + y[E(r_P) - r_f] - \frac{1}{2}Ay^2\sigma_P^2$$

学过微积分的学生知道最大化问题是使一阶导数为零。这样求解出风险厌恶者风险资产的最优头寸 y^* 如下

$$y^* = \frac{E(r_P) - r_f}{A\sigma_P^2} \tag{2-7}$$

这个解显示风险资产的最优头寸正如你所预料的那样，与风险厌恶程度和风险水平（由方差表示）有关。

【例 2-4】　资产配置

使用前述数字例子的数据（$r_f = 7\%$，$E(r_P) = 15\%$，$\sigma_P = 22\%$），所有收益用小数表示，一个风险厌恶系数为 $A = 4$ 的投资者的最优解为 ⊖

$$y^* = \frac{0.15 - 0.07}{4 \times 0.22^2} = 0.41$$

⊖ 对 y 的一阶导数等于 $E(r_P) - r_f - yA\sigma_P^2$，使该式为 0，得到式（2-7）。

换句话说，该投资者将会把投资预算的41%投资于风险资产，59%投资于无风险资产，如图2-6所示，此时效用达到最高水平。

当41%投资于风险资产，整个组合的期望收益和标准差为

$$E(r_C) = 7 + [0.41 \times (15 - 7)] = 10.28\%$$

$$\sigma_C = 0.41 \times 22 = 9.02\%$$

整个组合的风险溢价是 $E(r_C) - r_f = 3.28\%$，标准差为9.02%，注意到 $3.28/9.02 = 0.36$，这正是例子中所假设的报酬-波动性比率。

这个决策的图解法是利用无差异曲线进行分析。为了理解如何构造无差异曲线，考虑风险厌恶系数 $A = 4$ 的一个投资者，他目前全部投资于无风险组合，收益率 $r_f = 5\%$。因为这个组合的方差为零，式（2-1）告诉我们它的效用为 $U = 0.05$。当投资者投资于 $\sigma = 1\%$ 的风险组合时，为了获得相同的效用，其期望收益必须上升，以弥补更高的 σ 值：

$$U = E(r) - \frac{1}{2} \times A \times \sigma^2$$

$$0.05 = E(r) - \frac{1}{2} \times 4 \times 0.01^2$$

这说明必要的期望收益为

$$\text{必要的期望收益 } E(r) = 0.05 + \frac{1}{2} \times A \times \sigma^2$$

$$= 0.05 + \frac{1}{2} \times 4 \times 0.01^2 = 0.0502$$

对不同的 σ 重复这样的计算，可以得到保证效用值为0.05所需的 $E(r)$。这个过程将得到效用水平为0.05时所有期望收益和风险的组合。把这些组合描点在图上便得到无差异曲线。

可以使用Excel表格来生成投资者的无差异曲线。表2-5包含了效用

值分别为 0.05 和 0.09 对于风险厌恶分别为 $A=2$ 和 $A=4$ 的两个投资者的风险和收益组合。图 2-7 描绘了 $A=2$ 对应的期望收益和标准差组合，截距分别为 0.05 和 0.09，对应曲线的效用水平。

表 2-5　无差异曲线的数字计算

σ	$A=2$		$A=4$		σ	$A=2$		$A=4$	
	$U=0.05$	$U=0.09$	$U=0.05$	$U=0.09$		$U=0.05$	$U=0.09$	$U=0.05$	$U=0.09$
0	0.050 0	0.090 0	0.050	0.090	0.30	0.140 0	0.180 0	0.230	0.270
0.05	0.052 5	0.092 5	0.055	0.095	0.35	0.172 5	0.212 5	0.295	0.335
0.10	0.060 0	0.100 0	0.070	0.110	0.40	0.210 0	0.250 0	0.370	0.410
0.15	0.072 5	0.112 5	0.095	0.135	0.45	0.252 5	0.292 5	0.455	0.495
0.20	0.090 0	0.130 0	0.130	0.170	0.50	0.300 0	0.340 0	0.550	0.590
0.25	0.112 5	0.152 5	0.175	0.215					

注：表中为需要达到相应效用值的期望收益。

假定任何投资者都愿意投资于更高无差异曲线上的组合，获得更高的效用。更高无差异曲线上的资本组合在给定风险水平上能够提供更高的期望收益。例如，$A=2$ 的两条无差异曲线形状相同，但是对于任意水平的风险，效用为 0.09 那条曲线比 0.05 的那条曲线的期望收益高 4%。

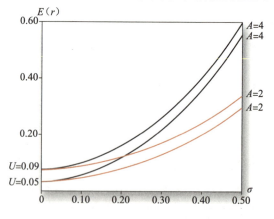

图 2-7　$U=0.05$ 和 $U=0.09$，分别对 $A=2$ 和 $A=4$ 的无差异曲线

表2-5中的第4列和第5列对风险厌恶系数更高（$A=4$）的投资者重复了上述分析。图2-7反映出更高风险厌恶程度投资者的无差异曲线比低厌恶程度投资者的曲线更陡峭。更陡峭的曲线意味着投资者需要更多的期望收益来补偿同样的组合风险。

更高的无差异曲线意味着对应更高的效用水平，因此投资者更愿意在更高的无差异曲线上寻找投资组合。如图2-8所示，在表示可行集的资本配置线上加入无差异曲线，我们就可以得到与资本配置线相切的最高的无差异曲线，切点对应最优投资组合的标准差和期望收益。

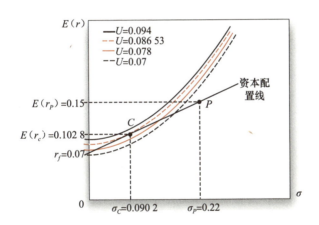

图2-8　用无差异曲线寻找最优组合

为了证明这一点，表2-6给出了投资者$A=4$的4条无差异曲线（效用水平分别为0.07、0.078、0.086 53、0.094）的计算。第2~5列利用式（2-8）计算出了各曲线为了得到相应的效用值对不同标准差所必需的期望收益值。列6由式（2-5）计算出$E(r_C)$的资本配置线上各σ值对应的期望收益。

$$E(r_C) = r_f + [E(r_P) - r_f]\frac{\sigma_C}{\sigma_P} = 7 + [15-7]\frac{\sigma_C}{22}$$

表2-6 四条无差异曲线和资本配置线对不同 σ 的期望收益，$A=4$

σ	$U=0.07$	$U=0.078$	$U=0.08653$	$U=0.094$	资本配置线	σ	$U=0.07$	$U=0.078$	$U=0.08653$	$U=0.094$	资本配置线
0	0.0700	0.0780	0.0865	0.0940	0.0700	0.12	0.0988	0.1068	0.1153	0.1228	0.1136
0.02	0.0708	0.0788	0.0873	0.0948	0.0773	0.14	0.1092	0.1172	0.1257	0.1332	0.1209
0.04	0.0732	0.0812	0.0897	0.0972	0.0845	0.18	0.1348	0.1428	0.1513	0.1588	0.1355
0.06	0.0772	0.0852	0.0937	0.1012	0.0918	0.22	0.1668	0.1748	0.1833	0.1908	0.1500
0.08	0.0828	0.0908	0.0993	0.1068	0.0991	0.26	0.2052	0.2132	0.2217	0.2292	0.1645
0.0902	0.0863	0.0943	0.1028	0.1103	0.1028	0.30	0.2500	0.2580	0.2665	0.2740	0.1791
0.10	0.0900	0.0980	0.1065	0.1140	0.1064						

图2-8 画出了 4 条无差异曲线和资本配置线，图形反映出效用 $U=0.08653$ 的无差异曲线与资本配置线相切；切点对应了最大效用值的资产组合。切点处 $E(r_C)=10.28\%$ ，$\sigma_C=9.02\%$ 。最优投资组合的风险－收益比例是 $y^*=0.41$ ，这个数值和用式（2-7）的算数解相同。

综上所述，y^* 的决策主要取决于投资者的风险厌恶程度。

非正态收益

在前面的分析中我们假设收益呈正态分布，并以标准差作为风险度量。如第 1 章所述，正态性的偏离会导致极端损失的可能性远大于正态分布的情况。这些风险敞口，一般由在险价值或预期损失来衡量。

因此，对我们之前分析的一种拓展是给投资者展示在险价值和预期损失的预测值。我们把基于正态假设下的资本配置作为分析的基础，面对肥尾分布的投资者也许会减少风险组合的资金配置，并增加无风险资产的配置。

有迹象表明在处理极端方面有进展，早在 20 世纪初期，当时最伟大的经济学家之一奈特将风险与不确定性区分开来。其区别是，风险中的概率为已知，但不确定性甚至忽略概率的重要性（如黑天鹅问题）。因此奈特认为对于风险和不确定要用不同的方法。

金融中大部分结果的概率可以通过经验进行评估,这得益于有相对高频的观测值。但极端负值极少发生,因而精确做概率也不可能。后期在决策科学处中心地位的贝叶斯方法排斥奈特的关于客观概率难以估计的观点,无论如何投资者都有主观判断并以这些信念在贝叶斯框架下进行经济决策,即使在处理没有发生过的事件,人们必须要用先念概率。这样,在该框架中,风险和不确定性的区别并不重要。今天的经济学家回到了奈特的理论。但是高级效用函数可以区分风险和不确定性,并且对不确定性给予更大权重。

被动策略:资本市场线

资本配置线由无风险资产和风险投资组合 P 导出,决定风险资产组合 P 源于被动策略或积极策略。被动策略指避免任何直接或间接的证券分析的投资决策[⊖]。乍看之下被动投资策略显得十分天真,然而,在大型资本市场中供给和需求的力量会使这种决策成为众多投资者的理性选择。

在第 1 章中介绍了历史上不同类型资产收益率的数据汇总。这些数据在肯尼斯·弗伦奇教授的网站上可以获得,mba.tuck.dartmouth.edu/pages/faculty/ken.french/data_library.html。我们可以用这些数据来检验被动策略。

一个合适的被动策略投资品是分散化的股票投资,因为被动策略要求我们不特意收集某只股票或某几只股票的信息,坚持分散化策略。一种方法是选择多样化的股票组合,这些股票反映美国经济中公司部门的价值。比如,投资微软的比例应该是微软的市值在上市股票总市值中的比重。

最常用的美国股票价值指数是标准普尔指数,它包含 500 家美国最大

⊖ 间接证券分析是指将证券分析的职责交给中介代表,如职业的理财师。

的工业公司。表2-7总结了标准普尔500指数1926～2012年87年间以及4个样本期的表现。该表显示组合的平均收益、同期限1个月期国债复利滚动收益率、相应的超额收益率和标准差。整个84年间的报酬–波动性比率是0.40。换句话说，股票投资者为每1%的标准差获得0.40%的超额收益。超额收益的标准差很大（20.48%），是我们观察到4个较短期间平均超额收益和报酬–波动性比率（夏普比率）变动范围很大的原因之一。用两个组合夏普比率差异的统计分布，我们可以估计观察到某一子样本期的夏普比率相对整个样本期存在偏离的概率，当然前提是假设整个样本期的比率能反映真实值。表2-7最后一列说明4个子样本期中找到差异较大的夏普比率的概率是较为显著的。

表2-7 大盘股和1个月期短期国债的平均年收益率、标准差和报酬–波动性比率

时期	平均年收益		标准普尔500			概率
	标准普尔500组合	1个月期国库券	风险溢价	标准差	夏普比率（报酬–波动性比率）	
1926～2012	11.67	3.58	8.10	20.48	0.40	—
1989～2012	11.10	3.52	7.59	18.22	0.42	0.94
1968～1988	10.91	7.48	3.44	16.71	0.21	0.50
1947～1967	15.35	2.28	13.08	17.66	0.74	0.24
1926～1946	9.40	1.04	8.36	27.95	0.30	0.71

我们称1个月期国债和一般股票指数构成的资本配置线为**资本市场线**（**capital market line，CML**）。被动策略产生于由资本市场线代表的一个投资可行集。

那么投资者采取被动策略投资是否合理呢？当然，在没有比较积极投资策略的成本和收益时我们是无法回答这一问题的。相关的观点如下。

首先，积极投资策略不是免费的。无论你是选择自己投入时间、资金来获取所需的信息，以形成最优的风险资产投资决策，还是把这一任务交给职业人士，积极策略的形成都比被动策略更昂贵。被动策略成本只有短

期国债所需少量的佣金和支付给共同基金等市场指数基金和证券交易所的管理费用。例如，先锋公司管理着跟踪标准普尔500指数的组合。它购买标准普尔500中每个公司的股票，权重与公司股权在指数中的份额相同，因此便复制了市场指数的表现。这类基金的管理费用很低，因为它的管理成本很小。

投资者采取被动策略的第2个原因是"免费搭车"的好处。如果市场中有很多积极的具有专业知识的投资者，竞买被低估的股票，竞卖被高估的股票，那么我们可以得出结论：大多数时候股价是合理的。因此，充分分散化的股票组合应该是一个非常合理的投资，收益并不比积极投资者差。在下面华尔街实战专栏中我们会指出在过去的几十年，被动指数基金实际上比积极策略的基金表现要好。

华尔街实战

投资者对专业投资管理者的失望

投资者正在从专业人士管理的共同基金蜂拥而出，而将巨额资金转移到低成本的跟踪大盘指数的基金。根据晨星公司的最新数据，至2012年11月份，投资者从积极管理的美国股票基金抽出1 193亿美元。与此同时，他们向美国交易所交易基金注入304亿美元。

这一变动是对如下事实的直接反应：众多的基金经理收取高额管理费、追求高回报，但是跑输大盘指数。这样投资者不如简单地投资于成本低、看似风险也低的指数跟踪型基金。

主动管理型基金经理的目标是通过积极交易单个股票或债券来战胜大盘，同时收取高额管理费作为回报。而在交易所交易基金（ETF）（或跟踪指数的基金）中，基金经理仅仅调整组合以使组合表现精确反映跟踪指数，收取的费用也较低。

晨星公司报告指出，当投资者投资股票基金时，他们选择投入低成本的指数型基金或交易所交易基金。一些 ETF 基金年费低于资产的 0.1%，但是众多主动管理的基金收取的管理费超过 1%。

这一趋势对主动型管理者施加巨大压力，这搅动着 140 万亿美元规模基金市场中巨头们的财富份额。

纽约一家"战略前瞻"咨询公司帮《华尔街日报》所做的共同基金资金流研究显示，作为主动型基金巨头之一的富达国际和美国基金出现了赎回或较少新基民进入的情况。

与此相反，世界上最大的指数型基金巨头先锋基金去年一年就有 1 410 亿美元的资金流入。

很多投资者指出，他们正在寻找成本小风险低的投资渠道。

资料来源：Adapted from Kirsten Grind, *The Wall Street Journal*, January 3, 2013. Reprinted with permission. ⓒ 2013 Dow Jones & Company, Inc. All Rights Reserved Worldwide.

总结一下，一个被动型投资策略牵涉两个被动组合：接近于无风险的短期国债（或货币市场基金）和一个跟踪大盘指数的股票基金。代表这个策略的资本配置线称为资本市场线。根据 1926～2012 年的历史数据，该被动型风险组合的平均风险溢价为 8.1%，标准差为 20.48%，收益-波动性比率等于 0.40。

被动投资者根据其风险厌恶程度，将投资预算配置在各种投资工具中，可以利用分析来推导典型投资者的风险厌恶系数。根据统计数据约 85% 的美国家庭财富净值投资于广义的风险资产[一]。假定这个组合和 1926

[一] 这里的风险资产中包含房地产、半数养老准备金、公司和非公司权益、半数共同基金。这个组合总值 50.05 万亿美元，占美国家庭财富的 65.6%。

年以来标准普尔 500 指数展现的风险收益特征相吻合,用式 (2-7),我们得到

$$y^* = \frac{E(r_M) - r_f}{A\sigma_M^2} = \frac{0.081}{A \times 0.2048^2} = 0.656$$

风险厌恶系数为

$$A = \frac{0.081}{0.656 \times 0.2048^2} = 2.94$$

当然,这样的计算具有很强的主观性。我们假设一般投资者简单地认为历史平均收益和标准差是未来期望收益和标准差的最佳估计。因为一般投资者会在简单的历史基础上使用当时的有用信息进行投资,所以 $A = 2.94$ 的估计并非准确的推断。即使这样,很多针对各类投资性资产的研究表示,一般投资者的风险厌恶系数在 2.0~4.0。

风险厌恶、期望效用与圣彼得堡悖论

我们在这里暂时偏离讨论的主题,考察投资者是风险厌恶这一观点背后的基本原理。风险厌恶作为投资决策中心观点的看法至少可以追溯到 1738 年。丹尼尔·伯努利作为出身于瑞士名门的著名数学家之一,他于 1725~1733 年在圣彼得堡研究了下面的投币游戏。首先,参加这个游戏要先付门票。其后,抛硬币直到第一个正面出现时为止。在此之前,反面出现的次数用 n 表示,用来计算参加者的报酬 R,对于参与者有:

$$R(n) = 2^n$$

在第一个正面出现之前反面一次也没出现的概率是 1/2,相应的报酬为 $2^0 = 1$ 美元。出现一次反面然后正面的概率是 1/4,报酬为 $2^1 = 2$ 美元。出现两次反面再出现正面的概率为 $1/2 \times 1/2 \times 1/2$,依此类推。

表 2-8 列出了各种结果的报酬与概率:

表 2-8 投币游戏结果

反面	概率	报酬=$R(n)$（美元）	概率×报酬（美元）	反面	概率	报酬=$R(n)$（美元）	概率×报酬（美元）
0	1/2	1	1/2	3	1/16	8	1/2
1	1/4	2	1/2	⋮	⋮	⋮	⋮
2	1/8	4	1/2	n	$(1/2)^{n+1}$	2^n	1/2

所以，期望报酬为

$$E(R) = \sum_{n=0}^{\infty} \Pr(n)R(n) = \frac{1}{2} + \frac{1}{2} + \cdots = \infty$$

对该游戏的平均被称为"圣彼得堡悖论"：尽管期望报酬是无限的，但显然参加者是愿意用有限价格或适当的价格购买入门票来参与这个游戏的。

伯努利解决了悖论问题，他发现投资者对所有报酬的每份美元赋予的价值是不同的。特别是，他们的财富越多，对每额外增加的美元赋予的"评价价值"就越少。可以用数学方法精确地给拥有各种财富水平的投资者一个福利值或效用值，随着财富的增多效用函数数值也相应增大，但是财富每增加 1 美元所增加的效用逐渐减少（现代经济学家会说投资者每增加 1 美元的报酬"边际效用递减"）。一个特殊的效用函数 $\ln(R)$ 分配给报酬为 R 美元的投资者主观价值，报酬越多，每个美元的价值就越小。如果以这个函数衡量财富的效用，那么这个游戏的主观效用值确实是有限的，等于 0.693。获得该效用值所必需的财富为 2 美元，因为 $\ln(2) = 0.693$。因此风险报酬的确定等价物是 2 美元，也是投资者愿意为游戏付出的最高价钱。

1964 年冯·诺依曼与摩根斯坦以完全公理体系的方式将这种方法应用于投资理论领域。避开不必要的技术细节，在这里只讨论对风险厌恶基本原理的直觉。

设想有一对双胞胎，只是其中一个不如另一个幸运。彼得名下只有

1 000 美元，而鲍尔却拥有 200 000 美元。他们各自愿意工作多少小时去再挣 1 美元？似乎彼得（穷兄弟）比鲍尔更需要这 1 美元。所以彼得愿意付出更多的时间。也就是说，与鲍尔得到第 200 001 美元相比，彼得得到了更多的个人福利或赋予了第 1 001 美元更大的效用值。图 2-9 用图形描述了财富与财富效用值的关系，它与边际效用递减的概念是一致的。

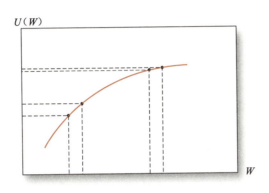

图 2-9　对数效用函数下的财富效用

每个人都拥有不同的财富边际效用递减率，每增加 1 美元，财富的效用增加值随之减少却是一个固定不变的规律。表示随着财产数量的增加每个单位的价值递减的函数称之为凹函数。一个简单的例子就是中学数学中的对数函数。当然，对数函数并不适于所有的投资者，但与风险厌恶是一致的，前提假定所有的投资者都是风险厌恶型的。

现在考虑下面的简单情景：

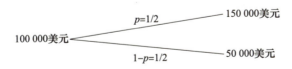

这是一个期望收益为零的公平博弈。假定图 2A-1 代表了投资者的财富效用值，且为对数效用函数。图 2-9 显示了用数值标出的曲线。

图 2-10 表明因损失 5 万美元造成的效用减少超过了盈利 5 万美元形成

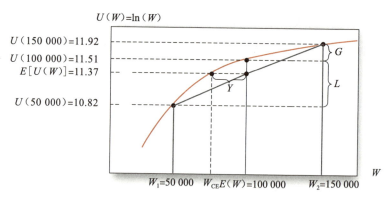

图 2-10　公平博弈与期望效用

的效用增加。先考虑效用增加的情况，概率 $p=0.5$ 时，财富从 100 000 美元增加到 150 000 美元。利用对数效用函数，效用从 $\ln(100\,000)=11.51$ 增加到 $\ln(150\,000)=11.92$，即图上的距离 G。增加的部分 $G=11.92-11.51=0.41$。按期望效用计算，增加值 $=pG=0.5\times 0.41=0.21$。

现在考虑另一端效用减少的情况，在这种情况下，财富从 100 000 美元降到 50 000 美元。图中的距离 L 是效用的损失，$\ln(100\,000)-\ln(50\,000)=11.51-10.82=0.69$。因而，期望效用的损失为 $(1-p)L=0.5\times 0.69=0.35$。它大于期望效用的增加。

我们计算风险投资的期望效用为

$$E[U(W)] = pU(W_1) + (1-p)U(W_2)$$

$$= \frac{1}{2}\ln(50\,000) + \frac{1}{2}\ln(150\,000) = 11.37$$

而不投资的效用为 11.51，所以风险厌恶的投资者将拒绝参加公平博弈。

使用具体的投资者效用函数（如对数效用函数）使人们能够计算给定的风险投资对投资者的确定等额价值。如果该数值能肯定得到，他会认为与风险投资具有相同的吸引力。

如果对数效用描述了投资者对财富的偏好，那么图 2-10 还告诉我们：

对他来说该投资的美元价值是多少。人们要问：效用值为 11.37（等于投资的期望效用）所对应的财富水平是多少？在 11.37 的水平上画出的水平线与效用曲线在 W_{CE} 点相交。这意味着：

$$\ln(W_{CE}) = 11.37$$

即
$$W_{CE} = e^{11.37} = 86\,681.87\,（美元）$$

W_{CE} 就是投资的确定等价值，图 2-10 中的距离 Y 是由于风险对期望收益的惩罚或向下的调整。

$$Y = E(W) - W_{CE} = 100\,000 - 86\,681.87 = 13\,318.13（美元）$$

投资者认为稳拿的 86 681.87 美元与有风险的 100 000 美元的效用值相等。因此，对他来说二者没有什么区别。

效用函数与保险合同均衡价格

个人投资者的效用函数用来衡量投入财富不同的个人投资者投资的主观价值。本质上说，经济萧条时期（财富值低）的 1 美元要比经济景气时期（财富值高）的价值更高。

假设所有的投资者都持有标准普尔 500 指数风险资产组合。那么如果这个组合的价值在出现比预期还要糟的经济状况时下降了，虽然财富的水平不同，但是所有的投资者都处于一个"不宽裕"的境地。因此，在不宽裕时期 1 美元的均衡价格要比投资组合表现好于预期的时候高。这种观点有助于解释长期投资时投资组合的保险成本更高的现象，也同样有助于解释为什么股票投资组合（和个股）投资的风险溢价更高，而出现猛跌的概率实际却比较小。尽管下跌风险的概率比较小，股票并不会比低收益无风险的债券更优，因为一旦投资下跌的消息泄露，随之所要求的美元收益的价值就会升高。

相关投资者的行为是否也证明了这种风险厌恶呢？回顾金融市场过去

的价格和收益率，回答是肯定的。由于很强的连贯性，风险较大的债券比其他安全的具有类似性质的证券价格更低。在较长的一段时期风险更大的股票也能提供比其他风险较低的资产（如国库券）更高的收益。例如，在 1926~2012 年，标准普尔 500 投资组合的年平均收益率超过国库券 8%左右。

从金融数据清楚地看出，投资者的行为表现出明显的风险厌恶特征。对于将金融资产视为以风险溢价的形式对风险的补偿，并同时强烈渴望博弈的读者来说，我有一个建设性的建议：在金融市场上用你的这种赌博劲头推进你的投资。就像冯·诺依曼曾经说的，"股票市场就是充满机会的赌场"。一个很小的追求风险的投资只要提供一个正的期望收益率就可以给你带来兴奋！

Kelly 准则

将圣彼得堡悖论的博弈往前再推一步，考虑一个系列的单期投资计划，每一期只有两种可能的回报（收益率以小数表示）：正的超额收益 b，概率为 p；负的超额回报 $-a(a>0)$，概率为 $q = 1 - p$。J. L. Kelly[①]考察这个基本的资本配置问题并确定一个拥有对数效用函数的投资者每一期最优投资策略。

投资者在该计划上投资 y，剩余资金投资于无风险资产，其总收益是 $1 + r + by$，概率为 p，或 $1 + r - ay$，概率为 q。鉴于 Kelly 用的是对数效用函数，因此期初每一美元的期望效用为

$$E[U(y)] = p\ln(1 + r + yb) + q\ln(1 + r - ay)$$

上述效用函数最大化问题便是著名的 Kelly 准则（或 Kelly 公式）。该准则

---

① J. L. Kelly Jr., "A New Interpretation of Information Rule." *Bell System Technical Journal* 35 (1956), 917-56.

即是投资于该投资风险计划的总财富与财富水平无关，即

$$y = (1+r)\left(\frac{p}{a} - \frac{q}{b}\right)$$

这是投资者的每一期的资产配置。

根据该准则，当 p 和 b 值较大时投资者应该更多地投资于该计划，当 q 和 a 值较大时，投资者应该投资更少。因为当回报和损失相等时，即 $a = b$，$y = (1+r)(p-q)/a$，回报或损失数额较大时（即较大的 a 和 b），投资的比例越低。这就出现风险回避问题了。无风险利率越高，投资比例越高（即收入效应）。

Kelly 准则是基于对数效用函数的。人们也可以证明，拥有该效用函数的投资者每一个时期都最大化组合收益的几何平均值。因此，Kelly 公式也是一个几何平均值最大化准则，并具有以下特性：①在上式中风险资产中的投资比例永远不会高于 $1/a$，因此不会出现毁灭性风险；②当投资期数无限大时，该投资比例战胜其他任何策略的概率接近于 1；③它是短视的，即不管投资期数多少每一时段的最优策略都相同；④如果你有一个具体的财富目标（例如 100 万美元），该策略实现目标的时间最短。讨论 Kelly 准则的文献相当多。㊀

㊀ 例如，L. C. MacLean, E. O. Thorp, W. T. Ziemba, Eds. *The Kelly Capital Growth Criterion*: *Theory and Practice*（World Scientific Handbook in Financial Economic Series），Singapore: World Scientific Publishing Co., 2010.

第 3 章

理想之境：
最优风险资产组合

INVESTMENTS

INVESTMENTS

导读

投资的决策可以看作自上而下的过程：①风险资产和无风险资产之间的资本配置；②各类资产（如美国股票、各国股票、长期债券）间的配置；③每类资产内部的证券选择。

正如我们所知，资产配置决定了投资者的风险敞口，而最优的资产配置取决于投资者的风险厌恶程度和风险资产收益的预期。从原理上讲，资产种类配置和具体证券选择技术上基本相同：均着眼于寻找最优的风险资产，即寻找提供最优风险收益权衡的风险资产组合。而在实际操作中，这却是分开的两步，投资者先确定各类资产的分配，再从各类中选择具体的资产。后面我们会讨论两步法的优点和缺点。

首先我们讨论简单资产分类的潜在好处，然后检验有效分散化的过程：先讨论两个风险资产的情况，再讨论加入一个无风险资产，最后讨论合并很多风险资产的情况。我们先学习分散化如何在不影响期望收益的条件下降低风险，然后重新检验资本配置、资产类别配置、证券选择的层次。最后通过类比分散化与保险行业的运作来深入探讨分散化的威力。

在本章和第4章我们讨论的组合基于一个短期的视野：即使整个投资期限很长，组合也可以通过调整各部分资产来重新平衡整个资产组合，这样持续下去。在短期中，描述长期复利收益的偏度并不存在，因此正态假设可以足够精确地描述持有期收益，我们只考虑均值和方差。

分散化与组合风险

假设你的组合只有一只股票——戴尔电脑公司的股票,那么你的风险来自哪里呢?你可能会想到两种不确定性。第一种来自经济状况,比如商业周期、通货膨胀、利率、汇率等,这些因素都无法准确地预测,并且都影响着戴尔股票的收益率。除了这些宏观的因素,第二种不确定性来自公司的影响,比如研发有重大突破或者重大人员变动,这些因素会影响戴尔,但基本不会影响经济体中的其他企业。

现在考虑一个简单的分散化策略,你在组合中加入了更多的证券。例如,将你资金的一半投入埃克森-美孚,一半投入戴尔。这时组合的风险会怎样呢?因为戴尔公司层面的因素对两个公司的影响不同,分散化便会降低组合风险。比如,当石油价格下降时,冲击了埃克森-美孚的价格,但是电脑价格可能在上涨,有利于戴尔公司。这两股力量相互弥补并稳定了组合的收益。

分散化何必止于两家公司呢?如果加入更多证券,我们便会进一步分散掉公司因素,组合的波动也会继续下降。直到最终增加证券数量也无法再降低风险,因为实际上所有股票都受商业周期的影响,不管我们持有多少种证券都无法避免商业周期的风险敞口。

当所有风险都是公司层面上的(如同图3-1a),分散化可以将风险降至低水平。这是因为风险来源是相互独立的,那么组合对任何一种风险的敞口降至可以忽视的水平。这有时被称为**保险原则**(insurance principle),因为保险公司对很多独立的风险源做保险业务从而分散降低风险。(其中的每个保单实际上构成了公司的整个组合。)

然而,当普遍性的风险影响所有公司时,即使分散化也无法消除风险。在图3-1b中,组合的标准差随着证券数量的增多而下降,但无法下降到零。这个无法消除的风险叫作**市场风险**（market risk）、**系统性风险**（systematic risk）或**不可分散风险**（nondiversifiable risk）。相反，可以消除的风险叫作**独特风险**（unique risk）、**公司特有风险**（firm-specific risk）或**可分散风险**（diversifiable risk）。

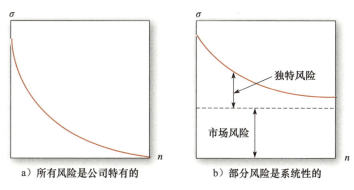

a）所有风险是公司特有的　　b）部分风险是系统性的

图 3-1　组合风险关于股票数量的函数

这一分析来自实证研究。应用纽约证券交易所股票数据[⊖]，图 3-2 显示了组合分散化的影响。该图显示随机抽取股票等权重构成组合的平均标准差关于股票数量的函数。总体来说，组合风险确实随着分散化而下降，但是分散化降低风险的能力受到系统性风险的限制。

两个风险资产的组合

在上一部分我们考查了多个证券等权重构造组合的分散化问题，现在是研究有效分散化的时候了，给定任何期望收益我们可以构造最低风险的风险资产组合。

⊖ Meir Statman, "How Many Stocks Make a Diversified Portfolio?" *Journal of Financial and Quantitative Analysis* 22（September 1987）.

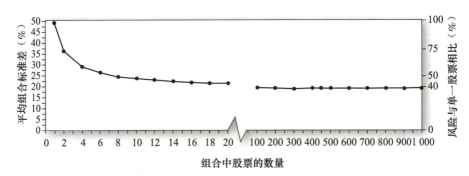

图 3-2 组合分散化

注：组合收益平均标准差随着证券数量增多由 49.2% 最终降到 19.2%。

资料来源：From Meir Statman "How Many Stocks Make a Diversified Portfolio?" *Journal of Financial and Quantitative Analysis* 22（September 1987）. Reprinted by permission.

两个风险资产构成的组合相对容易分析，其原理也可应用于多个资产组合。所以我们讨论两个资产（一个专门投资长期债券的基金 D，一个专门投资股票的基金 E）构成的资产配置。表 3-1 列出了这两个基金的收益分布。

表 3-1 两个共同基金的描述性统计

	债券	权益
期望收益（%）	8	13
标准差（%）	12	20
协方差	72	
相关系数（ρ_{DE}）	0.30	

投资于债券基金的比例定义为 w_D，剩余的 $1-w_D$，定义为 w_E，投资于股票基金。这个组合的收益率 r_p 是

$$r_p = w_D r_D + w_E r_E \tag{3-1}$$

r_D 和 r_E 分别是债券基金和股票基金的收益率。

组合的期望收益是两种证券期望收益的加权平均值，权重分别为其投资的比例

$$E(r_p) = w_D E(r_D) + w_E E(r_E) \tag{3-2}$$

方差是

$$\sigma_p^2 = w_D^2\sigma_D^2 + w_E^2\sigma_E^2 + 2w_Dw_E\text{Cov}(r_D, r_E) \quad (3\text{-}3)$$

可以看出组合的方差并不像期望收益率，并不是两个基金方差的加权平均。为了更好地理解组合方差，回想一个变量和它自己的协方差就是这个变量的方差

$$\text{Cov}(r_D, r_D) = \sum_{\text{情境}} \text{Pr}(\text{情境})[r_D - E(r_D)][r_D - E(r_D)]$$

$$= \sum_{\text{情境}} \text{Pr}(\text{情境})[r_D - E(r_D)]^2 = \sigma_D^2 \quad (3\text{-}4)$$

因此，组合方差的另一种表达方式为

$$\sigma_p^2 = w_Dw_D\text{Cov}(r_D, r_D) + w_Ew_E\text{Cov}(r_E, r_E) + 2w_Dw_E\text{Cov}(r_D, r_E) \quad (3\text{-}5)$$

组合方差就是协方差的加权值，权重为协方差内一对资产在组合中权重的乘积。

表 3-2 展示如何用数据表计算组合的方差。表 3-2a 分别给出了两只基金收益的协方差矩阵。

表 3-2 组合方差的计算

a. 协方差矩阵		
组合权重	w_D	w_E
w_D	$\text{Cov}(r_D, r_D)$	$\text{Cov}(r_D, r_E)$
w_E	$\text{Cov}(r_E, r_D)$	$\text{Cov}(r_E, r_E)$
b. 协方差矩阵		
组合权重	w_D	w_E
w_D	$w_Dw_D\text{Cov}(r_D, r_D)$	$w_Dw_E\text{Cov}(r_D, r_E)$
w_E	$w_Ew_D\text{Cov}(r_E, r_D)$	$w_Ew_E\text{Cov}(r_E, r_E)$
$w_D + w_E = 1$	$w_Dw_D\text{Cov}(r_D, r_D) + w_Ew_D\text{Cov}(r_E, r_D)$	$w_Dw_E\text{Cov}(r_D, r_E) + w_Ew_E\text{Cov}(r_E, r_E)$
组合方差	$w_Dw_D\text{Cov}(r_D, r_D) + w_Ew_D\text{Cov}(r_E, r_D) + w_Dw_E\text{Cov}(r_D, r_E) + w_Ew_E\text{Cov}(r_E, r_E)$	

根据基金占投资组合权重形成的协方差矩阵，不同权重比例标注在矩阵的外沿，即第一行和列。投资组合方差等于协方差矩阵中的每个元素与不同行列对应的权重交乘，再将各项相加，便得到了公式 3.5 给出的投资

组合方差。

表3-2b展示了这一计算过程,即交乘协方差矩阵:每个协方差同时乘以行和列中的外围权重。表3-2b最后一栏将所有协方差项进行加总,得到了与投资组合方差式(3-5)一样的计算结果。

计算过程中,由于协方差矩阵是关于对角线对称的,即 $\text{Cov}(r_D, r_E) = \text{Cov}(r_E, r_D)$,因此,每个协方差项出现两次。

交乘协方差矩阵可应用于多项资产组合方差的计算。表格方式以简单的实现这一计算过程。

式(3-3)揭示了如果协方差为负,那么组合的方差会降低。但即使协方差为正,组合标准差仍然低于两个证券标准差的加权平均,除非两个证券是完全正相关的。

为了证明这一点,注意到协方差可由相关系数 ρ_{DE} 计算得到

$$\text{Cov}(r_D, r_E) = \rho_{DE} \sigma_D \sigma_E \qquad (3\text{-}6)$$

因此

$$\sigma_p^2 = w_D^2 \sigma_D^2 + w_E^2 \sigma_E^2 + 2 w_D w_E \sigma_D \sigma_E \rho_{DE} \qquad (3\text{-}7)$$

其他不变,当 ρ_{DE} 高时组合方差就高。当两个资产完全正相关,即 $\rho_{DE} = 1$ 时,等号右边可化简为

$$\sigma_p^2 = (w_D \sigma_D + w_E \sigma_E)^2 \qquad (3\text{-}8)$$

或

$$\sigma_p = w_D \sigma_D + w_E \sigma_E \qquad (3\text{-}9)$$

因此,组合标准差就是两个收益完全正相关资产标准差的加权平均。在其他情况下,相关系数小于1,使得组合标准差小于两个资产标准差的加权平均。

一个对冲资产和组合中的其他资产相关性为负。由式(3-7)可知这类资产在减少组合总风险上特别有效,而且,式(3-2)显示期望收益并

不受相关性影响。因此,其他条件不变,我们总是愿意在组合中增加与组合相关性小甚至负相关的资产。

因为组合期望收益率是各个资产期望收益的加权值,而标准差小于各个资产标准差的加权平均,所以非完全正相关的资产组合在一起总是比单个资产提供更好的风险-收益机会。资产相关性越小,有效收益越大。

组合的标准差最低是多少呢?最低的相关系数是 -1,代表完全负相关。在这种情况下,式(3-7)简化为

$$\sigma_p^2 = (w_D\sigma_D - w_E\sigma_E)^2 \tag{3-10}$$

组合标准差为

$$\sigma_p = (w_D\sigma_D - w_E\sigma_E) \text{ 的绝对值} \tag{3-11}$$

当 $\rho = -1$ 时,通过解下式可以得到完全对冲的头寸

$$w_D\sigma_D - w_E\sigma_E = 0$$

解为

$$\begin{aligned} w_D &= \frac{\sigma_E}{\sigma_D + \sigma_E} \\ w_E &= \frac{\sigma_D}{\sigma_D + \sigma_E} = 1 - w_D \end{aligned} \tag{3-12}$$

这一权重使得组合标准差变为零。

【例3-1】 组合的风险和收益

让我们把这一分析方法应用于表3-1中的债券和股票基金中。用这些数据,组合期望收益、方差和标准差的方程为:

$$E(r_p) = 8w_D + 13w_E$$

$$\begin{aligned} \sigma_p^2 &= 12^2 w_D^2 + 20^2 w_E^2 + 2 \times 12 \times 20 \times 0.3 \times w_D w_E \\ &= 144w_D^2 + 400w_E^2 + 144w_D w_E \end{aligned}$$

$$\sigma_p = \sqrt{\sigma_p^2}$$

我们可以变化组合的成分比例来看整个组合期望收益和方差的变化。假设改变债券的比例,组合期望收益如表3-3和图3-3所示,当债券比例从0变到1时,组合期望收益从13%降到8%。

表3-3 不同相关系数下的期望收益和标准差

w_D	w_E	$E(r_P)$	给定相关性的标准差			
			$\rho=-1$	$\rho=0$	$\rho=0.30$	$\rho=1$
0.00	1.00	13.00	20.00	20.00	20.00	20.00
0.10	0.90	12.50	16.80	18.04	18.40	19.20
0.20	0.80	12.00	13.60	16.18	16.88	18.40
0.30	0.70	11.50	10.40	14.46	15.47	17.60
0.40	0.60	11.00	7.20	12.92	14.20	16.80
0.50	0.50	10.50	4.00	11.66	13.11	16.00
0.60	0.40	10.00	0.80	10.76	12.26	15.20
0.70	0.30	9.50	2.40	10.32	11.70	14.40
0.80	0.20	9.00	5.60	10.40	11.45	13.60
0.90	0.10	8.50	8.80	10.98	11.56	12.80
1.00	0.00	8.00	12.00	12.00	12.00	12.00
			最小方差组合			
		w_D	0.625 0	0.735 3	0.820 0	—
		w_E	0.375 0	0.264 7	0.180 0	—
		$E(r_P)$	9.875 0	9.323 5	8.900 0	
		σ_P	0.000 0	10.289 9	11.447 3	

当$w_D>1$,$w_E<0$时情况如何呢?这种情况的组合策略是卖空股票基金并将资金投于债券基金。这将会继续降低组合的期望收益率。例如,当$w_D=2$,$w_E=-1$时,预期组合收益降到$2\times8+(-1)\times13=3\%$,此时的债券基金规模是组合净值的两倍。

相反的情况是$w_D<0$,$w_E>1$时,这种策略需要卖空债券基金来筹资购买股权基金。

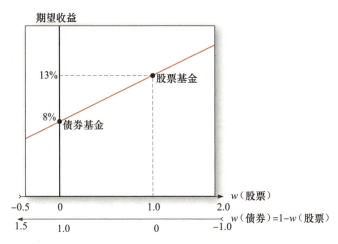

图 3-3　组合期望收益关于投资比例的函数

当然，不同的投资比例对组合的标准差也有影响。表 3-3 展示了假设不同的相关系数根据式（3-7）计算的不同组合权重时的组合标准差。图 3-4 显示了组合标准差和两个基金权重的关系。先看 $\rho_{DE}=0.3$，图像显示当股票投资比例从 0 到 1，组合的标准差先降后升。只要在相关性不是很高⊖的情况下都是如此。当两个基金的正相关性非常高时，组合的标准差随着组合由低风险向高风险资产转移而上升。

那么组合标准差最低是多少呢？对于表 3-1 中的数据来说，这一最小化问题的解是⊖

$$w_{\text{Min}}(D) = 0.82$$

⊖　只要 $\rho < \dfrac{\sigma_D}{\sigma_E}$，全部是债券的投资组合随着股票持仓比例的提高，组合波动率将先下降。

⊖　这一解法利用了微积分求极小值的方法。运用式（3-3）写出资产组合方差的表达式，用 $1-w_D$ 代替 w_E，并对 w_D 求微分，利用导数为零求解 w_D 可以得到

$$w_{\text{Min}}(D) = \frac{\sigma_E^2 - \text{Cov}(r_D, r_E)}{\sigma_D^2 + \sigma_E^2 - 2\text{Cov}(r_D, r_E)}$$

同样，利用 Excel 软件中的表单程序 Solver 来求解方差极小化问题，你可以获得一个精确的解。

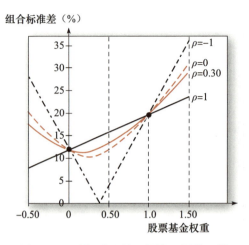

图3-4 组合标准差关于投资比例的函数

$$w_{\text{Min}}(E) = 1 - 0.82 = 0.18$$

组合标准差是

$$\sigma_{\text{Min}} = [(0.82^2 \times 12^2) + (0.18^2 \times 20^2) + (2 \times 0.82 \times 0.18 \times 72)]^{1/2}$$
$$= 11.45\%$$

即表3-3中$\rho = 0.30$一列的最后一行σ_p值。

图3-4中$\rho = 0.3$的线经过两个未经分散化的点，$w_D = 1$和$w_E = 1$。注意到**最小方差组合**（minimum-variance portfolio）的标准差小于这两个点的标准差。这显示了分散化的效果。

图3-4中另外3条曲线表示：保持每个资产方差不变时，组合的风险因两个资产收益相关系数变化而变化，这3条曲线对应着表3-3中的3列内容。

连接了$W_D = 1$全债券组合和$W_E = 1$全股票组合的黑色实线给出了$\rho = 1$完全正相关资产构成组合的标准差，这种情况下分散化是没有意义的，组合标准差不过是两个标准差的加权平均。

浅色虚线给出了彼此不相关的资产（$\rho = 0$）构成的组合风险情况。资产相关性越小,分散化则更加有效,组合风险也越低(至少当两资产都是多头头寸时)。$\rho=0$ 的最小组合标准差是 10.29%,低于任意一个资产的标准差。

最后,折线说明了当两资产完全负相关($\rho=-1$)时可以完全对冲的情况。这时最小方差组合的解由式(3-12)给出

$$w_{\text{Min}}(D;\rho=-1) = \frac{\sigma_E}{\sigma_D + \sigma_E} = \frac{20}{12+20} = 0.625$$

$$w_{\text{Min}}(E;\rho=-1) = 1 - 0.625 = 0.375$$

组合方差为 0。

我们可以组合图 3-3 和图 3-4 来展示组合风险与期望收益的关系。对于任意一对投资比例 w_D, w_E,我们从图 3-3 中得到期望收益,从图 3-4 中得到标准差。表 3-3 中每对期望收益率和标准差的结果如图 3-5 所示。

图 3-5 中的浅色实线说明 $\rho=0.3$ 的**投资组合可行集**(portfolio opportunity set)。我们之所以称其为投资组合可行集,是因为它表示了两个资产构造的所有期望收益和标

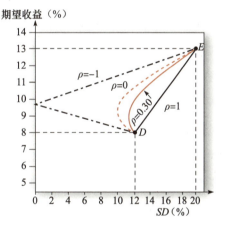

图 3-5 组合期望收益关于标准差的函数

准差的组合。其他的曲线表示了不同相关系数下的情况。黑色实线说明完全正相关的资产分散化并没有意义。曲线说明分散化是有意义的。当 $\rho=-1$ 时,投资组合可行集是线性的,但是它提供了完全对冲的机会最大化了分散化的好处。

总之,尽管任何组合的期望收益是几个资产期望收益的加权平均,但

标准差并不是这样。当资产相关系数小于 1 时分散化可以带来好处，且相关性越低，好处越大。在完全负相关的情况下，存在完美的对冲机会来构造零方差组合。

假设一个投资者想要从可行集中选择最优组合，他需要考虑风险厌恶。图 3-5 右上方的组合期望收益较高但是风险敞口也高。最优点取决于个人偏好。风险厌恶程度更高的投资者偏好于左下角期望收益低但是风险也相对较低⊖的组合。

股票、长期债券、短期债券的资产配置

优化资产配置实际上是想找出斜率最大或夏普比率值最大的资本配置线（CAL）。斜率越大的 CAL，任何给定波动性时相应的预期收益最大。现在我们步入资产配置问题：构造包含主要资产类的风险资产组合以实现尽可能高的夏普比率。

资产配置决策要求我们同时考虑短期国库券或者另外的无风险资产和风险类资产。其原因是，我们试图优化的夏普比率定义为超过无风险利率的风险溢价除以标准差。我们以短期国库券收益率作为评价各种可能组合夏普比率的无风险利率。夏普比率达到最大的组合即是资产配置问题的解。即便只包括 3 类主要资产，采用股票、债券和短期国库券进行讨论的拘束性也不是特别大。大多数专业人士认为"真正关键性的决策是，如何

⊖ 给定风险厌恶水平，个人可以决定提供最高效用值的组合。在第 2 章我们可以用关于期望收益和标准差的效用公式来描述效用值。组合的期望收益和标准差由两个资产在组合中的权重决定。根据式（3-2）和式（3-3），得

$$w_D = \frac{E(r_D) - E(r_E) + A(\sigma_E^2 - \sigma_D \sigma_E \rho_{DE})}{A(\sigma_D^2 + \sigma_E^2 - 2\sigma_D \sigma_E \rho_{DE})}$$

$$w_E = 1 - w_D$$

同样，可以利用 Excel 的 Solver 程序，以式（3-2）、式（3-3）以及 $W_D + W_E = 1$（即所有权重之和为 1）为约束条件来最大化效用函数。

在股票、债券和短期国库券之间分配资金"。

两类风险资产的资产配置

我们的风险资产还包括债券和股票基金,但是我们现在也可以投资无风险短期国库券,收益率为5%,这时情况会怎样呢?我们先看图解,图3-6显示了表3-1中债券和股票基金构成的可行集,数据来自表3-1,且假设$\rho = 0.3$。

两条资本配置线分别连接5%的无风险利率点和两个可行风险资产组合。第一条通过最小方差组合A,82%风险资金投资于债券,18%投资于股票(见表3-3)。组合A的期望收益为8.9%,标准差为11.45%。当短期国库券利率为5%时,其报酬-波动性(夏普)比率,即资产配置线的斜率,为

$$S_A = \frac{E(r_A) - r_f}{\sigma_A} = \frac{8.9 - 5}{11.45} = 0.34$$

现在考虑第二条通过B点的资本配置线。组合B投资70%于债券基金,投资30%于股票基金,期望收益为9.5%,标准差为11.7%,其报酬-波动性比率为

$$S_B = \frac{9.5 - 5}{11.7} = 0.38$$

比用最小方差组合和短期国库券得到的CAL的夏普比率要高,因此组合B比组合A好。

但是何必止于B呢?我们可以把资本配置线继续向上旋转直到最后和投资组合可行集相切,可得到最高报酬-波动性比率的资本配置线。因此,图3-7中那个切点组合P是最优风险组合。从图3-7中我们可以得到期望收益和标准差为$E(r_P) = 11\%$,$\sigma_P = 14.2\%$。

在实践中,当我们试图从更多的风险资产中构造最优风险组合时,我

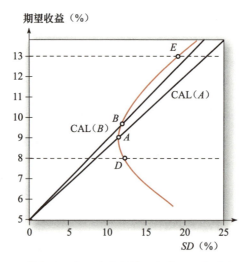

图 3-6 债券和股权基金的投资可行集和两条资本配置线

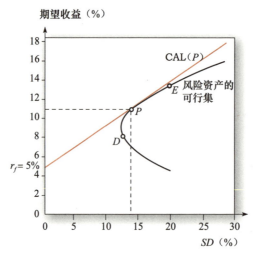

图 3-7 债券和股权基金的投资可行集,最优资本配置线和最优风险组合

们需要依靠电子数据表或其他电脑程序。开始我们还是使用两个风险资产和一个无风险资产来构造,在这种更简单的情形下,我们可以推导出各资产最优组合中的权重公式,并且更利于展示组合最优化的一些问题。

目标是确定使资本配置线斜率最高的权重 w_D 和 w_E 值。因此,我们的

目标函数就是夏普比率，

$$S_p = \frac{E(r_p) - r_f}{\sigma_p}$$

对于两个风险资产的组合 p，期望收益和标准差为

$$E(r_p) = w_D E(r_D) + w_E E(r_E) = 8w_D + 13w_E$$

$$\sigma_p = [w_D^2 \sigma_D^2 + w_E^2 \sigma_E^2 + 2w_D w_E \text{Cov}(r_D, r_E)]^{1/2}$$

$$= [144w_D^2 + 400w_E^2 + (2 \times 72 w_D w_E)]^{1/2}$$

当我们最大化目标函数 S_p 时，需要满足组合权重和为 1 的约束条件，即 $w_D + w_E = 1$，因此，我们需解以下问题

$$\underset{w_i}{\text{Max}} \, S_p = \frac{E(r_p) - r_f}{\sigma_p}$$

约束条件 $\sum w_i = 1$，此问题标准微积分计算即可求解。

在两个风险资产的情况下，**最优风险组合**（optimal risky portfolio）的解由式（3-13）给出，注意式中使用的是超额收益率（R），而非总收益率（r）[○]。

$$w_D = \frac{E(R_D)\sigma_E^2 - E(R_E)\text{Cov}(R_D, R_E)}{E(R_D)\sigma_E^2 + E(R_E)\sigma_D^2 - [E(R_D) + E(R_E)]\text{Cov}(R_D, R_E)}$$

$$w_E = 1 - w_D \tag{3-13}$$

📍【例 3-2】 最优风险组合

使用我们的数据，解为

$$w_D = \frac{(8-5) \times 400 - (13-5) \times 72}{(8-5) \times 400 + (13-5) \times 144 - (8-5+13-5) \times 72} = 0.40$$

$$w_E = 1 - 0.40 = 0.60$$

计算得最优风险组合的期望收益和标准差为

[○] 两风险资产的求解过程如下：用式（3-2）替换 $E(r_P)$，用式（3-7）替换 σ_P，用 $1 - w_D$ 替换 w_E，对变换后的式子 S_P 求 w_D 的导数，令其为零，然后求出 w_D。

$$E(r_P) = (0.4 \times 8) + (0.6 \times 13) = 11\%$$

$$\sigma_P = [(0.4^2 \times 144) + (0.6^2 \times 400) + (2 \times 0.4 \times 0.6 \times 72)]^{1/2}$$

$$= 14.2\%$$

最优组合资本配置线的斜率为

$$S_P = \frac{11 - 5}{14.2} = 0.42$$

这正是 P 的夏普比率。注意到这个斜率超过所有其他可行的组合。

第2章中在给定最优风险组合和这个组合与短期国库券勾画出的 CAL 情况下得到了最优的完美组合。现在我们构造出最优风险组合 P,这样就可以利用单个投资者的风险回避系数 A 计算出完全组合中多少比例投资于风险资产。下面专栏描述了成功投资的秘诀。

华尔街实战

成功投资的秘诀:首先做好分散化投资

如果你想要一个辉煌的投资结果,不要将时间花费在热门股票和明星基金上。相反,对于投资顾问来说,真正重要的问题是如何将资金在股票、债券以及国债等无风险投资产品之间进行分配。

用华尔街的术语来说,这样一个分配投资的过程叫资产配置。乔治城大学金融学教授 William Droms 认为,"资产配置是首先要做的,也是最重要的决策。你在股市投资的多少决定了你最终的投资结果"。

金融产品开发经理,同时也是洛杉矶的一位投资顾问 William Mikus 认为:"不管你的债券经理人选择证券的水平有多高,你都不可能从一个债券投资组合中获取股票市场的收益。"

Mikus 先生引用了 Gary Brison、Brian Singer 和 Gilbert Beebower 于1991

年做的分析研究来证明这一观点。他们研究了82只大型养老金计划10年的收益率,发现资产组合的配置情况解释了其中91.5%的收益率。

设计一个投资组合

正因为资产组合的选择如此重要,一些基金公司现在提供免费的服务来帮助投资者构造他们自己的投资组合。

芝加哥的一个通信栏目 *Mutual Fund Letter* 的编辑 Gerald Perrit 说道:"你应该根据你的投资期限调整你的资产配置。你的投资期限越长,你就应该更多地进行股票投资。当你越接近你的投资期限时,你应该买入更多的债券和货币市场金融工具,比如中期国债。"债券和货币市场金融工具的收益可能低于股票,但对于近期需要用钱的投资者而言,保守的投资策略更有意义,因为这样可以避免在短期内承受巨大的损失。

汇总你的资产

"人们可以做的最重要的一件事情是将他们所有的资产汇总在一张纸上并计算出他们的资产配置状况。"Pond 先生说。

Pond 先生还说道,一旦人们开始进行资产配置,那么他就要盯住其目标百分比水平。为了实现这一目标,他建议每6个月就计算一次资产配置水平。因为若股票市场跳水,你会发现股票市场在资产组合中的比例下降了。在这一时刻,你需要抛售债券,买入股票。

当设计投资组合时,一些投资顾问在考虑传统的股票、债券和货币市场金融工具之外,还将考虑黄金和不动产投资。Droms 先生认为,黄金和不动产"给了你对冲恶性通货膨胀的能力"。

资料来源:Jonathan Clements, "Recipe for Successful Investing: First, Mix Assets Well," *The Wall Street Journal*, October 6, 1993. Reprinted by permission of *The Wall Street Journal*, ⓒ 1993 Dow Jones & Company, Inc. All rights reserved worldwide.

我们发现给定最优风险组合和其资本配置线（即给定无风险短期国库券利率），可以得到整个最优投资组合。现在我们构造了最优风险组合 P，可以通过投资者的风险厌恶系数 A 来计算整个投资组合投资风险资产的最适比例。

【例3-3】 最优投资组合

风险厌恶系数 $A=4$ 的一个投资者，其投资风险组合 P 的头寸为⊖

$$y = \frac{E(r_P) - r_f}{A\sigma_P^2} = \frac{0.11 - 0.05}{4 \times 0.142^2} = 0.7439 \quad (3\text{-}14)$$

因此投资者会投资 74.39% 的资金于风险组合 P，25.61% 的资金投于短期国库券。P 中债券投资 40%，股票投资 60%。如图 3-8 和图 3-9 所示。

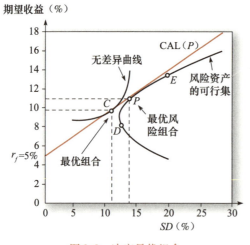

图 3-8 决定最优组合

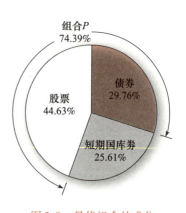

图 3-9 最优组合的成分

现在，总结投资很多风险资产的情况就会较为便于理解。我们首先简要总结一下构造整个组合的步骤。

⊖ 注意到式（3-14）将收益用小数表示，这在使用风险厌恶系数 A 求解资产配置时是必要的。

(1)确定所有证券的特征(期望收益率、方差、协方差)。

(2)建立风险资产组合。

a. 计算最优风险组合 P [式(3-13)]。

b. 由 a. 计算组合 P 的期望收益和标准差 [式(3-2),式(3-3)]。

(3)在风险资产和无风险资产之间配置资金。

a. 计算投资风险资产组合 P 的比例。

b. 计算整个组合中各资产的比例。

回忆我们两个风险资产——债券基金和股票基金都已经是分散化的组合。这个组合内部的分散化相比单只证券降低了风险。比如,一般股票收益率的标准差大约50%(见图3-2)。而股票指数基金只有20%左右,接近标准普尔500指数的历史水平。这是同类资产内部分散化好处的一个证明。股票基金和债券基金之间的最优化配置又促进了整个组合报酬-波动性比率的提升。最优资本配置线(见图3-8)显示投资者可以在标准差18%的风险水平下获得13%的期望收益率。

马科维茨资产组合选择模型

证券选择

组合构造问题可以归纳为多个风险资产和一个无风险资产的情况。在两风险资产的例子中,该问题有三步。首先,确认可行集的风险收益权衡;然后,通过计算使资本配置线斜率最大的各资产权重确认最优风险组合。最后,确认最合适的投资组合,由无风险资产和最优风险组合构成。

第一步是决定投资者面临的风险收益机会,由风险资产的**最小方差边界**(minimum-variance frontier)给出。这条边界线是在给定组合期望收益下方差最低的组合点描成的曲线。给定期望收益、方差和协方差数据,所描成的曲线如图3-10所示。

注意到所有单个资产都在该边界的右方,至少当存在卖空机制时是这样的⊖。这说明由单个资产构成的风险组合不是最有效的。分散化投资可以提升期望收益降低风险。

所有最小方差边界上最小方差组合上方的点提供最优的风险和收益,因此可以作为最优组合,这一部分称为**风险资产有效边界**(efficient frontier of risky assets)。对于最小方差点下方的组合,其正上方就存在具有相同标准差但期望收益更高的组合。因此最小方差组合下部的点是非有效的。

第二步是包含无风险资产的最优化。与之前一样,我们寻找报酬-波动性比率最高的资本配置线,如图3-11所示。

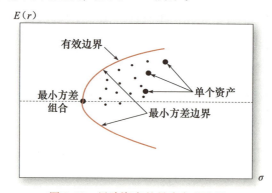

图 3-10 风险资产的最小方差边界

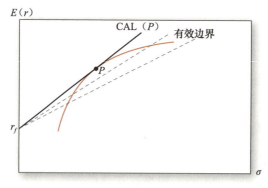

图 3-11 风险资产有效边界和最优资本配置线

⊖ 当不存在卖空机制时,同等风险下,最高期望收益的证券一定在有效边界上,有效边界上的证券,在同等收益时,方差是最小的。当卖空机制存在时,可以通过卖空低收益、买进高收益证券的方式构建出更高收益或更低波动性的更优组合。

这条资本配置线优于其他资本配置线，与有效边界相切，切点是最优风险组合 P。

最后一步是投资者在最优风险资产 P 和短期国库券之间选择合适的比例构成最终组合，如图 3-8 所示。

现在我们考虑构造组合每一步的细节。在第一步中，风险收益分析，投资经理需要每个证券的期望收益率和标准差、证券间协方差矩阵的估计值。投资经理现在有 $E(r_i)$ 和 $n \times n$ 的协方差矩阵，矩阵对角线上是 n 个 σ_i^2，其余是 $n^2 - n = n(n-1)$ 个协方差值，且关于对角线对称，所以有 $n(n-1)/2$ 个数值需要估计。如果我们在 50 只证券中进行组合管理，则需要估计 50 个期望收益值，50 个标准差，$50 \times \frac{49}{2} = 1\ 225$ 个协方差。这一任务很艰巨。

一旦这些估计完成，任意风险组合（各资产权重为 w_i）的期望收益和方差都可以通过协方差矩阵或通过下列式（3-2）、式（3-3）的延伸公式计算得到：

$$E(r_p) = \sum_{i=1}^{n} w_i E(r_i) \qquad (3\text{-}15)$$

$$\sigma_p^2 = \sum_{i=1}^{n} \sum_{j=1}^{n} w_i w_j \text{Cov}(r_i, r_j) \qquad (3\text{-}16)$$

之前我们提到分散化的理念有很长的历史了。"不要把鸡蛋放在一个篮子里"这句话早在现代金融理论出现之前就已存在。直到 1952 年，哈里·马科维茨⊖正式发表了包含分散化原理的资产组合选择模型，为他赢得了 1990 年的诺贝尔经济学奖。他的模型就是组合管理的第一步：确认有效的组合集，即风险资产有效边界。

⊖ Harry Markowitz, "Portfolio Selection," *Journal of Finance*, March 1952.

风险资产组合边界背后的核心原理是，对于任意风险水平，我们只关注期望收益率最高的组合，或者说，边界是给定期望收益风险最小的组合集。

确实，计算风险组合有效集的两种方法是等价的。可以考虑表示这一过程的图解，图 3-12 显示了最小方差边界。

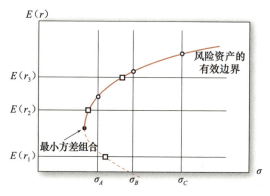

图 3-12　有效投资组合集

图 3-12 所示是一个最小方差程序的算法，横向为每一个期望收益水平，我们寻找方差最小的组合，用方形标记该点，或者竖向每一个方差水平，我们寻找期望收益率最高的组合，用圆形标记该点，都可以得到图 3-12 所示的最小方差边界的基本形状，然后去掉下面虚线部分，因为它是非有效的。

这一步完成之后，我们就得到了一系列有效组合，因为最优程序的解包含组合的内部权重 w_i，期望收益率 $E(r_P)$ 和标准差 σ_P。这些数据随后进入最优化程序中。

现在我们回过头来看一下，到目前为止投资经理都做了什么。证券分析师分析得到的估计值转化为一列期望收益值和一个协方差矩阵，这些估计值被称为数据输入表，进入最优化程序中。

在进行第二步选择最优风险资产之前，先考虑一个实际问题。一些客户可能会受到约束，比如卖空限制。对于这类客户，投资经理需要在寻找有效组合的程序中排除资产头寸为负的情形。此时有效组合可能是单个证券，比如拥有最高期望收益率的证券也会是前沿边界组合之一，因为无法通过卖空机制用多个证券构造期望收益率相同风险却较低的组合。

约束条件不仅仅包含卖空的限制，客户还会要求最低的股利收益率，此时就需要各证券的股利收益率数据，并加一个约束语句来保证所有证券的预期股利收益率高于设想的某个值。

投资经理可以调整有效边界来满足客户不同的要求。当然，附加额外要求后的报酬-波动性比率只会次于无额外要求的情形。所以，客户在附加投资的额外要求时应该考虑到这些非法律要求的限制所带来的成本。

另一种约束条件是从政治或道德上排除在某一特定产业或特定国家的投资。这种投资称为社会责任投资，必须承担降低报酬-波动性比率的成本，这一成本可以看作对隐含理由做的贡献了。

资本配置和分离特性

已经有了有效边界，可以进行第二步引入无风险资产。图 3-13 显示了有效边界和三条资本配置线。和之前一样，把资本配置线向上旋转直到与有效边界相切，切点为最优风险组合 P，且该资本配置线的报酬-波动性比率最大。这时投资经理的任务已经完成，组合 P 是投资经理为客户找到的最优风险组合。

最令人惊叹的结论是投资经理会向所有客户提供风险组合 P，无论客户的风险厌恶程度如何⊖。客户不同的风险厌恶度通过在资本配置线上选择不同的点来实现。相比之下更加厌恶风险的客户会在无风险资产和最优风险组合 P 之间更多投资于无风险资产。

⊖ 附加额外约束条件的客户，会得到另一个的最优组合，会次于无附加约束条件时得到的组合。

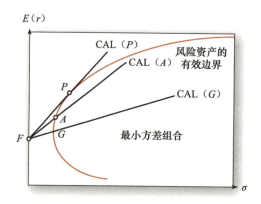

图 3-13　有效集组合和资本配置线

另外一种寻找最优风险组合的方法是通过一开始就引入无风险利率。这种方法下，我们编写计算表的程序来优化组合 P 的夏普比率。这里值得一提的原因是可以免去画有效边界而直接找出 CAL 斜率最大的组合。计算表程序最大化夏普比率完全不受预期收益或方差限制（仅需要受制于组合的权重之和为1）。图 3-13 显示的问题解决方案是找出使 CAL 斜率（夏普比率）最大的组合，不需要考虑预期收益或标准差。预期收益和标准差可以通过计算组合权重和式（3-15）、式（3-16）很容易得到。

这个方法不能直接给出整个最小方差边界，不过这个缺点可以通过寻找以下两个组合来弥补：第一个我们熟悉的最小方差组合，即图 3-12 中的 G。组合 G 是通过不管预期收益如何的情况下最小化方差得到，参见图 3-13。组合 G 的预期收益较无风险利率大（即风险溢价为正）。

另外一个组合，我们在后文中将详细介绍，最小方差边界上的非有效组合，它与最优风险组合的协方差（相关系数）为零。我们称该组合 Z。一旦确定了组合 P，我们通过数据表程序解出与 P 的协方差为零的最小化标准差组合。

边界组合的一个重要特性是，最小方差边界上的任何两个组合构造出的组合依然在边界上，它处在边界上的位置取决于组合的权重。因此组合 P 加组合 G 或 Z 可以得到整个效率边界。

这一结果称为**分离特性**（separation property），阐明组合决策问题可以分为两个独立的步骤[一]。第一步是决定最优风险组合，这是完全技术性的工作。给定投资经理所有证券的数据，最优风险组合对所有客户就是一样的。然而，第二步整个投资组合在无风险短期国库券和最优风险组合间的配置，取决于个人的偏好。在这里客户是决策者。

这里关键的问题是：投资经理为所有客户提供的最优风险组合都是组合 P，换句话说，不同风险厌恶程度的投资者会满足于由两个共同基金构成的市场：一个基金在货币市场进行无风险投资，一个持有资本配置线与有效边界切点上的最优风险组合 P，这一结果使得职业投资管理更有效率且成本也更低。一家投资管理公司服务于更多的客户而管理成本增加得很少。

但是在实际中，不同的投资经理对证券估计的数据是不一样的，因此会得到不同的有效边界，提供不同的"最优"组合。这种偏差来自证券分析的差异。值得一提的是通俗的 GIGO（garbage in-garbage out）原则也可以应用于证券分析。如果证券分析质量很差，那么被动的市场指数基金生成的资本配置线都会优于由低质量证券分析生成的资本配置线。

当一个数据输入表采用证券最近的收益率来表示其真实的期望收益率时，将会使得到的有效边界失去意义。

考虑一个年均标准差为 50% 的股票，如果用它 10 年平均来估计收益，估计的标准差将达到 $\frac{50\%}{\sqrt{10}} = 15.8\%$，这一平均基本无法代表来年的

[一] 由 James Tobin 首次发现，"Liquidity Preference as Behavior toward Risk"，*Review of Economic Statistics* 25（Feb 1958 pp. 65-86）

期望收益⊖。

正如我们看到的,不同客户的最优风险组合也因其各自的约束条件而不同,比如股利收益约束、税收因素和其他客户偏好。即使如此,这部分分析说明一定数量的组合就可以满足大量的投资者,这是共同基金行业的理论基础。

最优化技术是组合构造问题中最容易的部分,基金经理间真正的竞争在于证券分析精确性上的角逐。这种分析和合理的解释是组合构造的艺术。⊖

分散化的威力

前面介绍了分散化的理念,但是由于系统风险的存在,分散化带来的益处存在限制。有了前面的工具,我们可以重新考虑这一问题,同时深入窥探分散化的威力。

回忆式(3-16),组合的方差为

$$\sigma_p^2 = \sum_{i=1}^n \sum_{j=1}^n w_i w_j \text{Cov}(r_i, r_j)$$

考虑最简单的分散化策略,组合中每一资产都是等权重的,即 $w_i = 1/n$,这时式(3-16)可写作[将 $i=j$ 的情况从连加符号中移出,$\text{Cov}(r_i, r_i) = \sigma_i^2$]

$$\sigma_p^2 = \frac{1}{n} \sum_{i=1}^n \frac{1}{n} \sigma_i^2 + \sum_{\substack{j=1 \\ j \neq i}}^n \sum_{i=1}^n \frac{1}{n^2} \text{Cov}(r_i, r_j) \quad (3\text{-}17)$$

定义平均方差和平均协方差为

$$\bar{\sigma}^2 = \frac{1}{n} \sum_{i=1}^n \sigma_i^2 \quad (3\text{-}18)$$

⊖ 而且无法通过观察更高频的收益率来避免这一问题,在第1章中我们指出用样本平均估计期望收益的精确性取决于样本时期,而非样本期内观察频率。

⊖ 你可以在 Wealthcare Capital Management 白皮书中找到一些有意思的关于实际操作中有效分散化问题的讨论,网址:http://www.financeware.com/ruminations/WP Efficiency Deficiency.pdf. 或 www.mhhe.com/bkm 的在线学习中心上可以找到该内容。

$$\overline{\text{Cov}} = \frac{1}{n(n-1)} \sum_{\substack{j=1 \\ j \neq i}}^{n} \sum_{i=1}^{n} \text{Cov}(r_i, r_j) \qquad (3\text{-}19)$$

得出组合的方差为

$$\sigma_p^2 = \frac{1}{n} \overline{\sigma}^2 + \frac{n-1}{n} \overline{\text{Cov}} \qquad (3\text{-}20)$$

现在检验分散化的效果。当证券之间的平均协方差为零时，即所有风险都是公司特有的，由式（3-20）可知组合方差在 n 变大时趋近于零。因此，当证券间收益不相关时，分散化降低组合风险的威力是无穷的。

然而，更重要的是，经济层面的风险因素使股票收益存在正相关性。在这种情况下，当组合高度分散化后，组合方差为正。当 n 变大时，尽管公司特有的风险最终被消除了，但是等号右边第二部分趋于 $\overline{\text{Cov}}$。因此分散化组合不可消除的风险取决于不同证券间收益率的协方差，这反过来就是经济中系统性因素的显现。

为了进一步考察系统风险和各证券间相关性的关系，简单假设所有证券的标准差都为 σ，证券间相关系数都为 ρ，协方差为 $\rho\sigma^2$，此时式（3-20）化为

$$\sigma_p^2 = \frac{1}{n}\sigma^2 + \frac{n-1}{n}\rho\sigma^2 \qquad (3\text{-}21)$$

证券间相关性的影响这时就很明显了。当 $\rho = 0$ 时，我们得到保险原理，组合方差在 n 变大时趋于零。然而，当 $\rho > 0$ 时，组合方差为正。实际上，当 $\rho = 1$ 时，不论 n 如何，组合方差等于 σ^2，说明分散化没有意义。在完全相关的情况下，所有风险都是系统的。更一般的情况，当 n 增大，系统性风险保持为 $\rho\sigma^2$。

表3-4给出了证券数量扩大时 $\rho = 0$，$\rho = 0.4$ 两种情况下的组合标准差。其中令 $\sigma = 50\%$。正如我们预想的，组合风险在 $\rho = 0.4$ 时更大。更令

人吃惊的是，相关系数为正时，组合风险随着证券数量上升而下降的速度相对慢很多，因为证券间的相关性限制了分散化的空间。

表 3-4 相关性和无相关性的证券等权重构造组合的风险减少

证券数量	组合权重 $w=1/n$（%）	$\rho=0$ SD（%）	标准差减少	$\rho=0.40$ SD（%）	标准差减少
1	100	50.00	14.64	50.00	8.17
2	50	35.36		41.83	
5	20	22.36	1.95	36.06	0.70
6	16.67	20.41		35.36	
10	10	15.81	0.73	33.91	0.20
11	9.09	15.08		33.71	
20	5	11.18	0.27	32.79	0.06
21	4.76	10.91		32.73	
100	1	5.00	0.02	31.86	0.00
101	0.99	4.98		31.86	

注意到对 100 个证券构成的组合，彼此不相关的情况下标准差为 5%，和零标准差还有一段距离。当 $\rho=0.40$，标准差很高，达到 31.86%，非常接近于不可分散的系统性风险，为 $\sqrt{\rho\sigma^2}=\sqrt{0.4\times 50^2}=31.62\%$，说明进一步分散化也没什么意义了。

上面计算中最重要的一点是：当我们持有分散化组合时，某一证券对于整个组合风险的贡献取决于该证券和其他证券之间的协方差，并非该证券的方差，这意味着风险溢价也取决于协方差而非收益的变动。

资产配置和证券选择

如同之前看到的，证券选择和资产配置理论是一样的。这两步都需要构造有效边界，并在有效边界上选择一个最优组合。既然这样，是否还有必要区分资产配置和证券选择呢？

有三个因素需要考虑。首先，出于储蓄的天性和对利益的追求，社会对专业投资管理的需求呈迅速上升态势。其次，金融市场和各类金融工具的繁荣使得专业投资管理的收益超过一般的业余投资者。最后，投资分析有巨大的规模效益。最终的结果是有竞争力的投资公司随着行业的发展扩大其规模，组织管理的效率也变得非常关键。

一个大型的投资公司很可能既投资于国内也投资于国际市场，其资产范围更广，每种资产都需要相应的专家。因此，每一资产类组合的管理不再集中，一步最优化所有证券也显得不太可能，即使理论上可以实现。

实践中总是独立地最优化每类资产中的证券选择，同时，高一级的管理会更新各资产类的最优情况并调整完善资产组合的投资权重。

最优组合和非正态收益

此前使用的组合最优化技术是建立在收益正态分布的假设下的。然而，收益率可能的非正态性要求我们关注诸如在险价值、预期损失这类强调最坏情况损失的风险度量方法。

我们知道，在肥尾分布下需要重新考虑资本配置，因为此时在险价值和预期损失值会很高。特别地，当预测到较高的在险价值和预期损失值时，我们应当适当减少风险组合的配置。当我们选择最优风险组合时，分散化对在险价值和预期损失也是有影响的，只不过，这种情况下分散化的效果很难用正态分布情形的方法来展现。

目前，估计在险价值和预期损失一个实用的方法是自举法（拔靴法）。我们从一个组合的资产收益历史数据开始，计算组合收益看成从组合中资产历史收益中抽取一次，可以计算无穷多的随机组合的收益。这种方法计算的5万个收益就足够估计出在险价值和预期损失。此时我们可以比较最优风险组合和其他组合的在险价值与预期损失，如果某个组合的值比最优组合低的话，我们可能会倾向于这一组合。

风险集合、风险共享与长期投资风险

分散化意味着我们把投资预算分散到各类资产中以降低整个投资组合的风险。有人提出时间上的分散化的想法，这样平均收益率反映了不同投资期限的收益，类比得出"时间分散化"的概念，长期投资比短期投资更安全。

这一对"分散化"的概念拓展有意义吗？当风险投资的期限可以类比为风险集合时，风险如何增长？保险行业就应用风险池原理将众多不相关风险聚集在一个池子里。然而，风险集合和风险共享（公司将固定组合的风险共享给众多投资者）对风险的影响被广泛误解，"保险原理"在长期投资中的一般应用也被错误理解。在这一部分，我们试图厘清这些问题并探索这些概念在风险分析中的合理拓展。

风险集合和保险原理

风险集合（risk pooling）是指将互不相关的风险项目聚合在一起来降低风险。应用到保险行业，风险集合主要为销售风险不相关的保单，即众所周知的保险原理。传统理念认定风险集合降低风险，并成为保险行业风险管理的背后推动力。

但是短暂思考后你就会确信问题不会这么简单了，增加一个独立的赌局怎么会降低整个风险敞口呢？如同我们将要看到的，保险原理在长期投资中有时候被错用，把平均收益的性质拓展到总收益上。

假设一个富有的投资者沃伦，他持有 10 亿美元的组合 P，其中投资风险组合 A 的比例为 y，剩余 $1-y$ 投资于无风险资产。A 的风险溢价是 R，标准差 σ。由第 2 章式（2-3）和式（2-4）得到 P 的风险溢价为 $R_P = yR$，标准差 $\sigma_P = y\sigma$，夏普比率 $S_P = R/\sigma$。现在沃伦发现另一个风险资产 B 和 A

有相同的风险溢价和标准差，且 A 与 B 的相关系数为 0，于是他认为可以通过分散化来降低风险。

考虑到他预计分散化带来的益处，他决定持有资产 B，且与 A 的头寸相同，使得它的整个组合构成如下：A 资产比例 y，B 资产比例 y，无风险资产比例 $1-2y$。注意到这一策略是纯粹的风险集合；沃伦增加了额外的风险头寸，我们把他的投资组合记为 Z。

我们可以由式（3-2）计算组合 Z 的风险溢价，由式（3-3）计算方差，并得到夏普比率。记住大写 R 表示超额收益率。

$R_Z = yR + yR + (1-2y)0 = 2yR$　　（R_P 的 2 倍）

$\sigma_Z^2 = y^2\sigma^2 + y^2\sigma^2 + 0 = 2y^2\sigma^2$　　（组合 P 方差的 2 倍）

$\sigma_Z = \sqrt{\sigma_Z^2} = y\sigma\sqrt{2}$　　（$\sqrt{2} = 1.41$ 乘以组合 P 的标准差）

$S_Z = R_Z/\sigma_Z = 2yR/y\sigma\sqrt{2} = \sqrt{2}R/\sigma$　　（$\sqrt{2} = 1.41$ 乘以组合 P 的夏普比率）

好消息是 Z 的夏普比率提升为 $\sqrt{2}$ 倍。坏消息是风险资产的规模扩大后标准差也增长 $\sqrt{2}$ 倍。

现在我们可以想象，不只有两个风险资产，沃伦实际面临很多风险资产。重复我们的分析，我们会发现当有 n 个资产时，策略 Z 的夏普比率提升为原来的 $\sqrt{n}$ 倍，变为 $\sqrt{n}R/\sigma$。但是此集合策略 Z 的总风险也以相同倍数保持增长，变为 $y\sigma/\sqrt{n}$。

这一分析说明单纯的风险集合带来了机会，但同时也有局限，因为风险集合增加了风险投资的规模。风险集合并不降低总体风险。

保险原理告诉我们只有风险增长速率低于不相关保单数量的增长速率时，风险集合的获利能力（本例中的夏普比率）才能增长，但这并不足以降低风险。

这可能会限制大型保险公司持续增长的组合潜在的规模效益，可以把本分析中的资产看作保单。每一笔保单要求保险公司设置保证金弥补或有损失。保险公司投资这些资金直到有索赔发生。卖出更多的保险意味着增加风险投资的头寸,当投资于更多收益不相关的资产时,夏普比率升高,但是因为风险资产比例上升,整体的风险也会上升。

保险分析师总是考虑损失的概率。他们对保险原理的解释"风险集合后损失的概率会降低",从数学上看是正确的,因为夏普比率上升。但是把损失概率的降低和总风险的降低混为一谈却是错误的。当风险集合与风险共享组合在一起,情况就不单纯是这样了。

风险共享

现在考虑风险集合得到组合 Z 的一种变体:想象沃伦找到了几个不错的保单并想要进行投资。为了简化问题,我们考虑两个保单的情况,这样资产池与组合 Z 性质相同。我们看到如果沃伦投资于两个保单的资产池,他的风险是 $\sigma_Z = y\sigma\sqrt{2}$,但如果这一风险超过了他能承受的范围,那么他该怎么办?

他的办法是**风险共享**(risk sharing),卖掉一部分风险资产来限制风险的同时保持夏普比率。假设每次一个新的风险资产加到原组合中,沃伦都先卖出他风险头寸的一部分,保证风险投资比例不变,本例中,即 A 和 B 的比例均为 $y/2$,无风险资产比例仍为 $1-y$,我们把这个策略记作 V。

如果比较 V 和 Z,你会发现两个策略都投资于两风险资产,唯一的区别是风险共享策略会先卖掉一半的资产池以保证整体风险头寸固定不变。不同于策略 Z 风险池的头寸为 $2y$,风险共享策略的风险头寸只有一半。因此,我们可以在公式中把 y 替换成 $2y$,或者在表 3-5 中等价地把 $y/2$ 替换成 y。

表 3-5 风险集合组合与风险共享组合的超额收益率、标准差、夏普比率

风险集合组合 Z	风险共享组合 V	风险集合组合 Z	风险共享组合 V
$R_Z = 2yR$	$R_V = 2(y/2)R = yR$	$\sigma_Z = \sqrt{\sigma_Z^2} = y\sigma\sqrt{2}$	$\sigma_V = \sqrt{\sigma_V^2} = y\sigma/\sqrt{2}$
$\sigma_Z^2 = 2y^2\sigma^2$	$\sigma_V^2 = 2(y/2)^2\sigma^2 = y^2\sigma^2/2$	$S_Z = R_Z/\sigma_Z = 2yR/y\sigma\sqrt{2} = \sqrt{2}R/\sigma$	$S_V = R_V/\sigma_V = \sqrt{2}R/\sigma$

V 和 Z 的夏普比率相同，但是 V 的波动性低。风险共享和风险集合构成了保险行业的关键核心。投资于多种风险资产，但是风险资产比例保持不变，这才是真正的分散化。

为了控制总风险，沃伦不得不卖掉资产池的一部分。这意味着那一部分资产必然被另一个人所持有。比如这里的资产是保单，那么其他投资者一定分享了该保单的风险，可能是通过购买保险公司股票的形式。或者，保险公司通过将保单的一部分卖给其他投资者抑或其他保险公司来分担风险。

我们可以容易地拓展到多风险资产的情况。假设风险资产有 n 个，那么风险共享组合的波动性为 $\sigma_V = y\sigma/\sqrt{n}$，夏普比率为 $\dfrac{\sqrt{n}R}{\sigma}$。显然，组合波动性随 n 的增大而减小，夏普比率则相反。回过头来考虑之前幸运转轮的那个赌徒，他认为"分散化就是赌 100 次比赌 1 次的风险要小"是错误的。事实上赌 100 次收益的 1/100 比赌 1 次的风险小。固定赌资的总额，而将赌资分散到众多独立的赌局上才是他降低风险的办法。

有了风险共享，任何人都可以创建任何规模的保险公司，在通过向股东售出股份以控制总风险的情况下分散化地持有大量保单。当夏普比率随着保单数量的增加而升高，而每一个股东的风险下降，可以盈利的保险公司规模是不受限制的。然而在现实中存在两个问题。一是，管理一个很大的公司所带来的压力会削减公司的毛利。更重要的是，"大而不倒"的问题可能会出现。评估每个保单风险的误差或对保单损失相关性的错误评估可能导致保险公司倒闭。一家保险公司的倒闭可能会牵连其他商业伙伴，

一倒全倒，就像 2008 年的金融危机一样。但愿未来监管方面不会对分散化降低风险的能力过于乐观。

长期投资

现在我们可以转向风险集合与风险共享在长期投资中的意义。横向增加风险资产到资产池中类似于把投资期限拓展到下一时期（增加该时期收益的不确定性）。

分析这种投资期限延长的效果需要明确其他的投资选择是什么。假设你考虑投资一个风险组合，期限为两年，看作"长期投资"。那么如何与"短期投资"来比较呢？我们必须在同一期限即 2 年内考虑风险组合，也就是说，短期投资 1 年后继续转为无风险投资 1 年。

当我们同意这种比较之后，假设第 1 年的风险收益和第 2 年无关，很明显，"长期"策略和组合 Z 是一回事。因为第 2 年持有风险组合（而不是撤出投资投向无风险资产）集聚风险，就像是卖出一份保险合约。换句话说，长期投资累积了投资风险。将一项分析投资期限拓展提升了夏普比率，同时也提升了风险。因此"时间分散化"并不是真正的分散化。

长期中风险共享的一个更贴切比喻是将投资预算分散于其中的每一个投资期。考虑一下总投资期为两年的 3 个投资策略。

（1）第一阶段全部投资在风险资产，抽出所有投资在第二阶段投资于无风险资产。由于你在风险资产上只投资 1 年，整个投资期的风险溢价为 R，两年期的标准差为 σ，夏普比率是 $S = R/\sigma$。

（2）两个阶段都投资在风险资产。两年期的风险溢价为 $2R$（假设连续复利），方差为 $2\sigma^2$，两年期的标准差为 $\sigma\sqrt{2}$，夏普比率 $S = R\sqrt{2}/\sigma$。这相当于风险集合，同时投资两个风险资产而不是像策略（1）中的投资一个风险资产。

（3）将投资的一半投资在每一期的风险资产，其余的投在无风险资产。两年期的风险溢价为 R，方差是 $2 \times (1/2\sigma)^2 = \sigma^2/2$，夏普比率 $S = R\sqrt{2}/\sigma$。这相当于风险共享，每一时段部分投资在风险资产上。

策略（3）的风险最小。其预期收益与策略（1）相同，但风险较低，因此其夏普比率要高些。它的夏普比率与策略（2）相同，但标准差只有策略（2）的一半。因此，策略（3）的夏普比率至少不会比其他两个低，但总风险较小。

总结一下，风险不会在长时段中消失。将全部预算投资于一个风险组合的投资者会发现尽可能在更多时段进行风险资产投资但降低每一期投资预算的策略更好。简单的风险共享，或者像刚才的例子中，时间分散化不能降低风险。

第 4 章

分散化的威力：
指数模型

INVESTMENTS

导读

马科维茨模型有两个缺陷：第一，模型需要大量的估计数据来计算协方差矩阵。第二，模型无法提供证券风险溢价的预测方法，而这又是构造有效边界所必需的。因为预测未来收益率不能完全依赖历史收益率，所以这一缺陷是非常严重的。

本章我们引入指数模型，简化协方差矩阵的估计，强化证券风险溢价的估计。指数模型通过分解风险为系统性风险和公司特有风险，使读者了解分散化的威力和局限性，并且度量特定证券和组合的这些风险成分也可以实现。

本章首先描述单因素证券市场，提出证券收益的单指数模型。然后对单指数模型进行拓展，回顾这些估计值的统计数据，给出它们和投资经理面临的实际问题之间的联系。

除了简化，指数模型与有效边界和组合最优化的概念也保持一致。实证中，指数模型与收益正态分布假设一样有效。因为短期收益率用正态分布很好地近似，指数模型可以用来选择最优组合，并且和马科维茨算法几乎一样精确。最后，我们用指数模型估计最优风险组合。虽然原理相同，但组合的收益率、协方差等特性的推导和解释更容易。我们通过用各公司的一个小样本建立最优风险组合来展示如何使用指数模型，并与马科维茨理论建立的最优风险组合进行对比，最后讨论指数模型遇到的实际问题。

单因素证券市场

马科维茨模型的输入数据

组合选择的成功依赖于输入数据的质量,即证券期望收益率和协方差矩阵的估计。长期来看,有效组合会超过输入劣质数据得到的组合。

假设你的证券分析师要全面分析50只股票,这意味着输入数据如下:

$$n = 50 \text{ 个期望收益的估计值}$$
$$n = 50 \text{ 个方差的估计值}$$
$$(n^2 - n)/2 = \frac{1\,225 \text{ 个协方差的估计值}}{\text{总共} 1\,325 \text{ 个估计值}}$$

这一任务令人生畏,更别说50只证券构成的组合依然相对较小。$n = 100$ 时,估计值增加到5 150。若 $n = 3\,000$,约为纽约证券交易所股票的数量,我们需要估计450万个以上的值。

应用马科维茨模型进行组合最优化的另一难题在于相关系数的估计误差会导致无意义的结果,这是因为部分相关系数相互冲突,如表4-1所示[注]。

表 4-1

资产	标准差(%)	相关系数矩阵		
		A	B	C
A	20	1.00	0.90	0.90
B	20	0.90	1.00	0.00
C	20	0.90	0.00	1.00

假设你构造的组合资产 A、B、C 的权重分别为 -1、1、1,经过计算你会得到组合方差为 -200%。而方差值必须是非负的,因此我们确信相关系数的估计值相互冲突。当然,真实的相关系数矩阵一定是相互一致

[注] 感谢西北大学凯洛格管理学院的 Andrew Kaplin、Ravi Jagannathan 提供本例。

的[一]，但是我们并不知道相关系数真实值，而估计值总是不准确的。不幸的是，相关系数矩阵的相互冲突与否并非一眼就能看出，所以亟待寻找更简单的模型。

引用一个简化描述证券风险来源方式的模型让我们可以使用更少且具有一致性的风险参数和风险溢价的估计值。因为受共同经济因素影响，证券间协方差为正，这种简化才得以面世。一些常见的经济因素包括商业周期、利率、自然资源成本等。这些变量未预期的变化会导致整个股票市场收益率未预期的变化。通过将这种不确定性分解为系统性和公司层面的来源，我们大大简化了协方差和相关系数的估计。

收益的正态分布和系统性风险

我们总是可以将任何证券 i 的收益率分解为期望收益率和非期望部分之和：

$$r_i = E(r_i) + e_i \tag{4-1}$$

e_i 的均值为 0，标准差为 σ_i，它描述了证券收益的不确定性。

当相关的证券收益率可以用正态分布来很好地近似时，我们称其服从联合正态分布。这一假设意味着，任何时间证券收益受一个或多个变量共同决定，如果一个以上的变量导致证券服从正态分布，那么这种收益被称为服从多元正态分布。我们先从简单的单因素证券市场开始，扩展在后续章节会具体介绍。

假设引起所有公司的证券收益变化的因素是一些影响所有公司的宏观经济变量 m，那么可以将不确定性分解为经济整体的不确定性（用 m 表示）和特定公司的不确定性（用 e_i 表示）此时，我们将式（4-1）改写为：

[一] 数学上，一个相关矩阵不能产生负的投资组合方差的性质，被称为正定性。

$$r_i = E(r_i) + m + e_i \qquad (4\text{-}2)$$

用宏观经济因素 m 度量未预期的宏观突发事件。因此，它的均值为 0，标准差为 σ_m。相反，e_i 只衡量特定公司的突发事件。注意到 m 没有下标是因为 m 影响所有公司。最重要的是，m 和 e_i 是不相关的，因为 e_i 是公司层面的，和影响整个经济的宏观因素独立。于是 r_i 的方差来自两个独立的部分——系统的和公司的。因此：

$$\sigma_i^2 = \sigma_m^2 + \sigma^2(e_i) \qquad (4\text{-}3)$$

经济因素 m 产生证券间的相关性，因为所有证券都会对同一宏观经济新闻有所反应，但是公司层面的事件，假设中认为在公司之间是无相关性的。因为 m 与 e_i 不相关，所以两只证券 i 和 j 的协方差为：

$$\text{Cov}(r_i, r_j) = \text{Cov}(m + e_i, m + e_j) = \sigma_m^2 \qquad (4\text{-}4)$$

此外，一些证券对经济冲击比其他证券更为敏感。例如，汽车公司对经济条件的反应比制药公司要剧烈得多。所以可以加一个对宏观经济条件的敏感性系数。因此，如果定义希腊字母 β_i 为公司 i 的敏感性系数，那么改变式（4-2）得到**单因素模型**（single-factor model）：

$$r_i = E(r_i) + \beta_i m + e_i \qquad (4\text{-}5)$$

式（4-5）表明证券 i 的系统性风险由其 β_i 系数决定。周期性公司对市场的敏感性更高，所以系统性风险就更大。证券 i 的系统性风险为 $\beta_i^2 \sigma_m^2$，总风险为：

$$\sigma_i^2 = \beta_i^2 \sigma_m^2 + \sigma^2(e_i) \qquad (4\text{-}6)$$

任意两证券间协方差为

$$\text{Cov}(r_i, r_j) = \text{Cov}(\beta_i m + e_i, \beta_j m + e_j) = \beta_i \beta_j \sigma_m^2 \qquad (4\text{-}7)$$

就系统性风险和市场暴露而言，这一公式表示公司间存在近似替代关系，β 值相等的公司，其市场风险也相同。

到目前为止，我们只使用了证券收益联合正态分布的统计意义。仅证券收益的正态性就保证了组合收益也是正态的，且证券收益和共同宏观因素之间存在线性关系。这大大简化了组合分析。然而，统计分析并未识别共同宏观因素，也未能确定该因素在长期投资中如何作用。尽管如此，共同因素、单个证券的方差以及证券间的协方差在长期中变化非常缓慢（通过实证可以证明）。现在我们需要寻找一个变量来代表共同因素，这一变量必须可以观察，易于估计其波动性和单个证券对其的敏感度。

单指数模型

使单因素模型具备可操作性的一个方法是将标准普尔500这类股票指数的收益率视为共同宏观经济因素的有效代理指标。这一方法推导出和单因素模型相似的等式，称为**单指数模型**（single-index model），因为它使用市场指数来代表共同经济因素。

单指数模型的回归方程

标准普尔500指数是一个股票组合，其价格和收益率易于观察。我们有足够的历史数据来估计系统性风险。用M表示市场指数，其超额收益率为$R_M = r_M - r_f$，标准差为σ_M。因为指数模型是线性的，我们可以用单变量线性回归来估计一个证券对市场指数的敏感性系数。我们让证券超额收益率$R_i = r_i - r_f$对R_M回归，数据采用历史样本$R_i(t)$和$R_M(t)$配对，t表示观察样本的日期（比如特定月的超额收益）。⊖**回归方程**（regression equation）是：

$$R_i(t) = \alpha_i + \beta_i R_M(t) + e_i(t) \quad (4-8)$$

这一方程的截距α是当市场指数超额收益为0时该证券的期望超额收益

⊖ 实际操作中经常使用和式（4-8）相似的"修正"指数模型，使用总收益而非超额收益，尤其使用日数据时，因为短期国库券的日收益率为0.01%，所以超额收益和总收益几乎相等。

率，斜率 β_i 是证券对指数的敏感性，即每当市场指数上涨或下跌1%时证券 i 收益的涨跌幅。e_i 均值为0，是 t 时刻公司层面收益率的冲击，也称为**残值**（residual）。

期望收益与 β 的关系

因为 $E(e_i) = 0$，将式（4-8）中的收益率取期望值，得到单指数模型的收益 - β 关系：

$$E(R_i) = \alpha_i + \beta_i E(R_M) \tag{4-9}$$

式（4-9）中的第二项说明证券的风险溢价来自指数风险溢价，市场风险溢价成了证券的敏感系数。我们之所以称其为系统性风险溢价，是因为它源自整个市场的风险溢价，代表整个经济系统的状况。

风险溢价的剩余部分是 α，为非市场溢价。比如，如果你认为证券被低估，期望收益更高，则 α 更高。接着，我们会看到当证券价格处于均衡时，这类机会将在竞争中消失，α 也会趋于0。但是现在先假设每个证券分析师对 α 的估计都不同。如果投资经理认为可以比其他分析师做得更好，那么他们会自信能找到 α 非零的证券。

用指数模型分解单个证券风险溢价为市场和非市场两部分，极大地简化了投资公司宏观经济和证券分析工作。

单指数模型的风险和协方差

马科维茨模型的一个问题是所需估计参数的庞大数量，但是指数模型大大减少了需要估计的参数。式（4-8）分别得到每个证券系统和公司层面的风险，以及任意一对证券间的协方差。方差和协方差都由证券的 β 和市场指数决定。

$$\text{总风险} = \text{系统性风险} + \text{公司特定风险}$$
$$\sigma_i^2 = \beta_i^2 \sigma_M^2 + \sigma^2(e_i)$$

$$\text{协方差} = \beta \text{ 的乘积} \times \text{市场指数风险}$$

$$\text{Cov}(r_i, r_j) = \beta_i \beta_j \sigma_M^2$$

相关系数 = 与市场之间的相关系数之积 \hfill (4-10)

$$\text{Corr}(r_i, r_j) = \frac{\beta_i \beta_j \sigma_M^2}{\sigma_i \sigma_j} = \frac{\beta_i \sigma_M^2 \beta_j \sigma_M^2}{\sigma_i \sigma_M \sigma_j \sigma_M}$$

$$= \text{Corr}(r_i, r_M) \times \text{Corr}(r_j, r_M)$$

式（4-9）和式（4-10）意味着单指数模型估计所需的参数只包含单个证券的 α、β 和 $\sigma(e)$、市场指数的风险溢价和方差。

单因素模型的估计值

单因素模型的结果如表4-2所示。

表 4-2

	符号
1. 当市场为中性，即超额收益 $r_M - r_f$ 为0时的股票期望收益	α_i
2. 由于整体市场波动带来的收益部分；β_i 是证券对市场变化的敏感度	$\beta_i(r_M - r_f)$
3. 由于意外事件导致的仅与单个公司有关的未期望收益部分（公司特定）	e_i
4. 共同宏观因素不确定性引致的方差	$\beta_i^2 \sigma_M^2$
5. 公司特定因素不确定性带来的方差	$\sigma^2(e_i)$

该模型需要的变量包括：

- n 个超额收益估计值，α_i
- n 个敏感系数估计值，β_i
- n 个公司特有方差的估计值，$\sigma^2(e_i)$
- 1个市场溢价估计值，$E(R_M)$
- 1个宏观经济因素方差的估计值，σ_M^2

这（$3n+2$）个估计值便是单指数模型所需的数据。对于一个50只证券的组合，我们需要152个估计值而非马科维茨模型要求的1 325个估计值。对于纽约股票交易所的所有上市股票，约3 000只，我们需要9 002个估计值而不是450万个。

显而易见，指数模型为什么进行了如此有用的简化。在一个有成千上万证券的市场上，马科维茨模型需要天文数字的估计值，而指数模型只需要马科维茨模型估计值的一小部分。

指数模型的另一个常被忽略但同样重要的优势是，指数模型的简化对证券分析专业化非常重要。如果每对证券间的协方差需要直接计算，那么分析师就无法实现专业化。比如，如果一组分析师专业分析电脑产业而另一组分析汽车制造业，那么谁拥有足够的专业背景来估计IBM和GM的协方差呢？然而，指数模型给出了计算协方差更容易的方法。证券间的协方差都来自一个共同因素的影响，即市场指数收益，而且可以应用式（4-8）回归估计得到。

但是从指数模型假设条件得出的简化方法并不是没有成本的。指数模型的成本来自其对资产不确定性结构上的限制。将风险简单地二分为宏观和微观两个部分，过于简化了真实世界的不确定性并忽略了股票收益依赖性的重要来源。比如，二分法忽略了行业的事件，这些事件影响该行业中很多公司，但是不对宏观经济造成影响。

最后也很重要的一点是，设想单指数模型是完全准确的，唯独两只股票——英国石油和壳牌的残差项是相关的。指数模型会忽略这一相关关系（假设它为零），但马科维茨算法会在组合方差最小化时自动考虑到该相关性（实际上包括每一对证券的相关性）。如果我们的证券总量较小，两种模型得到的最优组合会显著不同。马科维茨得到的组合，英国石油和壳牌的权重会较小，得到的组合方差更低，因为两只股票相关性降低了分散化的价值。相反，当相关性为负时，指数模型会低估分散化潜在的价值。

因此，当残差项相关的股票有较大的 α 值，而且占整个投资组合较大的比例时，单指数模型推导出的最优组合可能会明显次于马科维茨模型。

如果很多股票残差项都有相关性，那么额外包含了捕捉证券间风险因素的多指数模型可能更适用于组合的分析和构造。

指数模型和分散化

由夏普首次提出的指数模型[⊖]同样为投资组合分散化提供了新的视角。假设我们选择等权重 n 个证券构成的组合，每个证券的超额收益率为：

$$R_i = \alpha_i + \beta_i R_M + e_i$$

类似地，组合的超额收益为：

$$R_P = \alpha_P + \beta_P R_M + e_P \tag{4-11}$$

当组合中股票的数量增加时，非市场因素带来的组合风险越来越小，这部分风险通过分散化逐渐被消除。然而，无论公司数量如何上升，市场风险仍然存在。

为了理解这一结果，注意这一等权重组合的超额收益为：

$$R_P = \sum_{i=1}^{n} w_i R_i = \frac{1}{n} \sum_{i=1}^{n} R_i = \frac{1}{n} \sum_{i=1}^{n} (\alpha_i + \beta_i R_M + e_i)$$

$$= \frac{1}{n} \sum_{i=1}^{n} \alpha_i + \left(\frac{1}{n} \sum_{i=1}^{n} \beta_i \right) R_M + \frac{1}{n} \sum_{i=1}^{n} e_i \tag{4-12}$$

比较式（4-11）和式（4-12），我们看到组合对市场敏感度为：

$$\beta_P = \frac{1}{n} \sum_{i=1}^{n} \beta_i \tag{4-13}$$

为 β_i 的平均值。组合的非市场收益为：

$$\alpha_P = \frac{1}{n} \sum_{i=1}^{n} \alpha_i \tag{4-14}$$

为 α 的平均值，加上零均值变量：

⊖ William F. Sharpe, "A Simplified Model of Portfolio Analysis," *Management Science*, January 1963.

$$e_P = \frac{1}{n}\sum_{i=1}^{n} e_i \qquad (4\text{-}15)$$

为公司部分的平均值。因此组合方差为：

$$\sigma_P^2 = \beta_P^2 \sigma_M^2 + \sigma^2(e_P) \qquad (4\text{-}16)$$

组合方差的系统性风险部分为 $\beta_P^2 \sigma_M^2$，取决于每个证券的敏感系数。这部分风险取决于组合 β 和 σ_M^2，无论组合如何分散化，都保持不变。不论持有多少股票，它们对市场的风险敞口都会反映在组合的系统风险中。⊖

相对地，组合方差的非系统性风险为 $\sigma^2(e_P)$，来自公司层面的 e_i。因为这些 e_i 是独立的，期望值为 0，所以可以说当更多的股票被加到投资组合中，公司层面风险会被消除，降低了非市场风险。这类风险因此称为可分散的。为了更清晰地看这一问题，检验等权重组合的方差，其公司部分为：

$$\sigma^2(e_P) = \sum_{i=1}^{n}\left(\frac{1}{n}\right)^2 \sigma^2(e_i) = \frac{1}{n}\overline{\sigma}^2(e) \qquad (4\text{-}17)$$

其中 $\overline{\sigma}^2(e)$ 为公司的平均方差。因为该平均值独立于 n，当 n 变大时，$\sigma^2(e_P)$ 趋于 0。

总之，随着分散化程度增加，投资组合的总方差就会接近系统风险，定义为市场因素的方差乘以投资组合敏感性系数的平方 β_P^2，图 4-1 说明了这一现象。

图 4-1 显示当组合中包含越来越多的证券时，组合方差因为公司风险的分散化而下降。然而，分散化的效果是有限的，即使 n 很大，由于共同或市场因素引起的风险仍然存在，无法被分散化。

实证分析验证了这一分析。图 3-2 说明了组合分散化对投资组合标准

⊖ 当然，我们也可以构造零系统风险的组合。通过将 $-\beta$ 和 $+\beta$ 的资产混合。我们讨论的意义是，大部分证券 β 值为正，意味着由很多这些证券构成完全分散化的组合，其系统性风险也会为正。

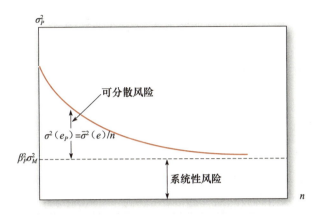

图 4-1 单因素经济中 β 系数为 β_P 等权重组合方差

差的影响,这些实证结果类似于图 4-1 现实的理论图形。

估计单指数模型

以单因素模型理论为基础,我们这里提供一个综合性例子,首先估计回归方程式(4-8),然后估计证券收益的协方差矩阵。

为了叙述方便,下面分析六大美国公司:标准普尔 500 指数中信息技术板块的惠普(HP)和戴尔(Dell),零售板块的塔吉特(Target)和沃尔玛(Walmart),能源板块的英国石油(BP)和皇家荷兰壳牌公司。

我们观察这 6 只股票、标准普尔 500 指数和短期国库券在 5 年中的月收益率(即 60 个观察值)。首先计算 7 个风险资产的超额收益,然后通过惠普的准备过程示范整个输入数据表。本章后面讲述如何建立最优风险组合。

惠普的证券特征线

将指数模型回归方程式(4-8)运用于惠普公司即为:

$$R_{HP}(t) = \alpha_{HP} + \beta_{HP} R_{S\&P\,500}(t) + e_{HP}(t)$$

上式描述了惠普公司的超额收益率与用标准普尔 500 指数收益率来代表的经济状况变化之间的线性关系。回归估计结果描述的是一条截距为 α_{HP}、斜率为 β_{HP} 的直线，称作惠普的**证券特征线**（security characteristic line，SCL）。

图 4-2 显示了惠普和标准普尔 500 指数 60 个月的超额收益率，图中显示惠普的收益与指数的收益一般是同向变动的，但其波动幅度更大。事实上，标准普尔 500 指数年化超额收益的标准差为 13.58%，而惠普为 38.17%。惠普公司收益的波动幅度比指数大，这意味着其敏感度大于市场平均值，即 β 大于 1.0。

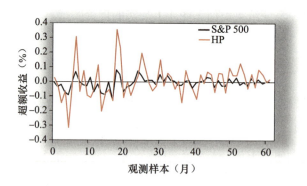

图 4-2　S&P 500 和 HP 的超额收益

图 4-3 的散点图更清楚地描述了惠普和标准普尔 500 指数收益率之间的关系。如图所示，回归线穿过散点，每个散点和回归线的垂直距离就是对应每个 t 值惠普收益率的残差 $e_{HP}(t)$。图 4-2 和图 4-3 中的收益率不是年化的，散点图显示，惠普的月收益率波动幅度超过 ±30%，而标准普尔 500 指数的收益只在 -11% ~ 8.5% 波动。回归分析的结果如表 4-3 所示。

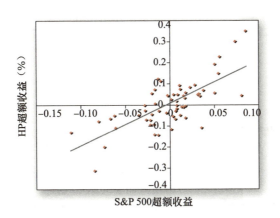

图 4-3　S&P 500 和 HP 的超额收益

惠普证券特征线的解释力

先考虑表 4-3，我们看到惠普和标准普尔 500 指数的相关性很高，达到 0.723 8，说明惠普经常随着标准普尔 500 指数的波动而同向变动。R^2 为 0.523 9，说明标准普尔 500 指数的方差可以解释惠普方差的 52% 左右。调整后的 R^2 稍小于原来的 R^2，修正了因使用 α 和 β 估计值而非真实值所产生的偏差。⊖当有 60 个观测样本时，这一偏差很小，为残差的平方，对这一点我们要做更深入的讨论。这是一个衡量由公司特有因素引起的股票与指数平均关系变动的指标，且该指标基于样本内数据。另一个更严格的检验是分析样本各期限的收益率，并检验自变量（标准普尔 500 指数的收益）的预测能力。样本外数据的回归预测值与实际值之间的关系通常会大大低于样本内数据的相关性。

⊖ 一般来说，调整后的 R^2 通过 $R_A^2 = 1 - (1 - R^2)\dfrac{n-1}{n-k-1}$ 推导，其中 k 为自变量的个数（此处为 1），因为截距项导致额外一个自由度的缺失。

表 4-3 Excel 输出，惠普证券特征线的回归统计

回归统计数据	
乘数 R	0.723 8
R^2	0.523 9
调整后 R^2	0.515 7
标准误差	0.076 7
观测样本	60

ANOVA 方差分析

	df	SS	MS
方程	1	0.375 2	0.375 2
残差	58	0.341 0	0.005 9
总计	59	0.716 2	

	系数	标准误差	t 值	p 值
截距	0.008 6	0.009 9	0.871 9	0.386 8
S&P 500	2.034 8	0.254 7	7.988 8	0.000 0

方差分析

表 4-3 的第二栏显示了证券特征线的方差分析结果。其中，回归平方和（SS）0.375 2 表示因变量（惠普收益率）方差中能够被自变量（标准普尔 500 收益率）解释的那一部分，该值等于 $\beta_{HP}^2 \sigma_{S\&P500}^2$。MS 这一列为残差项（0.005 9），表示惠普收益率中无法被自变量解释的部分，即独立于市场指数的那一部分，该值的平方根就是第一栏中报告的回归方程的标准误差（SE）0.076 7。如果将总的回归平方和（SS）0.716 2 除以 59，就可以得出因变量方差的估计值，即每月 0.012，相当于 11% 的月标准差，如果换算成年度值，⊖就可得年标准差 38.17%。注意到，R^2 等于被解释的 SS 除以总 SS。⊖

⊖ 当月度数据转化成年化度量时，平均收益和方差均被乘以 12。如果方差是乘以 12，则标准差要乘以 $\sqrt{12}$。

⊖ $$R^2 = \frac{\beta_{HP}^2 \sigma_{S\&P\,500}^2}{\beta_{HP}^2 \sigma_{S\&P\,500}^2 + \sigma^2(e_{HP})} = \frac{0.375\,2}{0.716\,2} = 0.523\,9$$

等价地，R^2 等于 1 减方差中不能被市场收益解释的部分，即 1 减公司特定风险和总风险的比率，对于惠普公司而言：

$$1 - \frac{\sigma^2(e_{HP})}{\beta_{HP}^2 \sigma_{S\&P\,500}^2 + \sigma^2(e_{HP})} = 1 - \frac{0.341\,0}{0.716\,2} = 0.523\,9$$

α 估计

下面移到表 4-3 最下方一栏，截距（0.008 6）是对惠普公司样本期 α 的估计。尽管从经济意义上来看这个值已经足够大（年化后达 10.32%），但在统计上是不显著的。后面几个统计量可以验证这一点，第一个统计量是估计的标准误差（0.009 9），⊖ 这一统计量衡量了估计的误差，如果标准误差大，那么可能的估计误差也相应大。

该栏中的 t 统计量是回归系数与其标准误差之比，等于估计值大于 0 的标准误差值，因此可以用来评估真实值等于 0 而非估计值的概率。⊖ 直觉告诉我们，如果真实值为 0，那么估计值就不会偏离太远，因此 t 值越大，真实值等于 0 的概率越低。

就 α 而言，我们感兴趣的是对除去市场变化影响的惠普平均净收益。假如惠普收益的非市场成分被定义为特定时期内实际收益减去市场变化引起的收益，这也被称为公司特有收益，缩写为 R_{fs}，即

$$R_{公司特定} = R_{fs} = R_{HP} - \beta_{HP} R_{S\&P\ 500}$$

如果 R_{fs} 服从均值为 0 的正态分布，其估计值与其标准误差之比服从 t 分布。从 t 分布表中可以查到在估计值和估计误差为正的条件下真实 α 值为 0 甚至更低的概率。这一概率被称为显著性水平，或如表 4-3 所示的概率 p 值。传统的统计显著性阈值为 5%，一般要求 t 值高于 2.0。回归结果显示惠普 α 的 t 值为 0.871 9，意味着该估值并不显著。也就是说，在某一置信水平下，不能拒绝真实 α 值等于 0 的原假设。p 值（0.386 8）表示如

⊖ 残差的标准误差和 α 估计值的标准误差关系为：

$$\text{SE}(\alpha_{HP}) = \sigma(e_{HP}) \sqrt{\frac{1}{n} + \frac{(\text{Avg S\&P 500})^2}{\text{Var}(\text{S\&P 500}) \times (n-1)}}$$

⊖ t 统计量建立在收益正态分布的假设上。总的来说，如果我们通过计算偏离假设值与标准误差比值来估计一个正态分布变量，得到的结果服从 t 分布。观测值很大时，t 分布近似正态分布。

果真实 α 值为 0，那么得到 0.008 6 的可能性为 0.386 8，即存在一定的可能性。综上分析可以得到以下结论：R_{fs} 的样本平均值太低以至于不能拒绝真实值为 0 的原假设。

但是，即使 α 值在样本内的经济意义和统计意义上均显著，我们仍不确定将 α 值作为未来的预测值。大量的经验数据显示 5 年内 α 值不会维持不变，即某一样本期间的估计值与下一期间的估计值之间没有实质的联系。换句话说，当市场处于稳定期时回归方程估计得到的 α 值所代表的证券平均收益率不能用来预测未来公司的业绩，即证券分析很难的原因。过去不一定预测未来。

β 估计

表 4-3 的回归输出结果表明惠普的 β 估计为 2.034 8，是标准普尔 500 指数的两倍多。这么高的敏感性对科技股票而言是正常的。估计的标准差为 0.254 7。⊖

该 β 值和标准差产生一个很大的 t 值（7.988 8），p 值几乎为 0。我们可以大胆地拒绝惠普真实 β 值为 0 的原假设。更有趣的是，t 统计量也可以检验惠普的 β 值比市场的平均 β 值大的原假设。这一 t 值会度量 β 的估计值偏离假设值 1 的误差，且足够大到产生统计显著性。

$$\frac{预期值 - 假设值}{标准差} = \frac{2.03 - 1}{0.254\ 7} = 4.00$$

然而，有一点需要牢记，精确并不是我们所追求的目标。例如，如果要在 95% 的显著水平下构建一个包括真实 β 值的置信区间，就应该以估计值为中心，加减约 2 倍标准差，这样就形成了一个范围较大的区间（1.43～2.53）。

⊖ $SE(\beta) = \dfrac{\sigma(e_{HP})}{\sigma_{HP}\sqrt{n-1}}$。

公司特有风险

惠普残差的月度标准差为 7.67%，年化后为 26.6%。这个数字很大，考虑到惠普本来就很高的系统性风险。系统性风险的标准差为 $\beta \times \sigma(S\&P\ 500) = 2.03 \times 13.58 = 27.57\%$，注意到惠普的公司特有风险和系统性风险一样大，而这对于单只股票来说非常常见。

相关性和协方差矩阵

图 4-4 描绘了选自标准普尔 500 指数各板块中一对规模相同的股票的超额收益率。我们看到 IT 行业是波动性最大的，其次是零售板块，最后是能源板块。

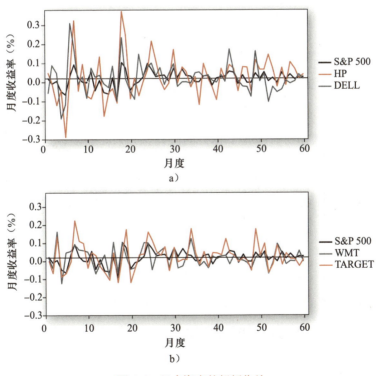

图 4-4 组合资产的超额收益

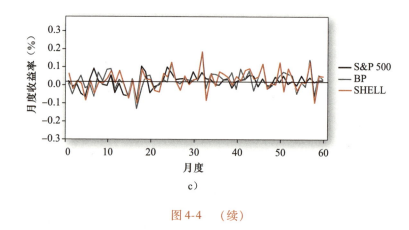

图 4-4 （续）

表 4-4 的子表 a 显示了标准普尔 500 指数和六种证券风险参数的估计值，从残差的高标准差这一项就可以看出分散化的重要性。这些证券均具有很高的公司特有风险。集中于这些证券的投资组合具有过分高的波动性和较低的夏普比率。

子表 b 显示证券对标准普尔 500 指数的回归超额收益残差的相关性矩阵。阴影部分显示同一板块股票的相关性。两只石油股票之间相关性高达 0.7，这和指数模型所有残差不相关的假设相矛盾。当然，这么高的相关系数是因为所选的配对公司来自同一行业。跨行业的相关性一般会小很多。对行业指数残差相关性的实证估计值更符合指数模型。实际上，这一样本中部分股票残差间的相关性为负。当然，相关性也受统计样本误差的影响。

子表 c 给出了单指数模型由式（4-10）所得的协方差，标准普尔 500 指数和单个股票的方差位于矩阵对角线上。单个股票的方差估计为 $\beta_i^2 \sigma_M^2 + \sigma^2(e_i)$，非对角线上为协方差，值为 $\beta_i \beta_j \sigma_M^2$。

表 4-4

	A	B	C	D	E	F	G	H	I	J
1	子表1: 全球可投资风险参数（年度）									
2										
3		超额收益标准差SD	β	系统标准差	标准误差	与S&P 500的相关系数				
4	S&P 500	0.1358	1.00	0.1358	0	1				
5	惠普	0.3817	2.03	0.2762	0.2656	0.72				
6	戴尔	0.2901	1.23	0.1672	0.2392	0.58				
7	沃尔玛	0.1935	0.62	0.0841	0.1757	0.43				
8	塔吉特	0.2611	1.27	0.1720	0.1981	0.66				
9	英国石油	0.1822	0.47	0.0634	0.1722	0.35				
10	壳牌	0.1988	0.67	0.0914	0.1780	0.46				
11										
12	子表2: 残值相关系数									
13										
14		惠普	戴尔	沃尔玛	塔吉特	英国石油				
15	惠普	1								
16	戴尔	0.08	1							
17	沃尔玛	-0.34	0.17	1						
18	塔吉特	-0.10	0.12	0.50	1					
19	英国石油	-0.20	-0.28	-0.19	-0.13	1				
20	壳牌	-0.06	-0.19	-0.24	-0.22	0.70				
21										
22	子表3: 指数协方差矩阵									
23										
24			S&P 500	惠普	壳牌	沃尔玛	塔吉特	英国石油	壳牌	
25			1.00	2.03	1.23	0.62	1.27	0.47	0.67	
26	S&P 500	1.00	0.0184	0.0375	0.0227	0.0114	0.0234	0.0086	0.0124	
27	惠普	2.03	0.0375	0.1457	0.0462	0.0232	0.0475	0.0175	0.0253	
28	戴尔	1.23	0.0227	0.0462	0.0842	0.0141	0.0288	0.0106	0.0153	
29	沃尔玛	0.62	0.0114	0.0232	0.0141	0.0374	0.0145	0.0053	0.0077	
30	塔吉特	1.27	0.0234	0.0475	0.0288	0.0145	0.0682	0.0109	0.0157	
31	英国石油	0.47	0.0086	0.0175	0.0106	0.0053	0.0109	0.0332	0.0058	
32	壳牌	0.67	0.0124	0.0253	0.0153	0.0077	0.0157	0.0058	0.0395	
33										
34	标注阴影的对角线单元格等于方差									
35	C26单元格公式			=B4^2						
36	对角线单元格等于协方差									
37	C27单元格公式			=C$25*$B27*$B$4^2						
38	行和列的β乘积									
39										
40	子表4: 宏观预测与α值预测									
41										
42										
43		S&P 500	惠普	戴尔	沃尔玛	塔吉特	英国石油	壳牌		
44	α	0	0.0150	-0.0100	-0.0050	0.0075	0.012	0.0025		
45	风险溢价	0.0600	0.1371	0.0639	0.0322	0.0835	0.0400	0.0429		
46										
47	子表5: 最优风险资产组合计算									
48										
49		S&P 500	Active Pf A	惠普	戴尔	沃尔玛	塔吉特	英国石油	壳牌	Overall Pf
50	$\sigma^2(e)$			0.0705	0.0572	0.0309	0.0392	0.0297	0.0317	
51	$\alpha/\sigma^2(e)$		0.5505	0.2126	-0.1748	-0.1619	0.1911	0.4045	0.0789	
52	$w^0(i)$		1.0000	0.3863	-0.3176	-0.2941	0.3472	0.7349	0.1433	
53	$[w^0(i)]^2$			0.1492	0.1009	0.0865	0.1205	0.5400	0.0205	
54	α_A		0.0222							
55	$\sigma^2(e_A)$		0.0404							
56	w^0_A		0.1691							
57	w^*_A (风险组合)	0.8282	0.1718							
58	β	1	1.0922	2.0348	1.2315	0.6199	1.2672	0.4670	0.6736	1.0158
59	风险溢价	0.06	0.0878	0.1371	0.0639	0.0322	0.0835	0.0400	0.0429	0.0648
60	标准差	0.1358	0.2497							0.1422
61	夏普比率	0.44	0.35							0.46

组合构造与单指数模型

在这一部分,我们考察指数模型在组合构造中的意义。我们会看到这一模型有很多优点,不仅在参数估计方面,而且能运用在简化分析和组织分散上。⊖

α 和证券分析

单指数模型最重要的优点或许是它为宏观和证券分析提供了框架,这对最优组合的效率至关重要。马科维茨模型要求估计每个证券的风险溢价。期望收益的估计取决于对宏观和公司的预测。但是如果不同的分析师对一个大型的机构(比如共同基金)证券进行分析,一个可能的结果是宏观预测上出现矛盾,而宏观预测影响证券的收益预期。此外,在证券分析中关于市场指数的收益和风险基本假设并不明显。

单指数模型的分析框架分离这两种收益波动的来源,减少不同分析师分析的差异。我们可以写出单指数模型框架输入数据的准备步骤。

(1) 宏观经济分析,用于估计市场指数的风险和溢价。

(2) 统计分析,用于估计 β 系数和残差的方差 $\sigma^2(e_i)$。

(3) 投资经理用市场指数风险溢价和证券 β 系数的估计值来建立证券的期望收益,这不需要相关的证券分析。市场驱动的期望收益以证券都受影响的信息为条件,而不基于证券分析获取单个公司的信息。市场驱动的期望收益可以作为一个基准。

(4) 准确的证券特有收益的预测(证券 α)从各种证券估值模型得到,因此,α 值反映了证券分析中发现的私人信息带来的增量风险溢价。

⊖ 用指数模型来建立最优风险组合由 Jack Treynor 和 Fischer Black 提出,"How to Use Security Analysis to Improve Portfolio Selection," *Journal of Business*,January 1973。

在式（4-9）中，单个证券的风险溢价中与证券分析无关的部分为 $\beta_i E(R_M)$。也就是说，风险溢价仅来自证券追随市场指数的趋势。任何超过这一基准的期望收益（证券 α）都产生自非市场因素。

证券分析的最终结果为一列 α 值。估计 β 系数的统计方法是标准化的。因此，我们不希望不同分析师的输入数据有太大差别。相反，宏观和证券分析有更大的发挥空间，分析师在这方面彼此角逐。运用指数模型解决由市场因素导致的溢价，组合管理者便能确信宏观分析师针对市场指数风险溢价的估计值，证券分析师应用一致的市场分析来获得 α 值。

在组合构造中，α 并不只是期望收益的一部分这么简单。它是告知我们某一个证券是高估还是低估的核心变量。考虑一只股票，已经获得 α 值和 β 值，我们可以轻易地找到拥有相同 β 的其他证券。因此，真正决定一个证券是否有投资吸引力的是它的 α 值。事实上，一个由 $+\alpha$ 值的证券获得一个溢价，若该溢价高于跟踪市场指数波动趋势，则该证券是被低估的，一个被动投资者会在其投资组合中提高该证券的权重。相反，在其他条件一定时，$-\alpha$ 的证券则被高估，其投资权重要相应下调，如果允许的话，较理想的策略是卖空该证券。

指数组合作为投资资产

单指数模型的有效边界图与第 3 章马科维茨模型的程序非常相似。在这里，指数模型能够使输入列表更加简化，而且，组合最优化显示出单指数模型的另一优势，即简单、直观地显现出最优风险投资组合。在这种情形下，讨论最优化的机制之前，首先考虑指数组合在最优组合中的角色。

假设一个投资公司的章程限制其仅能投资标准普尔 500 指数中的股票。在这种情况下，标准普尔 500 指数涵盖了宏观经济对该投资公司持有的大公司股票的影响。假设公司的投资范围只涵盖可投资空间的一部分子集，如果组合仅限于这些可投资产品，投资经理可能要担心其投资的分散化程度有限了。

应对分散化不足的简单方法是直接把标准普尔500指数作为一个投资资产。从式（4-8）和式（4-9）来看，如果我们把标准普尔500指数看作市场指数，那么它的β值为1，没有公司特有风险，α值为0，即其期望收益中不包括非市场风险溢价部分。式（4-10）显示任一证券i和指数的协方差为$\beta_i\alpha_M^2$。为了区别标准普尔500指数与公司投资的n只股票，把标准普尔500指数命名为第$n+1$种资产。我们可以将标准普尔500指数看作当投资经理不进行证券分析时投资的一种消极资产组合。如果投资经理愿意进行证券研究，那么他可能会构造包含该指数的积极组合，得到更好的收益风险权衡。

单指数模型的输入数据

如果投资经理打算构造一个组合，包括n家积极研究的公司和一个消极的指数组合，则输入数据为：

（1）标准普尔500指数的风险溢价。

（2）标准普尔500指数的标准差估计值。

（3）n套如下估计值：①β系数估计值；②个股残差的方差；③证券的α值（个股的α值估计值，连同标准普尔500指数的风险溢价，以及个股的β决定了个股的期望收益）。

单指数模型的最优风险组合

单指数模型让人们可以直接求解最优风险组合并看出该解的属性。首先，我们可以肯定，沿着马科维茨模型的思路，很容易构建最优化过程并画出在这一框架下的有效边界。

运用估计的α和β系数，加上指数组合的风险溢价，应用式（4-9）能得到$n+1$个期望收益值。运用β系数的估计值和残差方差以及指数组合的方差，应用式（4-10）则可以建立协方差矩阵。给定风险溢价和协方差矩阵，可以像第 3 章描述的一样实施最优程序。

我们可以在第 4.2 节的基础上进一步描述分散化是如何在单指数框架下发挥作用的。等权重组合的 α、β 和残差方差都是单个证券相应参数的简单平均值，而且，这个结论并不局限于等权重组合中，只需把简单平均方法改为加权平均方法即可。具体地：

$$\alpha_P = \sum_{i=1}^{n+1} w_i \alpha_i, \quad 对指数而言，\alpha_{n+1} = \alpha_M = 0$$

$$\beta_P = \sum_{i=1}^{n+1} w_i \beta_i, \quad 对指数而言，\beta_{n+1} = \beta_M = 1$$

$$\sigma^2(e_P) = \sum_{i=1}^{n+1} w_i^2 \sigma^2(e_i), \quad 对指数而言，\sigma^2(e_{n+1}) = \sigma^2(e_M) = 0$$

(4-18)

目标是通过组合权重的选择来最大化组合的夏普比率。得到组合的夏普比率为：

$$E(R_P) = \alpha_P + E(R_M)\beta_P = \sum_{i=1}^{n+1} w_i \alpha_i + E(R_M) \sum_{i=1}^{n+1} w_i \beta_i$$

$$\sigma_P = [\beta_P^2 \sigma_M^2 + \sigma^2(e_P)]^{1/2} = \left[\sigma_M^2 \left(\sum_{i=1}^{n+1} w_i \beta_i\right)^2 + \sum_{i=1}^{n+1} w_i^2 \sigma^2(e_i)\right]^{1/2}$$

$$S_P = \frac{E(R_P)}{\sigma_P}$$

(4-19)

这时，和标准的马科维茨程序一样，我们可以采用 Excel 的最优化程序来最大化夏普比率。然而，这并不是必须的，因为最优组合能用指数模型得到。同时，最优组合的解让人们了解证券分析组合构建中证券分析的用处。我们并不会给出每个代数步骤，而是给出我们的结论以及优化步骤的解释。

在深入研究结果之前，首先解释该模型表达的基本风险收益权衡。如果只对分散化感兴趣，将只持有市场指数。证券分析给我们去寻找非零 α 值证券的机会并选择不同的持有头寸。这种不同头寸的成本是对分散化的背离，换句话说，承担了不必要的公司特有风险。这个模型显示最优化风险投资组合是在寻找 α 和偏离有效分散化之间的权衡。

最优风险组合被证明是由两个组合构成的：①积极组合，称之为 A，由 n 个分析过的证券组成（之所以称为积极组合，是因为通过积极的证券分析后构建的组合）；②市场指数组合，这是第 $n+1$ 种资产，目的是为了分散化，称之为消极组合并标记为组合 M。

首先假定积极组合的 β 值为1，在这种情况下，在积极组合中的最优权重相当于比率 $\dfrac{\alpha_A}{\sigma^2(e_A)}$。这个比率平衡了积极组合的贡献（$\alpha$ 值）以及它对组合方差（残差方差）的贡献。类似地，指数组合的权重相当于 $\dfrac{E(R_M)}{\sigma_M^2}$。因此，积极组合的初始头寸（如果 β 等于1）为：

$$w_A^0 = \dfrac{\dfrac{\alpha_A}{\sigma_A^2}}{\dfrac{E(R_M)}{\sigma_M^2}} \qquad (4\text{-}20)$$

接着，考虑积极组合真实 β 值情况对该头寸进行修正。对于任何水平的 σ_A^2，积极组合的 β 值越高，积极组合与消极组合之间的相关性越大。这意味着积极组合带来较少的分散化好处，在投资组合中的头寸也应该更小。相应地，积极组合的头寸应增加。积极组合头寸的准确调整如下：⊖

$$w_A^* = \dfrac{w_A^0}{1+(1-\beta_A)w_A^0} \qquad (4\text{-}21)$$

⊖ 经过代数计算，可以看出 β 等于指数模型和积极组合的相关系数与 SD（指数）/SD（积极组合）的乘积。如果 $\beta_A = 1$，相关系数大于式（4-20）隐含的相关系数，所以指数的分散化价值更小，这就要求如式（4-21）的调整。

注意，当 $\beta_A = 1$ 时，$w_A^* = w_A^0$。

信息比率

式（4-20）和式（4-21）得到积极组合的最优头寸，投资于积极组合的权重为 w_A^*，投资于指数组合的权重为 $1 - w_A^*$。我们可以计算其期望收益、标准差和夏普比率。最优化组合的夏普比率会超过指数组合。它们之间的精确关系为：

$$S_P^2 = S_M^2 + \left[\frac{\alpha_A}{\sigma(e_A)}\right]^2 \qquad (4\text{-}22)$$

式（4-22）表明积极组合（当持有最优权重时）对整个风险投资组合夏普比率的贡献取决于它的 α 值和残差标准差的比率。这个重要的比率称为**信息比率**（information ratio）。该比率度量当积极组合权重过高或过低时，通过证券分析可以获得的额外收益与公司特有风险的比值。因此式（4-22）表明要最大化夏普比率，必须最大化积极组合的信息比率。

如果投资于每个证券的相对比例为 $\alpha_i / \sigma^2(e_i)$，此时积极组合的信息比率将实现最大化。调整这个比率，使得所有积极组合中证券的头寸相加等于 w_A^*，即每个证券权重为：

$$w_i^* = w_A^* \frac{\dfrac{\alpha_i}{\sigma^2(e_i)}}{\sum_{i=1}^{n} \dfrac{\alpha_i}{\sigma^2(e_i)}} \qquad (4\text{-}23)$$

运用这组权重，可以得到每个证券对积极组合信息比率的贡献依赖于它们各自的信息比率，即

$$\left[\frac{\alpha_A}{\sigma(e_A)}\right]^2 = \sum_{i=1}^{n} \left[\frac{\alpha_i}{\sigma(e_i)}\right]^2 \qquad (4\text{-}24)$$

这个模型揭示了在有效利用证券分析中信息比率的核心角色作用。某一证券的加入对组合的正面贡献是增加了非市场风险溢价，证券加入对组

合的负面影响则是公司特有风险带来组合方差的增加。

与 α 不同，市场部分（系统性）的风险溢价为 $\beta_i E(R_M)$，被单个证券不可分散的（市场）风险 $\beta_i^2 \sigma_M^2$ 拖累。两者都受相同的 β 值的影响。这对任何证券来说都一样，因为任何具有相同 β 值的证券对风险和收益两者都有相同的平衡贡献。换句话说，证券的 β 既不是罪臣也不是功臣。它是一个同时影响证券风险和风险溢价的因素。因此我们关注积极组合的整体 β 值，而不是关注单个证券的 β 值。

从式（4-23）可以看出，如果一个证券的 α 为负，则该证券在最优风险投资组合中应为空头头寸。如果禁止卖空，一个具有负 α 值的证券将从最优化程序中剔除掉，权重为零。随着 α 非零的证券数量的增加，积极组合本身更好地分散化，在整个风险组合中积极组合的权重也会增加，相应地，消极指数组合权重将降低。

最后注意，当且仅当所有 α 值为零时，指数组合是一个有效的投资组合，这一点很直观。除非证券分析找到一个 α 值非零的证券，否则包含这个证券的积极组合将使得这个组合投资吸引力降低。除了其系统风险之外，虽然会获得市场风险溢价，但这个证券会通过公司特定风险增加组合的方差。然而，α 值为零时，公司特有风险无法通过非市场风险溢价得到补偿。因此，如果所有证券有零 α 值，那么积极组合的最优权重为零，指数组合的权重为1。然而，当证券分析找到证券具有非市场风险溢价即 α 非零时，指数组合就不再有效了。

最优化过程总结

一旦证券分析完成，证券和市场指数参数的指数模型估计值确定，可以总结最优风险组合的构造程序如下。

（1）计算积极组合中每个证券的原始头寸：$w_i^0 = \dfrac{\alpha_i}{\sigma^2(e_i)}$。

（2）调整这些原始权重，使组合权重和为 1，即 $w_i = \dfrac{w_i^0}{\sum_{i=1}^n w_i^0}$。

（3）计算积极组合的 α 值：$\alpha_A = \sum_{i=1}^n w_i \alpha_i$。

（4）计算积极组合的残差：$\sigma^2(e_A) = \sum_{i=1}^n w_i^2 \sigma^2(e_i)$。

（5）计算积极组合的原始头寸：$w_A^0 = \left[\dfrac{\alpha_A/\sigma^2(e_A)}{E(R_M)/\sigma_M^2}\right]$。

（6）计算积极组合的 β 值：$\beta_A = \sum_{i=1}^n w_i \beta_i$。

（7）调整积极组合的原始头寸：$w_A^* = \dfrac{w_A^0}{1 + (1-\beta_A)w_A^0}$。

（8）此时最优风险组合的权重：$w_M^* = 1 - w_A^*$；$w_i^* = w_A^* w_i$。

（9）计算最优风险组合的风险溢价。根据指数组合的风险溢价和积极组合的 α 值，得出最优风险组合的风险溢价 $E(R_P) = (w_M^* + w_A^* \beta_A)E(R_M) + w_A^* \alpha_A$。注意由于指数投资组合的 β 值为 1，则风险组合的 β 值为 $w_M^* + w_A^* \beta_A$。

（10）运用指数组合的方差和积极组合的残差计算最优风险组合的方差：$\sigma_P^2 = (w_M^* + w_A^* \beta_A)^2 \sigma_M^2 + [w_A^* \sigma(e_A)]^2$。

实例

可以通过用标准普尔 500 指数讨论风险参数的 6 只股票构建最优投资组合来演示指数模型的应用。

这个例子只包含了 6 只股票，从三个行业中选择三对公司的目的是能够产生相对高的残差相关性。这对该指数模型是个严格的检验，因为当进行协方差矩阵估计时，该模型忽略残差之间的相关性。因此，比较从指数模型得到的结果和具有所有特征的马科维茨模型得到结果之间的差异，有一定的研究意义。

风险溢价预测 表4-4中子表4包含每只股票的 α 和风险溢价的估计值。在实际投资过程中,这些 α 值本来是投资公司最重要的产品。但统计量在这里只扮演一个小角色,在这个领域,宏观分析和证券分析最重要。在这个例子中,只是用示范数值来演示组合构建的过程和可能产生的结果。你可能会奇怪为什么选择这么小的示范 α 估计值,理由是即使证券分析揭示定价明显错误的股票,即大的 α 值,这些预测在相当大程度上也受到估计误差的影响。

最优风险组合 表4-4中子表5展示了最优风险投资组合的计算。在这个例子中允许卖空。注意到积极组合中(第52行)每个证券都有和 α 值相同的标记。在允许卖空的情况下,积极组合中的头寸都相当大(如英国石油的头寸是0.7349)。这是一个激进型组合,组合的 α 值2.22%比其组合中任何单个证券的 α 估计值要大得多。然而这种激进型组合也会导致一个较大的残差平方和(0.0404,相应的残差标准差为20%)。因此,积极组合的配置权重降低了,最终到一个适度值(0.1718,C57单元格)。再次强调了在最优化投资组合时分散化观点是优先考虑的。

最优风险投资组合的风险溢价是6.48%,标准差是14.22%,夏普比率是0.46(见J58~J61单元格)。通过比较,指数组合的夏普比率是0.44(见B61单元格),这个比率与最优风险投资组合的夏普比率非常接近。这一小的改善是运用适度的预测值的结果。当然,一些投资组合管理者能够也确实构建了业绩更好的投资组合。

在这里一个有趣的问题延伸是用指数模型得到的结论是否劣于用全协方差模型(马科维茨模型)得到的结论?图4-5展示了用样本数据采取两个模型得到的有效边界,发现它们之间的差别非常小。表4-5比较了整体最小方差组合 G 与用这两个模型得出的最优风险投资组合构成的组合的期望业绩。这两个组合明显不同的地方仅在于只考虑方差的最小方差组合。

沿有效边界向上移动，要求的期望收益排除了协方差不同带来的影响，投资组合在业绩上变得越来越相似。

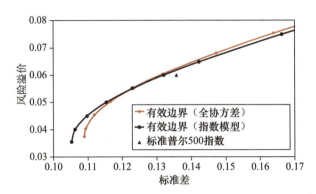

图 4-5　指数模型与全协方差模型的有效边界

表 4-5　指数模型和全协方差模型对比

	全局最小方差组合		最优投资组合	
	全协方差模型	指数模型	全协方差模型	指数模型
均值	0.037 1	0.035 4	0.067 7	0.064 9
标准差	0.108 9	0.105 2	0.147 1	0.142 3
夏普比率	0.340 9	0.337 0	0.460 5	0.455 8
组合权重				
S&P 500	0.88	0.83	0.75	0.83
惠普	-0.11	-0.17	0.10	0.07
戴尔	-0.01	-0.05	-0.04	-0.06
沃尔玛	0.23	0.14	-0.03	-0.05
塔吉特	-0.18	-0.08	0.10	0.06
英国石油	0.22	0.20	0.25	0.13
壳牌	-0.02	-0.12	-0.12	0.03

指数模型在组合管理中的实际应用

本节讨论的基调表明在投资组合管理实际运用中指数模型是受欢迎的。从马科维茨模型转到指数模型是一个重要的决定，因而第一个问题就是指数模型比马科维茨全协方差模型差吗？

指数模型比全协方差模型差吗

这个问题类似一般关于简约模型的价值问题。做一个类比，我们通过在回归方程中增加解释变量来考查这个问题。我们知道增加解释变量在大多数情况下会增加 R^2，不会使 R^2 下降。但是这不一定就意味着它是一个更好的回归方程⊖。一个更好的标准是看回归方程的预测能力。一个值得注意的问题是增加一个有利于对样本内解释能力的变量是否有利于样本外的预测精确性。增加变量可能增加显著性，但同时对预测精确性是不利的。换句话说，包含自变量不多的简约模型常常有优越性。预测因变量的值依赖两个因素：系数估计的精确性和自变量预测的精度。当我们增加变量时，这两个精确性都会受损。

用完全分散化的马科维茨模型或多指数模型来代替单指数模型时，这个问题也会出现。增加一个指数需要预测该指数组合的风险溢价和各证券对新指数的 β 值。与单指数模型相比，马科维茨模型在资产协方差结构上更灵活。但如果不能在任何置信度下估计协方差，这个优势是不现实的。运用全协方差矩阵需要估计数以千计的风险值，即使在原理上马科维茨模型更好，但是太多的估计误差累计对投资组合的影响可能导致其实际上劣于单指数模型推导出来的投资组合。

相比全协方差模型潜在的优越性，单指数模型框架的实际好处非常明显。它的另一个决定性优点是分解了宏观分析和证券分析。

行业指数模型

无疑，指数模型吸引了行家的关注。因为它接近有效，为证券分析提供了一个方便的基准。

⊖ 调整后的 R^2 可能会下降，增加的变量并没有足够的解释力量来弥补额外的自由度。

一个没有证券特别消息或内部信息的投资经理会认为证券的 α 值为 0。按照式（4-9）将预测这个证券的风险溢价等于 $\beta_i R_M$。如果就总收益预测重新表述，则：

$$E(r_i) = r_f + \beta_i [E(r_M) - r_f] \quad (4-25)$$

一个预测市场指数收益 $E(r_M)$ 并观测无风险短期国债收益率 r_f 的投资经理能运用这个模型决定任何证券的基准期望收益。β 系数、市场风险 σ_M^2、公司特有风险 $\sigma^2(e)$ 都可以从历史证券特征线中估计得到，也就是说从证券超额收益对市场指数超额收益的回归中得到。

很多地方可以得到这些回归结果，或称"β 指引"，表 4-6 是一个例子。它一般使用标准普尔 500 指数作为市场组合的代理，运用最近 60 个月的观测值去计算回归参数，并在回归中使用总收益而非超额收益。在这种方法下，他们的估计用一个变形的指数模型：

$$r = a + b r_M + e^* \quad (4-26)$$

而不是：

$$r - r_f = \alpha + \beta(r_M - r_f) + e \quad (4-27)$$

为了理解这个变形的影响，把式（4-27）变为：

$$r = r_f + \alpha + \beta r_M - \beta r_f + e = \alpha + r_f(1 - \beta) + \beta r_M + e \quad (4-28)$$

比较式（4-26）和式（4-28），会看到如果在样本期 r_f 是一个常数，这两个公式有相同的自变量 r_M 和残差 e，因此两个回归方程中的斜率系数是相同的。⊖

表 4-6 中的 β 刻画的截距项 α 实际上是 $\alpha + r_f(1 - \beta)$ 的估计量。如果要保证这一计算过程合理，则需要保证 $r_f(1 - \beta)$ 在以月度计算的基础上非常小，且相对于股票收益率的波动而言可以忽略不计。但注意到 $\beta \neq 1$，

⊖ 实际上，r_f 是随时间变化的，然而，r_f 的变动和股票市场变动相比太小，对于 β 估计微不足道。

当式（4-27）中使用超额收益率时，式（4-26）的回归截距并不等于指数模型的 α。

切记这些 α 值是事后的估计值，并不是说可以事前预测出这些 α 值。事实上，证券分析博弈本质上是在事前预测 α 值。一个好的组合做多未来 α 值为正的股票，做空未来 α 值为负的股票，这样才会打败市场。

表 4-6 的其他数据和讨论惠普时所用的表 4-3 基本相同。回忆 R^2，这里看到对于大多数公司 R^2 低于 0.5，意味着股票的公司特有风险超过系统风险，也说明分散化的重要性。

残差标准差一列是回归残差的标准差，或称回归的标准误差，就像 Excel，"β 指引"也包含 α、β 估计的标准误差，便于评估估计的准确性。注意到 α 的标准误差偏大。

Intel 的残差标准差为 6.27%，R^2 为 0.369，这说明 $\sigma^2_{\text{Intel}}(e) = 6.27^2 = 39.31$，因为 $R^2 = 1 - \sigma^2(e)/\sigma^2$，可以计算英特尔的总标准差为：

$$\sigma_{\text{Intel}} = \left[\frac{\sigma^2_{\text{Intel}}(e)}{1-R^2}\right]^{1/2} = \left(\frac{39.31}{0.631}\right)^{1/2} = 7.89\% \text{ 每月}$$

这是英特尔样本期的月度标准差，所以年化后标准差为 $7.89\sqrt{12} = 27.33\%$。

最后一列称作调整后 β，调整 β 值的动机是：在整个期间，平均而言股票的 β 值似乎有向 1 变动的趋势。对这种现象的一个解释来自直觉。企业通常生产特定产品提供特定服务。通过采用不同的方法，一个新的公司可能和老公司相比有很多不一样的地方，比如从技术到管理风格。然而随着公司的成长，一个公司通常会分散化经营，首先是扩大到其他相似产品，后来进行更多样化的经营。当公司变得越来越传统，它开始与经济中的其他成分越来越相似。因此 β 值有向 1 变动的趋势。

第4章 分散化的威力：指数模型

表4-6 市场敏感度统计数据：2004～2008年60个月的股票总收益对标准普尔500指数收益

股票代码	证券名称	BETA	ALPHA	RSQ	残差标准差	标准误差 β	标准误差 α	调整后 β
AMZN	Amazon.com	2.25	0.006	0.238	0.1208	0.5254	0.0156	1.84
F	Ford	1.64	−0.012	0.183	0.1041	0.4525	0.0135	1.43
NEM	Newmont Mining Corp.	0.44	0.002	0.023	0.0853	0.3709	0.0110	0.62
INTC	Intel Corporation	1.60	−0.010	0.369	0.0627	0.2728	0.0081	1.40
MSFT	Microsoft Corporation	0.87	0.001	0.172	0.0569	0.2477	0.0074	0.91
DELL	Dell Inc.	1.36	−0.014	0.241	0.0723	0.3143	0.0094	1.24
BA	Boeing Co.	1.42	0.004	0.402	0.0517	0.2250	0.0067	1.28
MCD	McDonald's Corp.	0.92	0.016	0.312	0.0409	0.1777	0.0053	0.95
PFE	Pfizer Inc.	0.65	−0.006	0.131	0.0504	0.2191	0.0065	0.77
DD	DuPont	0.97	−0.002	0.311	0.0434	0.1887	0.0056	0.98
DIS	Walt Disney Co.	0.91	0.005	0.278	0.0440	0.1913	0.0057	0.94
XOM	ExxonMobil Corp.	0.87	0.011	0.216	0.0497	0.2159	0.0064	0.91
IBM	IBM Corp.	0.88	0.004	0.248	0.0459	0.1997	0.0059	0.92
WMT	Walmart	0.06	0.002	0.002	0.0446	0.1941	0.0058	0.38
HNZ	HJ Heinz Co.	0.43	0.009	0.110	0.0368	0.1599	0.0048	0.62
LTD	Limited Brands Inc.	1.30	0.001	0.216	0.0741	0.3223	0.0096	1.20
ED	Consolidated Edison Inc.	0.15	0.004	0.101	0.0347	0.1509	0.0045	0.43
GE	General Electric Co.	0.65	−0.002	0.173	0.0425	0.1850	0.0055	0.77
	MEAN	0.97	0.001	0.207	0.0589	0.2563	0.0076	0.98
	STD DEVIATION	0.56	0.008	0.109	0.0239	0.1039	0.0031	0.37

资料来源：Compiled from CRSP(University of Chicago) database.

另一种统计解释是：我们知道所有证券的平均 β 值等于 1，因此在估计一个证券的 β 值之前，最好的预测就是其 β 值等于 1。当在一个特定样本期间估计 β 值时，保留了一些样本误差，β 值和 1 差距越大，存在估计误差的可能性越大，随后则更容易趋向于 1。

样本期间，β 系数的估计是我们最好的猜测。然而，给定 β 值向 1 的变化趋势，未来 β 系数的预测应当顺势调整。

表 4-6 简单地调整了 β 估值。⊖方法是取样本 β 估计值和 1 进行加权：

$$\text{调整}\beta = 2/3 \text{ 样本}\beta + 1/3(1) \quad (4-29)$$

【例 4-1】 调整 β

表 4-6 中的 60 个月间，Intel 的 β 是 1.6，因此它的调整 β 是 1.4，向 1 前进了 1/3。

没有 Intel 的更多信息，如果我们估计市场指数收益为 10%，短期国债为 4%，从"β 指引"中我们得到：

$$E(r_{\text{Intel}}) = r_f + \text{可调整}\beta \times [E(r_M) - r_f]$$
$$= 4 + 1.40 \times (10 - 4) = 12.40\%$$

样本期回归 α 值为 -1%。因为 Intel β 大于 1，所以指数模型估计的 α 更大一些。如同式 (4-28)，需要减去 $(1-\beta)r_f$ 才能得到指数模型的 α。在任何情况下，α 的标准差为 0.81%，α 的估值远小于标准差的 2 倍，所以无法拒绝 α 为 0 的原假设。

预测 β

调整后的 β 可以用来理解历史数据估计的 β 值不是未来 β 的最好估计：

⊖ 更复杂的方法见 Oldrich A. Vasicek, "A Note on Using Cross – Sectional Information in Bayesian Estimation of Security Betas," *Journal of Finance* 28（1973），pp 1233 – 39。

β 有向 1 移动的趋势，这意味着我们可能要为 β 构建一个预测模型。

一个简单方法是收集在不同期 β 的数据，然后估计回归方程：

$$当前的 \beta = a + b(历史 \beta) \tag{4-30}$$

得到 a 和 b 的估计值，就能运用该公式来预测未来的 β 值

$$预测的 \beta = a + b(当前的 \beta) \tag{4-31}$$

然而，何必限制用这么简单的方法去预测 β 值，而不研究其他财务变量在预测 β 值方面的有效性呢？比如，如果相信公司规模和负债比率是 β 值的两个决定因素，把式（4-30）扩充为：

$$当前的 \beta = a + b_1(历史 \beta) + b_2(公司规模) + b_3(负债比率)$$

现在利用 a、b_1、b_2 和 b_3 的估计值来预测未来的 β 值。

该方法被罗森伯格和盖伊⊖使用，他们发现下列变量有助于预测 β。

（1）收入变量

（2）现金流变量

（3）每股收益增长率

（4）市值（公司规模）

（5）股息收益

（6）资产负债比率

罗森伯格和盖伊也发现通过控制一个公司的财务特征值，行业类型有助于预测 β。例如，他们发现金矿开采行业的平均 β 值比单独使用财务特征预测得到的估值低 0.827。这并不奇怪，对金矿开采行业 -0.827 的 β 值调整反映出金价和市场收益是相反变动的。

⊖ Barr Rosenberg and J. Guy, "Prediction of Beta from Investment Fundamentals, Parts 1 and 2," *Financial Analysts Journal*, May-June and July-August 1976.

表 4-7　行业 β 和调整因素

行业	β	调整因素	行业	β	调整因素
农业	0.99	-0.140	建设	1.27	0.062
医药	1.14	-0.099	航空	1.80	0.348
电话	0.75	-0.288	运输	1.31	0.098
能源设施	0.60	-0.237	消费耐用品	1.44	0.132
金矿挖掘	0.36	-0.827			

专栏华尔街实战描述了有关 α 的赌局。

华尔街实战

关于 α 的赌局

对于相信有效市场的人来说，最近交易所交易基金（ETF）数量近年来快速增长可以看作是铁证。ETF 是追踪某一特定指数的证券组合，它通常要收取一定百分比的管理费。它们允许投资者以低成本的方式投资于一个涵盖国际权益市场、政府和公司债市场，以及商品市场等广泛的投资组合。

但随着 ETF 的资产和指数基金的增长，行业中的另一个部门却发展得更加迅猛。精算公司 Watson Wyatt 估计包含对冲基金和私募投资等的"另类投资"（alternative investment）在 2005 年增长了 20%，为 1.26 万亿美元。进行这项投资的人要支付更高额的管理费并期望获得一个更好的收益。一个增长最快的资产类别——对冲基金的基金，收取的管理费最高。

为什么人们要支付高昂的管理费呢？部分原因是投资者已经可以区分市场收益率、β（系统性）风险和经理人绩效（以 α 来度量）。"为什么不对 β 和 α 分开定价呢？"Hendenrson 全球投资者（一个基金管理公司）的 Arno Kitts 问道。"β 是一种商品而 α 则是一种技术。"

没有一家公司擅长所有的投资领域。这导致了一种"核心和卫星"的模式，在这种模式下，资产的一部分投资于盯住某种指数的投资组合，而另一部分则交给某些领域的投资专家。但这样也会造成一些问题。独立经理人之间的关系相对简单，然而要研究和监督专业投资者的行为就很困难了。这将导致中间人的产生，即经理的经理（传统的机构业务中）和基金的基金（在对冲基金行业），从而提高管理费用。

管理费用的存在也许暗示着投资者能够预先识别老练的基金经理人。但是，研究表明这是非常困难的。而且，即便投资者能识别有能力的经理人，这些超额的业绩也将反映在管理费的提高中。"一个不成比例的 α 收益将给经理人而非客户。"Schroders 的资产经理人 Alan Brown 说道。

在任何情况下，投资者都很有可能去追寻 α 收益，即使存在如 ETF 和盯住基金等更便宜的另类投资。华信惠悦咨询公司（Watson Wyatt）的 Craig Baker 说道，虽然不是每个人都能找到超过市场收益的投资机会，但找到这些机会的那些人将具有先行优势。只要这样一种信条存在，经理人就能收取高额的管理费。

资料来源：*The Economist*，September 14，2006. Copyright © The Economist Newspaper Limited, London.

指数模型和跟踪证券组合

假设投资经理相信自己找到了低估的组合。他的证券分析团队估计了这一组合超额收益的指数模型方程（用标准普尔 500 指数）并得到以下估值：

$$R_P = 0.04 + 1.4 R_{S\&P\ 500} + e_P \tag{4-32}$$

因此，组合的 α 值为 4%，β 值为 1.4。这个经理相信其证券分析的质量，但是担心近期大市的业绩。如果购买该组合而市场整体下滑的话，投资依然有可能亏损,即使组合的价值相对被低估。他想要一个可以利用其证券分析但又独立于市场的组合。

为了这个目的,可以建立一个**跟踪证券组合**(tracking portfolio,T),组合 P 的跟踪证券组合是为了配对组合 P 收益中的系统部分。核心理念是以这个组合去跟踪组合 P 收益中对市场敏感的部分。这意味着跟踪组合要有和 P 一样的 β 值,但是非系统风险越小越好。这一过程也称为 β 捕捉。

投资组合 P 的跟踪组合将有一个标准普尔 500 指数的杠杆头寸,目的是使得它的 β 值达到 1.4。因此,T 包含 1.4 权重的标准普尔 500 指数和 -0.4 权重的短期国库券。因为 T 由标准普尔 500 指数和短期国库券构建,因此其 α 值为 0。

现在考虑购买投资组合 P,但同时通过做空跟踪组合 T 来消除系统风险,组合 T 消除了投资组合 P 多头头寸的系统性风险敞口:整个组合头寸是市场中性的。因此,即使市场表现不好,这一组合也不会受影响。但是组合 P 的 α 值保持不变。最终组合 C,每美元的超额收益为:

$$R_C = R_P - R_T = (0.04 + 1.4 R_{S\&P\ 500} + e_P) - 1.4 R_{S\&P\ 500} = 0.04 + e_P$$

(4-33)

这一组合仍然是有风险的(残差风险 e_P),但是系统性风险被消除了,而且如果 P 是合理分散化的,其系统性风险也会很小。从而实现了目标:投资经理锁定 4% 的 α,但消除了系统性风险敞口。这一分离寻求 α 和选择系统性风险敞口的过程称为 α 搬运。

这一"多头-空头策略"是很多对冲基金的行为特征。对冲基金经理找到被低估的证券并试图进行纯赌博。他们对冲掉所有外在的风险,只是对察觉到的 α 下注。跟踪组合是对冲不需要的风险敞口时常用的方法。对冲基金经理使用指数回归的方法或其他更复杂的变形来创建跟踪组合,这是对冲策略的核心。

第 5 章

债券资产组合管理：
积极策略和消极策略

INVESTMENTS

INVESTMENTS
导读

本章将讨论各种债券资产组合管理策略，并详细说明消极策略与积极策略的区别。消极投资策略是将证券的市场价格当作公平的价格。消极管理者更倾向于在既定的市场机遇条件下保持一种适度的风险-收益平衡，而不试图利用内部信息或者观察力跑赢市场。消极管理者中一个特别的实例是免疫策略，其试图隔离或免除资产组合的利率风险。相比之下，积极投资策略试图获得更多收益，而不考虑相伴而来的风险。在债券管理中，积极管理者可采用两种形式：一是利用利率预测来预计整个债券市场的动向；二是利用某些形式的内部市场分析来识别部分特定市场或者错误估值的特定券种。

因为利率风险对积极策略和消极策略的选择至关重要，所以我们首先讨论债券价格对利率波动的敏感性。敏感性是由债券久期来测度的，我们对债券久期的决定因素将给予特别关注。我们要讨论几种消极投资策略，并介绍久期匹配技术怎样使资产组合的持有期收益率免疫于利率风险。在讨论久期测度的广泛运用后，我们重点围绕债券凸性的概念，具体考虑改进测度利率敏感性的方式。久期对积极投资策略也十分重要，我们在本章最后讨论积极投资策略，这些策略通过利率预测和市场内部分析探寻债券市场中更具吸引力的证券。

利率风险

我们知道债券价格与其收益之间存在反向关系,并且我们也知道利率会有大幅波动。随着利率的涨跌,债券持有人会有资本利得和损失。这些利得和损失使得固定收益投资具有风险性,即便利息和本金支付有保障,例如国债。

为什么债券价格会对利率波动做出反应?需要记住的是,在竞争市场中所有证券给投资者的期望收益率应该是相当的。当债券发行的票面利率是8%,而市场的竞争性收益率也是8%时,债券将以面值出售。但是,如果市场利率升至9%,那么还有谁会以面值来购买利率为8%的债券呢?这时债券价格一定会下跌,直到它的期望收益率上升至具有竞争力水平的9%为止。相反,如果市场利率下跌至7%,相对于其他投资的收益而言,这种票面利率为8%的债券会更具吸引力。于是,渴望得到这种收益的投资者会抬高债券价格,直到高价购买债券的人获得的总收益率不再高于市场利率。

利率敏感性

债券价格对市场利率变化的敏感性对投资者而言显然十分重要。为深入了解利率风险的决定因素,可以参见图5-1。该图表示了票面利率、初始到期收益率和期限互不相同的四种债券,当到期收益率变化时,债券价格相应的百分比变动。所有这四种债券都表明,当收益率增加时,债券价格下降,并且价格曲线是凸的,这意味着收益下降对价格的影响远远大于相同程度收益增加对价格的影响。我们将这些性质归结为以下两点:

(1)债券价格与收益成反比:当收益升高时,债券价格下跌;当收益下降时,债券价格上升。

（2）债券的到期收益率升高导致其价格变化的幅度小于等规模的收益下降导致其价格变化的幅度。

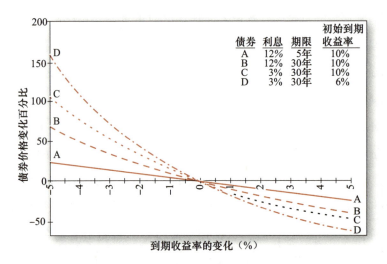

图 5-1　作为到期收益率变化的函数的债券价格变化

比较债券 A 和 B 的利率敏感性，除到期时间外，其他参数均相同。图 5-1 表明债券 B 比 A 期限更长，对利率更敏感。这体现出另一基本性质。

（3）长期债券价格对利率变化的敏感性比短期债券更高。

这不足为奇。例如，如果利率上涨，由于现金流以更高的利率水平贴现，则债券的价值会有所降低。越是远期的现金流，提高贴现率的影响会越大。

值得注意的是，当债券 B 的期限是债券 A 的期限的 6 倍时，它的利率敏感性却比债券 A 大不了 6 倍。尽管利率敏感性随到期时间延长而增加，但却不是按到期日延长的比例增加的。因此，我们有了第四条性质。

（4）当债券期限增加时，债券价格对收益率变化的敏感性增加，但增速递减。换句话说，利率风险变动小于债券期限变动。

债券 B 和 C，除票面利率之外，其他参数均相同，这时表现出另一特征。票面利率较低的债券对市场利率变化更敏感。这体现出债券价格的一个普遍性质。

（5）利率风险与债券票面利率成反比。低票面利率债券的价格比高票面利率债券的价格对利率变化更敏感。

最后，债券 C 和 D，除债券的到期收益率之外，其他参数均相同。债券 C 具有更高的到期收益，对收益变化的敏感性更低一些。这样，可以得到最后一个性质。

（6）债券价格对其收益变化的敏感性与当期出售债券的到期收益率成反比。

前五条性质曾被马尔基尔[一]所论证，有时被称为马尔基尔债券定价关系。第六个性质被霍默和利伯维茨[二]论证。

期限是利率风险的主要决定因素。但是，期限本身不足以测度利率的敏感性。例如，债券 B 和 C（见图 5-1）的期限相同，但是较高票面利率的债券对利率变化有着较低的价格敏感性。显而易见的是，我们不能仅靠债券期限来量化其利率风险。

为理解票面利率或到期收益率等债券特征为什么会影响利率敏感性，我们从一个简单的数字实例开始讨论。表 5-1 提供了不同到期收益率和期限为 T 的半年票面利率为 8% 的债券价格。其中，利率表示为年百分率（APR），即将半年收益率翻倍，以获得约定的年化收益率。当利率从 8% 上升至 9% 时，最短期限债券的价值下跌小于 1%，10 年期债券下跌 6.5%，而 20 年期债券下跌 9% 以上。

[一] Burton G. Malkiel, "Expectations, Bond Price, and the Term Structure of Interest Rates," *Quarterly Journal of Economics* 76（May 1962），pp. 197-218.

[二] Sidney Homer and Martin L. Liebowitz, *Inside the Yield Book: New Tools for Bond Market Strategy*（Englewood Cliff, NJ: Prentice Hall, 1972）.

表 5-1　票面利率为 8% 的债券价格（半年付息一次）

到期收益率（APR）	$T=1$ 年	$T=10$ 年	$T=20$ 年
8%	1 000.00	1 000.00	1 000.00
9%	990.64	934.96	907.99
价格下降（%）①	0.94%	6.50%	9.20%

① 到期收益率为 9% 的等值债券除以（初始）收益率为 8% 的债券，再减去 1。

让我们现在来看看类似的例子，不过这次不是票面利率为 8% 的债券，而是零息债券，结果见表 5-2。请注意，对于每种期限，零息债券价格的下降比例大于票面利率为 8% 的债券。因为我们知道长期债券比短期债券对利率变动更为敏感，所以这一观察表明，在某种意义上，零息债券代表一个期限更长的债券，而不是期限相同的息票债券。

表 5-2　零息债券价格（半年计一次复利）

到期收益率（APR）	$T=1$ 年	$T=10$ 年	$T=20$ 年
8%	924.56	456.39	208.29
9%	915.73	414.64	171.93
价格下降（%）①	0.96%	9.15%	17.46%

① 到期收益率为 9% 的等值债券除以（初始）收益率为 8% 的债券，再减去 1。

实际上，这种对有效期限的洞察力对我们进行数学上的精确计算是十分有用的。首先，注意在此例中两只债券的期限并非债券长期与短期特征的准确度量。票面利率为 8% 的 20 年期债券有多次利息支付，其中大部分是在债券到期之前进行的。每次支付都可以认为有它自己的"到期日"。因此，债券的有效期限是所有现金流的某种平均到期时间。相比较而言，零息债券只在到期时进行一次支付。因此，它的到期时间是一个明确的概念。

较高票面利率债券价值的很大部分与息票紧密联系，而不是与最终支付的票面价值相联系。所以，"息票资产组合"倾向在较早、短期支付上赋予更大的权重，它导致息票债券的"有效期限"较短。这解释了马尔基尔提出的第五个性质，即价格敏感性随票面利率而下降。

相似的逻辑可以解释第六个性质，价格敏感性随到期收益率上升而下降。较高的收益降低了所有债券偿付的现值，对较远期偿付而言，情况更是如此。因此，在收益较高的情况下，债券价值的较大部分来自其较早的支付。较早的支付具有较低的有效期限和利率敏感性。于是，债券价格对收益变化的整体敏感性就较低。

久期

为了解决债券多次支付的"期限"含糊不清的问题，我们需要一种测度债券发生现金流的平均期限的方法。我们也可以使用此方法来测量债券对利率变化的敏感性，因为我们知道价格敏感性会随到期期限的增加而增大。

弗雷德里克·麦考利[⊖]把有效期限概念定义为债券久期。**麦考利久期**（Macaulay's duration）等于债券每次息票或债券本金支付时间的加权平均。每次支付时间相关的权重都应当与该次支付对债券价值的"重要性"相联系。实际上，每次支付时间的权重应该是这次支付在债券总价值中所占的比例。这个比例正好等于支付的现值除以债券价格。

权重 w_t 与在时间 t 所发生的现金流（标注为 CF_t）有关，表示为：

$$w_t = \frac{CF_t/(1+y)^t}{债券价格}$$

式中，y 代表债券到期收益率。公式右边的分子代表在时间 t 所发生现金流的现值，分母代表债券所有支付的值。这些权重的和为 1.0，因为以到期收益率贴现的现金流总额等于债券价格。

⊖ Frederick Macaulay, *Some Theoretical Problems Suggested by the Movements of Interest Rates, Bond Yields, and Stock Prices in the United States since* 1856 (New York: National Bureau of Economic Research, 1938).

用这些值来计算所有债券支付时间的加权平均，就可以得到麦考利久期公式，表示为：

$$D = \sum_{t=1}^{T} t \times w_t \tag{5-1}$$

作为公式（5-1）的应用，在表 5-3 中可以得到票面利率为 8% 的付息债券和零息债券的久期，两种债券都是 2 年期。假设到期收益率均为 10%，或半年 5%。B 栏中显示周期（半年）的每次支付的贴现率为 5%。每次支付期限（F 栏）的权重等于该时点的支付现值（E 栏）除以债券价格（E 栏中的现值总额）。

表 5-3 计算两种债券的久期（栏中的总额遵从化整误差）

	A	B	C	D	E	F	G
1			到支付时		现金流的现值		列（C）
2			的期限		贴现率=		乘以
3		周期	(年)	现金流	每1周期5%	权重①	列（F）
4	A. 8%的付息债券	1	0.5	40	38.095	0.0395	0.0197
5		2	1.0	40	36.281	0.0376	0.0376
6		3	1.5	40	34.554	0.0358	0.0537
7		4	2.0	1040	855.611	0.8871	1.7741
8	总额				964.540	1.0000	1.8852
9							
10	B. 零息	1	0.5	0	0.000	0.0000	0.0000
11		2	1.0	0	0.000	0.0000	0.0000
12		3	1.5	0	0.000	0.0000	0.0000
13		4	2.0	1000	822.702	1.0000	2.0000
14	总额				822.702	1.0000	2.0000
15							
16	半年利率	0.05					
17							
18	①权重=每一次支付（E列）的现值除以债券价格。						

G 栏的数字是支付期限和支付权重的乘积。每个乘积都是式（5-1）中相应的一项。根据公式，我们可以把 G 栏的数字相加计算出每一债券的久期。

零息债券的久期正好等于到期时间，即 2 年。这很好理解，因为仅有一次支付，而支付的平均期限必须是债券的期限。相比较，2 年期债券的久期稍短一些，为 1.885 2 年。

表 5-4 用来说明生成表 5-3 中所有内容的公式。表的输入（详细说明债券支付的现金流）在 B~D 栏中给出。在 E 栏中，我们用假设的到期收

益率来计算每次现金流的现值。在 F 栏中，我们求出式（5-1）中的权重。在 G 栏中，我们计算支付期限和支付权重的乘积。所有这些数据都对应式（5-1）的计算中所需的数据。在单元格 G8 和 G14 中所计算得到的总额就是每个债券的久期。

表 5-4 计算久期的电子数据表公式

	A	B	C	D	E	F	G
1				到支付时的期限	现金流的现值		列(C)乘以列(F)
2					（贴现率=		
3			周期	（年）	现金流	每1周期5%）	权重
4	A．8%的付息债券	1	0.5	40	=D4/(1+$B$16)^B4	=E4/E$8	=F4*C4
5		2	1	40	=D5/(1+$B$16)^B5	=E5/E$8	=F5*C5
6		3	1.5	40	=D6/(1+$B$16)^B6	=E6/E$8	=F6*C6
7		4	2	1040	=D7/(1+$B$16)^B7	=E7/E$8	=F7*C7
8	总额				=SUM(E4:E7)	=SUM(F4:F7)	=SUM(G4:G7)
9							
10	B．零息	1	0.5	0	=D10/(1+$B$16)^B10	=E10/E$14	=F10*C10
11		2	1	0	=D11/(1+$B$16)^B11	=E11/E$14	=F11*C11
12		3	1.5	0	=D12/(1+$B$16)^B12	=E12/E$14	=F12*C12
13		4	2	1000	=D13/(1+$B$16)^B13	=E13/E$14	=F13*C13
14	总额				=SUM(E10:E13)	=SUM(F10:F13)	=SUM(G10:G13)
15							
16	半年利率	0.05					

久期之所以是固定收益投资组合的关键概念至少有三个原因：首先，它是资产组合有效平均期限的简单归纳统计；其次，它已经被证明是资产组合规避利率风险的一种基本工具，这些将在后面探讨；最后，久期是资产组合利率敏感性的一种测度，这是需要在此探讨的内容。

我们已经知道债券价格的利率敏感性通常随着其债券期限的增加而增加。久期的测度能够量化这种关系。具体而言，当利率变化时，债券价格的变化率与其到期收益率的变化是相关的，可用公式表达如下：

$$\frac{\Delta P}{P} = -D \times \left[\frac{\Delta(1+y)}{1+y}\right] \tag{5-2}$$

债券价格的变化率等于债券久期乘以（1+债券收益率）的变化率。

实践者运用式（5-2）时，在形式上略有不同。他们将**修正久期**（modified duration）定义为 $D^* = D/(1+y)$，这里 $\Delta(1+y) = \Delta y$，于是式（5-2）改写为：

$$\frac{\Delta P}{P} = -D^* \Delta y \qquad (5\text{-}3)$$

债券价格的变化率正好是修正久期和债券到期收益率变化的乘积。因为债券价格的变化率与修正久期成比例，所以修正久期可以用来测度债券在利率变化时的风险敞口。实际上，下面可以看到，式（5-2）或等效的式（5-3），对于债券收益率的大幅度变化仅仅是近似有效的。只在考虑较小或局部的收益率变化时，这种近似才变得准确。⊖

【例5-1】 久期

表 5-1 中，考虑 2 年期、票面利率为 8% 且半年支付一次的债券，其出售价格为 964.54 美元，到期收益率为 10%，该债券的久期是 1.885 2 年。为进行比较，考虑以下零息债券，其期限和久期都是 1.885 2 年。正如在表 5-3 中看到的，因为债券利息每半年偿付一次，最好把半年定为一个周期。于是，每一债券的久期是 1.885 2 × 2 = 3.770 4 个（半年）周期，且每一周期的利率是 5%。因此，每一债券的修正久期是 3.770 4/1.05 = 3.591 个周期。

假定半年利率从 5% 上涨至 5.01%。根据式（5-3），债券价格应该下降：

$$\frac{\Delta P}{P} = -D^* \Delta y = -3.591 \times 0.01\% = -0.035\,91\%$$

⊖ 对于债券收益变化，学习微积分的人会认识到修正久期和所得的债券价格成比例。对于收益的较小变化，式（5-3）可以重写成：

$$D^* = -\frac{1}{P}\frac{dP}{dy}$$

这样，在现价的相邻位置，它给出了债券价格曲线的斜率测度。实际上，式（5-3）可以根据 y 演化出以下的债券定价公式：

$$P = \sum_{t=1}^{T} \frac{CF_t}{(1+y)^t}$$

式中，CF_t 是在日期 t 支付给债券持有人的现金流。CF_t 代表到期日之前的利息支付。

现在直接计算每一债券的价格变化。息票债券的初始销售价格是 964.540 美元。当收益涨至 5.01% 时，价格下降到 964.194 2 美元，下降了 0.035 9%。零息债券的初始卖价是 $1\,000/1.05^{3.770\,4} = 831.970\,4$ 美元。收益率更高时，它的卖价为 $1\,000/1.050\,1^{3.770\,4} = 831.671\,7$ 美元。价格下降了 0.035 9%。

结论是：相同久期的债券实际上利率敏感性相同，并且价格变化百分比（至少对于收益变化小的债券而言）等于修正久期乘以收益变化。⊖

什么决定修正久期

我们在前面列出的马尔基尔债券价格关系，给出了利率敏感性的决定因素。久期使我们能够量化敏感性，例如，如果我们在利率上投机，久期将告诉我们这个赌注有多大。反之，如果我们想对利率保持"中性"，且仅与所选债券市场指数的利率敏感性相匹配，则通过久期我们可以测量这一敏感性，并在组合中模拟。正因为如此，了解久期的决定性因素至关重要。因此，在这一小节里我们总结出几项有关久期最重要特性的"法则"。债券价格对市场利率变化的敏感性受到三个方面因素的影响：到期时间、票面利率和到期收益率。

我们已经建立了如下法则：

久期法则 1：零息债券的久期等于它的到期时间。

我们已经看到息票债券比相同期限零息债券的久期短，因为最后支付前的一切息票利息支付都将减少债券的加权平均时间。这说明了久期的另一个一般性质。

⊖ 注意例 5-1 的另一层含义：我们从例子中可以看到当债券采取一年两次付息时，将每次支付周期定为半年是很合适的。这也就说明我们可以将麦考利久期与（1 + 半年到期收益率）相除来修正久期的计算，这个除数通常又写作（1 + 债券等值收益率/2），一般来讲，如果一只债券每年 n 次付息，修正久期与麦考利久期的关系可表示为 $D^* = D/(1 + y_{BEY}/n)$。

久期法则2：到期时间不变，当息票率较高时，债券久期较短。

这一性质与马尔基尔的第五条关系相对应，它可归因于早期息票支付对债券支付平均期限的影响。票面利率越高，早期支付权重也越高，且加权支付平均期限就越短。换言之，债券总值的较高部分与较早的利息支付密切相关，这种较早的利息支付对于收益率不太敏感。在图5-2中，比较票面利率为3%和15%的债券久期图，它们的收益率相同且都是15%。票面利率为15%的债券久期曲线位于票面利率为3%的债券相对应的久期曲线之下。

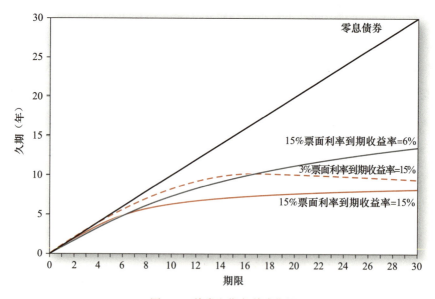

图5-2　债券久期与债券期限

久期法则3：如果票面利率不变，债券久期通常会随着期限增加而增加。债券以面值或者超出面值销售，久期总是随期限增加而增加。

久期的这一性质与马尔凯的第三条关系相对应，非常直观。奇怪的是久期不会总是随期限增加而增加。对于贴现率很高的债券（见图5-2中3%票面利率的债券），随着期限增加，久期最终会下降。然而，事实上所有可以交易的债券都可以安全地假定久期随到期时间的增加而增加。

注意在图 5-2 中,零息债券的期限和久期是相同的。但是对于息票债券,到期时间增加一年时,它的久期增加却少于一年。在图中久期的斜率小于 1.0。

虽然到期时间长的债券通常是长久期债券,但是久期可以更好地说明债券长期的性质,因为它还考虑了债券的支付情况。只有在债券不支付利息时,到期时间才是一个准确的数据,这时,期限和久期是相等的。

同时注意在图 5-2 中,当它们以不同的到期收益率出售时,两种利率为 15% 的债券有不同的久期。较低收益率的债券,久期更长。这是可以理解的,因为收益越低,债券支付期越远,其现值就越大,而且它在债券总值中占的比例也越大。于是,在加权平均计算久期的过程中,远期支付的权重更大,导致测量出来的久期更高。这就确立了久期法则 4。

久期法则 4:保持其他因素都不变,当债券到期收益率较低时,息票债券的久期会较长。

我们上面已经提到,这个性质给人的直观感受是,较高的收益率降低所有债券支付的现值,同时会较大幅度地降低远期支付的价值。因此,在收益率较高时,债券总值的更多部分依赖于它的早期支付,这样就降低了有限期限。法则 4 就是上述债券定价关系中的第六条,适用于息票债券。当然,对于零息债券,久期等于到期时间,与到期收益率无关。

最后,我们给出永久期限债券的久期公式。该公式源于式 (5-1) 给出的久期公式并与其一致,但是对于无数的现存债券而言,这一公式使用更为便捷。

久期法则 5:终身年金的久期是:

$$\text{终身年金的久期是} = \frac{1+y}{y} \tag{5-4}$$

例如,当收益率为 10% 时,每年支付 100 美元的终身年金的久期为

1.10/0.10 = 11 年，但是当收益率为 8% 时，久期为 1.08/0.08 = 13.5 年。

式（5-4）表明，期限和久期的差别可以非常显著。终身年金债券的到期时间是无限的，然而当收益为 10% 时，它的久期只有 11 年。年金早期现金流的现值加权对于久期的计算起决定性作用。

注意在图 5-2 中，当到期时间变长时，收益率为 15% 的两种息票债券的久期将收敛于有相同收益率的终身年金的久期，即 7.67 年。

息票债券的久期公式有点乏味，且像表 5-3 那样的电子数据表用来修正不同期限和票面利率时会很麻烦。此外，它们假定债券处于利息支付周期开始的阶段。幸运的是，电子数据表程序，如 Excel，给出了处于利息支付期间的债券公式的概括。表 5-5 演示如何利用 Excel 计算久期。

表 5-5　运用 Excel 函数计算久期

	A	B	C
1	输入		B 列公式
2	结算日期	1/1/2000	=DATE(2000,1,1)
3	到期日	1/1/2002	=DATE(2002,1,1)
4	息票率	0.08	0.08
5	到期收益	0.10	0.10
6	每年息票	2	2
7			
8	输出		
9	麦考利久期	1.8852	=DURATION(B2,B3,B4,B5,B6)
10	修正久期	1.7955	=MDURATION(B2,B3,B4,B5,B6)

利用 Excel 日期函数 DATE（year，month，day），在单元格 B2 和 B3 中输入支付日期，例如今天的日期和到期日。在单元格 B4 和 B5 中以小数形式输入票面利率和到期收益率。在单元格 B6 中，输入每年的支付周期。单元格 B9 和 B10 中显示麦考利久期和修正久期。该电子数据表表明，在表 5-3 中的债券久期确实是 1.885 2 年。这只两年期债券并没有确定的支付日期。我们将支付日期任意定为 2000 年 1 月 1 日，到期日正好是两年后。

可交易债券的久期变化范围很大。假定几种债券为半年支付的息票债券且半年收益率为 4%，表 5-6 给出了表 5-5 计算出的久期。注意久期随着票面利率增加而变短，并一般随到期时间增加而增大。根据表 5-6 和式（5-2），如果利率从8%上升至8.1%，票面利率为6%的20年期债券的价值会下降约 10.922 × 0.1%/1.04 = 1.05%，然而票面利率为10%的1年期债券的价值仅仅下降 0.976 × 0.1%/1.04 = 0.094%。⊖同时注意表5-6中，对于无期限债券而言，久期与票面利率无关。

表5-6 债券久期（到期收益率=8% APR；半年票面利率）

到期年限	票面利率（每年）			
	6%	8%	10%	12%
1	0.985	0.981	0.976	0.972
5	4.361	4.218	4.095	3.990
10	7.454	7.067	6.772	6.541
20	10.922	10.292	9.870	9.568
无期限（永久债券）	13.000	13.000	13.000	13.000

凸性

作为利率敏感性的度量方式，久期显然是固定收益资产组合管理的重要工具。然而关于利率对债券价格的影响，久期法则仅仅是一种近似表达。我们重复一下，式（5-2）和与其等价的式（5-3），说明债券价值变化的百分比近似等于修正久期和债券收益率变化的乘积，表达如下：

$$\frac{\Delta P}{P} = -D^* \Delta y$$

该式表明价格变化百分比与债券收益率变化直接成比例。如果确实是这样，债券价格变化百分比作为它的收益变化的函数的图形将是一条直线，其斜率等于 $-D^*$。然而，图5-1清楚地表明，债券价格和收益率之间不是线性关系。对于债券收益率发生的较小变化，久期法则可以给出良好近似的值。但是，对于较大的变化，它给出的数值就不太精确了。

⊖ 注意债券每半年付息一次，我们使用的是名义上的半年期到期收益率（即4%）来计算修正久期。

图 5-3 表明了这一点。像图 5-1 那样，此图表明债券价格变化百分比是对债券到期收益率变化的反应。曲线代表的是 30 年期、票面利率为 8%，最初以 8% 的到期收益率出售的债券价格变化百分比。直线代表的是根据久期法则预测的债券价格变化百分比。直线的斜率是债券在初始到期收益率时的修正久期。在此收益率时，其修正久期为 11.26 年，所以直线是 $-D^* \Delta y = -11.26 \times \Delta y$ 的图形。注意这两条线在初始收益率时相切。于是，对于债券到期收益率较小的变化，久期法则的度量相当精准。但是对于较大变化，在两条线之间有一不断扩大的"间隔"，这表明久期法则越来越不准确。

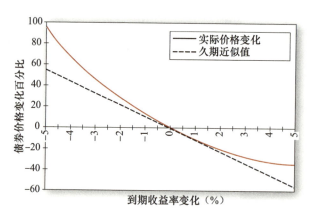

图 5-3　债券价格的凸性：30 年期、票面利率 8% 的债券，初始到期收益率为 8%

注意图 5-3 中，久期近似值（直线）总是低于债券的价值：当收益率下降时，它低估了债券价格的上升程度，并且当收益率上升时，它高估了债券价格的下降程度。这是因为真实价格 – 收益关系的曲率。曲线的形状，比如价格 – 收益关系的形状是凸的。价格 – 收益曲线的曲率被称为债券的**凸性**（convexity）。

我们可以将凸性量化为价格 – 收益曲线斜率的变化率，并将其表示为债券价格的一部分。○作为一个实用法则,大家可以将债券具有较高凸性视为在价格-收益关系中曲率较高。如在图 5-3 中,不可赎回的债券的凸性是正的:收益率增加时,斜率变大(即这个负数的绝对值变小)。

凸性有助于我们在债券价格变化时提高久期的近似性。考虑凸性时,式(5-3)可以修正为:○

$$\frac{\Delta P}{P} = -D^* \Delta y + \frac{1}{2} \times 凸性 \times (\Delta y)^2 \qquad (5-5)$$

等式右边的第一项与久期法则相同,参见式(5-3)。第二项是对凸性的修正。注意,如果债券的凸性是正的,不管收益率是涨还是跌,第二项都是正的。这种观察与前面看到的事实一致,即当收益率变化时,久期法则总是会低估债券的新价值。把凸性考虑进来的式(5-5)更精确,它预测的债券价值总是比式(5-2)预测的值更高。当然,如果收益变化很小,式(5-5)中凸性这一项乘以 $(\Delta y)^2$,得出的乘积极其小,使久期的近似值不会有什么增加。在这种情况下,久期法则给出的线性近似将是足够精确的。因此,凸性在利率有一个很大的潜在变动时才会作为一个更重要的实际因素。

【例 5-2】 凸性

在图 5-3 中,债券是 30 年期的,票面利率是 8%,出售时初始到期收

○ 我们在之前的注释中指出,表示修正久期的式(5-3)可以改写为:$dP/P = -D^* dy$。于是,$D^* = 1/P \times dP/dy$ 就是价格-收益曲线的斜率,即债券价格的微分。同理,债券凸性等于价格-收益曲线的二阶倒数(斜率的变化率)除以债券价格:凸性 $= 1/P \times d^2P/dy^2$。期限为 T 年且每年付息一次的债券凸性公式为:

$$凸性 = \frac{1}{P \times (1+y)^2} \sum_{t=1}^{T} \left[\frac{CF_t}{(1+y)^t}(t^2+t) \right]$$

式中,CF_t 是在日期 t 支付给债券持有人的现金流;CF_t 代表到期前的利息支付或是在到期日最后利息加上面值。

○ 为使用凸性法则,必须以小数而不是百分比来表达利率。

益率为8%。因为票面利率等于到期收益率，债券以面值或1 000 美元出售。在初始收益时债券修正久期为11.26 年，凸性为212.4。（在在线学习中心 www.mhhe.com/bkm，可以找到电子数据表来计算30 年期债券的凸性。）如果债券收益率从8% 上升至10%，债券价格将降至811.46 美元，下降18.85%。根据久期法则，即式（5-2），价格会下降：

$$\frac{\Delta P}{P} = -D^* \Delta y = -11.26 \times 0.02 = -0.225\ 2 \text{ 或 } -22.52\%$$

这比债券价格实际下降的幅度更大。带凸性的久期法则，即式（5-4）更为准确：

$$\frac{\Delta P}{P} = -D^* \Delta y + \frac{1}{2} \times 凸性 \times (\Delta y)^2$$

$$= -11.26 \times 0.02 + \frac{1}{2} \times 212.4 \times (0.02)^2$$

$$= -0.182\ 7, \text{ 即 } -18.27\%$$

这更接近于债券的实际变化。[注意当我们使用式（5-5）时，我们必须把利率表示为小数形式，而不是百分比形式。利率从8% 升至10% 表示为 $\Delta y = 0.02$。]

如果收益变化很小，比如说0.1%，凸性则无足轻重。债券价格实际下降至988.85 美元，降幅为1.115%。如果不考虑凸性，我们将预测价格下降：

$$\frac{\Delta P}{P} = -D^* \Delta y = -11.26 \times 0.01 = -0.011\ 26 \text{ 或 } -1.126\%$$

考虑凸性，我们可以得到更加精确的答案：

$$\frac{\Delta P}{P} = -11.26 \times 0.001 + \frac{1}{2} \times 212.4 \times (0.001)^2$$

$$= -0.011\ 15 \text{ 或 } -1.115\%$$

在这种情况下，即使不考虑凸性，久期法则也相当精准。

投资者为什么喜欢凸性

凸性一般被认为是一个备受欢迎的特性。曲率大的债券价格在利率下降时的价格上升大于在利率上涨时的价格下跌。例如,在图 5-4 中,债券 A 和 B 在初始收益率时久期相同。令价格变化率为利率变化的函数,则这两个函数的曲线是相切的,这表示它们对收益率变化的敏感性在切点处相同。但是,债券 A 比 B 更凸一些。当利率波动较大时,债券 A 的价格上涨幅度更大而价格下降幅度更小。如果利率不稳定,这是一种有吸引力的不对称,可以增加债券的期望收益,因为债券 A 从利率下降中得到更多的好处,而从利率上升中损失较少。当然,如果凸性是我们希望得到的,那它肯定不是免费的午餐:对凸性较大的债券而言,投资者必须付出更高的价格,并接受更低的到期收益。

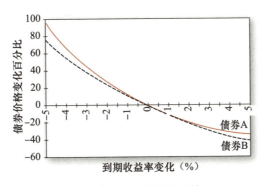

图 5-4 两种债券的凸性

可赎回债券的久期和凸性

图 5-5 描述了可赎回债券的价格-收益曲线。当利率高时,曲线是凸的,对于不可赎回的债券也是如此。例如,当利率是 10% 时,价格-收益曲线位于切线之上。但是当利率下降时,可能的价格会有一个上限:债券价格不会超过其赎回价格。所以当利率下降时,我们有时候说,债券受制

于价格限制——它的价值被"压"低到赎回价格。在这一区域，例如，当利率为5%时，价格-收益曲线位于切线之下，此时称曲线具有负凸性。^㊀

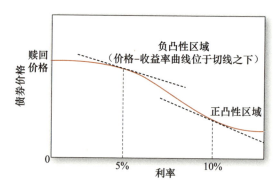

图5-5 可赎回债券的价格-收益率曲线

注意在负凸性区域，价格-收益曲线表现出不具吸引力的非对称性。对于同样的变化幅度，利率上升引起的价格下跌幅度大于利率下降引起的价格上涨幅度。这种非对称性来源于这样一个事实：债券发行人保留赎回债券的选择权。如果利率上升，债券持有人会有损失，这与不可赎回债券是一样的。但是，当利率下降时，投资者不但没有获取资本利得，还会被赎回拥有的债券。这样一来，债券持有人就好像处于抛硬币时"正面输，反面也没赢"的境地。当然，投资者在购买这种债券时已经因为这种局面得到了补偿。可赎回债券在出售时的初始价格低于其他类似的不可赎回债券（也就是初始收益率较高）。

式（5-5）强调了负凸性效用。当凸性为负时，右边的第二项必然为负，这意味着债券价格的实际表现不及久期近似值的预测。但是，可赎回债券，或是更普遍地说，有"嵌入期权"的债券，用麦考利久期是很难分

㊀ 上过微积分课程的人会发现这一区域的曲线是凹的。但是，债券交易员不说这些债券显示出凹性，更喜欢用的术语是负凸性。

析的。因为这类期权的存在，债券提供的未来现金流变成不可知的。例如，若债券被赎回，它的现金流量终止且它的本金偿还比开始预测的时间要早。因为现金流是任意的，我们无法对未来现金流支付的时间做加权平均，而这对于计算麦考利久期是必要的。

华尔街的惯例是计算有嵌入期权债券的**有效久期**（effective duration）。有效久期不能用需要现金流的简单公式（5-1）来计算。使用考虑了嵌入期权的更复杂的债券估值方法，而且有效久期被定义为债券价格变化率与市场利率变化量之比：

$$\text{有效久期} = -\frac{\Delta P/P}{\Delta r} \tag{5-6}$$

这一公式似乎仅仅对表示修正久期的式（5-3）做出了一些修正。但是，它们还是有重要区别的。第一，注意到我们不用债券自身的到期收益率变化来计算有效久期（分母是 Δr 而不是 Δy）。这是因为有嵌入期权的债券可能会被提前赎回，到期收益率通常是无关量。实际上，我们计算了利率期限结构变化引起的价格变化。第二，有效久期公式依赖于一种嵌入期权的定价方法。这意味着有效久期将成为某些变量的函数，而这些变量与传统久期无关，例如利率的波动。相反，修正久期或者麦考利久期可以从确定的债券现金流和到期收益率中直接求出。

【例5-3】 有效久期

假设可赎回债券的赎回价格为 1 050 美元，今天的售价是 980 美元。如果收益率曲线上移 0.5%，债券价格将下降至 930 美元。如果收益率曲线下移 0.5%，债券价格将上升至 1 010 美元。为了计算有效久期，我们计算：

$$\Delta r = \text{假定的利率增加} - \text{假定的利率减少}$$
$$= 0.5\% - (-0.5\%) = 1\% = 0.01$$

$$\Delta P = \text{利率增加 0.5\% 时的价格} - \text{利率减少 0.5\% 时的价格}$$
$$= 930 \text{ 美元} - 1\,010 \text{ 美元} = -80 \text{ 美元}$$

那么，债券有效久期为：

$$\text{有效久期} = -\frac{\Delta P/P}{\Delta r} = -\frac{-80/980}{0.01} = 8.16 \text{ 年}$$

换言之，在现值左右利率波动1%，债券价格变化8.16%。

久期和抵押贷款支持证券凸性

实际上，抵押贷款支持证券市场是赎回规定发挥重要性的最大市场。近年来，公司很少会发行有赎回条款的债券，并且可赎回公司债券的新发行数量已经在稳步减少。相反，抵押贷款支持证券市场在近20年正快速扩大，一直持续到金融危机为止。即使是在2012年，房利美和房地美也联合发行了超过1万亿美元的新抵押贷款支持证券。

发起抵押贷款的贷方通常把贷款卖给联邦代理，如房利美或房地美。原始的借方（房主）继续按月支付给贷方，但是贷方把付款转手给购买贷款的代理。代理可能一次把很多抵押贷款汇合在一起变成抵押贷款支持证券，然后在固定收益市场中销售。这些证券被称为转递证券，因为从借方得到的现金流先流向代理（房地美或房利美），然后又流向抵押贷款支持证券的最终购买者。

例如，假定10个30年期抵押贷款，每一个的本金值为100 000美元，组合成100万美元的资金池。如果抵押利率为8%，那么每一贷款的月付为733.76美元。（首付的利息份额是0.08×1/12×100 000美元 = 666.67美元；剩下的67.09美元分期偿还，或是本金的按期预缴。在后期，本金余额较低，月付较少的部分用于利息，而更多的用于分期偿还。）抵押贷款支持证券的持有人会收到7 337.60美元，即资金池中10个抵押

的全部支付。㊀

但是，现在记得房主有权随时预缴贷款。例如，如果抵押贷款利率下降，房主可能决定以较低利率重新贷款，用收益来付清原始贷款。当然，预缴贷款的权利恰好与偿还可赎回债券的权利相似。赎回价格就是贷款的剩余本金余额。因此，抵押贷款支持证券最好看作可提前赎回的分期付款贷款的资产组合。

与其他可赎回证券类似，抵押贷款支持证券受负凸性的约束。当利率降低且房主预缴抵押贷款时，本金偿还传递给投资者。投资者得到的不是投资的资本利得，而是贷款未付的本金余额。因此，抵押贷款支持证券的价值作为利率的函数，如图 5-6 所示，与可赎回债券的图形看起来很像。

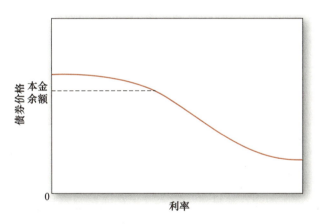

图 5-6　抵押贷款支持证券的价格－收益曲线

然而，抵押贷款支持证券和可赎回公司债券有一些不同。例如，通常发现抵押贷款支持证券售价高出本金余额。这是因为房主不会在利率降低时马上再融资。一些房主也不想承担再融资的费用和麻烦，除非收益足够

㊀ 实际上，继续为贷款提供服务的原始贷方和担保贷款的转递代理各自保留每月支付的一部分作为服务收费，于是投资者每月收到的支付比借方支付的数量略少。

大。如果另一些房主计划近期搬家，他们可能决定不进行再融资。也有一些房主再未考虑过再融资的决定。因此，尽管抵押贷款支持证券在低利率时表现出负凸性，但它隐含的赎回价格（贷款本金余额）不是一个在其价值上不可突破的上限。

简单的抵押贷款支持证券引发了大量的抵押担保衍生品。例如，抵押担保债券（CMO）进一步把抵押贷款支持证券的现金流重新转向几种衍生证券，称为 MBS 的"拆分"。这些拆分可能用来向愿意承担该风险的投资者分配利率风险。⊖

右表是一个简单的抵押担保债券结构的示范。底层的抵押资金池被分为三个部分：每一个都有各自不同的有效期限以及所产生的利率风险敞口。假设原始的资金池为 1 000 万美元的 15 年期抵押贷款，每一部分的利率均为 10.5%，且被分为如右表中的三个部分。

拆分部分 A = 400 万美元本金	"短期支付"部分
拆分部分 B = 300 万美元本金	"中期支付"部分
拆分部分 C = 300 万美元本金	"长期支付"部分

进一步假定资金池中贷款余额的 8% 会提前预缴。于是，每年整个抵押资金池的现金流就如图 5-7a 所示。每年总支付缩小 8%，因为原始资金池的贷款的这一比例部分被付清。每个条形的浅色部分代表利息支付，深色部分代表本金支付，包括贷款分期付款和预缴。

在每个周期中，每一贷款拆分部分在承诺的利率和支付本金余额的基础上收到应有的利息。但是，刚开始时，所有本金支付、预缴和分期付款都流向贷款拆分部分 A（见图 5-7b）。从图 5-7c 和图 5-7d 中观察到：当贷

⊖ 机构抵押贷款支持证券的信用风险并不是个问题，因为按揭支付是由机构，现在是由联邦政府保障的。在抵押担保债券市场，部分结构通常用于重置不同部分的利率风险而不是信用风险。

款部分A结束前，B和C只收到利息。一旦贷款拆分部分A全部付清，所有本金支付流向贷款拆分部分B。最后，当贷款拆分部分B终止时，所有本金支付流向贷款拆分部分C。于是，贷款拆分部分A就成了"短期支付"，其有效久期最短，而贷款拆分部分C成了期限最长的贷款划分部分。因此，这是在贷款拆分部分中一种相对简单的利率风险分配。

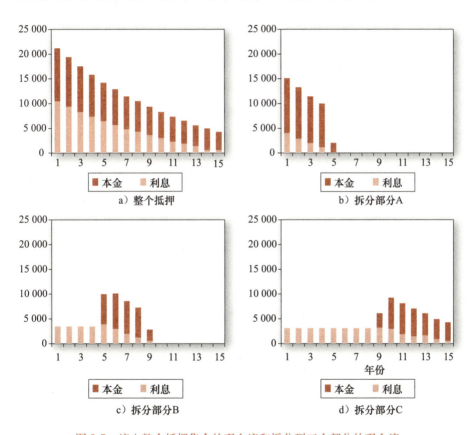

图5-7 流入整个抵押集合的现金流和拆分到三个部分的现金流

在实践中，这一主题有可能有多种变化及应用。不同的贷款划分部分可能收到不同的利息。根据抵押贷款预缴速度的不确定性，有些贷款拆分部分有可能被区别对待。复杂的公式可能用来规定每一贷款拆分部分应分配的现金流。实际上，抵押资金池被看作现金流的来源，并根据投资者的偏好重新分配给不同的投资者。

消极债券管理

消极债券管理者认为债券定价是合理的，并且仅试图控制他们持有的固定收益资产组合的风险。在固定收益市场中，投资者经常使用两种消极管理的策略：第一种是指数策略，试图复制既定债券指数的业绩；第二种是我们熟悉的免疫策略，广泛应用于金融机构，例如保险公司和养老基金，它们被机构用来规避金融头寸的利率波动风险。

尽管指数策略和免疫策略在接受市场价格是合理的这一点上是相似的，但是在处理风险敞口方面，它们则非常不同。一个债券指数资产组合的风险-回报将和与之相联系的债券市场指数的风险-回报状况相当。相比较，免疫策略寻求建立一种几乎是零风险的资产组合，其中利率变动对公司的价值没有任何影响。在这一节，我们将讨论这两种策略。

债券指数基金

理论上，债券市场指数与股票市场指数相似。这一想法是创建一个能代表指数结构的资产组合，而该指数能够反映大市。例如，在美国股票市场，标准普尔500指数是股票指数基金最常使用的指数。这些基金完全按标准普尔500指数的成分股名单来选择购买股票，而且每种股票购买的数量与这些公司当前市值在指数中的权重成比例。债券指数基金也使用类似的策略，但是正如我们即将看到的，由于债券市场及其指数的一些技术难题，我们需要做一些修正。

债券市场有三个主要指数：巴克莱资本美国综合债券指数（之前为雷曼综合债券指数）、所罗门大市投资分级指数（现由花旗集团管理）和美林国内标准指数。这三个指数都是总收益的市值加权平均指数。这三种指数包括政府债券、公司债券、抵押支持债券和扬基债券(扬基债券是以美元面值发行的,在美国销售的由国外发行人发行的证券交易委员会注册债券)。

指数债券投资组合中出现的第一个问题源于这样一个事实:这些指数包含了数千只债券,这使得按它们的市值比重购买十分困难。此外,很多债券的交易量很小,这意味着很难找到它们的所有者,也很难以一个公平的市场价格购买它们。

债券指数基金也面临着比股票指数基金更难的再平衡问题。当久期低于1年时,债券不断从指数中被剔除。此外,当新债券发行时,它们被加入到指数中。因此,与股票指数相比,用于计算债券指数的证券不断变化。当它们变化时,管理者必须更新和再平衡资产组合来保证资产组合的构成和指数中所包含的债券相匹配。债券产生的大量利息收入必须进行再投资的事实,使得指数基金管理者的工作更为复杂。

在实践中,完全复制总体债券指数是不可行的。作为替代,分层取样或分格方式常被使用。图5-8表明了分格方式的思想。首先,债券市场被分为若干类别。图5-8展示了一种用期限和发行人划分的简单二分法。但实际上,诸如债券票面利率和发行人的信用风险也会用于形成网格。于是,在每一网格下的债券被认为是同质的。其次,每个网格在全集中所占的百分比会被计算和报告,如在图5-8中的几个网格所示。最后,资产组合管理者建立一种债券资产组合,该资产组合中每一单元债券所占的比例与该单元在全部债券中所占的比例相匹配。通过这种方法,在期限、票面利率、信用风险和债券所属行业等方面,资产组合特征与指数特征相匹配,因而资产组合的业绩将与指数业绩相匹配。

类别 剩余期限	国债	机构	按揭抵押	工业	金融	公用事业	扬基
<1年	12.1%						
1~3年	5.4%						
3~5年			4.1%				
5~7年							
7~10年		0.1%					
10~15年							
15~30年			9.2%			3.4%	
30年以上							

图 5-8 债券分格方式

个人投资者可以购买共同基金或者追踪大市的 ETF。例如，Vanguard's Total Bond Market Index Fund 和 Barclays Aggregate Bond Fund iShare 均是追踪巴克莱综合指数。

免疫

与指数策略不同，很多机构投资者试图使它们的资产组合免于受到整个利率风险的影响。一般而言，对这种风险有两种观点。像银行这类的机构，它们致力于保护净现值或公司的净现值不受利率波动的影响，像养老基金之类的投资者在一定的期限后可能会面临支付的义务，这些投资者更关心保护其资产组合的未来价值。

但是，银行和养老基金面临的共同问题是利率风险。公司的净值和未来兑现的能力都会随着利率波动。**免疫**（immunization）技术是指这类投资者用来使整个金融资产免受利率风险影响的策略。

很多银行和储蓄机构在资产和负债的期限结构上存在天然的不匹配。银行负债主要是客户存款，大多数期限都很短，因此久期很短。相反，银行资产主要由未偿还的商业和个人贷款或按揭构成。这些资产的久期长于存款，因此它们的价值对利率波动更加敏感。当利率意外上升时，银行的净值会下跌——它们的资产价值下跌得比负债多。

同样，养老基金也可能发生错误匹配，如基金所持有的利率敏感性资产与其债务——对养老退休人员的支付之间存在不匹配。下面专栏显示，当忽视资产和负债的利率波动风险敞口时，养老基金面临的危险。例如，最近几年，尽管投资收益颇丰，但是养老基金的市场份额却在下降。当利率下降时，负债价值比资产价值上涨得更快。我们应该得到的教训是，基金应该匹配资产和负债的利率风险敞口，这样不管利率涨跌，资产价值都会与负债价值同步。换言之，财务管理者希望让基金免于利率波动的影响。

华尔街实战

尽管大市繁荣，但养老基金表现欠佳

2012年是股市兴旺的一年，标准普尔500指数提供的年化收益率为16%，这一业绩提升了美国养老基金资产负债表的水平。然而尽管其资产价值有所增加，美国400家大型公司估计的养老金总赤字上升至近800亿美元，这其中有许多公司都在2013年额外需要数十亿美元来撑起它们的养老基金。单就福特汽车公司进行预测，其需要拿出50亿美元投入养老基金当中。[①]

这是如何发生的呢？2012年的股市繁荣很大程度上是由利率下跌推动的。由于2012年的利率降低，养老基金负债的现值比资产价值上涨得更快。结果是养老基金负债的价值比那些基金中的资产价值对利率变动更加敏感。因此，即使利率降低使得资产收益猛升，但是负债上升得更快。换言之，基金投资久期比债务久期短。这种久期不匹配使得基金对利率下降更加脆弱。

为什么基金不能更好地匹配资产和负债久期呢？原因之一是基金经常根据标准债券市场的业绩来评估基金管理者的相对业绩。这些指数比养老基金负债的久期短很多。所以，在某种意义上，管理者看错了地方，忽视了利率敏感性。

①以上来源于 Mike Ramsey and Vipal Monga, "Low Rates Force Companies to Pour Cash into Pensions," *The Wall Street Journal*, February 3, 2013。

在这个方面，养老基金并不是唯一的。任何有未来固定债务的机构都可能认为免疫是合理的风险管理政策。例如，保险公司也会使用免疫策略。实际上，人寿保险公司的精算师F. M. Redington⊖提出了免疫的概念。免疫背后的思想是久期匹配的资产和负债可以使得资产组合免受利率波动的影响。

例如，保险公司推出担保投资证书 10 000 美元。（基本上，投资担保证书都是保险公司向客户发行的零息债券，个人退休储蓄账户很欢迎这一品种）。如果投资担保证书的期限为 5 年且担保利率为 8%，那么保险公司在 5 年后要支付 $10\,000 \times (1.08)^5 = 14\,693.28$ 美元。

假定保险公司为了未来的支付，将 10 000 美元投资于以面值出售、期限为 6 年、年息为 8% 的附息债券。只要市场利率维持在 8%，公司就可以完成兑现义务，因为负债的现值正好等于债券价值。

表 5-7a 表明，如果利率维持在 8%，债券累计的基金会上涨至与负债相等的 14 693.28 美元。在 5 年期间，年底的利息收入是 800 美元，以当前的 8% 的市场利率再投资。期限到期时，债券可以以 10 000 美元卖出。它们将以面值出售，因为票面利率等于市场利率。5 年之后，再投资的利息

⊖ F. M. Redington, "Review of the Principle of Life-Office Valuations," *Journal of the Institute of Actuaries* 78（1952）.

和债券出售的收益加在一起的总收入正好是 14 693.28 美元。

表 5-7　债券组合 5 年后的终值（所有收益都进行再投资）

支付次数	剩余期限	收益再投资的累计价值		
		a) 利率维持在 8%		
1	4	$800 \times (1.08)^4$	=	1 088.39
2	3	$800 \times (1.08)^3$	=	1 007.77
3	2	$800 \times (1.08)^2$	=	933.12
4	1	$800 \times (1.08)^1$	=	864.00
5	0	$800 \times (1.08)^0$	=	800.00
债券销售	0	10 800/1.08	=	10 000.00
				14 693.28
		b) 利率下降至 7%		
1	4	$800 \times (1.07)^4$	=	1 048.64
2	3	$800 \times (1.07)^3$	=	980.03
3	2	$800 \times (1.07)^2$	=	915.92
4	1	$800 \times (1.07)^1$	=	856.00
5	0	$800 \times (1.07)^0$	=	800.00
债券销售	0	10 800/1.07	=	10 093.46
				14 694.05
		c) 利率上升至 9%		
1	4	$800 \times (1.09)^4$	=	1 129.27
2	3	$800 \times (1.09)^3$	=	1 036.02
3	2	$800 \times (1.09)^2$	=	950.48
4	1	$800 \times (1.09)^1$	=	872.00
5	0	$800 \times (1.09)^0$	=	800.00
债券销售	0	10 800/1.09	=	9 908.26
			=	14 696.02

注：债券资产组合的卖出价格等于资产组合的最后支付（10 800 美元）除以 $1+r$，因为债券的剩余期限在债券销售时是 1 年。

但是，如果利率变化，资产和负债的变化会相互抵消，从而影响基金升至目标值 14 693.28 美元的能力。如果利率上升，基金会有资本损失，影响其偿还债务的能力。债券到期的价值将比利率保持 8% 时的价值要低些。但是，在利率较高时，再投资利息会以更快的速度上升，抵消资本损失。换言之，固定收益投资者面临两种相互抵消的利率风险类型：价格风险和再投资利率风险。利率提高会导致资本损失，但同时再投资收入会增加。如果资产组合的久期选择合适，这两种影响正好相互抵消。当这一资产组合的久期恰好与投资者的水平日期相等时，在水平日期投资基金的累计价值将不会受到利率波动的影响。因为水平日期等于资产组合的久期，所以价格风险和再投资风险正好相互抵消。

在我们讨论的例子中，用于投资担保证书的 6 年期债券的久期是 5 年。因为债券收入能够支付债务时，资产和负债的久期相同，保险公司将免受利率波动的影响。为了证明这种情况，我们考察一下债券是否能够产生足够的收入来付清未来 5 年的债务，不管利率是否变动。

表 5-7b 和表 5-7c 考虑两种可能的利率情况：利率降至 7% 或利率涨至 9%。在这两种情况中，债券的年利息以新的利率再投资。在这两种情况中，假设债券的年利息从第一期开始以相同的利率再投资，按照担保投资合约，债券 5 年后出售。

表 5-7b 表明，如果利率降至 7%，全部基金将会累积到 14 694.05 美元，有 0.77 美元的小额盈余。表 5-7c 表明，如果利率涨至 9%，全部基金将会累积到 14 696.02 美元，有 2.74 美元的小额盈余。

这里强调几点。第一，久期匹配平衡了利息支付累计值（再投资利率风险）和债券销售价值（价格风险）之间的差异。也就是说，当利率降低时，利息的再投资收益低于利率不变时的情况，但是出售债券的收益增加抵消了损失。当利率上涨时，债券卖出价格下跌，但是利息收入增加能够弥补这一损失，因为它们以更高的利率进行再投资。图 5-9 描述了这一情况。图中实线代表利率保持 8% 时债券的累计价值。虚线表明利率上升时的情况，最初的效应是资本损失，但是这种损失最终被较快速度增长的再投资收益所抵消。在 5 年到期时，这两种效应正好相互抵消，公司可以用债券价值上升的累积收益来确保债务兑付。

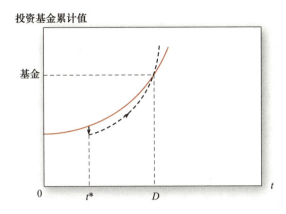

图 5-9　投资基金增长

注：实线代表在初始利率时资产组合价值的增长。在时间 t^*，如果利率上涨，组合的价值开始会下降，但是此后以虚线代表的组合价值会以更快的速度上涨。在时间 D（久期）时，两曲线相交。利率在首次利息支付前假设会变化，且债券在 5 年后卖出，偿还投资担保证书的负债。

我们也可以根据现值而不是未来价值来分析免疫。表 5-8a 表明了保险公司的投资担保证书账户的初始负债余额表。资产和负债的市场价值为 10 000 万美元，所以这个方案正好平衡。表 5-8b、表 5-8c 表明不管利率涨跌，投资担保证书的债券价值和公司负债的现值几乎都以同样的量在变化。不管利率如何变化，投资都恰好可以满足支付，在表 5-8b、表 5-8c 中余额正好大约为零。久期匹配策略确保资产和负债对利率浮动做出同样的反应。

表 5-8　市场价值平衡表

资产		负债	
a. 利率 = 8%			
债券	10 000 美元	负债	10 000 美元
b. 利率 = 7%			
债券	10 476.65 美元	负债	10 476.11 美元
c. 利率 = 9%			
债券	9 551.41 美元	负债	9 549.62 美元

注：市场价值 = 800 × 年金因子 $(r, 6)$ + 10 000 × 现值因子 $(r, 6)$

负债价值 = $\dfrac{14\,693.28}{(1+r)^5}$ = 14 693.28 × 现值因子 $(r, 5)$

图 5-10 是债券现值和一次性支付债务与利率的函数关系。在当前利率为 8% 时，价值相等，债务可以全部由债券来偿付，而且这两个价值曲线在 $y = 8\%$ 处相切。当利率变动时，资产与债务两者的价值变化相等，所以债务仍可由债券的收入偿还。但是利率变化越大，现值曲线就越会偏离。这反映了一个事实，即当市场利率不是 8% 时，基金有少量的盈余，如表 5-4 所示。

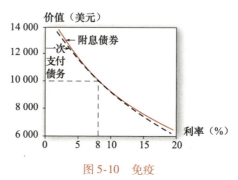

图 5-10　免疫

注：在利率为 8% 时，附息债券可以全部偿还债务。此外，在 8% 时，现值曲线相切，所以即使利率稍有变动，债务也可以被全部偿还。

如果债务有了免疫，为什么基金里还会有剩余？答案是凸性。图 5-10 表明债券的凸性大于负债。于是，当利率变动很大时，债券价值大大超过了债务的现值。

这个例子强调了**再平衡**（rebalancing）免疫资产组合的重要性。当利率和资产久期变化时，管理者必须再平衡资产组合使得资产和债务的久期一致。此外，即使利率不变，仅仅因为时间推移，资产久期也会发生变化。回忆图 5-2 中久期的降低比到期期限减少慢一些。这样，即使在开始时负债是有免疫的，随着时间的推移，在不同的利率时，资产和负债的久期也会以不同的比率下降。如果没有资产组合的再平衡，久期会不再匹配。显然，免疫是一种消极策略，这只是从不包括尝试识别低估证券的意义上说的。免疫策略管理者还是积极地更新和监控他们的头寸。

【例 5-4】 构建免疫的资产组合

一家保险公司在 7 年后需要支付 19 487 美元。市场利率是 10%，所以债务的现值是 10 000 美元。公司的资产组合经理想用 3 年期零息债券和年付息一次的终身年金来兑现负债（我们用零息债券和终身年金来使计算简便）。经理如何使债务免疫呢？

免疫要求资产组合的久期等于债务的久期。我们执行四个步骤：

（1）计算债务久期。在这种情况下，负债久期计算很简单，是一个一次性支付的 7 年期负债。

（2）计算资产组合的久期。资产组合的久期是每一部分资产的久期加权平均，权重与每一资产的资金成比例。零息债券的久期就是其期限，3 年——终身年金的久期是 $1.10/0.10 = 11$ 年。因此，如果投资零息债券的资产组合部分称为 w，投资终身年金的部分为 $(1-w)$，资产组合的久期是：

$$\text{资产久期} = w \times 3 \text{ 年} + (1-w) \times 11 \text{ 年}$$

（3）使得资产久期等于负债久期，即 7 年。这要求我们在以下的方程式中求出 w：

$$w \times 3 \text{ 年} + (1-w) \times 11 \text{ 年} = 7 \text{ 年}$$

这意味着 $w = 1/2$。管理者应该把一半的资产投资零息债券，并把另一半资产投资终身年金，这将使得资产久期为 7 年。

（4）筹集足够资金偿还债务。既然负债的现值是 10 000 美元，且基金平均投资到零息债券和终身年金，即管理者购买了 5 000 美元的零息债券和 5 000 美元的终身年金。[注意零息债券的面值将是 $5\,000 \times (1.10)^3 = 6\,655$ 美元。]

但是，即使头寸获得了免疫，资产组合管理者仍然不能放松。这是因为随着利率变动需要进行再平衡。此外，即使利率不变，时间的流逝也会影响久期，这也需要再平衡。我们继续例 5-4 的工作，来观察资产组合管理者如何维持免疫的头寸。

【例 5-5】 再平衡

假定过了一年，并且利率维持在 10%。例 5-4 的管理者需要重新考察她的头寸。该头寸是否完全被偿还？这个头寸还是免疫的吗？如果不是，要采取什么行动？

首先，考察资金。债务的现值上涨至 11 000 美元，到期期限又少了一年。管理者的基金也涨至 11 000 美元：随着时间推移，零息债券的价值从 5 000 美元上涨至 5 500 美元，然而终身年金已经支付了每年 500 美元的利息，且价值仍为 5 000 美元。因此，负债还是可以被全部偿还的。

但是，资产组合的权重变化了。现在的零息债券的久期只有 2 年，而终身年金仍然是 11 年。债务现在是 6 年到期，权重需要满足下式：

$$w \times 2 + (1 - w) \times 11 = 6$$

这意味着 $w = 5/9$。为了再平衡资产组合和维持久期匹配，管理者现在必须投资 $11\ 000 \times 5/9 = 6\ 111.11$ 美元到零息债券。这需要将全部 500 美元的利息支付投资到零息债券，加上额外出售 111.11 美元的终身年金并投资于零息债券。

当然，在资产买卖时，资产组合的再平衡包括交易费用，所以不能不断地再平衡。在实践中，需要在完美免疫（需要不断再平衡）和控制交易费用（规定频率较低的再平衡）之间建立恰当的妥协。

现金流匹配和量身定做

与免疫相关的问题看来有一个简单的解决办法。为什么不购买一只面值等于计划现金支出的零息债券？如果我们遵循**现金流匹配**（cash flow matching）的原则，我们就能自动地使资产组合免受利率风险的影响，因为债得到的现金流和负债的支出正好抵消。

在多周期基础上的现金流匹配即是**量身定做策略**（dedication strategy）。在这种情况下，管理者选择零息债券或者附息债券以使每一期的总现金流可以与一系列负债相匹配。量身定做策略的长处在于它是一个一劳永逸的消除利率风险的办法。一旦现金流达到匹配，就不需要再平衡。量身定做的资产组合可以提供必要的现金来支付公司的负债，不管利率变化的最终路径。

现金流匹配的使用并不广泛，可能的原因是它对债券选择的严格要求。免疫或者现金流匹配策略吸引那些不愿意对利率一般变动下赌注的公司，这些公司可能会利用它们认为价值被低估的债券来免疫。然而，现金流匹配给债券选择过程增加了过多的限制条件，仅仅使用估值偏低的债券不可能实施量身定做策略。为了获取更好的收益，这些公司放弃了准确、易行的量身定做策略，而是选择被低估价值的债券进行资产组合。

有时，现金流匹配是不可能的。养老基金有义务向当前和将来的退休人员不断支付现金流，为了使养老基金的现金流匹配，它们就必须购买期限达上百年的固定收益债券。此类债券并不存在，因此不可能制定准确的量身定做策略。

传统免疫的其他问题

如果回顾一下式（5-1）中久期的定义，你会注意到它使用债券到期收益率来计算每次利息支付时间的权重。根据这一定义和恰当运用到期收益率的限定条件，不难得出结论，只有当收益率曲线是平坦的，所有支付均以同一利率折现时，久期的概念才是严格有效的。

如果收益率曲线不是平的，那么久期定义必须修正，用 CF_t 的现值取代 $CF_t/(1+y)^t$，这里每一现金流的现值都是根据从收益曲线得出的与这一特定现金流相应的适当利率来折现的，而不是根据债券的到期收益率来折现的。此外，即使做了上述修正，久期匹配也只有当收益率曲线平行移动时才实现资产组合的利率免疫。显然，这种限制条件是不切实际的。结果，为了使久期概念一般化，做了许多工作。多因素久期模型已经被发展出来，它允许收益率曲线的形状出现倾斜和其他变形，不仅仅是水平位移。但是，这些增加了复杂性的模型并没有明显地表现出更好的效力。⊖

最后，在通胀环境中，免疫可能不适合。基本上，免疫是一个名义上的概念，仅对名义上的负债有意义。用名义资产，譬如债券，来对一个会随价格水平一起增长的负债进行利率免疫是没有意义的。例如，如果你的孩子15年后读大学，那时的学费预计一年为5万美元，锁定5万美元的最终价值，通过资产组合进行免疫，这并不是一个合适的降低风险的策略。学费的负债会随着现实通货膨胀率发生变化，但是资产组合的最终值却不会。最终，学费债务与资产组合价值不一定匹配。

积极债券管理

一般而言，积极债券管理中有两种潜在价值来源。第一种是利率预测，试图预计固定收益市场范围的利率动向。如果预计利率下降，管理者将增加投资组合的久期（反之亦然）。第二种潜在利润的来源是在固定收益市场内识别错误的估值。例如，分析师认为某一特定债券的违约溢价没必要很大，所以债券价值被低估了。

潜在利润来源

只有分析师的信息或洞察力超越市场，这些方法才产生超额收益。如果价格已经反映了这个信息，利率将要下降的信息就不会使你获得利润。

⊖ G. O. Bierwag, G. C. Kaufman, and A. Toevs, eds., *Innovations in bond Portfolio Management: Duration Analysis and Immunization* (Greenwich, CT: JAI Press, 1983).

从我们对市场效率的讨论中可以知道这一点，有价值的信息是差异信息。值得注意的是，利率预测有着声名狼藉的糟糕记录。考虑到这一点，你在投身债券市场之前就应认真思量。

霍默和利伯维茨创造了一种流行的积极债券资产组合策略的分类法。他们把资产组合再平衡活动归为四种类型的债券互换之一。在前两类方式中，投资者一般认为在债券或部门之间的收益率关系有暂时的错乱。当错乱消除后，低估债券就可以实现盈利。这段重新调整的时期称为市场疲软期。

（1）**替代互换**（substitution swap）是一种债券与几乎相同的替代品的交换。被替代的债券应该基本上有相同的票面利率、期限、质量、赎回条款、偿债基金条款等。如果人们相信市场中这两种债券价格有暂时失衡，而债券价格的这种不一致能带来获利的机会，那么这种互换方式就会出现。

替代互换的一个范例是20年期的6%票面利率的丰田公司债券的销售，标价是提供6.05%的到期收益率。与之相配的是购买6%票面利率的本田公司债券，而到期收益率为6.15%。如果两种债券有同样的信用等级，本田公司债券没有理由提供更高的收益率。因此，实际上在市场中可得的更高收益似乎使本田债券有更大的吸引力。当然，信用风险相同是一个重要条件。如果本田债券实际的风险更大，那么较高的收益率并不意味着在市场中更受欢迎。

（2）**市场间价差互换**（intermarket spread swap）是投资者认为在债券市场两个部门之间的利差暂时异常时出现的行为。例如，如果公司和政府之间的利差太大并预计利差会收窄，投资者将从购买政府债券转向购买公司债券。如果利差确实收窄，公司债券的表现将比政府债券要好。例如，如果现在10年期国债和10年期Baa级公司债券之间的利差是3%，历史上的利差是2%，投资者可能考虑卖掉国债，去购买公司债券。如果利差最终收窄，Baa级公司债券的表现将超过国债。

当然，投资者必须仔细考虑利差的异常是否有恰当的理由。例如，公司债券的违约风险溢价可能会增加，因为预期市场将大衰退。在这种情况下，较大的利差不代表相对于国债来说公司债券的定价更有吸引力，它仅仅是信用风险上升的调整而已。

（3）**利率预期互换**（rate anticipation swap）是盯住利率的预测。在这种情况下，如果投资者认为利率会下降，他们会互换成久期更长的债券。反之，当预计利率上升，他们会互换成久期更短的债券。例如，投资者可能出售5年期的国债，买入25年期的国债。新债券和原来的债券一样没有信用风险，但是久期更长。

（4）**纯收益获得互换**（pure yield pickup swap）的使用不是由于觉察到错误估值，而是通过持有高收益债券增加回报的一种方式。当收益率曲线向上倾斜时，纯收益获得互换是指买入长期债券。这种行为被看作在高收益债券中尝试获得期限风险溢价。投资者愿意承受这种策略带来的利率风险。只要持有期收益率曲线不发生上移，投资者把短期债券换成长期债券就会获得更高的收益率。当然，如果收益率曲线上移，长期债券会遭受较大的资本损失。

我们可以再加上第五种互换，称为**税收互换**（tax swap）。简单地说，它是一种利用税收优势的互换。例如，投资者可能把价格下降的债券换成另一种债券，只要持有这种债券可以通过资本损失变现而获得纳税方面的好处就行。

水平分析

预测利率的一种方法是**水平分析**（horizon analysis），分析师使用这种方法选择特定的持有期并预测该期末的收益率曲线。给定持有到期时债券的到期时间，它的收益可以从预测的收益率曲线和计算的期末价格中得出。然后，分析师把利息收入和预期的债券收益加起来得到持有期间债券的总收益。

【例5-6】 水平分析

票面利率为10%的20年期债券（每年支付），现在以到期收益率9%出售。一位有2年投资计划的资产组合管理者需要预测在未来2年的债券总收益。2年后，债券的剩余期限是18年。分析师预测从现在起2年，18年期债券将以到期收益率8%出售。获得的利息可以在2年内再投资到利率为7%的短期证券。

为了计算债券的2年收益，分析师将进行以下计算：

(1) 现价 = 100美元 × 年金因子（9%，20年）+ 1 000美元 × 现值因子（9%，20年）= 1 091.29美元

(2) 预测价格 = 100美元 × 年金因子（8%，18年）+ 1 000美元 × 现值因子（8%，18）= 1 187.44美元

(3) 利息再投资的未来价值是：$(100 \times 1.07) + 100 = 207$ 美元

(4) 2年的收益为 $\dfrac{207 + (1\,187.44 - 1\,091.29)}{1\,091.29} = 0.278$ 或27.8%

2年内的年化收益率将是 $(1.278)^{1/2} - 1 = 0.13$ 或13%。

第 6 章

如何对投资组合业绩评价

INVESTMENTS

INVESTMENTS

导读

　　金融资产大都由专业投资者管理，在投资中至少会将大部分资产分散投资于不同公司。有效的资产分配与否取决于专业投资者的能力和金融市场的直接投资特性。因此，如果资本市场有效，投资者一定能评价他们资产管理人的表现，并且这种评价一定是准确的且能按照管理人的投资能力进行排序。

　　市场有效性能够准确区分随机挑选组合分散化投资经理的表现。因此，一种有效的投资表现衡量方法将和市场有效性一样会给社会带来福利。

　　对于一个投资组合，我们该如何评价其业绩呢？我们已经看到，投资组合的平均收益率似乎可以直接作为评价指标，但事实并非如此。此外，经风险调整后的收益带来了其他一系列问题。最终，投资经理的表现评价至关重要。

　　本章我们首先从测算投资组合的收益开始，然后讨论风险调整的常见方法，并在不同情况下分别应用这些方法。最后介绍在实践中常用的组合评估的程序，例如风格分析、晨星公司的星级方法以及内部业绩贡献分析。

传统的业绩评价理论

平均收益率

我们在第 1 章中定义了持有期收益率（HPR），并且解释了算术平均与几何平均的差异。设想我们根据一个投资组合 5 年内（即 20 个季度）的收益率评价其业绩，可以用这些收益率的算术平均作为对下一季度收益率的估计，同时也可以用几何平均收益率来进行估计。几何平均收益率是指可以产生相同累积回报的 20 个季度的连续收益率。因此，几何平均收益率可定义为：

$$(1+r_G)^{20} = (1+r_1)(1+r_2)\cdots(1+r_{20})$$

等式右侧是 1 美元初始投资在 5 年观察期内 20 个季度收益率累计复利的终值。等式左侧是 1 美元初始投资以每季度 r_G 累计复利的终值。由此我们可以解出 $1+r_G$ ⊖：

$$1+r_G = [(1+r_1)(1+r_2)\cdots(1+r_{20})]^{1/20}$$

在几何平均中，每一期的收益率权重相同。因此，几何平均收益率又被称为**时间加权收益率**（time-weighted average）。

为了可以更好地理解后面的复杂问题，我们先看一个简单的例子。考虑一只股票，每年支付股利 2 美元，当前市价为 50 美元/股。假如你现在购买该股票，获得 2 美元股利，然后在年底以 53 美元卖掉它，那么你的收益率是：

$$\frac{总收益}{初始投资} = \frac{收入 + 资本利得}{50} = \frac{2+3}{50} = 0.1 \quad 或 \quad 10\%$$

⊖ 这个公式给出季度收益率的几何平均。当观测区间长度为 h 年（本例中为 1/4）年复利定义为 $1+r_{GA} = (1+r_{Gh})^{1/h}$。一般 T 个观测值的 h 年化几何平均收益是 $1+r_{GA} = \left(\prod_{t=1}^{T}(1+r_t)\right)^{1/hT}$。在本例中，季度观测值 $T=20$，时间长度 $h=1/4$ 年，$1/hT=1/5$，因此为了得到年化几何平均，我们应该对 5 年投资期间收益开 5 次方根。

另一种计算收益率的方法是把投资转化为现金流贴现问题。设 r 为收益率，它能使投资所创造的所有现金流的现值等于初始投资。在本例中，股票以 50 美元购得，年底产生的现金流包括 2 美元（股利）加 53 美元（出售股票）。因此，解方程 $50 = (2 + 53)/(1 + r)$，也得到 $r = 10\%$。

时间加权收益率与美元加权收益率

如果我们的投资已持续了一段时间，且在此期间，我们还向投资组合注入或抽回了资金，那么测算收益率就比较困难了。继续看我们的例子，假如你在第 1 年年末购买了第二股同样的股票，并将两股都持有至第 2 年年末，然后以每股 54 美元的价格售出。

那么你的总现金流为：利用现金流贴现法（DCF），令现金流入的现值与现金流出的现值相等，便可得到这两年的平均收益率

$$50 + \frac{53}{1+r} = \frac{2}{1+r} + \frac{112}{(1+r)^2}$$

解得 $r = 7.117\%$。

该值叫作内部回报率，也叫作**美元加权收益率**（dollar-weighted rate of return）。之所以称为"货币加权"，是因为第二年持有两股股票和第一年只持有一股股票相比，前者对平均收益率有更大的影响。

时期	支出
0	50 美元购买第 1 股
1	53 美元购买第 2 股
	收入
1	最初购买股票得 2 美元股利
2	第 2 年持有 2 股得 4 美元股利，并以每股 54 美元出售股票得 108 美元

时间加权收益率（几何平均）是 7.81%：

$$r_1 = \frac{53 + 2 - 50}{50} = 0.10 = 10\%$$

$$r_2 = \frac{54 + 2 - 53}{53} = 0.0566 = 5.66\%$$

$$r_G = (1.10 \times 1.0566)^{1/2} - 1 = 0.0781 = 7.81\%$$

这里的美元加权收益率比时间加权收益率要小一些。原因是第二年的股票的收益率相对要小，而投资者恰好持有较多股票。

美元加权收益率和投资表现

每个家庭都面临着艰巨的储蓄目标，譬如孩子的教育和退休。这些目标中的一些能够储蓄避税，譬如IRAS或者401（k）退休计划和529大学费用计划。这些账户本身和其他家庭资产账户分离。

家庭在选择投资场所时有绝对的自由，并且家庭投资希望不时查看投资结果。他们应该怎么做呢？答案很简单，首先，家庭应该保留一份到期资金流入流出的电子账单。在这个设置中，任何投资期间的美元加权平均收益将产生有效的到期回报率。⊖

风险调整收益

评估投资组合的业绩，仅计算出其平均收益是不够的，还必须根据风险调整收益，这样，收益之间的比较才有意义。在根据投资组合风险调整收益的各种方法中，最简单、最普遍的方法是将特定基金的收益率与其他具有类似风险的投资基金的收益率进行比较。例如，可以把高收益债券组合归为一类，把增长型股票组合归为一类，等等。然后确定各项基金的平均收益（一般是时间加权平均收益），并在各大类中根据对比情况（comparison universe）对各项基金的相对业绩进行百分比排序。例如，在由100

⊖ Excel函数XIRR允许你在任何日期输入总数。给出初始值、期间不同日期的现金流（付款代表正现金流，提款代表负现金流）和终值，Excel函数可以计算两个日期间的IRR值。

只基金组成的大类里，第 9 名的管理者排序为 90%，表示在本期评估内其业绩比 90% 的同类竞争者要好。㊀下文专栏报告了先锋基金近期对于不同资产集合基准对比指数的修订内容。

这些排名通常编制成表进行公布，如图 6-1 所示。该表汇总了 1 个季度、1 年、3 年和 5 年四个评估期的业绩排名。图中每个长方形最上面和最下面的线分别表示位于 5% 和 95% 的管理者的收益率，中间的三条虚线分别表示位于 75%、50%（中位数）和 25% 的管理者的收益率。菱形代表某一特定基金的平均收益率，方块代表市场基准指数的收益率，如标准普尔 500 指数。从菱形在格子中的位置就很容易看出该基金在对比情况下的经营业绩。

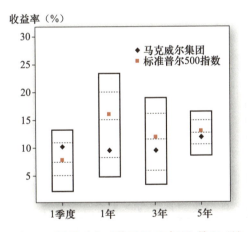

图 6-1　同类对比（截至 2010 年 12 月 31 日）

在业绩评估中，与其他相同投资基金的业绩比较是第一步。然而，这些排名并不十分准确，甚至可能产生误导。例如，在某个特定的环境下，

㊀ 我们研究了部分共同基金样本的 α 值分布。发现从这些样本中得出来的任何结论都存在存活者偏差，因为如果基金破产了就将被踢出样本组。在本章中，重点讨论单个基金业绩的评估方法。当选准一只基金后，就不存在存活者偏差了。但是做比较时的样本组一定要排除存活者偏差，一个只由幸存基金组成的样本组必然比基准组业绩更好，而相对表现比任何个别基金更差。

一些经理可能更注重投资组合中的某一部分资产,这样的投资组合特征就不再具有可比性。例如,在资本市场中,某个经理可能更关注高 β 值或快速增长的股票;类似地,在固定收益证券的情况下,不同的经理关注不同的久期。上述情况表明,寻求更精确的风险调整方式是相当有必要的。

因此,两种考虑风险调整的业绩评估方法同时出现了,它们是均值－方差比值标准和资本资产定价模型(CAPM)。杰克·特雷纳(Jack Treynor)[1]、威廉·夏普(William Sharpe)[2]和迈克尔·詹森(Michael Jensen)[3]立即认识到了 CAPM 在评估经营业绩上的特殊意义,随即,学者掌握了一系列业绩评估方法,学术界涌现出了大量对共同基金业绩评估的研究成果。之后不久,市场上又出现了一些代理人,他们为投资组合管理人和其他客户提供评级服务并收取固定回报。

华尔街实战

先锋基金调整 22 只指数基金的基准

先锋公司计划将 6 只国际股票指数基金的业绩跟踪基准转变为富时指数及 16 家美股和平衡指数基准。这一新的业绩基准由芝加哥大学证券价格研究中心(CRSP)开发。长期来看,业绩评价标准由当前 MSCI 到 22 只基金复合指数的转变预期会为基金持有人节约大量成本。

"富时和 CRSP 综合指数,全面覆盖多个市场,满足先锋基金对市场业绩基准'最佳实践'的要求,"先锋首席投资官 Gus Sauter 如此说。

---

[1] Jack L. Treynor, "How to Rate Management Investment Funds," *Harvard Business Review* 43 (January-February1966).

[2] William F. Sharpe, "Mutual Fund Performance," *Journal of Business* 39(January 1966).

[3] Michael C. Jensen, "The Performance of Mutual Funds in Period 1945-1964," *Journal of Finance*, May 1968; and "Risk, the Pricing of Capital Assets, and the Evaluation of Investment Portfolios," *Journal of Business*, April 1969.

"我们同样看重客户的利益，因此与多家业绩基准单位达成了许可协议，长期以更加低廉的成本增加指数基金和ETF持有人财富。"通常，为获得授权需要付费给指数编制公司，而这一费用占投资者持有指数基金和ETF费用的比例在不断上升。Sauter指出，与富时和CRSP两家指数编制公司的长期合作协议将保证该项成本未来相当确定。

2009年，CRSP与先锋公司合作开发了多个新的可投资指数标的——CRSP系列指数。先锋基金将成为首家追踪CRSP业绩基准的投资公司。CRSP系列指数不仅涵盖了全美市场，还包括不同细分市值板块和风格组合，采用独特的市值加权方法，降低了股票在相近指数间变化引起的波动，分享在相同系列指数中的份额。这种方法在最大限度地提高风格纯度的同时降低了指数交易量。

16只先锋股票和指数平衡基金约有3 670亿美元总资产规模，将跟踪CRSP基准，其中包括先锋最大的指数基金，即1 970亿美元的先锋全股票市场指数基金。基金和ETF股份（股票代码：VTI）将从MSCI美国市场指数转换为CRSP美国全市场指数。

基准的变化将包括22类基金份额，包括ETF。这一转换可能会比较漫长，全部完成预计将历经数月。先锋美国股票指数基金将继续跟踪罗素和标准普尔基准，11只先锋行业板块股票基金继续追踪MSCI基准则不会做出调整。

资料来源：October 2, 2012 © The Vanguard Group, Inc., used with permission.

尽管得到了广泛的应用，各种风险调整的业绩测度指标有着各自的缺点。更重要的是，它们的可靠性依赖于相当长期的一致管理、稳定的业绩水平和富有代表性的投资环境（比如牛市和熊市）。但在实际操作中，我们往往需要在未能得到必要数据时就做出决定。

现在，我们列出一些经风险调整的业绩测度指标，并考察其适用的条件。

夏普比率：$(\bar{r}_P - \bar{r}_f)/\sigma_P$　夏普比率（Sharpe's ratio）是用某一时期内投资组合的平均超额收益除以这个时期收益的标准差。它测度了对总波动性权衡的回报。[一]

特雷纳测度：$(\bar{r}_P - \bar{r}_f)/\beta_P$　与夏普比率指标类似，**特雷纳测度**（Treynor's measure）给出了单位风险的超额收益，但它用的是系统风险而不是全部风险。

詹森 α（投资组合 α）：$\alpha_P = \bar{r}_P - [\bar{r}_f + \beta_P(\bar{r}_M - \bar{r}_f)]$　**詹森 α**（Jensen's alpha）是投资组合超过 CAPM 预测值的那一部分平均收益，它用到了投资组合的 β 值和平均市场收益，其结果即为投资组合的 α 值。[二]

信息比率：$\alpha_P/\sigma(e_P)$　信息比率（information ratio）是用投资组合 α 除以该组合的非系统风险，也称为"循迹误差"。它测量的是每单位非系统风险所带来的超额收益。非系统风险指原则上可以通过持有市场上全部投资组合而分散掉的那一部分风险。

晨星风险调整收益：$MRAR(\gamma) = \left[\frac{1}{T} \sum_{t=1}^{T} \left(\frac{1+r_t}{1+r_{ft}} \right)^{-\gamma} \right]^{\frac{12}{\gamma}} - 1$　**晨星比率**（Morningstar rating）是超额收益的调和平均，收益率是 $t = 1, \cdots, T$ 的月度观测值[三]，γ 衡量风险规避程度。高 γ 意味着对于风险的更多厌恶。对于共同基金，晨星比例中 γ = 2，这对于零散投资个体来说是较为合理的系

[一]　我们在 r_P 与 r_f 上加上横线是要说明，由于在测度期无风险利率并不是不变的，因此我们要用样本的平均值。类似地，我们也可以用样本数据计算超额收益。

[二]　在很多例子中，投资表现评价都是基于多因子市场假设形成的。比如，当使用法玛-弗伦奇三因子模型时，詹森 α 是 $\alpha_P = \overline{r_P - r_f} - \beta_{PM}\overline{(r_M - r_f)} - s_P\bar{r}_{SMB} - h_P\bar{r}_{HML}$，其中 s_P 是 SMB 组合的加载，h_P 是 HML 组合的加载。多因子的特雷纳测度依然存在。

[三]　$(1+r_t)(1+r_{ft})$ 数值近似于 1 加超额收益 R_t。

数取值。MRAR 可以被解释为由 γ 作为风险厌恶系数的投资者无风险等价组合的超额收益。

每一种指标都有其可取之处。由于各种经风险调整后收益指标在本质上是不同的，因此它们对于某一基金业绩的评估并不完全一致。

业绩的 M^2 测度

虽然夏普比率可以用来评价投资组合的业绩，但其数值的含义并不那么容易解释。格雷厄姆和哈维提出了改进的夏普比率指标，并由摩根士丹利公司的利娅·莫迪利亚尼（Leah Modigliani）和她的祖父、诺贝尔经济学奖得主弗朗哥·莫迪利亚尼（Franco Modigliani）进行了推广。他们的方法被命名为 M^2 测度指标（表示莫迪利亚尼平方）。与夏普比率指标类似，M^2 测度指标也把全部风险作为对风险的度量，但是，这种收益的风险调整方法很容易解释特定投资组合与市场基准指数之间的收益率差额。

M^2 测度指标的计算方法如下：假定有一个管理投资基金 P，当我们把一定量的国库券头寸加入其中后，这一经调整的投资组合的风险就可以与市场指数（如标准普尔 500 指数）的风险相等。如果投资基金 P 原先的标

⊖ MARA 测度是源于更复杂效用方程而不是第 2 章中均值方差方程的确定性等价的超额收益几何平均。效用方程叫作常系数风险厌恶函数（CRRA）。当投资者拥有 CRRA 效用函数时，资本配置并不会随着财富而增加。风险厌恶系数为 $A = 1 + \gamma$，当 $\gamma = 0$（即 $A = 1$），效用函数正好是超额收益的几何平均。

$$MRAR(0) = \left[\prod_{t=1}^{T} (1 + R_t) \right]^{\frac{12}{T}} - 1$$

⊖ John R. Graham and Campbell R. Harvey, "Market Timing Ability and Volatility Implied in Investment Advisors' (6-1) Asset Allocation Recommendations," National Bureau of Economic Research Working Paper 4 890, October 1994. 该论文中关于风险调整收益的部分最终发表于 "Grading the Performance of Market Timing Newsletters," *Financial Analysts Journal* 53 (November/December 1997), pp. 54-66. Franco Modigliani and Leah Modigliani, "Risk-Adjusted Performance," *Journal of Portfolio Management*, Winter 1997, pp. 45-54.

准差是市场指数的 1.5 倍，那么经调整的投资组合应包含 2/3 的基金 P 和 1/3 的国库券。我们把经调整的投资组合称为 P^*，它与市场指数有着相同的标准差（如果投资基金 P 的标准差低于市场指数的标准差，调整方法可以是卖空国库券，然后投资于 P）。因为 P 和市场指数的标准差相等，所以我们只要通过比较它们之间的收益率就可以来考察它们的业绩。组合 P 的 M^2 测度指标计算如下

$$M_P^2 = r_{P^*} - r_M \tag{6-1}$$

【例6-1】 M^2 测度

利用下表中的数据，P 的标准差为 42%，而市场指数的标准差为 30%。因此，调整后的投资组合 P^* 可以由 30/42 = 0.714 份的 P 和 1 − 0.714 = 0.286 份的国库券组成。

某特定样本期内的数据如下：

	投资组合 P	市场 M
平均收益率（%）	35	28
β 值	1.20	1.00
标准差（%）	42	30
循迹误差（非系统风险）$\sigma(e)$（%）	18	0

请计算投资组合 P 与市场的下列业绩评估测度指标：夏普比率、詹森 α、特雷纳测度、信息比率（假设此时国库券利率为 6%）。在哪种测度指标下，投资组合 P 的表现要比市场好？

该组合的期望收益率为 (0.286 × 6%) + (0.714 × 35%) = 26.7%，比市场指数的平均收益率少 1.3%。所以该投资基金的 M_P^2 测度为 −1.3%。

图 6-2 给出了 M^2 指标的一个图形表述。当我们把组合 P 与国库券以适当比例组合的时

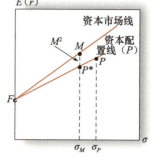

图 6-2 资产组合 P 的 M^2

候，就可以沿着 P 的资本配置线向下移动，直到调整后投资组合的标准差与市场指数的标准差相等。这时 P^* 与市场指数的垂直距离（即它们期望收益率间的距离）就是 M_P^2 测度。从图 6-2 中可以看出，当投资基金 P 的资本配置线的斜率小于资本市场线的斜率时，即它的夏普比率小于市场指数时，P 的 M^2 测度就会低于市场指数。⊖

作为投资组合整体评价标准的夏普比率

假定珍妮·克莱斯构建了一个投资组合并持有了很长一段时间，在这期间她没有调整该投资组合的构成。进一步假定所有证券以日计算的收益率具有相同的均值、方差及协方差。这些假设与现实相距甚远。同时，它们对于理解传统业绩评估的缺点也是至关重要的。

现在我们试图评估珍妮手中投资组合的业绩。她是否选择了好的证券？这个问题包含了三层意思。首先，"好的选择"是和其他哪些选择比较得出的？其次，在两个明显不同的投资组合之间进行选择时，我们应该采用何种合适的标准来评价它们呢？最后，假如我们找到了合适的评价标准，是否存在一种方法，可以把该投资组合的基本获利能力和随机性的好运气分开？

本书的前几章主要是在讨论如何确定投资组合选择标准。如果投资者的偏好可以用一个均值－方差效用函数来描述，我们就能得到一个相对比较简单的评价标准。所用的效用函数为

$$U = E(r_P) - 1/2 A \sigma_P^2$$

式中，A 表示个体风险厌恶的系数。采用均值－方差的偏好选择，珍妮就可以使夏普比率指标最大化，也就是使比率 $([E(r_P) - r_f]/\sigma_P)$ 最大化。在

⊖ 从图 6-2 中可以看出，实际上 M^2 和夏普比率是直接相关的。用 R 代表超额收益，S 代表夏普比率，图中显示 $R_{P^*} = S_P \sigma_M$，因此，
$$M^2 = r_{P^*} - r_M = R_{P^*} - R_M = S_P \sigma_M - S_M \sigma_M = (S_P - S_M) \sigma_M$$

第3章中我们谈到，这种评价标准会让投资者选择有效边界切点的投资组合。现在摆在珍妮面前的问题就变成了如何找到具有最大夏普比率的投资组合。

两种情景下合适的业绩测度方法

对珍妮的投资组合选择做出评估前，首先要确定该投资组合是不是她的唯一的投资组合。如果不是，我们就还需要知道她其他的投资组合。投资组合评价标准的正确与否在很大程度上取决于该组合是不是她所有的投资工具，或者只是她全部财富中的一部分。

该投资组合代表珍妮所有的风险投资 在这种最简单的情况下，我们只需确定珍妮的投资组合是否具有最大的夏普比率。按照如下三步进行分析。

（1）假设证券的过去业绩就是其未来业绩的代表，这意味着证券在珍妮持有期间所实现的收益与珍妮预期证券未来收益的均值、协方差等特征是相同的。

（2）如果珍妮选择消极策略，如持有标准普尔500指数的投资组合，确定珍妮应选择怎样的投资组合作为标杆。

（3）把珍妮投资组合的夏普比率值与最佳投资组合的夏普比率值进行比较。

总的说来，当珍妮的投资组合就是她所有的投资时，与之比较的标准就应是市场指数或另一个特定的投资组合。业绩评估就是把实际的投资组合与所选定的标杆组合的夏普比率指标进行比较。

珍妮的投资组合只是她所有投资资金中的一部分 如果珍妮是公司的财务主管并管理着公司的养老基金，那么这种情况就可能发生了。她现在可以把整个基金划分为几个部分，然后分给一些投资组合经理。但她为了能重新调整基金的投资去向以期提高今后的整体业绩，必须评价每一位投资组合经理的业绩。正确的业绩评估指标应该是什么呢？

尽管 α 值是衡量业绩的基础，但仅仅这一个指标不足以确定 P 对组合的潜在贡献。下面的讨论说明了为什么在这种情况下，特雷纳测度是最为合适的标准。

夏普比率是平均超额收益（回报）和总标准差（投资组合总风险）的比值。它是资本市场线的斜率。然而，当雇用许多资产管理人进行组合管理时，非系统性风险被大大分散，系统性风险成为风险的相关测度。最合理的衡量表现的矩阵是由平均超额收益和 β 比值构成的特雷纳矩阵（因系统的 SD $=\beta \cdot$ 市场 SD）。

根据相关数据得到表 6-1，并据此结果得到图 6-3。注意，我们是在期望收益 $-\beta$ 平面（而非期望收益 $-$ 标准差平面）上描出 P、Q 两点，这主要是因为我们假定 P、Q 只是总基金中众多子投资组合元素中的两个，因此，非系统风险就在很大程度上得到分散，最后只剩下 β 作为其合适的风险测度指标。图中证券市场线（SML）与 P、Q 的距离就是 α_P 与 α_Q 的值。

表 6-1 投资组合业绩

	投资组合 P	投资组合 Q	市场
β	0.90	1.60	1.0
超额收益 $(\bar{r}-\bar{r}_f)(\%)$	11	19	10
α[①]$(\%)$	2	3	0

① $\alpha =$ 超额收益 $-(\beta \times$ 市场超额收益$) = (\bar{r}-r_f) - \beta(\bar{r}_M-\bar{r}_f) = \bar{r} - [\bar{r}_f + \beta(\bar{r}_M-\bar{r}_f)]$。

如果我们把 w_Q 的比例投资于投资组合 Q，那么国库券中的投资比例即为 $w_F = 1 - w_Q$，于是最终投资组合 Q^* 的 α 值和 β 值就会由 Q 的 α 值、β 值及比例 w_Q 来决定

$$\alpha_{Q*} = w_Q \alpha_Q$$
$$\beta_{Q*} = w_Q \beta_Q$$

因此，所有如此生成的投资组合 Q^* 就都可以在连接原点与 Q 点的直线上找到。我们把这条线称为 T 线，其斜率为特雷纳测度。

图 6-3 也显示了投资组合 P 的 T 线。P 的 T 线显然更陡，尽管它的 α 值较低，但它应该是一个更佳的投资组合。在任意给定的 β 值下，P 与国库券的混合投资组合会比 Q 与国库券的混合投资组合有更大的 α 值。

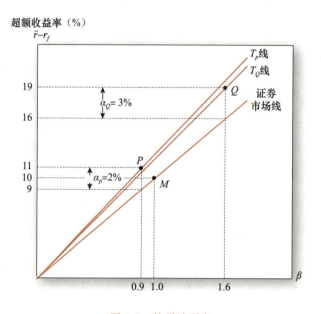

图 6-3 特雷纳测度

【例 6-2】 令 β 值相等

假设我们把 Q 与一定比例的国库券混合组成投资组合 Q^*，并使该组合的 β 值与组合 P 的 β 值相等。解出混合比例 w_Q

$$\beta_{Q*} = w_Q \beta_Q = 1.6 w_Q = \beta_P = 0.9$$

$$w_Q = 9/16$$

因此，投资组合 Q^* 的 α 值为

$$\alpha_{Q*} = 9/16 \times 3\% \approx 1.69\%$$

它显然小于 P 的 α 值。

换句话说，在这种情况下，该投资组合 T 线的斜率就是其合适的业绩

评估标准。投资组合 P 的 T 线的斜率 T_P 可按下式计算

$$T_P = \frac{\bar{r}_P - \bar{r}_f}{\beta_P}$$

像 M^2 测度一样，特雷纳测度也是一个百分比。当你把市场超额收益从特雷纳测度指标中减去后，你将会得到图6-3中的 T_P 线收益与 $\beta=1$ 时的证券市场线收益之差。我们把这个差称为特雷纳平方，或 T^2 测度（类似于 M^2）。但请注意，正如夏普比率与特雷纳测度不同，M^2 和 T^2 也是不同的。它们可能对相同的投资组合得出完全不同的排序。

α 在业绩度量中的作用

掌握了一些代数知识之后，就可以得出前面介绍过的各种业绩度量方法之间的关系，如下表所示。

	特雷纳测度（T_p）	夏普比率[①]（S_p）
与 α 的关系	$\dfrac{E(r_p)-r_f}{\beta_p}=\dfrac{\alpha_p}{\beta_p}+T_M$	$\dfrac{E(r_p)-r_f}{\sigma_p}=\dfrac{\alpha_p}{\sigma_p}+\rho S_M$
与市场业绩的偏差	$T_p^2=T_p-T_M=\dfrac{\alpha_p}{\beta_p}$	$S_p-S_M=\dfrac{\alpha_p}{\sigma_p}-(1-\rho)S_M$

① r 表示市场组合与 P 组合之间的相关系数，$r<1$。

因为所有模型都要求 α 为正，所以 α 在业绩评估中使用得最为广泛。然而。对夏普比率来说，仅 α 为正并不能保证更好的组合业绩，因为利用证券的误定价意味着背离了分散化投资的原则，而这会引发一些成本。共同基金可以在增加标准差从而使夏普比率下降的情况下获得正 α 值。

业绩度量实例

在讨论了度量业绩的各种可行标准后，我们还须解决一个统计学的问题：我们能够利用事后的数据来评价事先决策的质量吗？在对这个问题集中讨论之前，先让我们看一下珍妮的投资组合在过去12个月中的收益率情

况。表6-2列出了珍妮的投资组合 P 和她另一种可能的选择投资组合 Q，以及市场指数 M 的每月超额收益。表6-2 的最后几行是样本的均值和标准差。从这些数字以及 P 与 Q 对 M 进行的线性回归中，我们得到了进行业绩评估所必需的数据。

表6-2 投资组合 P、Q 和基准指数 M 12 个月中的超额收益　　　　　(%)

月份（月）	珍妮的投资组合 P	可能的投资组合 Q	基准指数 M
1	3.58	2.81	2.20
2	-4.91	-1.15	-8.41
3	6.51	2.53	3.27
4	11.13	37.09	14.41
5	8.78	12.88	7.71
6	9.38	39.08	14.36
7	-3.66	-8.84	-6.15
8	5.56	0.83	2.74
9	-7.72	0.85	-15.27
10	7.76	12.09	6.49
11	-4.01	-5.68	-3.13
12	0.78	-1.77	1.41
年平均值	2.77	7.56	1.64
标准差	6.45	15.55	8.84

表6-3 中所列的业绩评估数据显示，投资组合 Q 比投资组合 P 更具冒险性，因为 Q 的 β 值（1.4）要明显地高于组合 P 的 β 值（1.40 比 0.70）。另外，从剩余标准差来看，投资组合 P 似乎要分散得更好一些（P 为 2.02%，Q 为 9.81%）。由于两个投资组合都具有较大的夏普比率（即正的 M^2 测度）、正的 α 值以及更高的风险调整后收益，投资组合 P、Q 的表现都要好于市场指数标准。

表6-3 业绩评估数据

	投资组合 P	投资组合 Q	投资组合 M
夏普比率	0.43	0.49	0.19
M^2	2.16	2.66	0.00
风险调整后收益	0.30	0.80	0.07

(续)

	投资组合 P	投资组合 Q	投资组合 M
SCL 回归统计			
α	1.63	5.56	0.00
β	0.70	1.40	1.00
特雷纳测度	3.97	5.38	1.64
T^2	2.34	3.74	0.00
$\sigma(e)$	2.02	9.81	0.00
估价比率	0.81	0.54	0.00
R^2	0.91	0.64	1.00

那么，从上述指标来看，到底哪一个投资组合更具吸引力呢？如果 P 或 Q 是珍妮的所有投资基金，Q 应该更被看好，因为 Q 具有更高的夏普比率（0.49:0.43）和更大的 M^2 测度（2.66%:2.16%）。对于第二种情况，即 P、Q 只是珍妮所有投资中的一部分时，Q 也更胜一筹，因为它有更高的特雷纳测度（5.38:3.97）。然而，当把 P、Q 这两种积极投资策略与消极的市场指数投资相结合时，由于 P 的信息比率高（0.81:0.54），因此投资组合 P 要优于投资组合 Q。所以，这个例子说明证券的业绩评估在很大程度上依赖于该证券组合在投资者所有资产中的作用与地位。

但是，上述分析只建立在短短 12 个月的数据之上，因此我们不能完全确定结论是否可靠。其实就算更长时间段的样本观察值也可能不足以使决策更清晰，因为这本身就是一个需要更加深入探讨的问题。

业绩操纵和风险调整收益

目前表现评价指标都基于每个时期收益率独立且来自同一分布的假设，即统计特性表现为收益率独立同分布。当薪酬与表现挂钩的管理人违背体系随意操作时，这个假设会从内部瓦解。即便对投资者有害，管理人也会使用能够改进表现衡量体系的策略。长此以往，管理人薪资也可能会与组合获利表现相脱钩。

管理人可以在给定投资期间内影响衡量表现的指标，因为他们可以观察到收益来源并据此相应调整组合。一旦这样，近期收益率将很大程度上取决于最初的收益率。

英格索、施皮格尔、高特斯曼和韦尔奇[1]展示了本章衡量投资表现被操纵的测度指标。唯一的特例是衡量表现操纵情况的测度指标晨星风险调整收益率。就像我们现在使用夏普比率的逻辑一样，晨星风险调整收益率模型的细节推导具有挑战性，但逻辑很直接。

正如第2章分析资本分配中减少无风险资产投资（借贷）并不会影响组合的夏普比率，即夏普比率在风险资产中所占比例 y 是相同的，因为保持夏普比率不变，超额收益、风险溢价以及标准差均和 y 成正比。但是如果 y 产生变动呢？如果在观察到投资表现之前决定改变投资杠杆率，夏普比率不受影响，因为两部分收益率不相关。

设想管理人已经在评价期内，虽然实现的超额收益在前期评价中并不知道，未来持续收益的分布也和过去相同，但整体夏普比率将会是某些（复杂的）前期已知和后期未知收益的平均。在后期操作中，提高杠杆将会增加平均表现的权重，因为不论好坏杠杆都会放大收益。因此，如果早期收益率表现不好[2]，管理人希望在之后的时间里增加杠杆。相反地，期初收益表现较好将会要求降低杠杆，增加期初时期的收益权重。如果期初收益非常好，管理人会将几乎全部组合投入无风险资产中。这个策略将导致前期和后期收益率负相关。

平均看来，投资者无法跑赢这类策略。杠杆套利效用是递减的，且它

---

[1] Jonathan Ingersoll, Matthew Spiegel, William Goetzmann, and Ivo Welch, "Portfolio Performance Manipulation and Manipulation Proof Performance Measures," *Review of Financial Studies* 20(2007).

[2] 那些不能加杠杆的管理人会转而投资高 β 股票。如果这是个广泛现象，就可以解释为什么高 β 股票相对于低 β 股票定价更高。

只有利于管理人，因为这一策略允许他们在观察到最初表现后在整个评价期内调整投资权重。㊀因此，投资者将会禁止或者至少打消追逐这类策略。然而，当仅有一个表现测度指标的时候，投资表现就是几乎不可能被操纵的。

一个可以证明操纵表现的测度指标（MPPM）必须满足四个要求：

（1）测度指标应该产生单值的分数可以进行排序。

（2）分数不依赖于组合的美元价值。

（3）无信息的投资者不应该期待与基准组合相背离来提升预期分数。

（4）测度应该与标准金融市场均衡条件相一致。

英格索等证明了晨星 RAR 满足这些要求，且实际上是可以证明操纵投资表现的测度指标（MPPM）。有趣的是，起初晨星推出 MRAR 的目的并不是 MPPM，它只是尝试适应投资者的常系数风险厌恶函数。

图 6-4a 展现了基于统计模拟 100 个组合的夏普比率和 MRAR 散点图。对于组合 36% 的超额收益率是随机生成的，年预期收益 7%，标准差在 10%~30% 变化。因此，这些拟合的共同基金真实夏普比率在 0.7 和 0.23 之间，均值为 0.39。因为抽样变异，实际模拟中的 100 个夏普比率和总体参数有很大的不同。夏普比率在 -1.02 和 2.46 间波动，平均值为 0.32。100 个 MRAR 在 -28% 和 37% 之间波动，均值为 0.7%。两个测度指标相关系数为 0.94，说明夏普比率能很好地追踪 MRAR，而散点也显示拟合点均紧密地分布在一条斜率为 0.19 的直线周边。

图 6-4b（和图 a 一样是散点图）阐述了当最初组合投资表现被观察到，并允许杠杆变化操纵的效果。特别是在评估的中间 36 个月期间。㊁操纵的效果对于拥有极端价值组合的影响很显著。对于最初 MRAR 为正且较

㊀ 降低操纵行为的方法是频繁的评价组合表现，但同时也会降低测度指标的统计精确性。

㊁ 为了让练习更贴近实际，杠杆率设定为 2（资产负债率为 1）。

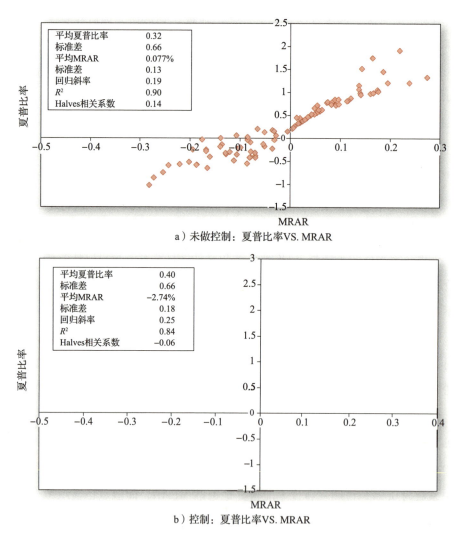

图 6-4 MRAR 计分与夏普比率在有控制与无控制下的相关性

高的组合,向无风险投资转变可以防止前期高夏普比率被稀释或者在后期出现反转。对于最初 MRAR 为负担数值较高的组合,当杠杆率增加,我们会看到两种效应。首先,MRAR 因为高杠杆效果适得其反相对于图 a 使得 MRAR 看起来更糟糕。与此相比,夏普比率在图 a 中看起来更好。一些夏普比率由负转正，然而其他看起来并没有更糟（因为后期标准差增加降低了负夏普比率的绝对价值）。

图 6-4b 中数据数量化显示出夏普比率的改进。相反，MRAR 却由正值减少到年收益 −2.74%，而前后两期平均收益的相关性也从正变为负。这些均是由于杠杆从 1.0 增加为 1.39 所致。㊀

晨星 2002 年引入 MRAR 这个指标，它和那些管理人有极大自由和动机进行操纵的对冲基金特别相关。进一步的讨论可以参见第 8 章。我们希望未来 MRAR 测度能成为标准业绩表现统计量，帮助投资者筛选那些拥有较好投资决定权把控的管理人。

已实现收益与期望收益

在对某个投资组合进行评估时，评估者其实并不了解投资组合管理者对该投资组合最初的预期，当然更不清楚这些预期是否合理。他只能在事实发生之后观察投资组合的业绩，同时还希望随机干扰不会掩盖投资组合的真实收益能力。但事实上风险资产的收益是"白噪声"的，这无疑会使这个问题复杂化。为了避免这种错误，我们就必须定出该种业绩评估指标的"显著性水平"，以确定其是否可靠地反映了组合的实际获利能力。

假设现有一个投资组合管理者乔·达特，如果其资产组合的月 α 值为 20 个基点，那么显然他每年会有 2.4% 的 α 值（未计复利）。我们还假定乔的投资组合的收益具有固定的均值、β 值和 α 值。这确实是相当严格的假设，但其实它们和一般情况下业绩指标的处理前提是一致的。我们再假定在评估期内该投资组合的 β 值为 1.2，每月残差的标准差（非系统风险）为 2%，如果市场指数的标准差为每月 6.5%（每年 22.5%），那么乔的投

㊀ 100 个基金中，杠杆比率在 38 个投资组合中降低。至少 1/7 的组合杠杆率增加，1/12 的组合杠杆率不仅出现增加，而且在不考虑市值时会增加更多。

资组合的系统方差为

$$\beta^2 \sigma_M^2 = 1.2^2 \times 6.5^2 = 60.84$$

于是该投资组合和市场指数之间协方差的相关系数就为

$$\rho = \left[\frac{\beta^2 \sigma_M^2}{\beta^2 \sigma_M^2 + \sigma^2(e)}\right]^{1/2} = \left[\frac{60.84}{60.84 + 4}\right]^{1/2} = 0.97$$

这个数字表明该资产是高度分散化的。

为了从证券市场线上估计乔的投资组合的 α 值，我们把投资组合的超额收益对市场指数进行回归。假设我们通过线性回归幸运地估计出了方程的参数，那么对 N 个月内证券市场线的估计为

$$\hat{\alpha} = 0.2\% \quad \hat{\beta} = 1.2 \quad \hat{\sigma}(e) = 2\%$$

然而评估者在做线性回归时根本不知道真实数据是多少。因此，他还必须计算 α 估计值的 t 统计量，从而确定他是否应拒绝该投资组合 α 值为 0 的原假设（也就是该投资组合并没有更出色业绩的假设）。

在证券市场线回归中 α 估计值的标准差近似为

$$\hat{\sigma}(\alpha) = \frac{\hat{\sigma}(e)}{\sqrt{N}}$$

这里 N 是样本数，$\hat{\sigma}(e)$ 是样本非系统风险的估计值。α 估计值的 t 统计量于是就应为

$$t(\hat{\alpha}) = \frac{\hat{\alpha}}{\hat{\sigma}(\alpha)} = \frac{\hat{\alpha}\sqrt{N}}{\hat{\sigma}(e)} \tag{6-2}$$

假定我们要求的显著性水平是 5%，在这个显著性水平下，$t(\hat{\alpha})$ 就应为 1.96（若 N 能足够大）。把 $\hat{\alpha} = 0.2$ 和 $\hat{\sigma}(e) = 2$ 代入式（6-2），解得 N 值为：

$$1.96 = \frac{0.2\sqrt{N}}{2}$$

$N = 384$ 个月，即 32 年！

这说明什么？乔确实是一位才能出众的分析师，使用的例子是他喜欢的假设方式，即远离那些令人头痛的统计难题，假设参数在长期内不会改变，而且样本期内的"表现"也无可挑剔，回归估计结果全部令人满意。但这仍需要乔花去他一生的工作精力来证明其具有的出色能力。我们不得不得出结论，在实际工作中，统计数据的干扰性问题使得业绩评估工作变得尤为困难。

除上述难题外，由于基金经理的平均任期只有 4.5 年，这更加剧了业绩评估的不准确性问题。也就是说，就算你非常幸运地找到了一个对其未来表现非常有信心的基金，但它的经理也差不多或者已经离职了。下面华尔街实战讨论了这个问题。

华尔街实战

是否应追随基金经理

投资共同基金的初衷在于让专业人士帮你挑选股票和债券。但很多时候，天有不测风云——经理可能会退休、跳槽甚至死亡。投资者决定购买共同基金很大程度上取决于该基金经理的投资记录，因此这种变化往往会让人不安。

在经理离开后，事态发展并无定数。但是，事实证明经理对于基金表现的真实贡献往往被高估了。比如，晨星公司研究比较了 1990~1995 年有过经理更换和经理没有变动的基金表现，五年后的 2000 年 6 月，前五年间业绩最佳的基金继续超越了其他同行——无论这些基金有没有换过经理。而在前五年表现糟糕的基金不论是否更换经理，业绩依然不佳。共同基金公司无疑会继续推出明星经理并且宣传他们过去的投资记录，但投资者应当更加关注于基金本身的表现。

基金经理们过去三五年的投资记录促进了基金公司的发展。但是仅仅几年的业绩数据很难成为出众才智的有力证据。想要在统计上有显著性，一个经理至少要有十年以上的投资记录。

共同基金行业就像一个旋转木马，上面坐着不同的基金经理任你挑选，但是投资者不必担心。从设计上来说，基金经理离开后几乎不会对共同基金产生影响。这是因为为了降低风险和一系列困扰，共同基金通常是由各自管理着一小部分资产的股票挑选人团队共同管理的，并非由单独一个经理和他的副手管理。与此同时，即使是所谓明星经理身边也有一大批研究人员和分析师，他们充当了和上报纸头条上的经理同等重要的作用。

别忘了，即使经理离开了，投资还在那里，持有的基金并没有改变。这和一家公司的 CEO 离开引起股价下跌是不同的。最好的做法就是密切关注一切可能影响基金基本投资质量变化的因素。

进一步说，不要低估了基金公司"经理板凳"（managerial bench）的宽度和广度，通常来说，大型的基金公司都有大型人才储备。他们也清楚当经理变动时，投资者倾向于离开基金。

最后，对于担心管理人变动的投资者，这里有一个解决方案——指数基金。指数基金并不依赖于明星经理，这种共同基金通过购买股票和债券来跟随某个目标指数，如标准普尔 500 指数。在这种情况下，经理是否离开不再重要。与此同时，指数投资者也就省去了当经理离开时撤离基金所要缴纳的税款。更重要的，指数投资者不需要为明星经理高昂的工资买单。

资料来源：Shauna Carther, "Should You Follow Your Fund Manager?" *Invesopedia.com*, March 3, 2010. Provided by *Forbes*.

对冲基金的业绩评估

在描述珍妮的投资组合业绩时,我们遗漏了一种很重要的情况。

假设珍妮对其风险充分分散的共同基金非常满意,但她现在偶然获得了关于对冲基金的信息。对冲基金的设计通常很少可以让投资者将其全部资产投资于其中。相比于关注期望收益和总体波动之间权衡的夏普比率,对冲基金更倾向于寻找误定价的证券,并且非常不关注风险分散。换句话说,对冲基金是由 α 值驱使的,它们被公认为是对以风险分散为目标投资组合的最佳补充。

在第 4 章中,我们已经详细讨论过如何将积极管理的投资组合与充分分散组合进行混合,混合关键的统计量是积极管理投资组合的信息比率,因此该比率成为对积极基金恰当的业绩测度。

简要地回顾,把对冲基金建立的积极投资组合称为 H,把投资者的基准消极投资组合称为 M,那么在总组合 P^* 中 H 的最佳比例为

$$w_H = \frac{w_H^0}{1+(1-\beta_H)w_H^0} \qquad w_H^0 = \frac{\dfrac{\alpha_H}{\sigma^2(e_H)}}{\dfrac{E(R_M)}{\sigma_M^2}} \qquad (6\text{-}3)$$

正如第 4 章所述,利用式(6-3)将对冲基金与基准组合相结合,对夏普比率的改善取决于它的信息比率 $\alpha_H/\sigma(e_H)$,根据

$$S_{P*}^2 = S_M^2 + \left[\frac{\alpha_H}{\sigma(e_H)}\right]^2 \qquad (6\text{-}4)$$

从式(6-4)可知,对冲基金业绩的恰当评估指标是它的信息比率(IR)。

回顾表 6-3,我们可以计算出组合 P 和 Q 的信息比率:

$$IR_P = \frac{\alpha_P}{\sigma(e_P)} = \frac{1.63}{2.02} = 0.81$$

$$IR_Q = \frac{5.38}{9.81} = 0.54 \tag{6-5}$$

假设我们把 P 和 Q 视为对冲基金，P 较低的 β 值 0.70，可能是由该基金持有一些资产的空头头寸造成，而组合 Q 相对较高的 β 值 1.40 可能是由杠杆造成的，且杠杆还会造成公司特定风险 $\sigma(e_Q)$ 的增加。根据这些计算，珍妮会选择具有高信息比率的对冲基金 P。

在实践中，对冲基金的评估是极具挑战的。我们将在第 8 章中详谈，现在我们简要提一下这些困难。

(1) 对冲基金的风险属性（包括总波动和系统因素）极易改变。相对于共同基金，对冲基金投资策略改变的余地极大。这种不稳定性使得任意时刻的风险都难以测度。

(2) 对冲基金偏好投资于缺乏流动性的资产，因此在评估资产表现时我们必须从 α 值中剥离流动性溢价。此外，缺乏流动性的资产难以被定价，也就是难以测量其收益率。

(3) 很多对冲基金采取可以在长时间内取得显著利润的策略，因此时常将基金带入严重的亏损中。所以，真实的评估对冲基金的风险收益权衡需要很长的时间。

(4) 对冲基金有较大自由度改变风险属性进而有较强能力去操作普通的表现测度指标。只有 MRAR 可以监控操纵行为，投资者应该要求基金使用这一个指标。

(5) 当把对冲基金作为一个群体进行评估时，"存活者偏差"必须得到重视，因为这个行业的失败率要远远高于诸如共同基金一类的投资公司。

华尔街实战讨论了评估对冲基金业绩时对传统指标的一些误用。

◎ 华尔街实战

夏普的观点：风险测度被误用了

如果全球经济学家聚集在一堂讨论如何测量对冲基金的风险，那么威廉·夏普可能是这方面最大的专家了。大约40年前，夏普博士提出了计算在特定风险下投资者应接受收益的方法，换句话说：就承担的波动风险而言，他们应该获得多少收益？

由于投资者可以根据夏普比率来选择基金经理和共同基金，使得夏普比率成为现代金融的里程碑。但是这个比率的使用被很多卓越的学者批评，包括夏普博士本人。

出于促销的目的，对冲基金常常使用这个比率，夏普博士认为这是一种"误用"。作为管制松散的私人投资工具，对冲基金常常使用容易受意外事件影响的复杂策略，并且不适用那些测量风险的简单公式。"历史平均值根本无法很好地预测未来业绩。"夏普博士这样说道。

夏普博士发明这个比率的目的是用来评估股票、债券和共同基金投资组合的业绩。夏普比率越高，长期内该基金的期望表现就越好。但是，当小型投资者和养老基金开始大量投资对冲基金时，这个比率可能会产生错觉。

夏普博士说，这个比率不能预兆对冲基金灾难，因为"没有数字可以"。这个比率不能预言何时价格下跌，也不能解释极端事件。长期资本管理公司，康涅狄格州的一家大型对冲基金，在1998年（俄罗斯在1998年货币不断贬值，并发生了大量债务违约）破产前，有着光鲜的夏普比率。此外，由于对冲基金对于它们的策略往往保密，这使得投资者更加难以把握风险。

夏普比率的另一个问题在于它是被设计用于评估投资者所有投资组

合的风险-报酬属性,而不是投资组合的一小部分。这个缺陷对于对冲基金来说相当明显。

资料来源:Ianthe Jeanne Dugan, "Sharp Point: Risk Gauge is Misused," *The Wall Street Journal*, August 31, 2005, p. C1. © 2005 Dow Jones & Company, Inc. All rights reserved worldwide.

投资组合构成变化时的业绩评估指标

我们已经看到,就算投资组合收益分布的均值和方差固定不变,但由于股票收益率在不断波动,分析者必须根据相当长时期的样本观察值才能比较准确地预测业绩水平。如果投资组合收益的分布在不断变化,那么这个问题将会变成怎样呢?

当评估期并不很长时,消极投资策略具有固定均值及方差的假设是较为合理的。但是,由于投资组合管理者经常根据金融分析师的信息对投资组合成分进行调整,这种积极投资策略的收益分布就随之而变化了。在这种情况下,如果仍假设在样本期内均值和方差固定不变,那么就会产生很大的错误。让我们看一个例子。

【例6-3】 投资组合风险的变化

假设市场指数的夏普比率指标为0.4,在前52周内,基金管理者奉行了一种低风险策略,每年实现超额收益1%,其标准差为2%。于是它的夏普比率指标为0.5,显然要优于市场指数的消极投资策略。在下一个52周的投资期内,管理者发现超额收益为9%、标准差为18%的高风险投资策略要更好,其夏普比率仍为0.5。基金管理者在这两年内都维持了高于市场指数的夏普比率值。

该基金管理者在两年投资期内的季度收益率(以年收益率表示)如图6-5所示。在前四季度内,超额收益率分别为-1%、3%、-1%和

3%,其均值为 1%,标准差为 2%。在后四季度内超额收益率分别为 -9%、27%、-9%、27%,均值为 9%,标准差为 18%。两年中投资组合的夏普比率指标都是 0.5。但是,如果以 8 个季度为计算期,其均值为 5%,标准差为 13.42%,于是夏普比率指标只有 0.37,竟然明显低于消极的投资策略!

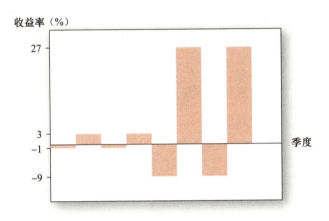

图 6-5　资产组合收益,后 4 季度的收益波动大于前 4 季度

这是怎么回事?事实上,均值从前四个季度到后四个季度的改变并不能看作策略的转移,但两年中均值的差异增加了投资组合收益率的表面波动。积极投资策略中均值的变化会使策略看上去比实际更具"风险"性,因此使夏普比率指标的有效性大大降低。所以,我们认为对于积极的投资策略来说,跟踪投资组合的构成并随时调整投资组合的均值及方差是很有必要的。我们在下一部分会看到一个关于此问题(即市场择时)的另一个例子。

市场择时

从根本上说,市场择时解决的是何时在市场指数基金和安全资产之间转移资金的问题。这里所指的安全资产是指国库券或货币市场基金，决策的依据是市场作为一个整体其表现是否优于安全资产的表现。那么当市场表现不错时，我们将如何考虑资金的部分转移呢？

为简单起见，假设某投资者只持有市场指数基金和国库券两种证券。如果两者之间的比例是一定的，比如说市场指数基金占 0.6，那么该投资组合的 β 值也是一定的，并且其证券特征线就应是一条斜率为 0.6 的直线（如图 6-6a 所示）。但是如果投资者能看准时机，在市场表现不错时把资金转入市场指数基金，那么原来的证券特征线就会如图 6-6b 所示。该线向上弯曲的原因是，如果投资者能够预测牛市和熊市，那么他在市场上升时就会加大市场指数基金的权重，于是当 r_M 升高时，证券特征线的斜率也会随之增大，这正如图 6-6b 所示的曲线。

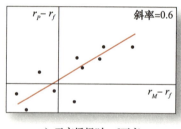
a）无市场择时，β 不变

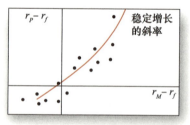
b）市场择时，β 随预期市场超额收益增大

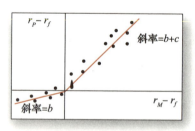
c）仅有两个 β 值的市场择时

图 6-6　特征线

特雷纳和 Mazuy 首先提出在一般线性指数模型中加入一个平方项来估

计特征线的方程[1]:

$$r_P - r_f = a + b(r_M - r_f) + c(r_M - r_f)^2 + e_P$$

式中，r_p 标示投资组合收益，a、b 和 c 是回归分析后所得的系数。如果 c 是正的，我们就能说明市场择时确实存在，因为最后一项能够使特征线在 $r_M - r_f$ 较大时相应变陡。特雷纳和 Mazuy 利用上式对一些共同基金的数据进行了估计，但几乎没有找到任何投资者市场择时的证据。

亨里克森（Henriksson）和默顿[2]提出了另一种相似但更简单的方法。他们假设投资组合的 β 只取两个值：当市场走好时 β 取较大值，当市场萎靡时 β 取较小值。在这个假设下，投资组合的特征线就应如图 6-6c 所示。这条线的回归方程形式为

$$r_P - r_f = a + b(r_M - r_f) + c(r_M - r_f)D + e_P$$

这里 D 是一个虚变量，当 $r_M > r_f$ 时，等于 1，否则等于 0。于是投资组合的 β 值在熊市时就为 b，在牛市时就变成 $b + c$。同样，如果回归得到正的 c 值，那就说明有市场择时存在。

亨里克森[3]利用上面的等式对 116 家共同基金进行了回归检验。他发现，尽管其显著性水平没有达到 5% 的一般要求，但 c 的平均值是负的（-0.07）。11 家共同基金具有显著的 c 正值，但同时 8 家具有显著的 c 负值。从总体来看，62% 的基金的市场择时能力是负的。因此，这些结果对投资者市场择时的能力没有提出多少有力的证据。也许这是正常的：如果投资者的市场择时能获得大量的收益，那么很难想象这个近似有效的市场会允许这些投资技术存在。

---

[1] Jack L. Treynor and Kay Mazuy, "Can Mutual Funds Outguess the Market?" *Harvard Business Review* 43（July-August 1966）.

[2] Roy D. Henriksson and R. C. Merton, "On Market Timing and Investment Performance. II. Statistical Procedures and Evaluating Forecast Skills," *Journal of Business* 54（October 1981）.

[3] Roy D. Henriksson, "Marketing Timing and Mutual Fund Performance: An Empirical Investigation," *Journal of Business* 57（January 1984）.

为具体说明如何检测市场择时的存在性,让我们回顾表 6-2。分别把投资组合 P 与 Q 的超额收益与超额收益及其平方进行线性回归

$$r_P - r_f = a_P + b_P(r_M - r_f) + c_P(r_M - r_f)^2 + e_P$$

$$r_Q - r_f = a_Q + b_Q(r_M - r_f) + c_Q(r_M - r_f)^2 + e_Q$$

可以得到下列统计数据

估计	投资组合 P	投资组合 Q	估计	投资组合 P	投资组合 Q
$\alpha(a)$	1.77 (1.63)	-2.29 (5.28)	时机 (c)	0.00	0.10
$\beta(b)$	0.70 (0.69)	1.10 (1.40)	R^2	0.91 (0.91)	0.98 (0.64)

括号中的数字是对表 6-3 进行单变量回归所得的估计结果,这些结果表明投资组合 P 不存在市场择时。至于这到底是因为珍妮没有在好时机时付出努力,还是因为这种努力都徒劳无功而只增加了不必要的投资组合方差,我们就不得而知了。

但投资组合 Q 的回归结果表明,市场择时是相当成功的。市场择时系数 c 的估计值为 0.1,表明投资者成功地把握了时机,但所带来的利益被不明智的股票选择(a 为负值)给抵消了。值得注意的是,投资组合 Q 的 α 值已由不存在市场择时(不变更投资组合成分)时的 5.28% 降到了现在的 -2.29%。

由于传统业绩评估要求固定均值和固定方差的假设,因此上文的例子同样说明了这一假设不合理。市场择时者可以通过适时地进入或退出市场,从而使 β 值和收益均值不断发生变化。尽管扩展的回归方程体现了这一现象,但传统的证券特征线(SCL)忽略了它。如果注意到投资组合 Q 相对于 P 来说既有时机选择的成功,也有股票选择的失败,那么在这两种价值没有正确评估出来之前,比较投资组合 P 和 Q 的优劣还是很难的。不过对于业绩评估来说,最重要的一点是扩展的回归方程体现了投资组合中成分变化的效应,因此,在一定程度上它使传统的均值-方

差指标复杂化了。

市场择时的潜在价值

假设理想的市场择时是指在年初准确判断标准普尔 500 指数的业绩能否优于滚动购买 1 个月期国库券收益的能力,相应地,投资者便可以在每年年初将所有资金都转入会有更高收益的那一方。若从 1927 年 1 月 1 日开始,初始资本是 1 美元,市场择时的完美把握者在 86 年后,也就是 2012 年 12 月 31 日,资产会变成多少呢?他在整个时期内的总收益与只持有国库券或者股权的投资者相比又怎样呢?

根据国库券和标准普尔 500 指数的历史收益,表 6-4 的第 1~3 列计算了上述三种策略的各种统计指标(在第 1 章中有一个类似的表格,这个表格可以在 www.mhhe.com/bkm 找到)。根据股票和国库券的收益率,我们得到了 2012 年所有国库券投资者和所有股权投资者的资产终值,而市场择时的完美把握者每年的收益是股票收益和国库券收益的最大值。

表 6-4 国库券、股权和完美与非完美时机把握者的业绩

策略	国库券	股权	完美时机把握者	非完美时机把握者[①]
终值	20	2 652	352 796	8 859
算术平均(%)	3.59	11.63	16.75	11.98
标准差(%)	3.12	20.39	13.49	14.36
几何平均(%)	3.54	9.60	16.01	11.09
LPSD(相对于国库券)	0	21.18	0	17.15
最小值(%)[②]	-0.04	-44.00	-0.02	-27.09
最大值(%)	14.72	57.42	57.42	57.42
偏度(超额收益)	0.99	-0.42	0.72	0.71
峰度(超额收益)	0.98	0.02	-0.13	1.50

① 非完美时机把握者有 $P_1 = P_2 = 0.7$ 和 $P_1 + P_2 - 1 = 0.4$。
② 国库券一列中的负值 -0.06% 是在 1940 年得到的,这个数据并非根据国库券得出,而是根据临近到期日的中期国债得出。

表 6-4 的第一行说明了很多问题,投资 1 美元于国库券,86 年后的终值是 20 美元,同样 1 美元投资于股权的终值却是 2 652 美元。这与第 1 章

中所提到的 25 年期的投资是类似的，投资期从 25 年延长至 86 年所导致的终值上的巨大差异也体现了复利计息的惊人效果。在第 1 章中，我们谈到过，这种终值上的差异源于对股权投资者所承担风险的合理补偿。从表 6-4 中可以看到，全股权投资者的标准差高达 20.39%，这也就解释了为什么股票的算术平均收益率有 11.63%，但几何平均收益率只有 9.60%（请注意，几何平均永远小于算术平均，两者之差随收益率波动而增大）。

完美市场择时者的终值是 353 000 美元，是已经相当大的全股权投资者的 133 倍！实际上，这个结果比看上去还要好，因为他的收益是真正的无风险的，其投资组合的标准差（13.49%）与风险无关。由于完美时机者的收益永远不会低于无风险收益，所以标准差只是对好惊喜的测度而已。而其分布的正偏度（对比与股权投资者稍负的偏度）说明极值全都是正的。最大和最小收益也是它不凡表现的证明——最小收益等于国库券的最小收益（1940 年），而最大收益等于股权的最大收益（1933 年），所以所有为负的股权收益率（比如 1931 年的 -44%）都被时机者避免掉了。最后，下偏标准差（LPSD）可以通过计算低于无风险收益率的收益率标准差得到。⊖全股权组合的 LPSD 仅仅比传统标准差低一点，而对于时机完美者，这个值必然是零。

如果将全股权组合终值超过国库券终值的部分解释为对投资风险的补偿，那么风险调整后全股权组合的终值一定等于国库券的终值 20 美元。⊖相比之下，完美择时者的组合没有风险，因此收益不会被风险打折。因此可以这么说，完美择时者的预测能力将 20 美元的终值变成了 352 796 美元。

⊖ 传统的 LPSD 基于低于均值的平均平方偏差。由于这里业绩的最低起点是无风险利率，我们取的 LPSD 是无风险利率偏差的平方的平均值。观测值应小于临界值，而传统的方法则忽略了事件发生频率。

⊖ 看上去很难把这么大的差别完全归咎于风险厌恶。但是这样考虑：股本投资的终值是国库券投资的 133 倍，也就是说在 86 年间，每年的风险溢价是 5.85%：$133^{1/86} = 1.058\ 5$。

把市场择时作为看涨期权进行估价

评估市场择时能力的关键在于意识到完美的预测等同于持有股权组合的看涨期权。市场择时的完美择时者总是把100%的资金投资于安全资产或者股权组合当中收益较高的那个，收益率至少是无风险利率。这在图6-7中可以体现出来。

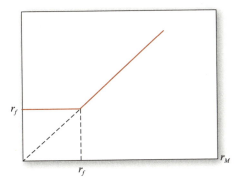

	$S_T < X$	$S_T \geq X$
国库券	$S_0(1+r_f)$	$S_0(1+r_f)$
期权	0	$S_T - X$
总计	$S_0(1+r_f)$	S_T

图6-7 把完美市场择时者的收益率表示为市场指数收益率的函数

把信息的价值看作期权，假设市场指数现在是 S_0，以该指数为标的的看涨期权的执行价格为 $X = S_0(1+r_f)$。如果下一期市场的表现超过国库券，S_T 将超过 X，反之它将小于 X。现在考察由此期权和 S_0 美元国库券投资组成的组合的回报，见上表。

当市场处于熊市时（即市场收益率小于无风险利率），该组合的收益率等于无风险利率，当市场处于牛市时，售出国库券，组合收益即为市场收益。这便是完美市场择时者所构建的投资组合。⊖

⊖ 这种将市场时机与看涨期权相联系的方法是由默顿引入的。R. C. Merton, "On Market Timing and Investment Performance: An Equilibrium Theory of Value for Market Forecasts," *Journal of Business*, July 1981.

由于精准预测的能力相当于持有看涨期权,当无风险利率已知时,我们就可以利用期权定价模型来赋予预测能力以货币价值。这样预测提供者也可以公平地对其预测服务向投资者收取费用。我们不仅可以对完美预测赋予货币价值,也可以对非完美预测赋予货币价值。

以 1 美元股权为标的资产的完美市场择时者看涨期权的执行价格为国库券投资的终值。利用连续复利计息,即为 1 美元 $\times e^{rT}$。将这个执行价格代入布莱克 - 斯科尔斯看涨期权定价公式中,那么公式便简化为

$$\text{市场价值}(\text{完美时机把握者每 1 美元资产}) MV = C = 2N(1/2\sigma_M \sqrt{T}) - 1 \tag{6-6}$$

到目前为止,我们都假设为年度预测,即 $T = 1$ 年。根据 $T = 1$,以及表 6-4 中标准普尔 500 指数超额收益的标准差 20.39%,计算得到该期权的价值为 8.12 美分,即为股权组合价值的 8.12%。这比表 6-5 中完美时机者的历史平均收益要小,这说明市场择时价值对于收益率分布中的肥尾很敏感,而布莱克 - 斯科尔斯恰好预设了对数正态分布。

式(6-6)告诉我们完美的市场择时也将同样提高每年股票收益率 0.081 2(每年 8.12%)。因为在过去的 86 年里,股权收益率达到 11.63%,这将同享有年度 1.116 2 × 1.081 2 - 1 = 0.206 9,即 20.69% 收益率的年终价值一样。

如果择时者并非每年,而是每月做出一次正确预测,预测价值将急剧上升。当然,更加高频率地做出预测需要更好的预测能力。由于这类预测频率的提升并无上限,自然这类服务的价值也没有上限。

假设完美市场择时者每月都能做出正确预测。在这种情况下,由于预测期更短,每次预测的价值也就更小,但是每年可以有 12 次这样的预测,每次都等价于一个期权,从而导致总价值上的巨大提升。在月度预测下,看涨期权的价值为 $2N(1/2 \times 0.203\ 9 \times \sqrt{1/12}) - 1 = 0.023\ 5$。根据国库券

月度收益率 3.6%/12，每月的看涨期权价值为 0.023 5 美元，可以得出 1 年内这些期权的现值为 0.28 美元。因此，相比于年度时机把握者的 8.12 美分，每美元月度时机把握者的年度价值为 28 美分。在 86 年的投资期内，对于 1 美元初始投资，预测能力的终值将远远增大，可达 $[(1+0.28)\times(1+0.116\,3)]^{86}=2.1\times10^{13}$ 万美元。

非完美预测的价值

不幸的是，经理不可能是完美预测者，经理能在多数时间里正确就已经很不错了。但是，当说到"多数时间"，并不是指一个经理正确判断所占的百分比。比如说，亚利桑那州杜桑市的天气预报总是说"不会下雨"，那么 90% 的天数里它都是正确的。但是"维持"策略的高成功率根本不是预测能力的体现。类似地，对市场预测能力的恰当测度并非正确预测所占的百分比。如果市场每 3 天里有两天是上涨的，一个每天都预测"上涨"的预测者有 2/3 的成功率，这显然不能证明他的预测能力。我们需要分别计算牛市（$r_M<r_f$）的正确预测率和熊市的（$r_M>r_f$）正确预测率。

假设 P_1 为对牛市的正确预测比率，P_2 为对熊市的正确预测比率，那么 P_1+P_2-1，就是对预测能力的正确测度。例如，一个永远正确的预测者 $P_1=P_2=1$，最终预测能力为 1。而一个一直预测熊市的预测者会错误预测所有牛市（$P_1=0$），正确预测所有熊市（$P_2=1$），因此其最终预测能力为 $P=P_1+P_2-1=0$。

如果择时机者并非完美，默顿证明了如果用 $P=P_1+P_2-1$ 测度总正确率，非完美市场择时者的服务价值就是

$$\text{市场价值(非完美时机把握者)} MV = (P_1+P_2-1)\times C$$
$$= (P_1+P_2-1)[2N(1/2\sigma_M\sqrt{T})-1]$$

(6-7)

表6-4的最后一列从两方面提供了对非完美择时者的评估。为了模拟非完美择时者的行为，我们取随机数来确定每年的预测（假设$P_1 = P_2 = 0.7$），并把86年的结果进行统计。⊖通过这种方法得到的终值"只有"8 859美元，相比于完美择时者352 796美元价值，仍然远远高于全股权组合的2 562美元。⊜

进一步考虑，由于市场中的择时者知道自己的预测并非完美，他不会把全部资产在不同组合之间进行转移。假定她调整寸头，把资产的ω在国库券和股权之间转移。在这种情况下，可以对式（6-7）做如下改进

$$市场价值（非完美时机把握者） = \omega(P_1 + P_2 - 1)[2N(\sigma_M \sqrt{T}) - 1]$$

比如说，当$\omega = 0.50$（总组合的50%）时，择时者预测的市场价值仅有完全转移时（$\omega = 1.0$）的一半。

风格分析

风格分析（style analysis）是由诺贝尔经济学奖得主威廉·夏普提出的。⊜这个极为流行的概念曾得到一项著名研究⊛的支持，该研究指出，82种共同基金收益的差异中有91.5%可以由基金在国库券、债券以及股票各部分的资产配置上的差别来解释。之后的研究，在考虑了更大范围内用不同资产等级的资产配置方法后发现，有97%的基金收益可以单独由资产配置来解释。

⊖ 每一年都从正确的预测开始，然后用随机数生成器把预测引向错误，从而使得对于牛市和熊市的预测正确率都是0.7。
⊜ 注意，在式（6-7）中，当$P = 0$时的投资者不会有收益。此时在市场间转换等同于随机地决定资产配置。
⊜ William F. Sharpe, "Asset Allocation: Management Style and Performance Evaluation," *Journal of Portfolio Management*, Winter 1992, pp. 7-19.
⊛ Gary Brinson, Brian Singer, and Gilbert Beebower, "Determinants of Portfolio Performance," *Financial Analysts Journal*, May/June 1991.

夏普的想法是把基金收益用指数（代表某个风格的资产）进行回归，那么每个指数的回归系数就可以测度该"风格"资产隐含的配置额。由于基金不允许为空头头寸，所以回归系数一定是非负的，且加总后必为100%，从而可以表示一个完整的资产配置。回归的 R^2 表示由资产配置引起的收益率变动所占的百分比，收益率变动剩下的部分可以被解释为由股票选择或者是定期更换各种资产风格的权重所引起。

为了解释此方法，对富达公司麦哲伦基金（Fidelity Magellan's Fund）1986年10月至1991年9月5年的月收益进行研究，如表6-5所示，表中有7种资产风格，每一种都由一个股票指数代表，其中只有3个指数的回归系数是正的，仅这3种风格的投资组合就可以解释97.5%的收益，也就是说，一个如表6-5中比例构造起来的追踪组合，可以解释麦哲伦月度收益变动的绝大部分，于是可以得出结论，基金的收益可以只用上述3种风格的投资组合来解释。

表6-5 对富达麦哲伦基金的风格分析

组合风格	回归系数
国库券	0
小盘股	0
中盘股	35
大盘股	61
增长股	5
中等市盈率	0
价值股	0
总计	100
R^2	97.5

资料来源：Authors' calculations. Return data for Magellan obtained from finance.yahoo.com/funds and return data for style portfolios obtained from the Web page of Professor Kenneth French:mba.tuck.dartmouth.edu/pages/faculty/ken.french/data_library.html.

收益波动性中不能被资产配置所解释的部分可以归因于股票选择或者是定期更换各种资产类型的权重。对于麦哲伦基金来说，这一部分是 100 - 97.5 = 2.5%。这种结果通常用于说明股票的选择与经常调整组合成分相比并非特别重要，但是这种分析又忽略掉了截距项的重要性。(R^2可以是100%，但是由于风险调整后的异常收益，截距可以不为零）。对于麦哲伦基金，截距为每月 32 个基点，在 5 年期内的累积异常收益为 19.19%。麦哲伦基金的不俗表现如图 6-8 所示，图中画出了基金和风格分析基准累积收益的效果，除了 1987 年 10 月左右，相对于目标组合，麦哲伦的收益稳步提高。

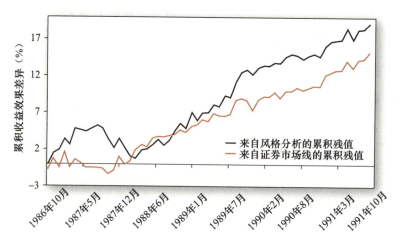

图 6-8　富达公司麦哲伦基金累积收益差异：基金与风格分析基准和基金与证券市场线基准

资料来源：作者的计算。

除 CAPM 的证券市场线（SML）方法外，风格分析提供了另外一种评估业绩的方法。SML 只用了一种组合，即总市场指数，而风格分析更为自由地从一些特定的指数中构造追踪组合。比较这两种方法，麦哲伦的证券特征线（SCL）是通过将组合的超额收益与包括所有 NYSE、Amex、NAS-

DAQ 股票的市场指数的超额收益做回归得到的。麦哲伦的 β 估值为 1.11，回归 R^2 为 0.99。α 值（截距）在这个回归中"仅有"25 个基点，表现为累积异常收益仅有 15.19%。

为什么该回归只用了一个市场指数，但其 R^2 会高于利用了 6 个股票指数的风格分析？原因是风格分析对回归系数加入了额外的约束条件：回归系数必须全部为正而且总和为 1。这种"简洁"的表示法不一定与时时变化的实际组合比重相一致。到底哪种方法更好地测量了麦哲伦基金的表现呢？这个问题没有定论。如果是消极组合，SML 方法更为适宜。但是，风格分析揭示了最密切跟踪基金活动的策略和相对这一策略的业绩评估。如果由风格分析方法得出的策略与基金的募股说明书是一致的，那么相对于该策略的业绩就是对基金成功的正确测度。

图 6-9 所示的是夏普风格的 636 种共同基金平均残值的频率分布。该分布呈现我们所熟悉的钟形图案，其每月的中值略低于零，为 –0.074%。在夏普的这个研究中，这个经风险调整的收益图形为一条钟形的曲线，其中值略低于零。

风格分析与多因素基准

风格分析给业绩评估带来了一个很有意思的问题。假设某个时期内一个成长指数组合比标准普尔 500 指数一类的共同基金有更好的业绩。若把该成长指数包含到风格分析中，将会从组合的 α 值中消除其优秀业绩的成分。这样做合适吗？相当合理，基金分析师认为该成长股的价值被低估了，从而使组合可以从中牟利。这个决定所带来的 α 值是合理的，不应当被风格分析所消除。这就带来了一些相关的问题。

传统的业绩评估基准是一个四因素模型，模型中包括法玛－弗伦奇模型的三个因素（市场指数收益、基于规模的组合收益以及账面价值与市场价值比率）加上一个动量因素（基于前一年股票收益构建的组合）。从这

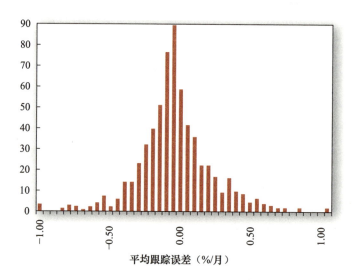

图6-9　1985～1989年636种共同基金的平均跟踪误差

资料来源：William F. Sharpe, "Asset Allocation: Management Style and Performance Evaluation," *Journal of Portfolio Management*, Winter 1992, pp. 7-19. Used with permission of Institutional Investor, Inc., www.iijournals.com. All Rights Reserved.

个四因素模型中估计的 α 控制了很多可能会影响到平均收益率的风格选择。但是使用多因素模型得到的 α 假设消极型策略会包含上述因素组合。在什么时候这种假设是合理的呢？

只有在假设因素组合都是基金的备选消极型策略的一部分时，才可以使用单指数基准之外的基准。很多时候这种假设并不符合现实，尽管研究表明多因素模型对资产收益的解释力更好，单指数基准仍被用于业绩评估。我们将在后面说明基金经理如何找出对超额业绩有贡献的决策。这种业绩贡献程序把实际组合和基准组合收益的差值归功于对各类资产的配置上。业绩评估的基准往往是在不考虑任何指定风格组合的情况下选定的。

利用 Excel 进行风格分析

风格分析在投资管理行业中相当受欢迎，并且产生了一系列类似的方法。大量组合管理人利用网站帮助投资者确定他们的风格和股票选择业绩。

我们可以用 Excel 中的 Solver 功能进行风格分析。方法是将基金的收益对于各种风格的组合做回归（如表6-5）。风格组合是代表一种可能的资产配置的消极（指数）基金。假设你选择了三种风格组合，分别标记为1、2、3。风格回归的系数包括 α（即描述异常业绩的截距）和三个斜率。斜率系数表示了基金业绩受各种消极型组合收益的敏感程度。回归的残差项代表"噪声"，独立于各个风格的投资组合。由于我们想让每个回归系数非负且相加为1，因此我们不能使用传统的多元回归。

用 Solver 做风格分析，先指定系数（比如设 α 为0，每个 β 都是1/3），计算下述残差的时间序列：

$$e(t) = R(t) - [\alpha + \beta_1 R_1(t) + \beta_2 R_2(t) + \beta_3 R_3(t)] \qquad (6-8)$$

式中，$R(t)$ 是时刻 t 基金的超额收益；$R_i(t)$ 是第 i 个类型组合的超额收益（$i=1$、2、3）；α 是样本期基金的非常规业绩；β_i 是第 i 个类型组合对于基金的贝塔。

式（6-8）根据你的回归系数得出了残差项。取每个残差的平方和，利用"by changing variables"命令，使用 Solver 通过改变四个回归系数来最小化残差的平方和，同时加上约束：系数非负且相加为1。

Solver 的结果给出了三个风格系数以及以截距衡量的对基金唯一异常业绩的估值。第4章中提到，平方和的方法也可以用来计算回归的 R^2 和 p 值。

业绩贡献分析程序

事实上,经风险调整的收益并不是评估者关注的唯一焦点,更多时候他们只是想确定某一决策到底是否能提高业绩。好的投资业绩取决于投资者正确择时择股的能力,这些时机感和选择能力有较广泛的适用范围,它们既可以认为是在股市大升时从固定收益证券转入股权市场,当然又可以定义得更具体,比如指投资者在特定行业中寻找表现相对不错的股票。

投资组合管理者一般既做出关于资产配置的方向性决定,必要时又在同一资产类别中选择具体的证券配置。研究业绩贡献,其目的就是把总的业绩分解为一个一个的组成部分,每个组成部分都代表了一个特定的投资组合的选择能力。

我们先从最广泛的资产配置选择说起,然后再进一步分析投资组合选择中较细致的具体内容。在这种概念下,积极管理的投资组合与消极的市场标准投资组合(如市场指数基金)有了新的不同:前者由一系列决策所提供的贡献组成,这些决策是在投资组合的不同构成时期做出的。而后者却并非如此,例如,一个通常的贡献分析系统把业绩分解为三个要素:①广义的资产配置选择,如股权、固定收益证券和货币市场工具之间的选择;②各市场中行业的选择;③行业中具体股票的选择。

贡献分析法着重解释投资组合 P 与另一个市场基准投资组合 B 之间的收益差别,我们称其为**基准收益**(bogey)。假设投资组合 P 与投资组合 B 共包括了几类资产,其中包括股票、债券、国库券等。在每一类中存在着确定的市场基准指数投资组合。譬如,标准普尔 500 指数是股票的市场基准。投资组合 B 中各类资产的权重是固定的,于是它的收益率为

$$r_B = \sum_{i=1}^{n} w_{Bi} r_{Bi}$$

这里 w_{Bi} 是投资组合 B 中第 i 类资产的权重；r_{Bi} 是评估期第 i 类资产市场基准资产组合的收益率。根据预测，投资组合 P 的管理者选择权重为 w_{Pi} 的第 i 类资产；在每类中，管理者也根据证券分析做出了持有不同证券的选择，它们在评估期内的收益为 r_{Pi}。于是 P 的收益率是

$$r_P = \sum_{i=1}^{n} w_{Pi} r_{Pi}$$

它与投资组合 B 收益率的差距为

$$r_P - r_B = \sum_{i=1}^{n} w_{Pi} r_{Pi} - \sum_{i=1}^{n} w_{Bi} r_{Bi} = \sum_{i=1}^{n} (w_{Pi} r_{Pi} - w_{Bi} r_{Bi}) \quad (6-9)$$

式（6-9）中的每一项都能重新展开，从而使每项分解为资产配置决策贡献和该类中的证券选择决策贡献，并以此来确定它们对整体业绩水平的贡献。我们把每一项分解如下，注意每类中来自资产配置的贡献与来自证券选择的贡献之和实质上就是每一类资产对整体业绩的总贡献。

$$\begin{array}{ll} \text{资产配置的贡献} & (w_{Pi} - w_{Bi}) r_{Bi} \\ + \text{证券选择的贡献} & w_{Pi}(r_{Pi} - r_{Bi}) \\ \hline = \text{第 } i \text{ 类资产总的贡献} & w_{Pi} r_{Pi} - w_{Bi} r_{Bi} \end{array}$$

第一项之所以能测度资产配置的效应，是因为它反映了各资产类实际权重与基准权重之差再乘以该资产类的指数收益率；第二项之所以能测度证券选择的效应，是因为它是某一资产类中实际投资组合的超额收益率与市场基准收益率之差，然后乘以实际资产组合中该类资产的权重。由这两项构成了该类资产的总业绩。图 6-10 是关于整体业绩如何分解为证券选择和资产配置的简单图解。

为了解释这种方法，我们可以考虑对一个假想投资组合进行具体的贡献分解。如果该资产组合只投资于股票债券和货币市场。从表 6-6 到表 6-9 都是具体的贡献分析。设投资组合当月的收益率为 5.34%。

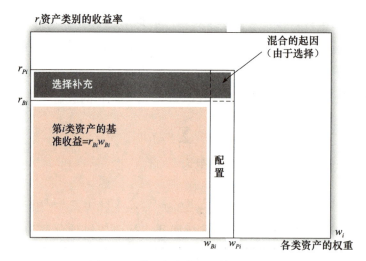

图 6-10　第 i 类资产对业绩的总贡献

表 6-6　管理投资组合的业绩

组成	预定标准的业绩与超额收益	
	基准权重	月指数收益率
股权（标准普尔 500 指数）	0.60	5.81%
债券（巴克莱指数）	0.30	1.45%
现金（货币市场工具）	0.10	0.48%
预定标准 =（0.60×5.81）+（0.30×1.45）+（0.10×0.48） = 3.97%		
管理投资组合的收益率		5.34%
－预定标准的资产组合的基准收益率		3.97
＝管理资产组合的超额收益率		1.37%

第一步当然是先建立一个可比较的市场基准水平。我们仍把这个市场基准称为基准收益，它是投资者就算完全采取消极策略也能得到的收益率。"消极"在这里有两层意思。首先，它指资金在各类资产之间的配置是按照常规或中性的原则进行的，于是一般的市场配置就是一种消极投资策略；其次，它意味着投资组合管理者在每一类资产中持有类似指数基金的投资组合，比如在股权市场中持有标准普尔 500 指数基金。在这种情况下，作为业绩基准的消极投资策略，既是资产配置的基准，

又是证券选择的基准。任何一种对消极投资基准的偏离都可以归结为资产配置发生了变化（对市场资产中性配置的偏离），或者是证券选择发生了变化（对资产类中消极指数的偏离）。

虽然我们已经在前几章中大篇幅讨论了如何在某类资产中确定指数，但我们觉得有必要对如何确定资金在各类资产之间进行中性配置做一下简短介绍。各资产的权重能否称之为"中性"，这主要取决于投资者的风险容忍度，因此它必须在与顾客进行交谈之后才能决定。比如说，爱冒险的投资者可能愿意把大部分资金注入股权市场，于是该基金管理者的中性权重也许就是75%的股权、15%的债券，另有10%的现金。以这些权重为中心的任何一点偏离都将表明投资者认为其中一种资产的市场表现超过或低于了通常的风险－收益要求。相反地，厌恶风险型的投资者可能会认为在三种市场上45%、35%、20%的权重是中性的。因此，在正常情况下，他们的投资组合会比那些喜好风险的投资者具有更低的风险。所以，只有当投资者在判断各市场表现后，对各资产权重做出了"特意"的调整，我们才能认为其真正偏离了"中性"。

在表6-6中，中性权重分别为股权60%、债券30%、现金（货币市场工具）10%，因此基准收益的投资组合就由每种指数按照60:30:10的权重组成，其收益率为3.97%。被评估的投资组合的业绩是正的，等于为其实际收益率减去基准收益：5.34% － 3.97% = 1.37%。接下来我们需要对1.37%的收益率进行分解，并把它们归因于各个独立的决策。

资产配置决策

假设被评估投资组合的权重分别为股权70%、债券7%、货币市场工具23%。投资组合的业绩必然与这些权重对预定标准权重60:30:10的偏离有关，而且程度的大小取决于三种资产类中权重偏离所产生的或好或坏的结果。

为把管理者关于资产配置的效应独立出来,我们考察一个假想的投资组合,它由权重为 70∶7∶23 的三种指数基金组成。它的收益率仅反映了从 60∶30∶10 的基准权重转移到现在权重所引起的收益变化效应,而不包括任何由积极投资管理者在每个市场中积极选择证券所带来的效应。

由于管理者会对具有良好表现的市场增加权重,而减少表现不好市场的份额,上述假想投资组合的业绩要优于预定标准。因此,总业绩中属于资产配置的贡献就等于三个市场中超额权重与其相应指数收益率之积的总和。

表 6-7a 表明在总超额收益的 137 个基点中,成功的资产配置贡献了 31 个基点,因此部分优良业绩应归功于此。这是因为当该月股权市场实现了 5.81% 的收益率时,经理大幅增加了当月的股权市场投资权重。

表 6-7 业绩归因

a. 资产配置对业绩的贡献

市场	(1) 在市场的实际权重	(2) 在市场的基准权重	(3) 超额权重	(4) 市场收益率 (%)	(5)=(3)×(4) 对业绩的贡献率 (%)
股权	0.70	0.60	0.10	5.81	0.5810
固定收益	0.07	0.30	−0.23	1.45	−0.3335
现金	0.23	0.10	0.13	0.48	0.0624
资产配置的贡献					0.3099

b. 证券选择对总业绩的贡献

市场	(1) 投资组合业绩 (%)	(2) 指数业绩 (%)	(3) 超额业绩 (%)	(4) 投资组合权重 (%)	(5)=(3)×(4) 对业绩的贡献率 (%)
股权	7.28	5.81	1.47	0.70	1.03
固定收益	1.89	1.45	0.44	0.07	0.03
资产配置的贡献					1.06

部门与证券选择决策

如果业绩中有 0.31%(表 6-7a)应归功于各资产市场间的成功配置,

那么剩下的 1.06% 就应归功于在每一市场中的部门及证券选择。表 6-7b 具体计算了该投资组合中部门及证券选择对总体业绩的贡献大小。

从表 6-7b 可知,该投资组合中股权部分所实现的收益率为 7.28%(而标准普尔 500 指数的收益率为 5.81%),固定收益证券的收益率为 1.89%(而巴克莱指数收益率为 1.45%)。把股票市场和债券市场中的超额收益乘以各自的投资比例,两项之和共计 1.06%,此即为部门及证券选择对业绩的贡献。

表 6-8 通过记录股权市场每一部门的数据而得到了股权市场中优异业绩的具体来源。前 3 栏是该投资组合与标准普尔 500 指数在股权市场上各部门间的配置及两者之间的差异,第 4 栏列出了每个部门的收益率。第 5 栏为每个部门中两者之间的差异与部门收益率的乘积,它们分别代表每个部门对其在股权市场上出色业绩所做出的贡献。

表 6-8 股权市场中的部门选择

部门	(1) 月开始时权重(%) 投资组合	(2) 月开始时权重(%) 标准普尔 500 指数	(3) 权重差(%)	(4) 部门收益率(%)	(5)=(3)×(4) 部门配置的贡献
基本材料	1.96	8.3	-6.34	6.9	-0.437 5
工商服务	7.84	4.1	3.74	7.0	0.261 8
资本品	1.87	7.8	-5.93	4.1	-0.243 1
周期性消费品	8.47	12.5	-4.03	8.8	-0.354 6
非周期性消费品	40.37	20.4	19.97	10.0	1.997 0
信用敏感品	24.01	21.8	2.21	5.0	0.110 5
能源	13.53	14.2	-0.67	2.6	-0.017 4
技术	1.95	10.9	-8.95	0.3	-0.026 9
总计					1.289 8

注意,好的业绩源于加大了对一些具有出色表现的部门所做的投资,如对经济周期非敏感的消费品行业,而同时减少了对技术工业等表现不佳部门的投资力度。由于仅部门选择一项就为投资组合中股权超额收益

提供了1.29%的收益率，而且表6-7b中第3列显示投资组合中股权部分的收益率比标准普尔500指数大1.47%，于是我们可以通过简单的相减得出部门内证券选择对投资组合中股权业绩所做的贡献为0.18%（=1.47%-1.29%）。

当然在投资组合的固定收益证券部分也可以应用同样的部门分析，在这里不再赘述。

各部分贡献的加总

在该月，投资组合的各项选择程序都很成功。表6-9详细列出了各方面的业绩贡献。在3个市场上进行资产配置贡献了31个基点，在各市场内的证券选择贡献了106个基点，于是投资组合的总的超额业绩达到了137个基点。

表6-9　投资组合贡献小结

		贡献（基点）
1. 资产配置		31
2. 选择		
a. 股权超额收益（基点）		
i. 部门配置	129	
ii. 证券选择	18	
	147×0.70(投资组合权重)=	102.9
b. 固定收益超额收益	44×0.07(投资组合权重)=	3.1
投资组合总的超额收益		137.0

其中部门和证券选择所得的106个基点可以继续细分下去，股权市场中的部门选择实现了129个基点的超额收益，而部门内的证券选择贡献了18个基点。（把147个基点的股权总超额业绩乘以70%的股权权重，即为股权对投资组合业绩的贡献）。同样，对固定收益部分也可以进行类似的分解。

第 7 章

走出去，着眼国际投资：
投资的国际分散化

INVESTMENTS

INVESTMENTS
导读

虽然在美国，我们通常把宽基股票指数看作市场投资组合指数，实践中这种做法却越来越不合适了，因为美国的股权额占世界总股权的比重还不到40%，而美国的财富占世界总额的比例比这还要小得多。本章我们将考察国际市场及更广泛的分散化组合问题。在某种意义上，国际投资可以被认为是对我们前面讨论问题的延伸，只是用以构建资产投资组合的资产"菜单"的范围更广了。在国际投资中，投资者同样面临着与此类似的分散化、证券分析、证券选择以及资产配置等问题。同时还涉及一些国内市场没有的问题，包括汇率风险、国际资金流动的限制、更大范围的政治风险、个别国家的管制问题以及不同国家间会计方法的转换问题等。

本章我们将就前面章节谈到的主要问题做逐一的说明，重点强调它们涉及国际投资的方面。首先，我们将谈到投资组合理论的核心概念——分散化，将看到国际分散化为改善投资组合的"风险－收益"状况提供了极大的机会，而且事实上已经有不少投资者从中受益。我们也会看到汇率波动是如何影响到国际投资风险的。其次，我们将讨论国际环境下的消极与积极投资模式，并解释消极的指数投资组合所涉及的一些特殊问题，还将说明除了传统的国内资产选择之外，如何将积极的资产配置推广到国家以及货币选择的层次。最后，我们讨论国际投资中的业绩贡献问题。

全球股票市场

今天你可以简单地投资近 100 个国家的资本市场，并获得你所投资产品的最新消息。到 2011 年，52 个国家已具备股票市场且它们的总市值高于 10 亿美元。本章中的数据和分析正是基于这些国家的数据。

投资界习惯于将全球市场划分为发达国家市场和新兴市场。一个典型的新兴经济体依旧在经历工业化，其发展速度快于发达国家经济体，且资本市场蕴含着更大的风险。我们运用富时指数⊖的标准，根据其资本市场发展情况来区分发达国家市场和新兴市场。

发达国家/地区

为了评价我们是否过于将投资集中于美国的股票和债券上，我们看一下表 7-1。美国仅占了全球股票市场资本总额的 40%。显然，同时在发达国家或地区市场和新兴市场上搜寻股票可以获得更好的风险 – 收益权衡。发达国家或地区市场的股指通常比新兴市场的风险小，但两者都提供了分散化的机会。发达国家或地区的 GDP 在 2010 年占到了全球 GDP 的 68%，市值占全球资本市场市值的 85%。

⊖ 富时指数公司（英国富时指数（Financial Times Share Exchange，FTSE）的创始人）运用 14 个不同方面的标准将国家划分为发达国家和新兴市场国家。我们选用的 25 个发达国家均包括在富时公司列举的发达国家的名单上。

表 7-1 发达国家或地区股票市值总额

| | 股票市值 | | | | | 年增长率(%) | GDP | 人均 GDP | 股票市值总额占 GDP 的比重(%) |
| | 总额(10 亿美元) | | 占全球比例(%) | | | | | | |
	2000	2011	2000	2011	2000~2011	2010	2010	2010
全球	27 473	38 200	100%	100%	2.8	63 124	9 228	68
美国	12 900	13 917	47.0	36.4	0.6	14 587	47 199	98
日本	3 140	3 289	11.4	8.6	0.4	5 459	42 831	69
英国	2 566	2 794	9.3	7.3	0.7	2 249	36 144	133
加拿大	615	1 581	2.2	4.1	8.2	1 577	46 236	114
法国	1 278	1 455	4.7	3.8	1.1	2 560	39 460	70
中国香港	564	1 369	2.1	3.6	7.7	225	31 758	701
德国	1 061	1 177	3.9	3.1	0.9	3 281	40 152	43
瑞士	783	1 062	2.9	2.8	2.6	528	67 464	224
澳大利亚	349	1 039	1.3	2.7	9.5	925	42 131	132
韩国	123	763	0.4	2.0	16.4	1 015	20 757	86
西班牙	331	546	1.2	1.4	4.2	1 407	30 542	44
意大利	716	460	2.6	1.2	-3.6	2 051	33 917	28
瑞典	274	440	1.0	1.2	4.0	459	48 936	118
荷兰	680	376	2.5	1.0	-4.8	779	46 915	60
墨西哥	112	372	0.4	1.0	10.5	1 035	9 123	39
挪威	52	238	0.2	0.6	13.5	413	84 538	61
智利	44	229	0.2	0.6	14.7	213	12 431	136

比利时	159	216	0.6	0.6	2.6	469	43 144	54
丹麦	99	176	0.4	0.5	4.9	310	55 891	67
土耳其	50	164	0.2	0.4	10.4	734	10 094	34
芬兰	280	139	1.0	0.4	-5.7	239	44 512	86
以色列	46	119	0.2	0.3	8.3	217	28 504	80
波兰	27	112	0.1	0.3	12.5	469	12 293	34
奥地利	28	85	0.1	0.2	9.8	379	45 209	33
爱尔兰	82	65	0.3	0.2	-1.9	211	47 170	30
葡萄牙	64	59	0.2	0.2	-0.6	229	21 505	35
捷克	12	39	0.0	0.1	10.4	192	18 245	23
新西兰	20	35	0.1	0.1	5.0	136	31 067	35
卢森堡	28	34	0.1	0.1	1.7	53	105 438	79
希腊	72	29	0.3	0.1	-7.1	301	26 600	21
匈牙利	12	19	0.0	0.0	4.1	129	12 852	22
斯洛文尼亚	2	6	0.0	0.0	11.2	47	22 851	18

资料来源：Market capitalization：Datastream，online. thomsonreuters. com/datastream；GDP and GDP per capita：The World Bank，data. world-bank. org.

表7-1的前两列列出了2000～2011年发达国家或地区市场资本总额的情况。第一行是全球资本市场的交易情况，表格中每列年与年之间的变化体现了这些市场的波动。2011年公司股票的市值总额为38.2万亿美元，其中美国股票市场市值总额为13.9万亿美元（占了36.4%）。接下来三列列出了2000年和2011年各国家或地区股票市场占全球的百分比以及在这12年间市值的增长情况。21世纪前十年的两次危机：2000～2001年的互联网泡沫以及2008～2009年的金融危机，沉重打击了发达国家。发达国家在这段时间股票市场的平均增长率仅为1.7%，而同期全球股票市场平均增长率为2.8%，发展中国家则为16.3%。

表7-1的最后三列是各国家或地区在2010年的GDP、人均GDP及股票市值占GDP的百分比。不出意料，人均GDP在发达国家并不像总GDP那样差异巨大，因为总GDP部分取决于人口总数。但是市场市值占GDP的百分比在各国间差异巨大，这说明即使是在发达国家之间，经济结构也有着明显差异。

新兴市场

对于消极的分散投资组合策略来说，由占全球投资组合总额64%（2011年）的六大市场组成可能已经足够分散化了。但对于寻求更多有良好前景的积极投资组合来说，这还不够分散。积极投资组合理应包含新兴市场的许多股票甚至是股票指数。

从表7-2中可以看出这种情况。当然，积极的投资组合经理必须谨慎对待类似中国和俄罗斯这种21世纪年均年增长率超过33% $\left(每年\frac{1}{3}!\right)$ 的市场。表7-2列出了20个新兴市场的数据。但是经理同样不能忽视其他发展中国家市场，虽然增长率没有那么高，但这些年增长依旧较多。

表7-2 新兴市场国家或地区股票市值总额

	股票市值						股票市值总额占
	总额(10亿美元)		占全球比例(%)		增长率(%)	GDP	人均GDP	GDP的比重(%)
	2000	2011	2000	2011	2000~2011	2010	2010	2010
巴西	180	1 056	0.7	2.8	15.9	2 088	10 710	66
印度	107	868	0.4	2.3	19.0	1 727	1 475	69
俄罗斯	19	694	0.1	1.8	34.9	1 480	10 440	58
中国大陆	13	499	0.0	1.3	35.2	5 927	4 428	11
中国台湾	177	455	0.6	1.2	8.2	430	18 300	134
新加坡	136	428	0.5	1.1	10.1	209	41 122	241
南非	104	405	0.4	1.1	12.0	364	7 275	134
马来西亚	83	330	0.3	0.9	12.1	238	8 373	135
印度尼西亚	21	301	0.1	0.8	24.8	707	2 946	41
泰国	23	219	0.1	0.6	20.7	319	4 608	70
哥伦比亚	4	191	0.0	0.5	37.3	288	6 225	70
菲律宾	20	141	0.1	0.4	17.6	200	2 140	67
秘鲁	5	77	0.0	0.2	25.9	157	5 401	64
阿根廷	24	36	0.1	0.1	3.6	369	9 124	15
巴基斯坦	5	26	0.0	0.1	15.2	177	1 019	17
斯里兰卡	1	14	0.0	0.0	27.5	50	2 375	31
罗马尼亚	0	14	0.0	0.0	36.9	162	7 538	9
委内瑞拉	6	6	0.0	0.0	-0.2	392	13 590	3
塞浦路斯	9	3	0.0	0.0	-9.7	23	28 779	28
保加利亚	0	2	0.0	0.0	29.6	48	6 325	4

资料来源：Market capitalization：Datastream，online. thomsonreuters. com/datastream；GDP and GDP per capita：The World Bank，data. worldbank. org.

这20个新兴市场占到了全球GDP的24%，和表7-1中3个发达国家一起占到全球GDP的92%。但上述国家或地区的人均GDP还是差距悬殊，从1 019美元（巴基斯坦）到41 122美元（新加坡）不等。金砖国家（巴西、俄罗斯、印度、中国和南非）的股票市值占GDP的比例依旧低于70%（中国只有11%），说明这些股票市场在未来几年都会有显著的发展，即使在GDP方面进展缓慢。

2000~2011年，新兴市场相比发达国家，其增长有更大的波动性，说明在这些市场上更大的风险和更丰厚的收益是并存的。

股票市值与 GDP

当代经济发展的观点（如 de Soto 在 2000 年所说）认为经济发展的必备条件是有助于公民合法拥有、投资、交易资本资产的完善的商业法律法规和制度。由此推出，股权市场的发展是人民财富增长的催化剂，股票市值规模较大的国家相对更加富有。对于那些资本市场较为发达的富有国家，这一关系相对会弱一些。

图 7-1 描述了人均 GDP 与股票市值之间的关系（两个变量都已经转化为 $\log_{10}$ 的对数形式）。图 7-1a 展示的是 2000 年的散点图和回归直线，2011 年的情况展示在图 7-1b 中。大部分发达国家和地区市场都在回归直线的上方而大部分新兴市场则都在下方。但近些年中，新兴市场资本化率在快速上升，这一上升使得回归曲线斜率更加平坦，同时我们可以清晰地看到，纵坐标上全球各国和地区的人均 GDP 都在往上攀升。

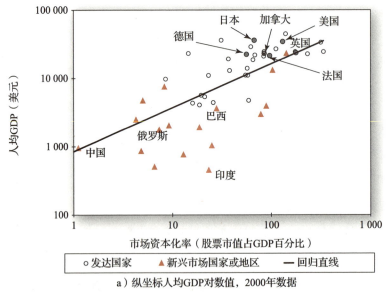

a）纵坐标人均GDP对数值，2000年数据

图 7-1　人均 GDP，股市总市值与 GDP 占比

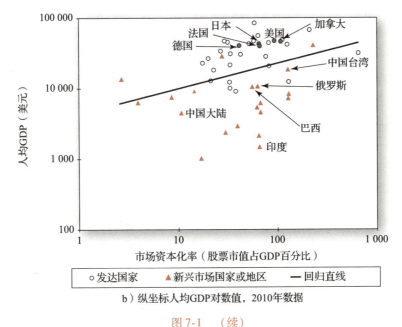

b）纵坐标人均GDP对数值，2010年数据

图 7-1 （续）

回归线的斜率衡量了股票市值每增加 1% 会带来人均 GDP 的增长幅度。2000 年，这一斜率为 0.64，但到 2011 年，它下降到 0.35。所有点相对回归曲线也更分散，2000 年的 R^2 为 0.52 但 2011 年则仅为 0.10。

母国偏见

母国偏见指的是投资者在实际投资风险资产时，会倾向于国内的资产，降低外国证券的权重。如果投资者按照国际资产的相应比例投资，美国的投资者在 2011 年应该仅投资在美国的 36.4% 公司上（见表 7-1），剩下的 63.6% 应该投资海外市场。非美国的投资者较之美国国内的投资者应持有更多的美国股票。但事实上，大部分投资者都有母国偏见，并持有更多的本国股票。

2001 年和 2011 年美国投资者持有的国外股票和长期债券以及外国投资者持有的美国股票和长期债券的比例如下：

年份	美国投资者持有国外资产①	外国投资者持有美国资产②
2001	2 170	3 932
2011	6 481	11 870

①10 亿美元
②大约 2/3 的资产都是权益类
资料来源：Report on U. S. portfolio holdings of foreign securities as of 12/31/2011. Department of the Treasury, October 2012.

母国偏见现今依旧存在，但是已经没有 10 年前那么显著了。

国际化投资的风险因素

国际化投资并不能免除来自专业分析的风险和成本。国际化投资中特有的风险因素是汇率风险和政治风险，我们将在随后讨论。

汇率风险

我们不妨先看一个简单的例子。

【例7-1】 汇率风险

考虑在英国投资的情况，投资者购买以英镑计价的年收益率为10%的无风险英国国库券。尽管这项投资对英国投资者是无风险的，对美国投资者而言却并非如此。现在假设汇率是 1 英镑兑 2 美元，美国投资者的期初投资额为 20 000 美元，即相当于 10 000 英镑。在 10% 的无风险收益率下，一年后他能拿到 11 000 英镑。

如果在这一年间英镑对美元的汇率发生变化，将会如何？假设这一年内英镑相对于美元贬值，年终汇率是 1 英镑兑 1.80 美元，那么，11 000 英镑只能兑换 19 800 美元（11 000 英镑 × 1.80 美元/英镑），相对于期初的 20 000 美元，反而损失了 200 美元。这样，尽管以英镑计算的收益率为正的 10%，但由于汇率变动，当以美元计算时，收益率就变成了负的 1%。

将上例推广到一般情况。设 E_0 为期初汇率（2 美元/英镑），那么 20 000

美元相当于 20 000/E_0 英镑。一年后将增值为 (20 000/E_0)[1 + r_f(UK)]。其中 r_f(UK) 表示英国的无风险利率。期末时汇率变为 E_1，英镑收入最终要兑换为美元，则年终美元收入为 20 000(E_1/E_0)[1 + r_f(UK)]。因此，以美元计算时英国国库券的收益率为

$$1 + r(\text{US}) = [1 + r_f(\text{UK})]E_1/E_0 \quad (7\text{-}1)$$

从式 (7-1) 可以看出，以美元计算的收益率等于以英镑计算的收益率乘以汇率的"收益率"。对美国投资者而言，他对英国国库券的投资可以视为无风险投资与风险投资的组合，其中风险投资是指英镑兑美元的汇率风险。在上例中，英镑发生贬值，从每英镑 2 美元跌到每英镑 1.80 美元，英镑投资的汇率损失超过了国库券投资的盈利。

图 7-2 也说明了这一点，图中列出了 2010 年某些国家或地区的股指收

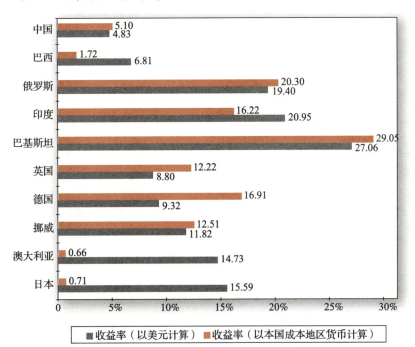

图 7-2　以美元计算与以本国或本地区货币计算的股市收益率

资料来源：Datastream, online. thomsonreuters. com/datastream.

益率。图中有色条块代表本国或本地区货币的收益率,而黑色条块代表经汇率变动调整后以美元计算的收益率,从图中可以清楚看出,此时期汇率变动对某些国家或地区以美元计算的收益率有极大影响。

纯**汇率风险**(exchange rate risk)指的是投资于外国安全资产所承担的风险。在例7-1中进行英国国库券投资的美国投资者所承担的风险仅仅是英镑兑美元的汇率风险。我们可以通过研究不同汇率变化和相关性的历史比率,来评估各国汇率风险的大小。

表7-3a列出了2001~2011年按照主要货币相对美元的汇率月度比率变化计算的历史汇率风险的度量值。数据表明货币风险还是相当高的。比率变动的标准差从9.13%(日元)到13.87%(澳元)不等。而同期美国大量股股票市场的月度收益率标准差为16%。因此,仅仅汇率风险一项就大概达到了股票风险的70%。很明显,如果一个积极的投资经理发现国外某市场的股价被低估,但他并没有任何关于汇率是否被错误定价的信息,当他投资于该国股票时,最好先对该国汇率做套期保值。主要货币的汇率风险在一定时期内是比较稳定的。比如,Solnik(1999)的研究表明,1971~1998年汇率变动的标准差基本是相同的,从4.8%(加元)到12.0%(日元)。

表7-3 美元对于其他世界主要货币的汇率变化2002~2011年 (每月汇率)

a. 标准差(年化%)						
	欧洲(€)	英国(£)	瑞士(SF)	日本(¥)	澳大利亚(A$)	加拿大(C$)
	11.04	9.32	11.94	9.13	13.87	10.04
b. 协方差矩阵						
	欧洲(€)	英国(£)	瑞士(SF)	日本(¥)	澳大利亚(A$)	加拿大(C$)
英国(£)	0.63	1				
瑞士(SF)	0.83	0.51	1			
日本(¥)	0.27	0.08	0.42	1		
澳大利亚(A$)	0.75	0.6	0.61	0.05	1	
加拿大(C$)	0.51	0.49	0.37	-0.02	0.72	1

（续）

c. 利用1个月的 LIBOR 计算的平均年收益率（%）

国家	货币	以当地货币计算的收益率	以汇率变化中期望获利	以汇率变化中实际获利	以美元计算的实际收益率	收益中超预期部分	年平均收益率的标准差
美国	$	2.18			2.18		
欧洲	€	2.38	−0.20	4.38	6.77	4.58	11.04
英国	£	3.51	−1.32	1.09	4.60	2.41	9.32
瑞士	SF	0.90	1.28	6.46	7.36	5.17	11.94
日本	JPY ¥	0.24	1.94	5.75	5.99	3.81	9.13
澳大利亚	A $	5.25	−3.07	7.94	13.19	11.01	13.87
加拿大	C $	2.50	−0.31	5.01	7.51	5.32	10.04

资料来源：Exchange rates：Datastream，online.thomsonreuters.com/datastream；LIBOR rates：www.economagic.com.

在国际投资组合中，部分汇率风险是可以被分散掉的。这一点可以根据表7-3b 中各资本市场间较低的相关系数清楚地看出（尽管其中也有例外，在随后比较套期保值和不套期保值的国家组合的风险时，将会深入观察）。因此，一个持有良好分散化的国际投资组合的消极投资者并不需要百分之百地规避其汇率风险。

表7-3c 列出了不同国家货币市场的收益率，也显示出汇率变动对收益率的影响。尽管投资于当地的货币市场看起来是无风险的，但是考虑到汇率的风险，它们依旧是风险资产。国际投资伴随着货币投机时，应该先粗略地估计风险调整后货币的预期收益。货币投机商的国际资本流动应当与风险调整后的各类货币的预期美元收益同方向。此外，正如表7-3b 所示，大部分汇率风险是可分散化的，因此我们可以预期投资于主要货币的收益率应该是差不多的。

我们可以用一个在这段时间内以日元计价的投资案例来解释下汇率风险。以日元计价的月 LIBOR 年化值为0.24%，相对较低，而以美元计价的LIBOR 则为2.18%，意味着投资者预期日元相对于美元将升值约1.94%，即两国的利差。但是这种预期并没有实现，事实上，日元相对于美元一年升值了 5.75%，以美元计价的日元投资的年化收益率达到了 5.99%（0.24% 的日元利率加上 5.75% 的实际日元升值）。然而，这种程度的实际收益和预期收益的偏差并不让人惊奇。在案例中，日元 LIBOR 投资的"超预期收益（以美元计价）"，即以美元计价的日元投资收益 5.99% 减去以美元计价的 LIBOR 2.18%，二者差值达到 3.81%，但相对于日元收益率高达 9.13% 的标准差而言，这并不算太大。事实上，真正令人感到不可思议的是，表 7-3 中 6 个国家的超预期收益没有一个高于其标准差。

投资者可以利用外汇远期或期货合约来规避汇率风险。外汇的远期合约或期货合约要求以约定的汇率与另外一个投资者交换货币。在这里，回忆下例 7-1，美国投资者会同意以固定的汇率将英镑换为美元，这样就减少了将英镑兑换成美元的风险。

【例 7-2】 对冲汇率风险

如果进行投资时远期汇率为 $F_0 = 1.93$ 美元/英镑，那么通过签订汇率为 1.93 美元/英镑的远期汇率合约以在年末按该汇率兑换 11 000 英镑，美国投资者就可以获得美元计算的无风险收益率。在这个例子中，无风险收益率为 6.15%

$$[1 + r_f(\text{UK})] F_0/E_0 = (1.10) \, 1.93/2.00 = 1.061\,5$$

美国投资者为了锁定无风险的美元收益，既可以在英国投资，需对冲汇率风险，也可以在美国投资无风险资产。由于这两种无风险的投资策略应该产生相同的收益，我们可以得出

$$[1 + r_f(\text{UK})] F_0/E_0 = 1 + r_f(\text{US})$$

整理得

$$\frac{F_0}{E_0} = \frac{1 + r_f(\text{US})}{1 + r_f(\text{UK})} \tag{7-2}$$

这就是**利率平价关系**（interest rate parity relationship），或称为**抛补利息套利关系**（covered interest arbitrage relationship）。

不幸的是，这种完美的汇率对冲通常并不这么简单。在上例中，投资者可以确切地知道在期货市场或远期市场应卖出多少英镑，因为在英国以英镑为单位计算的收益是没有风险的。但如果不是投资英国国库券，而是投资有风险的英国股票，那么投资者就无法知道这项投资以英镑计算的最终价值，也不知道将来会卖出多少英镑，也就是说，由外汇远期合约所进行的套期保值是不完善的。

式 (7-1) 对非对冲投资的一般形式就是

$$1 + r(\text{US}) = [1 + r](\text{foreign}) E_1/E_0 \qquad (7\text{-}3)$$

式中，r（外国）指的是以外国货币投资可能获得的风险收益率。只有在 r（外国）已知的这种特殊情况下，才能进行完美的套期保值。在这种情况下，我们必须在期货市场为现在购买的每单位外币出售 $1 + r$（外国）单位的外币。

政治风险

原则上说，证券分析中的宏观环境分析、行业分析和特定公司分析在各个国家都是相似的。分析的目标都是提供个别证券资产或组合的期望收益及其相应的风险。但是，想要获得关于国外资产的相同质量的信息自然更加困难，且代价更加高昂。不仅如此，错误的或者误导的信息也会带来更大的风险。

让我们看两个投资者：一个美国投资者想要投资印度尼西亚的股票，一个印度尼西亚投资者想要投资美国的股票。这样，两个投资者都要对各自投资国的市场进行宏观分析，这个任务对美国投资者来说更加困难些。当然，并不是说印度尼西亚的投资风险必然高于美国，实际上可以轻易找到很多比印度尼西亚股票更具风险的美国股票。主要区别在于美国的金融市场比印度尼西亚的更加透明。

在过去跨国投资非常少的时候，跨国投资相对于国内投资的额外风险是指政治风险（political risk），并且对它的评估是一门艺术。随着跨国投资数量的增加，各种资源被有效利用起来，分析的质量也得到了很大提高。在这个领域内（竞争相当激烈），领先的组织是 PRS（政治风险服务，Political Risk Services）集团。下面将说明 PRS 的方法。㊀

PRS 的国家风险分析是在综合了各类指标后给出的一个 0（最危险）到 100（最安全）之间的评分。以此把国家分为 5 类：很低风险（100～80）、低风险（79.9～70）、中等风险（69.9～60）、高风险（59.9～50）、很高风险（小于 50）。为了更清楚地说明，表 7-4 列出了 PRS 在 2011 年 1 月出版的《国际国家风险指南》（International Country Risk Guide）上对一些国家的评分。不出意外，挪威荣登榜首，而小型的新兴市场国家索马里垫底（140 名）。与利比亚（第 20 名）和巴林岛（第 29 名）相比，美国的排名（第 32 名）略显平凡，上述三个国家都在低风险国家之列。

表 7-4　2010 年 2 月与 2011 年 1 月的综合风险等级

2011 年 1 月排名	国家	2011 年 1 月综合风险指数	2010 年 2 月综合风险指数	2011 年 1 月对比 2010 年 2 月	2011 年 1 月排名
很低风险					
1	挪威	90.5	90.00	0.50	1
11	德国	83.5	85.50	0.00	5
13	加拿大	82.8	82.75	0.00	6
16	卡塔尔	82.0	81.25	0.75	11
19	日本	81.0	80.00	1.00	17
低风险					
31	英国	77.3	73.75	3.50	39
32	美国	77.0	77.25	-0.25	26
44	巴西	74.5	72.75	1.75	46
68	西班牙	70.0	71.00	-1.00	58

㊀ 你可以在 www.prsgroup.com 找到更多信息，非常感谢 PRS 为我们提供数据与指导。

(续)

2011年1月排名	国家	2011年1月综合风险指数	2010年2月综合风险指数	2011年1月对比2010年2月	2011年1月排名
中等风险					
78	印度尼西亚	68.5	67.25	1.25	81
86	印度	67.3	70.50	-3.25	62
104	埃及	64.5	66.50	-2.00	84
111	土耳其	63.3	63.50	-0.25	100
高风险					
124	委内瑞拉	59.5	53.75	5.75	133
127	伊拉克	58.5	59.25	-0.75	119
129	巴基斯坦	57.3	57.00	0.25	125
很高风险					
138	海地	48.5	49.75	-1.25	137
140	索马里	41.5	36.75	4.75	140

资料来源：*International Country Risk Guide*, January 2011, Table 1, The PRS Group, Inc. Used with permission.

综合风险指标是3个测度值的加权平均：政治风险、金融风险和经济风险。政治风险的评分从100到0，而金融风险与经济风险的评分从50到0。将上述3个测度值相加除以2就得到了综合指标。PRS用于决定3类风险评分的变量如表7-5所示。

表7-5　PRS用于决定风险评分的变量

政治风险变量	金融风险变量	经济风险变量
政府稳定性	外债（占GDP百分比）	人均GDP
社会经济环境	外债服务（占GDP）	真实年度GDP增长
投资情况	经常账户（占出口百分比）	年度通货膨胀率
内部矛盾	进口净流动性	预算结余（占GDP百分比）
外部矛盾	汇率稳定度	经常账户收支（占GDP百分比）
腐败		
军事影响		
宗教矛盾		
法制程度		
种族矛盾		
民主程度		
官员质量		

表7-6按照2011年1月的综合风险评级排序，列出了表7-4中六个国家三项指标的值。在这六个国家中，美国的政治风险排名第三，而金融风险却排名第六。在这方面，美国出奇糟糕的表现可能是由过高的政府赤字和贸易成差造成的，而这又给汇率带来了巨大压力。汇率稳定性、贸易差额和海外债务都计入PRS的金融风险度量。而2008年8月开始的金融危机恰恰验证了PRS的判断。我们最初对美国的排名感到惊讶，其实是由于我们对其评判方法的了解不足。

表7-6 综合评分与单项评分

国家	综合评分		单项评分		
	2010年2月	2011年1月	政治风险（2011年1月）	金融风险（2011年1月）	经济风险（2011年1月）
挪威	90.00	90.50	88.5	46.5	46.0
加拿大	82.75	82.75	86.5	40.0	39.0
日本	80.00	81.00	78.5	44.0	39.5
美国	77.25	77.00	81.5	37.0	35.5
印度	70.50	67.25	58.5	43.5	32.5
土耳其	63.50	63.25	57.0	34.5	35.0

资料来源：*International Country Risk Guide*, January 2011, Table 2B, The PRS Group, Inc. Used with permission.

通过对总指标和它每个成分的情境分析，可以对国家风险有更为深刻的了解。表7-7a和表7-7b分别展示了在1年和5年内总体风险和政治风险可能出现的最好和最坏的情况。风险稳定度就是最好情况的风险值减去最差情况的风险值。最差情况下的风险值可能把一个国家移动到更高的风险分类中。比如说，根据表7-7b 6个国家在最差情况下的风险值，说明土耳其极易受到政治环境恶化所带来的冲击。

表 7-7 综合风险和政治风险预测

a. 综合风险预测

国家	当前评分（2011 年 1 月）	1 年后			5 年后		
		最坏情况	最好情况	风险稳定性	最坏情况	最好情况	风险稳定性
挪威	90.5	88.3	93.3	5.0	83.3	92.8	9.5
加拿大	82.8	78.3	84.3	6.0	75.3	86.5	11.3
日本	81.0	77.0	84.3	7.3	72.5	87.5	15.0
美国	77.0	73.3	80.3	7.0	69.5	83.0	13.5
印度	67.3	64.0	72.3	8.3	57.5	77.0	19.5
土耳其	63.3	57.8	67.5	9.8	53.8	71.5	17.8

b. 政治风险预测

国家	当前评分（2011 年 1 月）	1 年后			5 年后		
		最坏情况	最好情况	风险稳定性	最坏情况	最好情况	风险稳定性
挪威	88.5	88.0	92.0	4.0	86.0	89.5	3.5
加拿大	86.5	83.0	88.5	5.5	81.5	89.5	8.0
日本	78.5	75.5	84.0	8.5	72.0	88.0	16.0
美国	81.5	77.5	85.5	8.0	76.0	87.0	11.0
印度	58.5	55.0	64.0	9.0	53.5	71.0	17.5
土耳其	57.0	52.5	63.5	11.0	51.5	69.0	17.5

资料来源：*International Country Risk Guide*, *January* 2011, Table 3C, The PRS Group, Inc. Used with permission.

最后，表 7-8 给出了政治风险 12 个组成部分的具体评分情况。日本的腐败（变量 F）得分比美国好，而就民主程度（变量 K）而言，美国、加拿大、印度并列第一。

表 7-8 政治风险的组成成分　　　　（2011 年 1 月）

表中列出政治风险组成部分每一项的最高分。最后一列是各国的总分（即把各项得分加总）

政府稳定性	12	军事影响	6
社会经济环境	12	宗教矛盾	6
投资情况	12	法制程度	6
内部矛盾	12	种族矛盾	6
外部矛盾	12	民主程度	6
腐败	6	官员质量	4

(续)

国家	A	B	C	D	E	F	G	H	I	J	K	L	风险评级 (2011年1月)	至2010年 12月的变化
加拿大	8.5	9.0	11.5	11.0	11.0	5.0	6.0	6.0	5.5	3.5	5.5	4.0	86.5	0.5
印度	6.0	4.5	8.5	6.0	9.5	2.0	4.0	2.5	4.0	2.5	6.0	3.0	58.5	-1.5
日本	5.0	8.5	11.5	10.0	9.0	4.5	5.0	5.5	5.0	5.5	5.0	4.0	78.5	-0.5
挪威	7.5	10.5	11.5	11.0	11.0	5.0	6.0	5.5	6.0	4.5	6.0	4.0	88.5	0.0
土耳其	8.5	5.5	7.5	7.5	7.5	2.5	2.0	4.0	3.5	2.0	4.5	2.0	57.0	0.0
美国	8.0	8.5	12.0	10.0	9.5	4.0	4.0	5.5	5.0	5.0	6.0	4.0	81.5	0.5

资料来源：*International Country Risk Guide*, July 2011, Table 3B. The PRS Group, Inc. Used with permission.

PRS每月出版的《国际国家风险指南》在250页左右，包含更多细节，也有其他机构提供类似的服务。因此，如今的投资者在进行国际投资时可以更准确地评估风险。

国际投资：风险、收益与分散化的好处

美国的投资者有多种途径进行国际投资。在实际操作中，尤其对于大机构投资者而言，最简单的方法是直接购买其他国家资本市场上的证券。现在，在国际化的驱动下，中小投资者也开始从这种方式中获利了。

除直接交易外，许多国外公司的股票以美国存托凭证（ADR）的形式在美国市场上买卖。美国金融机构，如银行，可以在公司所在国购买该公司股票，然后以这些股票为基础发行ADR。每份ADR都是对银行所持有的一定数量股票的要求权。有些外国股票在美国既可以直接交易也可以通过ADR进行交易。

还存在很多以国际市场为投资目标的共同基金。除了单国共同基金外，还有很多开放式基金以国际市场作为投资目标。比如，富达基金（Fidelity）的投资集中在海外，主要在欧洲、太平洋地区及有着新兴基金发展机会的发展中国家。而秉承指数化投资策略的先锋基金（Vanguard），

分别发行了欧洲、大洋洲和新兴市场的指数基金。此外还有很多交易所交易基金，比如 iShare 和 WEBS（World Equity Benchmark Shares，这是一种特定国家指数产品）。

美国的投资者也可以交易以外国证券市场价格为标的的衍生产品。比如，他们可以买卖日经指数或伦敦金融时报指数的期货与期权。这两种指数分别由日本证券交易所的 225 种股票与英国、欧洲的股票编制而成。

风险与收益：汇总统计

本章中大部分的讨论都是基于一个国家市场指数收益率的数据库，我们用了 2002~2011 年 48 个非美国的国家市场指数和美国标准普尔 500 指数。这段时间经历了互联网泡沫的破裂、低利率时期的繁荣、随之而来的 2008 年金融危机和金融危机后的缓慢复苏。

研究风险资产时通常考虑相对无风险收益的超额收益，这就增加了国际投资的复杂性，因为各国的无风险收益率都各不相同。当无风险债券用不同货币计价时，同样的一个指数（其他单项资产也是如此）将获得不同的超额收益率。尽管我们的方法是以美国为基础的，但在其他国家依然适用，不同的是当采用其他货币计价的无风险收益率时，我们的收益率会发生变化。

我们研究的这段动荡时期带来了低于预期的平均超额收益率，但主要在发达国家市场，而发展中国家则保持着持续不断的增长。这个现象给我们上了很好的一课：它为我们提供了一个观察市场的极端案例，即投资者的预期反映到现实收益中会非常模糊和不可靠，可能无法提供对未来收益的准确预测。过去的收益确实是对风险的反映，至少是对不久的将来反映。尽管市场有效假说被运用于预测收益（未来的收益不能由过去的收益预测），但是它不能用于预测风险。因此，我们的实践能够帮助我们从与此前预期存在差异的历史收益中更好地区分出哪些能从中习得而哪些不能。

尽管积极的投资经理致力于单个市场资产配置和证券的选择，但我们在进行国际投资时只考虑国家市场指数，成为一种改进版的被动投资策略。不过，我们的分析也阐释了未来主动投资的必要性。

从研究单个市场的特征开始，我们进一步构建多个市场的投资组合，来研究分散化投资的好处。单个市场指数的市值可以在表 7-1 和表 7-2 中看到，以此构建的投资组合如表 7-9a 所示，这一表格还列示了国家指数和地区指数的收益情况。单一国家或地区市场指数的表现在表 7-9b 中。

根据发达国家和新兴市场国家 2002 年年初的市值，我们进行加权，构建了加总的国家市场指数组合。这些组合在 5 年后进行重新调整，即 2007 年的组合是基于 2006 年年底的市值构建的，这一组合将继续持有 5 年（在这 10 年中，股利将进行再投资）。从很大程度上讲，这一策略是可行的，因为大多数（尽管不是全部）国家的市场指数都可以通过该国的指数基金或 ETF 进行投资。一方面，由于并非所有国家的市场指数都可以进行投资，所以这个设想的策略可能比真实可得的策略更分散化投资一点；另一方面，在真实的投资过程中，这个组合中的各资产将因为各国市值的变化而时时改变权重。但事实上，我们仅仅 5 年才调整一次权重，这一定程度上削减了该投资组合分散化的好处。利弊平衡后，我们假设设想的投资组合与实际可得的被动投资组合的表现差不多。

我们还将这些国家市场指数投资组合与区域市场指数投资组合进行了比较，都列示在了表 7-9a 中。我们用标准化后超额收益的平均数和标准差（以美元计价）进行比较，同时我们还用到了相对于美国投资组合的 α 和 β 来衡量。在粗略地对比发达国家和新兴市场国家市场指数的表现后，我们将深入研究这些数据。

表7-9a 市场价值和各国市场指数组合与区域市场指数组合的比较

国家指数投资组合	市值（十亿美元）			2002~2011年（以美元计价的收益）		
	2001	2006	2011	平均	标准差	夏普比率
美国	11 850	15 520	13 917	0.21	4.63	0.044 4
除美国以外的发达国家	10 756	22 065	18 487	0.48	5.48	0.086 9
新兴市场国家	1 230	5 319	5 765	1.35	6.86	0.197 1
发达国家+新兴市场国家	11 987	27 384	24 251	0.61	5.63	0.107 7
美国+发达国家	22 606	37 585	32 403	0.34	4.99	0.068 0
美国+新兴市场国家	13 080	20 839	19 681	0.36	4.94	0.073 6
全球	23 836	42 904	38 168	0.50	5.32	0.094 8
区域指数组合						
摩根士丹利远东指数（欧洲+澳大利亚+远东）=发达国家				0.42	5.41	0.077 1
摩根士丹利新兴国家指数				1.21	7.00	0.173 4
摩根士丹利全球指数（除美国）				0.46	5.41	0.084 1
全球指数				0.31	4.90	0.063 7

资料来源：Datastream.

表7-9b 全球风险与收益　　　　　（2000~2009年）

单一国家或地区市场指数收益	均值	标准差	夏普比率	与美国回归分析				信息比率
				相关系数	贝塔	阿尔法	残差	
发达国家或地区								
美国	0.21	4.63	0.044 4	1	1	0	0	0
澳大利亚	1.17	6.75	0.172 8	0.82	1.20	0.92	3.84	0.24
奥地利	0.78	8.87	0.087 6	0.74	1.42	0.49	6.00	0.08
比利时	0.32	7.47	0.043 4	0.79	1.28	0.06	4.56	0.01
加拿大	0.99	6.33	0.155 7	0.80	1.10	0.76	3.77	0.20
丹麦	0.97	6.48	0.149 6	0.78	1.10	0.74	4.04	0.18
芬兰	0.09	8.93	0.010 1	0.77	1.49	-0.22	5.72	-0.04
法国	0.37	6.76	0.054 8	0.88	1.29	0.11	3.19	0.03
德国	0.58	7.80	0.074 3	0.89	1.49	0.27	3.64	0.08
希腊	-0.51	10.10	-0.050 6	0.66	1.43	-0.81	7.65	-0.11
中国香港	0.74	6.33	0.117 5	0.69	0.94	0.55	4.61	0.12
爱尔兰	-0.37	7.69	-0.047 7	0.79	1.31	-0.64	4.73	-0.13
以色列	0.56	6.19	0.090 4	0.64	0.86	0.38	4.76	0.08
意大利	0.21	7.18	0.029 1	0.82	1.27	-0.05	4.11	-0.01
日本	0.23	4.95	0.046 3	0.56	0.60	0.11	4.11	0.03
荷兰	0.41	6.95	0.058 9	0.88	1.32	0.14	3.32	0.04

(续)

单一国家或地区市场指数收益	均值	标准差	夏普比率	与美国回归分析				信息比率
				相关系数	贝塔	阿尔法	残差	
新西兰	0.97	6.22	0.1554	0.67	0.90	0.78	4.64	0.17
挪威	1.35	8.98	0.1507	0.78	1.51	1.04	5.68	0.18
葡萄牙	0.35	6.74	0.0524	0.73	1.06	0.13	4.63	0.03
新加坡	0.99	6.71	0.1475	0.75	1.09	0.77	4.43	0.17
西班牙	0.76	7.53	0.1009	0.79	1.29	0.49	4.62	0.11
瑞典	0.94	8.01	0.1177	0.86	1.49	0.64	4.11	0.16
瑞士	0.60	5.04	0.1194	0.79	0.86	0.42	3.10	0.14
英国	0.38	5.29	0.0725	0.87	1.00	0.18	2.60	0.07
新兴市场国家或地区								
阿根廷	1.32	11.05	0.1191	0.44	0.44	1.05	1.10	0.96
巴西	2.10	10.86	0.1931	0.71	0.71	1.66	1.76	0.94
智利	1.46	6.69	0.2179	0.63	0.63	0.91	1.27	0.72
中国大陆	1.37	8.13	0.1683	0.62	0.62	1.10	1.14	0.96
哥伦比亚	2.95	8.76	0.3367	0.53	0.53	1.00	2.74	0.36
捷克	2.06	7.93	0.2593	0.62	0.62	1.06	1.84	0.58
埃及	2.17	10.29	0.2111	0.40	0.40	0.89	1.99	0.45
匈牙利	1.25	10.78	0.1155	0.70	0.70	1.64	0.91	1.80
印度	1.53	9.13	0.1676	0.62	0.62	1.21	1.28	0.95
印度尼西亚	2.77	10.01	0.2766	0.54	0.54	1.17	2.53	0.46
约旦	0.59	6.32	0.0932	0.28	0.28	0.38	0.51	0.75
马来西亚	1.07	5.27	0.2033	0.59	0.59	0.67	0.93	0.71
墨西哥	1.28	7.09	0.1809	0.83	0.83	1.27	1.02	1.24
摩洛哥	1.18	6.01	0.1970	0.31	0.31	0.41	1.10	0.37
巴基斯坦	1.87	10.09	0.1849	0.14	0.14	0.31	1.80	0.17
秘鲁	2.53	9.54	0.2655	0.52	0.52	1.08	2.31	0.47
菲律宾	1.27	7.37	0.1725	0.48	0.48	0.77	1.11	0.69
波兰	1.19	10.24	0.1162	0.75	0.75	1.65	0.85	1.94
俄罗斯	1.50	10.30	0.1457	0.61	0.61	1.35	1.22	1.10
南非	1.61	7.93	0.2031	0.68	0.68	1.16	1.37	0.84
韩国	1.34	8.76	0.1526	0.75	0.75	1.41	1.05	1.35
斯里兰卡	1.82	10.92	0.1663	0.19	0.19	0.45	1.72	0.26
中国台湾	0.52	7.44	0.0697	0.70	0.70	1.12	0.29	3.86
泰国	1.92	8.34	0.2298	0.57	0.57	1.03	1.70	0.61
土耳其	1.66	13.14	0.1267	0.59	0.59	1.67	1.32	1.27

资料来源：Datastream, online.thomsonreuters.com/datastream。

> 华尔街实战

指数基金 WEBS 降低了境外投资的成本

随着近些年来境外市场的发展，一种投资境外市场的新方法适时出现了。WEBS 是指一种特定国家或地区指数产品，投资于通过精选后的一个国家或地区的股票组合。每个 WESB 系列指数基金都试图寻找一个与摩根士丹利指数的价格和收益率相对应的投资组合。

当投资者想要卖掉这一投资产品时，他卖出的是一系列股票而不是直接赎回该基金，这类似于封闭式基金到期时的情况。WEBS 是一系列证券的组合，它的交易类似于美国股票的交易，这不同于共同基金的交易，因为共同基金的份额不能在二级市场上交易，只能按照每天闭市时的基金价值进行申购和赎回。由于 WEBS 基金进行大量的买入卖出，所以投资者不用担心像封闭式基金一样有较高的溢价或者折价。作为市场指数的投资组合，WEBS 基金属于被动管理式，相应地，它们的管理费率低于开放或者封闭式基金的费率。

WEBS 基金给投资者创建了一个针对某一境外市场买卖股票的机会。不同于美国的存托凭证（ADR）只能让你投资一家公司，WEBS 基金可以给投资者提供投资一个国家或地区股票组合的机会，让投资者在拥有一个或多个境外市场股票头寸的同时，免去买入和直接管理股票资产的麻烦，同时投资者可以通过外汇的方式直接用美元进行交易。

一些投资者可能更喜欢主动管理型、分散程度高、流动性强的开放式国际权益投资基金以减少境外投资的汇率和政策风险。开放式基金虽然方便，但当境外股票波动较大时，可能面临着因为基金赎回而被迫卖出股票的风险。

当买入或卖出 WEBS 时，你将支付交易费用，由于它们是被动管理型，管理费率相对较低，同时也省去了大部分普通基金交易时应付的交易费用。

指数篮子

WEBS	股票代码	WEBS	股票代码
澳大利亚	EWA	马来西亚	EWM
奥地利	EWO	墨西哥	EWW
比利时	EWK	荷兰	EWN
加拿大	EWC	新加坡	EWS
法国	EWQ	西班牙	EWP
德国	EWG	瑞典	EWD
中国香港地区	EWH	瑞士	EWL
意大利	EWI	英国	EWU
日本	EWJ		

资料来源：Modified from *The Outlook*, May 22, 1996, published by Standard and Poor's; and Amex website, www.amex.com, February 2000.

投资新兴市场的风险更大吗

在图7-3中，发达国家或地区和新兴市场国家或地区都是按照标准差由小到大排列的。新兴市场国家或地区的标准差与发达国家或地区的标准差绘制在同一图中。作为全部组合来看，当我们用收益的波动性来衡量风险时，新兴市场风险明显大于发达市场，尽管你也能发现一些新兴市场比一些发达市场看着更加安全。当然，若投资者考虑将一个境外市场指数加入一个美国指数的投资组合，就要考虑该国或该地区市场的相对风险，就要衡量其相对于美国市场的 β 数。⊖

图7-4 按照各国或地区指数收益相对美国指数收益的 β 大小进行排序。图中6个发达市场和8个新兴市场的 β 小于1，注意到，这仅占48个国家或地区的1/3。一个有效分散的国际投资组合应该比仅投资美国资产的风险

⊖ 加入一个资产能够减少一个组合的标准差的充分条件是这个资产相对组合的 β 小于1。

更小,同时比所有国家的标准差都要小。但这并不是说,一个方差较大的国际投资组合就是差的。事实上,如果无风险资产是可得的,最小方差组合永远不是最优的(它们由最大化夏普比率、切线的斜率、投资组合的有效边界决定)。但是,一个有效的国际投资组合必须有一个较大的平均收益率以获得一个较大的夏普比率。

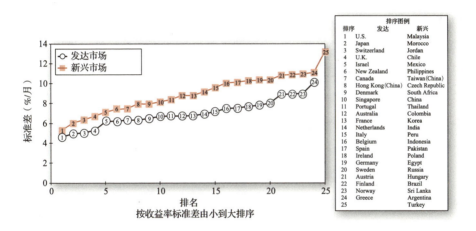

图 7-3 2002~2011 年发达市场与新兴市场月度超额收益率的标准差

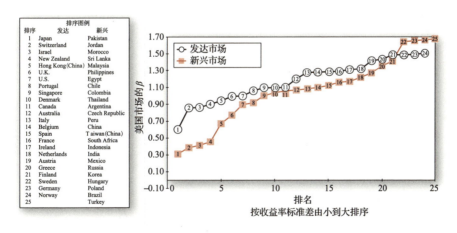

图 7-4 2002~2011 年发达市场和新兴市场指数美元收益率对美国市场的 β

图 7-4 中发达市场和新兴市场 β 的比较表明，与上图的标准差的结果相比，新兴市场风险对于美国投资者而言并没有比发达市场风险大很多，这也是这一系列对比给我们的最大收获。

新兴市场的平均收益率更高吗

图 7-5 按照 2002～2011 年市场的平均超额收益率将市场排序，新兴市场显示出了明显的优势。在这 49 个市场中，只有两个发达国家或地区市场收益率低于无风险资产收益率，考虑到这些市场的波动性，这一现象并不正常。一部分原因是美元在这些年的走弱，当我们用当地货币衡量超额收益率时，8 个发达国家或地区市场的收益率低于美国 10 年期国债的收益率。此外我们还发现，β 较小的国家（如巴基斯坦）比 β 较大的，甚至 β 最大的国家（土耳其）有着更高的收益率。尽管新兴市场的 β 不是很高，但新兴市场的平均收益率显著高于发达市场的平均收益率，意味着在这段时间中，新兴市场较之发达市场能够使得投资组合更加有效分散。

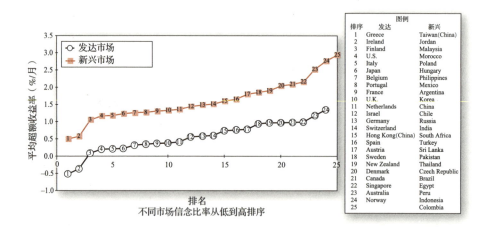

图 7-5　2002～2011 年发达市场与新兴市场平均超额收益率

我们不必对这一结果太过惊讶。回忆下过去 120 个月收益率的标准差

SD(10年平均) = SD（月平均标准差）/√120，巴基斯坦10年期平均月度收益标准差约为0.92%，而土耳其则为1.20%。当这两个国家的标准差向相反方向分别偏离一个标准差的时候，就会产生2.12%的差距，但其10年期月度平均收益率的差距仅为0.21%。这个结论我们之前也提到过，即使是长达10年以上的期限，我们也无法对实现的平均收益进行很好的解读。

投资者会本能地想要估计下各个市场的α或者信息比率来看它们是不是显著异于零。如果没有正的α，我们不能说一个资产有很好的市场表现。而信息比率衡量的是如果一个市场指数按照最优的比例加入一个美元指数组合后，组合夏普比率增长的幅度。

图7-6显示新兴市场国家或地区的信息比率整体上优于发达市场国家或地区，主要是因为八个受金融危机影响较大的发达国家或地区市场的糟糕表现和四个主要新兴市场的较好表现。其他36个国家或地区的表现并不能很好地区分。再次重申，考虑到较高的波动性，48个国家或地区中8个发达市场和4个新兴市场的表现也没有什么令人惊讶的。

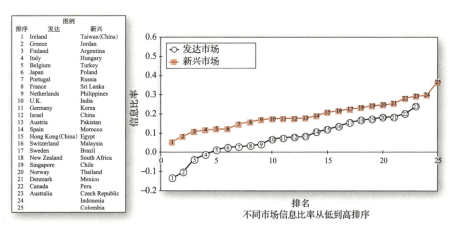

图7-6　2002~2011年发达市场与新兴市场以美元计价的信息比率

令人震惊的是美国市场的表现,从表7-9a中我们看到,尽管美国市场的标准差是最小的,但夏普比率依然排名比较靠后。这可能是由金融危机或者美国在国际经济地位上的下降导致的,这从美元的不断贬值中可以看出。[1]为了验证第二种可能性,我们比较了发达市场和新兴市场以本币计算的收益率。因为美国投资者可以通过对冲的方法获得这些收益率。

汇率风险对于国际投资重要吗

表7-3表明不同国家之间的汇率变化十分不同,在图7-7至图7-10中,我们比较了用美元和当地货币衡量的收益率与标准差、β系数以及平均超额收益和信息比率的关系。图7-7和图7-8讨论的是风险问题,两种测度都显示以本币计价的收益率的风险明显低于以美元计价的收益率。当用β系数比较时,两者之间的差距(至少在这10年间)是非常显著的。需要提醒的是,这一结果是在只有一个境外指数加入美国的投资组合时才适用,如果考虑更多元化的投资,相对风险可能会改变。

在构建国际投资组合时,经常需要考虑对冲汇率风险以降低组合的整体风险。然而是否需要对冲某种外币的决策也是积极管理国际投资组合的一部分。如果一个投资组合经理认为美元相对某国货币被高估了,那么对该货币敞口进行对冲,若正确的话,可以提高组合的美元收益。这个决策的潜在收益取决于这一国或地区投资在组合中的比例。如果仅对投资组合中的一国或地区外币进行上述操作,对组合整体的风险并没有太大影响。但是如果投资经理预期美元相对于大部分或全部货币都是高估的时候呢?在这种情况下,对所有外币敞口进行对冲的"豪赌"将对组合整体的风险产生很大的影响。与此同时,如果这个决策是正确的,如此大的头寸将带

---

[1] 美元的贬值偶尔会因为国际金融危机而中止,国际金融危机使得美元成为一项相对安全的投资。

来一笔巨额的收益。

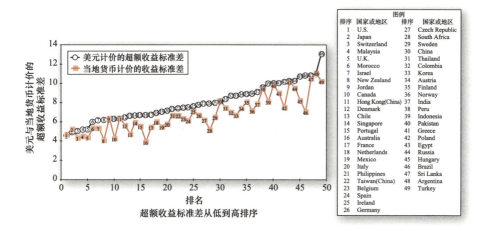

图 7-7　2002～2011 年以美元和当地货币计价的超额收益标准差

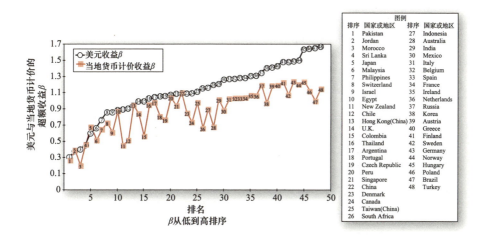

图 7-8　2002～2011 年以美元和当地货币计价市场 β

图 7-9 和图 7-10 显示以美元计价的超额收益和信息比率稍好于以本币计价情况。既然以本币计价调整风险后的收益并没有优于以美元计价的，我们可以得出结论，新兴市场的优秀成绩受益于本国或本地区经济的良好

表现，不仅仅是因为美元的贬值。

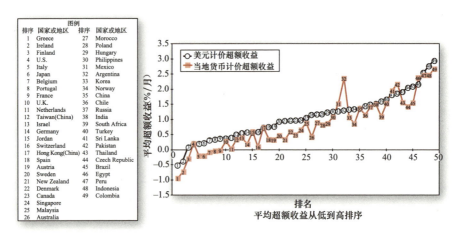

图 7-9　2002～2011 年以美元和当地货币计价平均超额收益

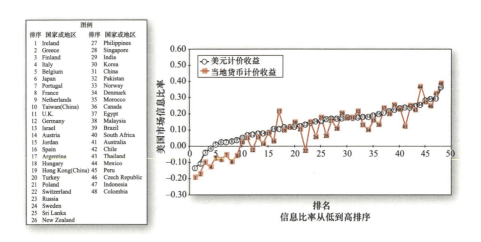

图 7-10　2002～2011 年以美元和当地货币计价信息比率

国际分散化的好处

表 7-10 向我们讲述了一个国际分散化投资的故事。首先，它告诉我们市场之间的相关系数在稳步上升。从 20 世纪 60 年代末到 2011 年，16 个

国家或地区中只有4个国家或地区与美国的相关系数保持稳定，剩下的都有了显著的上升。在最近这10年，全球市场（除了美国）与美国市场的相关系数达到了0.90。因此，分散化投资的好处主要来源于与其他国家或地区相关系数（各国或地区之间的相关系数以及和美国市场的相关系数）较低的市场。表7-9b告诉我们，这些主要是新兴市场。

表7-10 境外资本市场收益率与美国市场的相关系数（以美元计价的超额收益）

	2002~2011年	1967~2001年		2002~2011年	1967~2001年
全球	0.97	0.95	加拿大	0.80	0.82
全球（除美国）	0.90	NA	西班牙	0.79	0.65
德国	0.89	0.75	瑞士	0.79	0.65
荷兰	0.88	0.71	比利时	0.79	0.46
法国	0.88	0.70	丹麦	0.78	0.67
英国	0.87	0.83	挪威	0.78	0.63
瑞典	0.86	0.73	奥地利	0.74	0.46
澳大利亚	0.82	0.71	中国香港地区	0.69	0.67
意大利	0.82	0.55	日本	0.56	0.58

注：NA = 不可得

资料来源：Datastream online. thomsonreuters. com/datastream；1970-1989：Campbell R. Harvey, "The World Price of Covariance Risk," *Journal of Finance* 46 (March 1991), issue 1, pp. 111-58.

为了衡量国际分散化投资的价值，我们回到最开始研究组合的标准差的地方，也就是表7-9a。我们发现不管往美国国内资产的投资组合中加入全球市场或是新兴市场，组合的标准差都上升了，这是因为海外市场的较大标准差并没有因为新兴市场与其他市场较低的相关性而抵消。

然而，分散化投资的目的不仅仅是减少风险，更重要的是增加夏普比率。这里我们看到，在任何资产配置中，国际组合投资的夏普比率都要高于美国市场的夏普比率。即使不考虑是发达市场还是新兴市场，全球组合投资的夏普比率都要比美国市场的高。运用更直接的 M^2 测度（见第6章），投资全球市场组合的优势每年是284个基点。即使是分散化程度最低的全球 ETF 组合，其每年获得的风险调整后的溢价是 107 个基点。

华尔街实战

投资者遇到的挑战：市场似乎太关联了

投资界有一条黄金准则：将你的钱分散化投资到不同的资产——股票、基金、债券、商品——它们的价格不同步变化。但是这条准则越来越难以遵守了。

最近的研究发现，一系列过去价格升降不一致的资产现在开始越来越相关了。以最近几周经历过山车的新兴市场股票为例，用于反映新兴市场的摩根士丹利远东指数最近与标准普尔 500 指数的相关系数为 0.96，6 年前，相关系数还只有 0.32。

这给投资者带来了一个困扰：怎样才能构建一个足够分散化的投资组合，使得其中的资产价格不同时变化呢？

最近相关系数上升的趋势并不意味着投资者就应该放弃他们现在的投资组合。安博特资产管理公司首席经济学家艾兹拉提说这只是表明他们不再能够拥有与过去一样分散化的投资组合了。他补充到，经过较长的一段时间，大概几十年，多样化的资产开始出现聚集现象。

对于相关系数上升的一种解释是全球化程度的提高，使得各国之间的经济变得相互依赖。理柏资深分析师托内荷认为国际化的股票，即使它们现在的相关系数很高，也值得进行长期投资。一些人认为这种高相关性只是暂时的现象，他们预计一年或几年后，多元化将回归，而托内荷就是其中一员。

资料来源：Shefail Anand, "Investors Challenge: Markets Seem Too Linked," *The Wall Street Journal*, June 2, 2006, p. C1. © 2006 Dow Jones& Company, Inc. All rights reserved worldwide.

因此，这些数据很好地说明了尽管相关系数在不断上升，持有一个被动的全球 ETF 也比仅投资美国市场组合要好。图 7-11 通过比较随机选取的全球股票组合与只有一个股票的组合（基于 1995 年的相关系数）向我们展示了多元化投资的好处。这个例子并没有为分析国际分散化投资的价值提供多大的帮助，因为多元化投资的好处并不归功于标准差的降低，而应归功于风险调整后收益的增加。

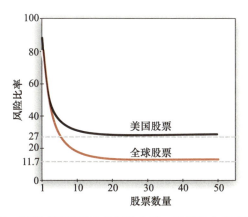

图 7-11　国际多元化组合的标准占单一股原组合标准差的比例

资料来源：B. Solnik, "Why Not Diversify Internationally Rather Than Domestically." *Financial Analysts Journal*, July/August 1974, pp. 48-54. Copyright 1995, CFA Institute. Reproduced and republished from *Financial Analysts Journal* with permission from the CFA Institute.

分散化投资好处的误导性表述

构建有效投资组合的基本技术是有效边界理论。一条有效边界是通过期望收益与估计的收益协方差矩阵计算出来的。这条边界加上现金资产构成资本配置线，完整的有效投资组合集合在前面已述及。有效分散化的收益反映在有效边界的弯曲程度上。其他因素相同时，股票之间的协方差越低，有效边界的弯曲程度越大，那么对于任何期望收益来说，风险降低也就越多。目前为止，一切都看起来不错，但是如果我们用样本期内已实现平均收益代替期望收益来构建有效边界，曲线又会怎样？

事后有效边界（根据已实现收益得到）描述了仅有一个投资者的投资组合，且该投资者是一个相当有洞察力的人，他准确预测出了所有资产的平均已实现收益，并准确估算出了样本期内所有资产的协方差矩阵。很明显，这样的投资者根本不存在。对于其他缺乏超凡洞察力的投资者而言，这种边界只具有业绩评估方面的意义。

在这个股价急剧波动的世界中，有些股票能实现巨额的未预期平均收益。这种巨大的"潜力"会体现于事后有效边界上。而这种潜力会放大分散化带来的收益。这种（难以预测的）潜力已在第6章中详细叙述。对于真实投资者而言，把这种潜力作为未来投资的工具是没有意义的。

国际分散化带来的实际收益

尽管用已实现收益来预测未来收益有很强的误导性，但是已实现收益在预测风险方面用处颇大。理由有二：第一，市场有效（至少是近似有效）意味着股价难以精确预测，但并没有说风险不能精确预测；第二，在统计上，根据实证数据得出的标准差、相关系数等的误差要远远小于根据期望值得出的。因此，利用已实现收益估计的风险可以比较好地代表分散化的好处。

图7-12表示了用已实现平均收益率得到的25个发达国家股指的有效边界，包括卖空和不卖空的情况。尽管事后有效边界排除了卖空的情况，但仍然极大地夸大了分散化的好处。不幸的是，这种误导性的有效边界仍然经常出现在各类文献和课本中来说明分散化的好处。

引入合理的预期均衡收益就可以对分散化进行更合理的描述。由于缺乏优质信息，所以期望收益率最好建立在对资产合适的风险评估上。资本资产定价模型（CAPM）告诉我们要使用股票而非全球投资组合的 β 值。为了构造出所有资产的预期超额（相对于无风险利率）收益率，我们把预期超额收益率定位在了全球投资组合上。将全球组合的预期超额收益率乘

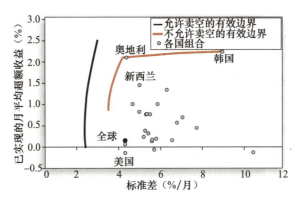

图7-12 2001～2005年各国投资组合的事后有效边界

以各资产的 β 值就得到该资产的预期超额收益率。这种处理使得全球投资组合一定在有效边界上,并且是全球资本市场线与有效边界的切点。而有效边界并不会受到全球组合超额收益估计的影响。一个更高的估计值只会把曲线向上移动。

我们用实际收益估算风险值,并且对卖空进行限制。我们假设全球组合的预期超额月收益率是0.6%,用 β 计算各个市场的期望收益率,这个超额收益在过去50年的平均收益线上。而改变这个估值不会从本质上影响图7-13的结果(与图7-12同比例绘制)。本图仅仅利用发达市场的数据就体现了国际分散化所带来的显著好处,加入新兴市场后必然进一步提升这个优势。

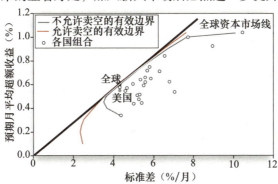

图7-13 各国投资组合的有效边界(全球月预期超额收益率为0.6%)

熊市中国际分散化还会带来好处吗

一些研究表明在资本市场动荡时期,国家组合投资收益之间的相关性将增大。㊀ 如果是这样,那么分散化的好处在最需要的时候就会消失。比如,罗尔(Roll)对1987年10月股市崩盘的研究表明,所有23个对象国家的指数在10月12日~26日期间都发生了下跌。㊁ 这种相关性体现在图7-14中区域性指数的变动中。罗尔发现一国指数对世界指数的 β 值(在崩盘前估计得出)是对美国股市10月崩盘最好的预测器。这就揭示了全球股价变动背后一个广泛的因素。这个模型认为宏观的冲击会影响到所有的国家,因此,分散化只能减轻各国特殊事件的影响。

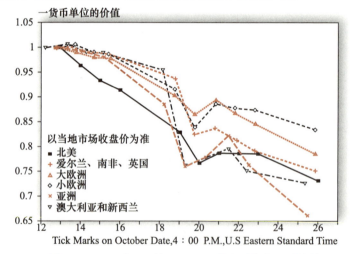

图7-14 1987年10月14~26日崩盘时期的区域指数

资料来源:Richard Roll, "The International Crash of October 1987," *Financial Analysis Journal*, Sep- Oct 1988. Copyright 1988, CFA Institute. Reproduced from *Financial Analysis Journal* with permission from CFA Institute. All right reserved.

㊀ F. Longin and B. Solnik, "Is the Correlation in International Equity Return Constant: 1960-1990?" *Journal of International Money and Finance* 14 (1995), pp. 3-26; and Eric acquier and Alan Marcus, "Asset Allocation Models and Market Volatility," *Financial Analysts Journal* 57 (March/April 2001), pp. 16-30.

㊁ Richard Roll, "The International Crash of October 1987," *Financial Analysts Journal*, Sep-Oct 1988.

2008年全球股市的崩盘也提供了一个检验罗尔理论的机会。图7-15中的数据包括1999~2008年和2008年危机发生前4个月的平均月收益率,以及关于美国的β和各指数的标准差。从图中可以看出,对于美国的β和国家指数的标准差都可以解释危机时期和正常时期收益率的差别。市场在1987年的表现,即在极坏行情下相关性会提高,在2008年重复出现了,这验证了罗尔的预言。

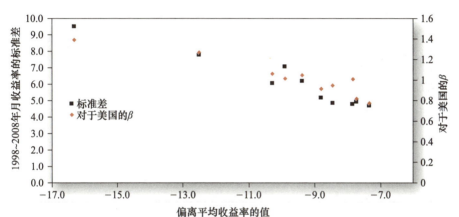

市场	平均月收益率:1999~2008年	平均月收益率:2008年9~12月	距离均值的偏差	关于美国的贝塔	标准差
美国	-0.47	-8.31	-7.84	1	4.81
全球除美国外六大市场	-0.16	-7.51	-7.35	0.77	4.71
欧盟发达市场	-0.05	-10.34	-10.29	1.06	6.08
其他欧洲发达市场	0.14	-7.59	-7.73	0.82	4.95
澳大利亚+远东	0.10	-9.29	-9.38	1.04	6.21
新兴远东+南非	0.20	-9.70	-9.90	1.01	7.10
新兴拉美	0.80	-11.72	-12.52	1.27	7.83
欧洲新兴市场	0.90	-15.43	-16.32	1.38	9.54
全球除去美国(48个国家)	0.01	-8.79	-8.81	0.91	5.19
世界组合	-0.15	-8.60	-8.45	0.94	4.88

图7-15 2008年9~12月β和月收益率标准差偏离1998~2008年均值情况

资料来源:本书作者的计算。

国际分散化潜力评估

首先我们来看看希望持有大量消极投资组合的投资者。他们致力于以最小的代价取得最大的分散化效果。消极投资是简单明了的：它依赖于市场有效性确保广泛的股票投资组合具有最佳的夏普比率。具体做法是估计最佳风险投资组合的均值与方差，在你愿意承受的风险水平下进行资产配置以实现期望收益最高。但是现在，消极投资者必须考虑是否在自己的母国指数组合中加入国际成分。

假设消极投资者依赖有效市场和全球的资本资产定价模型，那么全球市值加权的组合就是最优的。遵守这个简明的理论结果也是有效的。摩根士丹利资本国际（MSCI）和世界指数（ACWI）的指数基金都可以说明这一点。2002~2011 年，该投资组合与美国指数投资组合的业绩如下表（利用表 7-9 中的月收益）。

投资组合	摩根士丹利资本国际	美国指数
平均收益率（%）	0.31	0.21
标准差（%）	4.90	4.63

这个结果发人深省。首先，我们发现美国股票组合的风险相对较低，尽管美国投资组合可能处在世界有效边界的内侧，比世界投资组合具有更低的夏普比率，但是它比充分分散化的世界投资组合的风险更低。

当我们意识到上述数据不支持全球 CAPM 时，事情就变得复杂了，因为我们无法确保全球投资组合就是最有效的。我们可以发现，高标准差的国家或地区倾向于有高收益率，因此一个消极投资者期待找出一些简单的规则，用以加入少量的国家或地区（通过国际指数基金的各种组合）来淡化单一国家或地区高标准差的劣势并且提高整个投资组合的夏普比率。在下述三条规则中，我们从美国投资者的角度出发，利用美元计收益。我们基于市场资本化率来添加国家或地区的原因有二：①所得的投资组合至少比较接近理论上的有效组合；②任何外国或地区投资组合的权重都不能过大。我们根据已包含国家或地区的数目和总组合占全球的比例来估计日益分散的投资组合的风险。

三条筛选国家或地区指数的简单规则如下：

（1）股票市值规模（从高到低）。这条规则源于全球 CAPM 中的最优组合是以资本化加权的。

（2）关于美国的 β（从低到高）。这条规则致力于降低与高风险国家有关的风险。

（3）国家指数标准差（从高到低）。这条规则源于高标准差往往带来高收益率，而通过分散化降低单个国家或地区的风险。

这些规则显示了国际分散化的潜在风险与收益。其结果显示在表 7-11 和图 7-16 中。先看图 7-16a，鲜明展示了组合标准差随着三条规则分散化的进程。很明显，按从低到高的 β 顺序添加组合（或者按照美国市场的协方差），在这 12 个国家或地区的标准差都大于美国的情况下，仍然迅速降低了组合风险。但是，当充分分散化后，再加入大波动的股指实际上会提高标准差。正如预料，按照标准差的顺序添加国家或地区（这次为了提高期望收益率，是从高到低的顺序）则会得到最大的标准差。

表 7-11 依分散化程度排列的国际组合标准差

	组合成分	占全球组合比重	占美国组合比重	标准差	平均收益率
	a. 按照市值添加				
1	只有美国	0.33	1	5.17	-0.20
2	加日本[①]	0.42	0.79	4.95	-0.24
3	加英国[①]	0.49	0.67	4.97	-0.20
4	加法国[①]	0.54	0.61	5.02	-0.16
5	加加拿大[①]	0.58	0.57	5.07	-0.10
6	加中国香港[①]	0.62	0.54	5.06	-0.07

(续)

组合成分		占全球组合比重	占美国组合比重	标准差	平均收益率
a. 按照市值添加					
7	加德国①	0.65	0.51	5.11	-0.06
8	加巴西①	0.68	0.49	5.19	0.03
9	加澳大利亚①	0.71	0.46	5.19	0.07
10	加瑞士①	0.74	0.45	5.18	0.08
11	加中国大陆①	0.76	0.44	5.19	0.10
12	加中国台湾①	0.77	0.43	5.19	0.10
13	加荷兰①	0.78	0.42	5.20	0.10
b. 按照 β 添加					
1	只有美国①	0.33	1	5.17	-0.20
2	加巴基斯坦①	0.33	1.00	5.16	-0.20
3	加马来西亚①	0.34	0.98	5.12	-0.18
4	加日本①	0.43	0.78	4.85	-0.22
5	加菲律宾①	0.43	0.77	4.84	-0.22
6	加葡萄牙①	0.43	0.77	4.84	-0.22
7	加智利①	0.44	0.76	4.83	-0.20
8	加以色列①	0.44	0.75	4.83	-0.19
9	加中国香港①	0.48	0.70	4.83	-0.15
10	加瑞士①	0.50	0.66	4.81	-0.12
11	加哥伦比亚①	0.51	0.65	4.82	-0.10
12	加英国①	0.58	0.57	4.84	-0.09
13	加新西兰①	0.58	0.57	4.84	-0.09
c. 按照标准差添加					
1	只有美国	0.33	1	5.17	-0.20
2	加土耳其	0.34	0.98	5.25	-0.18
3	加阿根廷	0.34	0.98	5.25	-0.17
4	加俄罗斯	0.36	0.93	5.39	-0.08
5	加印度尼西亚	0.36	0.92	5.41	-0.05
6	加巴基斯坦	0.36	0.92	5.40	-0.05
7	加巴西	0.39	0.84	5.66	0.10
8	加芬兰	0.40	0.83	5.69	0.10
9	加波兰	0.40	0.83	5.70	0.11
10	加匈牙利	0.40	0.83	5.70	0.11
11	加韩国	0.42	0.79	5.80	0.15
12	加印度	0.44	0.74	5.87	0.22
13	加泰国	0.45	0.74	5.87	0.23

(续)

组合成分	占全球组合比重	占美国组合比重	标准差	平均收益率
d. 用不同加权方法加权所有国家或地区的组合				
平均加权	0.99	0.33	6.14	0.76
按照市值	0.99	0.33	5.60	0.27
全球组合的实际收益②	1.00	0.33	5.34	-0.01
最小方差组合——无卖空	0.99	0.33	4.14	0.02
最小方差组合——无限制	0.99	0.33	2.21	0.32

①组合按照市值加权。
②所有国家或地区（这里忽略了五个）按照市值加权。

图 7-16b 表明，按照标准差的顺序加入组合也会增大平均收益率。按照 β 加入组合也会增大平均收益率，至少对于低 β 国家或地区而言如此，这意味着至少在一定程度上，国际 CAPM 影响了资产定价。

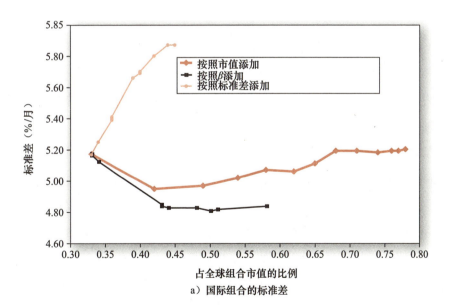

a）国际组合的标准差

图 7-16 2000～2009 年国际投资的平均收益率

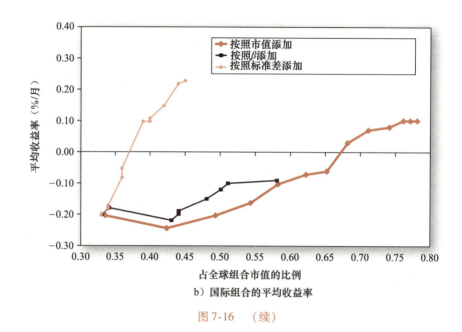

b）国际组合的平均收益率

图7-16 （续）

这一结论说明：首先，为分散化付出了代价，回报就是风险的减小。其次，即使有强烈的母国偏见，协方差风险仍然在国际上占有一席之地。我们也看到世界各国或地区对风险的厌恶是类似的：高标准差的国家或地区对应着高收益率。

表7-11d考虑加入了更加完善的国际分散化组合的收益与风险。首先看到平均加权的组合相比风险最大，与此同时，由于该组合将高风险、高收益国家或地区的组合赋予了过高的权重，它也有更高的平均收益率。另一个极端是限制与不限制卖空时的最小方差组合。没有卖空限制时，标准差可以达到惊人的2.21%，比最小方差国家（美国）的一半还小。但是这个组合恐怕并不可行，因为它有22个空头，其中最大的达到-15%（瑞典）。当限制卖空时，标准差就提高到了4.14%，与市值加权的组合相比，改善有限。此外，这些组合比例也是不可行的，它包括27%在马来西亚，而美国只占7%。

表7-11中一个有趣的现象是世界指数（ACWI）的平均收益率低于44个国家或地区投资组合的平均收益率。这个不同源于MSCI国家指数组合并非市值加权，而是产业加权组合，从而给予大型股票更大的权重。由于2000~2009年小型股票业绩更佳，ACWI投资组合的收益率自然会降低，但是这并非必然现象，也就是说，未来并非一定如此。

国际化投资及业绩归因

国际分散化对消极投资者带来的好处可能是温和的，而对于积极投资者而言，它提供了巨大的机遇。国际投资需要在更多领域进行专业化的分析：货币、国家和产业分析以及更广泛的股票选择。

构建一个境外资产的基准组合

不论积极还是消极的国际投资，都需要一个基准组合（基准收益）。一个常用的非美国股票指数是摩根士丹利资本国际集团编制的**欧洲、澳大利亚与远东指数**（European, Australian, Far East index, EAFE）。此外还有第一波士顿公司、高盛公司等公布的其他几个世界性的股票指数。模仿甚至是复制这些具有国家、货币、公司代表性的指数的组合是纯国内消极股权投资策略的明显延伸。

在国际环境中容易产生的一个问题是制定世界指数时选择市值加权方法的合理性问题。尽管这种方法与最普通的方法很不一样，也远非至今最为普遍的方法。但是，有人认为它并不是最好的方法。这部分是因为不同国家或地区的上市公司中各板块占有不同的比例。

表7-12列出了1998~2001年EAFE指数反映国家/地区股票市场市值与GDP分别占EAFE国家或地区总值和总GDP的比例。该数据展示了各国/地区市值规模与GDP之间极大的不一致。由于股票市值是存量数值

（某一时间点的股权总价值），而 GDP 是流量数值（一整年内产品与服务的价值），我们预计股票市值波动更大，而且一定时期内股份的相对份额也会有更大的波动。但是，有些差异是持续性的。比如，2011 年中国香港股票市值是其 GDP 的 8 倍，而德国的股票市值远小于其 GDP。这些差异说明中国香港比德国有更多的经济活动是由公开上市公司主导的。

表 7-12 EAFE 指数国家/地区的权重情况

国家/地区	2011 占 EAFE 国家/地区总市值百分比（%）	2011 占 EAFE 国家/地区总 GDP 百分比（%）	1998 占 EAFE 国家/地区总市值百分比（%）	1998 占 EAFE 国家/地区总 GDP 百分比（%）
日本	21.1	23.7	26.8	29.1
英国	17.9	9.8	22.4	10.5
法国	9.3	11.1	7.2	10.7
德国	7.5	14.2	8.9	15.8
瑞士	6.8	2.3	6.0	1.9
意大利	2.9	8.9	3.9	8.8
荷兰	2.4	3.4	5.9	2.9
中国香港	8.8	1.0	4.0	1.2
澳大利亚	6.7	4.0	2.9	2.7
西班牙	3.5	6.1	2.7	4.3
瑞典	2.8	2.0	2.4	1.8
芬兰	0.9	1.0	0.7	1.0
比利时	1.4	2.0	1.4	1.8
新加坡	2.7	0.9	1.1	0.6
丹麦	1.1	1.3	0.9	1.3
挪威	1.5	1.8	0.6	1.1
爱尔兰	0.4	0.9	0.5	0.6
希腊	0.2	1.3	0.3	0.9
葡萄牙	0.4	1.0	0.6	0.8
奥地利	0.5	1.6	0.4	1.6
新西兰	0.2	0.6	0.4	0.4

资料来源：Datastream online. thomsonreuters.com/datastream.

一些人认为用 GDP 作为国际证券指数的权重比用上市公司的市值更为合适，因为一个国际分散化资产组合策略应该按照各国主要资产的比例来购买各种证券，而且一个国家或地区的 GDP 比它的股票市值更能代表这个国家或地区在国际经济中的重要性。还有一些人建议用各国或地区进口额的比例作为权重，其依据是那些希望对进口货物套期保值的投资者会按照这些进口货物同等比例选择在境外公司中拥有的股份。

华尔街实战

国际化投资所引起的问题

正如 Yoki Berra 所说的一样，跨国投资的问题是它太海外化了。货币波动？套期保值？跨国分散化？这些是指什么？下面是我常问的五个问题的答案。

- 国外股票占有世界股票市场大约 60% 的市值，那么是不是应把你投入股市资金的 60% 投向国外？

向国外投资的主要原因不是要复制全球市场或者提高收益。相反，SEI 投资管理公司的投资部门经理罗伯特·路德维格（Robert Ludwig）解释说："我们把国外股票列入投资范围是为了减少风险。"

国外股票同美国股票不同步变化，这样，在美国市场下跌时它们就可能带来相反的收益。但是为了达到这个降低风险的目标，你并不需要把你 60% 的钱投往国外。

- 那么，你需要把多少资金投向国外才可以有一种较为合适的分散化组合呢？

路德维格先生回答说："根据国外市场的波动性以及市场之间的相关性，我们认为较好的组合为 70% 投资于美国，20% 投资于国外发达国家市场，10% 投资于新兴市场。"

即便你有 1/3 的资金投资于国外的市场，你也会发现低风险的收益并不那么可靠。因为，不幸的是，当美国股票受到真正的重击时，国外股票的价格似乎也容易产生暴跌。

- 投资从事全球业务的美国跨国公司可以使你获得跨国的分散化组合吗？

"当你研究这些跨国公司时，你会发现主导它们业绩的主要因素是国内市场。"一家芝加哥调查公司的副总裁马克·里珀（Mark Riepe）说。

为什么会这样呢？美国的跨国公司是由美国的投资者所有，它们会随着美国市场的情况而产生波动。此外，里珀先生还指出，虽然跨国公司可能会从国外市场中获得巨大的收益，但它们的大部分成本，尤其是劳动力成本，都是在美国发生的。

- 国际分散化投资组合来自国外的股票还是国外的货币？

"来自两者的份额几乎相等，"里珀先生说，"那些希望对他们的外币进行套期保值的人增加了与美国股票的关联性，所以分散化收益不会那么大。"

是的，在投资于一种国外股票基金之前，对相应的货币进行套期保值，以消除外汇汇率变动的影响，并且获益于这种变动。你确实应该三思而后行。

"我们已经进行的研究表明股票管理者通过进行积极的货币管理所受到的损害比得到的收益还大。"路德维格先生说。

- 你应该根据每个国家股票市场的规模分配自己的资金吗？

应该对日本投资多少？这个问题仍处于争论之中。如果你用摩根士丹利资本国际集团的欧洲、澳大利亚及远东指数来复制市场，现在你就会将大约1/3的海外资金投在日本。

这就是你在跨国指数基金中发现的试图模拟EAFE或其他类似跨国指数业绩的权重模式。相反，积极管理下的国外股票基金对市场权重投入较少的关注,目前来看,它们在日本的平均投资额只有14%。

如果你的目标更多的是降低风险而不是业绩表现,指数以及模拟它的基金很明显是赢家。日本与美国市场的表现截然不同,所以它可以为美国的投资者提供很好的分散化组合,一家芝加哥时事通信公司《晨星共同基金》的国际编辑特里西亚·罗斯柴尔德(Jricia Rothschild)说。

"但是它们之间的关系并不是不变的,"她补充说,"以过去20年里发生的事情来推断将来20年里会发生什么,通常是有问题的。"

资料来源:Jonathan Clements, "International Investing Raises Questions on Allocation, Diversification, Hedging," *The Wall Street Journal*, July 29, 1997. Excerpted by permission of *The Wall Street Journal*. © 1997 Dow Jones & Company, Inc. All rights reserved worldwide.

业绩归因

我们可以使用类似于第6章的方法来测度这几个因素的贡献。

(1) **货币选择**(currency selection) 测度相对于投资者的基准货币(我们在此使用美元)的汇率变动对于整个投资组合的影响。我们可以用EAFE指数来比较一个特定时期内投资组合的货币选择与使用消极基准的差别。EAFE货币选择的计算是这样的:用在EAFE投资组合中对不同货币评价的加权平均作为投资在每种货币中的EAFE权重。

(2) **国家选择**(country selection) 测度投资于世界上业绩较好的股票市场对于投资组合的影响。可以用每个国家股权指数回报率的加权平均作为每个国家投资组合的权重份额的测度。我们用指数收益来抽象各国证券选择的影响。检验一个管理者相对于消极管理的业绩,我们可以将国家的选择通过以下方法进行比较:以国家的指数回报率的加权平均值作为每一国家的EAFE投资组合的权重份额。

(3) **股票选择**(stock selection) 像在第6章中一样,可以用每一国家的超额股权指数的股权收益的加权平均值来测度。在这里,我们用当地货币回报率作为不同国家的投资权重。

（4）**现金/债券选择**（cash/bond selection） 可用相对于基准权重，从加权的债券中获得的超额收益率来测度。

表 7-13 给出了如何测度一项国际投资组合管理策略的收益的示例。

表 7-13　业绩归因实例：国际投资

	EAFE 权重	股权指数收益	货币升值 $E_1/E_0 - 1$	管理人权重	管理人收益
欧洲	0.30	10%	10%	0.35	8%
澳大利亚	0.10	5%	-10%	0.10	7%
远东	0.60	15%	30%	0.55	18%

全部业绩（美元收益 = 指数收益 + 货币升值）

EAFE　　0.30(10+10) + 0.10(5-10) + 0.60(15+30) = 32.5%

管理人　0.35(8+10) + 0.10(7-10) + 0.55(18+30) = 32.4%

相对于 EAFE 亏损 0.1%

货币选择

EAFE　　(0.30×10%) + (0.10×(-10%)) + (0.60×30%) = 20%

管理人　(0.35×10%) + (0.10×(-10%)) + (0.55×30%) = 19%

相对于 EAFE 亏损 1%

国家选择

EAFE：(0.30×10%) + (0.10×5%) + (0.60×15%) = 12.5%

管理人(0.35×10%) + (0.10×5%) + (0.55×15%) = 12.25%

相对于 EAFE 亏损 0.25%

股票选择

　　　(8% - 10%)0.35 + (7% - 5%)0.10 + (18% - 15%)0.55 = 1.15%

相比于 EAFE 盈利 1.15%

各项贡献加总（与全部业绩相等）

货币选择（-1%） + 国家选择（-0.25%） + 股票选择（1.15%） = -0.1%

第 8 章

揭开对冲基金的神秘面纱

INVESTMENTS

INVESTMENTS
导读

尽管对于多数证券市场投资者而言，共同基金仍然是占据统治地位的投资方式，在过去的10年间对冲基金有着高得多的增长率，其资产从1997年的2 000亿美元升至2012年的20万亿美元。与共同基金类似，对冲基金允许投资人集合资产供基金经理投资。与共同基金不同的是，它们通常是合伙制从而不受SEC的监管约束。它们通常仅对实力雄厚的投资人或机构投资者开放。

对冲基金实际上涉及投资有关的方方面面问题，包括流动性、证券分析、市场有效性、组合分析、套期保值以及期权定价。比如，这些基金通常认定某个证券被错误定价，而对大盘敞口套期保值。这种纯粹的"搜寻阿尔法"需要将对冲基金和普通组合进行优化混合。另一些基金激进地进行市场择时，它们的风险属性因此可以迅速地变化，从而引起业绩评估方面的问题。很多对冲基金持有大量的衍生品仓位。即使是不进行衍生品交易的基金也会收取奖励费，这些奖励费类似于看涨期权的损益，因此，对于期权定价的了解有助于理解对冲基金策略。简而言之，对冲基金涉及积极的组合管理中可能遇到的所有问题。

首先，我们从不同风格对冲基金的研究入手，重点讲解经典的"市场中性"策略，对冲基金也因此得名。然后，我们讨论对冲基金的业绩评估。最后，我们讨论对冲基金的费用结构及其对于投资者和管理者的启示。

对冲基金与共同基金

与共同基金类似，**对冲基金**（hedge fund）最基本的思想就是汇集投资。投资者购买基金股份，基金代表投资者将集合资产进行投资。每股的净资产价值代表了投资人在组合中的价值。从这个角度上看，对冲基金与共同基金无异。但是，二者之间有着重要的差别。

透明度 共同基金受1933年《证券法》和1940年《投资公司法》约束（用于保护投资新手），上述法案要求透明度与投资策略的可预测性。它们必须定期向公众披露投资组合成分的信息。相比之下，对冲基金常为有限责任合伙制，仅对其投资者提供少量关于组合构成和投资策略的信息。

投资人 通常对冲基金只有不到100个"成熟"的投资人，实践中有最低净资产和收入的限制。它们不对公众宣传，最低投资额一般为25万~100万美元。

投资策略 共同基金在其计划书中披露基本投资策略（比如，偏向大盘价值股或者小盘成长股）。它们往往受到阻力从而难以转变类型（即偏离其投资导向），尤其是考虑到退休基金（如401(k)计划）对行业的重要性以及可预测策略对这类计划的需求。绝大多数共同基金承诺限制其使用卖空和杠杆，它们对衍生品的应用也受到严格限制。近年来，出现了主要面向机构投资者的130/30共同基金⊖，该基金明确允许持有更多空头和衍生品仓位，即便如此其灵活性也远远不及对冲基金。相比之下，对冲基金可以有效地执行任意投资策略并且随机应变。因此，纯粹地将对冲基金视为一种资产类型是错误的。对冲基金致力于进行广泛的投资，关注衍生

⊖ 此类基金可以卖空组合资产的30%，用以增加投资。对于每100美元的净资产，基金可以卖空30美元，从而有130美元的多头，因此得名130/30。

品、陷入困境的公司、货币投机、可转换债券、新兴市场、兼并套利等。某些基金可能由于预测投资机会转移，而从一个资产类别转投其他资产类别。

流动性　对冲基金通常有**禁售期**（lock-up period），即在长达数年的时期内投资者不允许撤出。很多也包含撤资通告规定，要求投资人在撤资前数周或数月提交通告。这些规定限制了投资人的流动性，但是使得基金可以投资于缺乏流动性的资产上以期获得更高的回报，而不用担心未知的撤资风险。

报酬结构　在费用结构方面，对冲基金也不同于共同基金。共同基金的管理费用为资产的一个固定比率，比如说，股本基金通常是每年0.5%~1.5%。对冲基金收取管理费用，通常是资产的1%~2%，加上激励费，是其超过某个指定基准利润水平的固定比例。激励费通常是20%，有时更高。基准收益率通常来自货币市场，比如LIBOR。所以，有人也半开玩笑地称对冲基金是"一个貌似资产池的报酬计划"。

对冲基金策略

表8-1列出了对冲基金行业中常见的投资策略。这个列表包罗万象，可见将对冲基金视为一个群体实为牵强。但是，我们可以将对冲基金策略分为两大类：方向性和非方向性。

表 8-1　对冲基金类型

可转换套利	投资于可转换证券，通常是多头可转换债券与空头股票
卖空偏好	纯卖空策略，通常在股权投资中使用，面临纯卖空敞口
新兴市场	发掘新兴市场中的非有效性。通常只持有多头，因为这些市场中卖空往往不被允许
股权市场中性	常使用多头/空头套期保值。通常控制行业、板块、规模和其他敞口，建立市场中性仓位以发掘市场非有效性。通常引入杠杆
事件驱动	试图从事件中获利，例如兼并、收购、改制、破产或重组

(续)

固定收益套利	从利率相关证券的错误定价中获利，包括利率互换套利、美国与非美国政府债券套利、收益率曲线套利和有抵押证券套利
全球宏观形势	在全球资本或衍生品市场中持有多头与空头。组合头寸反映了对于市场状况和宏观经济走势的观点
多头/空头股权对冲	在市场展望的基础上持有某一方头寸（多头或空头）。此策略不是市场中性，可能集中于某一地区（比如美国或欧洲）的某个板块（比如科技或医疗卫生）股票，可能用到衍生品套期保值
管理期货	利用金融、货币或商品期货，可能会用到技术交易规则或非结构化的评判方法
混合策略	根据展望对策略进行投机选择
基金中的基金	分配自身资产于其他基金代为管理的基金

注：CS/TASS（Gredit Suisse/Tremont Advisors Sharehdder Services，瑞士信贷集团）有最完整的对冲基金业绩数据库，它将对冲基金划分为表中11种不同的投资类型。

方向性策略与非方向性策略

方向性策略（directional strategy）很容易理解，它单纯地认定市场中一个版块的表现会超过另一个板块。

相比之下，**非方向性策略**（nondirectional strategy）主要用来发掘证券定价中暂时的偏差。比如，如果公司债券的收益率相较于国库券格外高，对冲基金可能购入公司债券而卖空国库券。注意，基金并没有期待整个债券市场的波动：它购入一类债券而售出另一类。通过持有公司债券，基金对其利率敞口进行套期保值，而期待两个板块的相对价差。当收益率差价返回到其"常态"时，无论利率如何变动，基金都将会获利。由此可见，达到**市场中性**（market neutral）需要特殊努力，在上例中表现为对利率风险的对冲，这也是"对冲基金"得名的原因。

非方向性策略有时被进一步分为趋同策略和相对价值策略，这种策略将赌注下在资产的误定价上，但无须承担市场风险。一个趋同策略的实例即为期货合约的错误定价在合约到期日一定会被修正。相比之下，刚才讨论的公司债券和国库券的例子即为相对价值策略，因为没有错误定价一定会被"修正"的时限。

例 8-1 中的多头 – 空头头寸是对冲基金的典型策略。它们完全赌注于一些错误定价,而完全不用担心市场敞口。无论市场如何变动,价格一旦"收敛"或者回到"恰当"水平上,即可获利。因此,卖空和衍生品是该行业的重要工具。

【例 8-1】 市场中性头寸

我们用一个对冲基金广泛使用的策略来说明市场中性头寸。新发行的 30 年国债通常售价高于(低收益率)29.5 年国债,尽管二者具有几乎相同的久期。其收益率差价被认为源于 30 年国债的流动性。而对冲基金往往不太需要流动性,因此购入 29.5 年国债并且售出 30 年国债。这是一个市场中性策略,即只要两只债券的收益率趋同就可获利。而事实上随着 30 年国债不再是流动性最高的债券,溢价会消失,收益率往往会趋同。

注意到上述策略不论利率如何变化均可获利。随着流动性溢价的消失,30 年国债收益率上升,多头 – 空头策略一定可以获利。由于上述定价差异一定会在某个时刻消失,这个策略就是趋同策略。尽管趋同期限不如期货例子中那么确定,我们仍然可以断言下一个 30 年国债发售时现有 30 年国债的优势地位即会消失。

一个更为复杂的多头 – 空头策略例子是可转换债券套利,它在对冲基金中更为常见。可转换债券可视为一个正常债券加上一个看涨期权,市场中性策略是持有一个可转换债券仓位,然后持有一个相反仓位的标的资产。例如,若认为可转换债券被低估,基金应当购入该债券而通过卖空标的股票来对冲掉股价变动风险。

尽管市场中性策略经过了套期保值,但它们不是无风险套利策略。相比之下,它们应当被视为**纯赌局**(pure plays),期待某两个指定板块间的错误定价，而将其他的外来风险比如市场风险对冲掉。进而言之，由于基金大量使用杠杆，收益率因而波动较大。

统计套利

统计套利（statistical arbitrage）是市场中性策略的一种形式，但是值得单独讨论。由于它不是通过寻找错误定价（比如指数套利）而实现无风险获利的策略，所以它有别于纯套利。事实上，它大量使用量化工具和自动交易系统来发现定价上的暂时偏差。通过在这些丰富的机会中持有较小的头寸，根据平均数法则，从中获利的概率非常高，几乎是一种"统计上的确定性"。当然，这种策略要求基金的建模技术可以可靠地辨别出市场无效。仅当期望收益率为正值时，平均数法则才对基金有效。

统计套利通常包括每天交易上百个证券，持有期以分钟计。这种快速的交易需要大量运用数量工具例如自动交易和数学算法来识别获利机会并有效分散仓位。这些策略试图通过察觉到最微小的错误定价获利，需要最快的交易技术和最低的交易费用。没有电子通信网络，上述策略是不可能实现的。

统计套利的特殊形式是**配对交易**（pairs trading），股票被根据其本质上的相似性或者市场风险（β）来配对。常见的做法是将收益高度相关而一个公司的定价较另一个更为激进的股票进行配对。⊖购入较为便宜的股票而售出较贵的股票即可实现市场中性仓位。对冲基金的全部组合由这些配对构成。每一对可能有不确定性，但是随着很多此类配对，大量的多头－空头赌注被期望获得正向的异常收益。更一般的配对交易允许持有一簇可能被错误定价的股票。

统计套利通常与**数据挖掘**（data mining）相结合，即收集大量历史数

⊖ 判断"激进"与否的标准不统一。一种方法是指电脑自动搜索历史上价格紧跟但是最近分开的股票。如果上述差异终将消失，基金会购入近来表现低迷的股票而售出高价股票。另一种方法是指可能根据价格与内在价值的关系决定是否"激进定价"。

据以发现系统性的规律。数据挖掘的风险（也是统计套利的风险）在于当经济形势改变时，历史关系可能会被破坏。或者数据表面上体现出来的模式只是巧合的结果。对足够多数据进行足够多的研究必然会产生表面上的模式，而这种模式没有反应真实的关系，更不能用于预测未来。

可携阿尔法

市场中性纯赌局的重要推论是可携阿尔法（portable alpha）的概念。假设你想对一个你认为被低估的股票投机，但是你认为大盘会下跌。即使在该股票被相对低估方面你是正确的，但它仍然可能随着大盘下跌。你想把纯股票赌注与由股票正贝塔值引起的市场资产配置赌注区分开来，解决方案是购买股票并且通过出售足够多的指数期货来消除市场敞口，从而将贝塔值降到零。这种股票多头－期货空头的策略使得你可以进行一场纯赌局，或者说该股票的市场中性头寸。

更一般地，你也许希望将资产配置与股票选择分开。方法是投资于任何可以"找到阿尔法"的地方。然后你可以对冲掉系统风险，从而将阿尔法剥离出来。最终，你通过消极产品比如指数基金或者ETF来对市场的目标板块建立敞口。换句话说，你已经创造了可以与市场任意选定板块敞口混合的可携阿尔法。这个过程称为阿尔法转移（alpha transfer），因为你把阿尔法从你发现的板块转移到了你最终建立敞口的板块。寻找阿尔法需要技巧，相较之下，贝塔或者市场敞口是一种可以通过指数基金或者ETF廉价购得的"商品"。

纯赌局例子

假设你管理一个140万美元的组合。你确信组合的阿尔法是正的，$\alpha > 0$，但是市场也会下跌，即 $r_M < 0$。因此你将针对上述错误定价建立一

个纯赌局。

下个月的收益率用式（8-1）描述，该式说明组合收益率等于"公平的"CAPM收益率（右侧前两项），加上由"残差项"表示的公司特有风险e，加上代表错误定价的阿尔法

$$r_{投资组合} = r_f + \beta(r_M - r_f) + e + \alpha \tag{8-1}$$

具体而言，$\beta = 1.20$，$\alpha = 0.02$，$r_f = 0.01$，标准普尔500指数现在为$S_0 = 1344$，简化起见，组合无股利。你想要抓住每月2%的阿尔法，但你不希望被股票的正阿尔法影响，因为你预计大盘会下挫。所以，你通过售出标准普尔500期货来对冲风险。

由于标准普尔500期货合约乘数为250美元，组合β为1.20，通过出售5份期货合约可对股票仓位套期保值1个月：㊀

$$对冲比率 = \frac{1\,400\,000\,美元}{1\,344 \times 250\,美元} \times 1.20 = 5\,份合约$$

1个月后组合的美元价值为

$1\,400\,000\,美元 \times (1 + r_{投资组合}) = 1\,400\,000\,美元[1 + 0.01$
$\qquad\qquad\qquad\qquad\qquad\qquad + 1.20(r_M - 0.01) + 0.02 + e]$
$\qquad\qquad\qquad\qquad\qquad = 1\,425\,200\,美元 + 1\,680\,000\,美元 \times r_M$
$\qquad\qquad\qquad\qquad\qquad\quad + 1\,400\,000\,美元 \times e$

由期货仓位带来的收入为

$\quad 5 \times 250\,美元 \times (F_0 - F_1)$ 售出5份合约

$= 1\,250\,美元 \times [S_0(1.01) - S_1]$ 带入期货价格

$= 1\,250\,美元 \times S_0[1.01 - (1 + r_M)]$ 无股利时 $S_1 = S_0(1 + r_M)$

$= 1\,250\,美元 \times [S_0(0.01 - r_M)]$ 化简

㊀ 简化设定期货到期日即为套期时限，此处为1个月。如果合约到期日较长，我们需要略减对冲比率，称为"对冲去尾"。

$$= 16\,800 \text{ 美元} - 1\,680\,000 \text{ 美元} \times r_M \quad \text{由于 } S_0 = 1\,344$$

股票和期货仓位在月末的总价值即为组合价值和期货进项，等于

$$\text{套期收入} = 1\,442\,000 \text{ 美元} + 1\,400\,000 \text{ 美元} \times e \quad (8-2)$$

注意到期货市场的敞口完全抵消掉了股票组合的敞口。换句话说，β 值被降为零。你的投资为 140 万美元，月收益率为 3% 加上非系统风险（式 (8-2) 的第二项）。这种零 β 仓位的合理期望收益率即为无风险利率 1%，所以你可以得到 2% 的 α，而且消除股票组合的市场敞口。

这是一个纯赌局的理想化示例。实际上，这个例子简化地假定一个已知固定的组合 β，但是该例说明了在对冲市场风险后对股票进行投机的目标。该目标一旦完成，借助指数或指数期货，你可以针对任何系统风险构建所需的敞口。因此，你实现了 α 的转移。

图 8-1 是该纯赌局的图示。图 8-1a 示例了一个"裸露"的正 α 赌注，即未有套期保值。风险固定时，你的期望收益率高于均衡收益率，但由于你的市场敞口，你仍有可能在市场下挫时亏损。图 8-1b 是系统风险对冲之后的特征线，没有市场敞口。

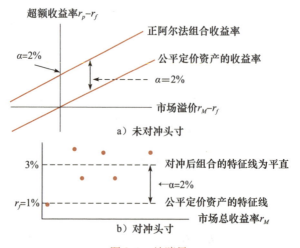

图 8-1 纯赌局

警告：市场中性仓位也是赌注，而且也可能失败。这不是真正的套利，因为你的收益依赖于分析的正确性（你所察觉到的 α）。此外，你也许会失败仅仅是因为坏运气，即你的分析准确但是特定风险（式（8-1）和式（8-2）中 e 为负值）仍可能导致亏损。

【例8-2】 纯赌局的风险

市场中性赌局在1998年时遭受了一次严重的质疑。尽管30 vs. 29.5年国债策略（见例8-1）运行顺利达数年，当俄罗斯债务违约时，事情发生逆转，引发大量投资涌向最安全、流动性最高的30年国债。巨大的损失证明了，即使是最安全的赌注（基于趋同套利的赌注）也有风险。尽管差价最终一定会被消除，事实上数周之后也是如此，长期资本管理公司与其他对冲基金却蒙受了巨大的损失。最后价格的趋同对于LTCM而言来得太迟了，它同时蒙受其他投资的损失，最终只得破产。⊖

由于对冲基金大量使用杠杆，即使是市场中性赌局的收益也会有巨大波动。多数错误定价相当微小，而多头－空头策略的本质使得总体波动较低。对冲基金不断加大赌注金额，当赌注成功时加大了收益，但失败时也放大了损失。最后，基金收益的波动自然不会小。

对冲基金的风格分析

尽管传统的对冲基金策略可能关注市场中性策略，随着市场的发展，卖空和衍生品的出现使得对冲基金事实上可以进行任意类型的投资策略。尽管很多对冲基金追求市场中性策略，对表8-1的考察不难发现，很多基金遵循方向性策略。这样，基金做出直率的赌注，比如币值波动、并购结

⊖ 对于积极管理者而言，市场择时尤为重要。更一般地，证券分析师察觉到错误定价后，他们普遍承认价格合适收敛至内在价值难以确定。

果或者某个投资板块的业绩。这些基金显然没有经过风险对冲,尽管它们叫对冲基金。

在第 6 章中,我们引入了风格分析,即利用回归分析度量一个组合对于各种因素或者资产类型的敞口,因此这种分析度量了一个组合对于资产类型的潜在敞口。各个因素的 β 值是基金对系统风险来源的敞口。一个市场中性基金对于市场指数没有敏感性。相比之下,方向性基金对于其下赌注的因素有着明显的 β,此处多称为因素负荷。观察者可以通过因素负荷将敞口归因于各个变量的变动。

我们在表 8-2 中对于对冲基金指数做了简单的风格分析。所考虑的四类系统因素包括:

- 利率:长期美国国债的收益率。
- 股票市场:标准普尔 500 指数的收益率。
- 信用状况:Baa 级债券和国债的收益率差。
- 外汇:美元相对于一系列外币的价值变动百分比。

表 8-2 对冲基金指数的风格分析

基金类型[①]	α	标准普尔指数	长期国债	信用溢价	美元
所有基金	0.005 2	0.271 8	0.018 9	0.175 5	-0.189 7
	3.348 7	5.011 3	0.306 4	2.046 2	-2.127 0
市场中性	0.001 4	0.167 7	-0.016 3	0.330 8	-0.509 7
	0.199 0	0.691 7	-0.058 9	0.863 1	-1.279 0
卖空偏好	0.005 8	-0.972 3	0.131 0	0.389 0	-0.263 0
	1.338 1	-6.368 4	0.752 7	1.611 3	-1.047 6
事件驱动	0.007 1	0.233 5	0.000 0	0.205 6	-0.116 5
	5.115 5	4.785 8	-0.000 2	2.664 2	0.152 0
风险套利	0.003 4	0.149 8	0.013 0	-0.000 6	-0.213 0
	3.067 8	3.862 0	0.044 2	-0.009 7	-3.339 4
不良资产	0.006 8	0.208 0	0.003 2	0.252 1	-0.115 6
	5.769 7	4.998 5	0.067 9	3.831 8	-1.690 1
新兴市场	0.008 2	0.375 0	0.262 4	0.455 1	-0.216 9

（续）

基金类型①	α	标准普尔指数	长期国债	信用溢价	美元
固定收益	2.886 7	3.745 2	2.299 5	2.874 8	-1.317 3
	0.001 8	0.171 9	0.228 4	0.570 3	-0.171 4
可转换套利	1.014 9	2.813 9	3.280 6	5.903 2	-1.706 3
	0.000 5	0.247 7	0.210 9	0.502 1	-0.097 2
全球宏观形势	0.219 7	3.106 6	2.321 4	3.982 5	-0.741 4
	0.007 9	0.074 6	0.059 3	0.149 2	-0.253 9
多头/空头股权	3.521 7	0.943 7	0.658 7	1.193 8	-1.953 3
	0.005 3	0.444 2	-0.007 0	0.067 2	-0.147 1
管理期货	2.569 3	6.142 5	-0.085 0	0.587 4	-1.237 2
	0.004 1	0.256 5	-0.299 1	-0.522 3	-0.270 3
混合策略	0.885 3	1.594 4	-1.631 0	-2.052 8	-1.021 7
	0.007 5	0.256 6	-0.004 8	0.178 1	-0.117 2
	4.218 0	4.128 4	-0.068 4	1.811 6	-1.147 1

注：上行为因素贝塔的估计值，下行为估计值的 t 统计量。
①基金定义如表 8-1 所示。
资料来源：Authors' calculations. Hedge fund returns are on indexes computed by Credit Suisse/Tremont lndex, LLC, availablet at www.hedgeindex.com.

对冲基金指数 i 在月份 t 的收益率在统计上表述为：⊖

$$R_{it} = \alpha_i + \beta_{i1} 因素 1_t + \cdots + \beta_{i4} 因素 4_t + e_{it} \tag{8-3}$$

式中，β 测度了每一因素的敏感度。通常情况下，用残差项 e_{it} 测度与解释变量无关的非系统性风险，用截距 α_i 测度基金 i 在剔除系统因素影响后的平均业绩。

表 8-2 显示了对 13 个对冲基金指数的敞口估计。结果证实了多数基金实际上是对于四个因素中一个或多个具有显著敞口的方向性策略基金。此外，估计的 β 值与基金所宣称的类型也是相符合的。比如：

- 股票市场中性基金具有较低而且统计上不显著的 β 值。

⊖ 此处的分析与第 6 章中共同基金的类型分析有两个不同：第一，因素负载没有被限制为非负。这是因为对冲基金可以很轻易地卖空各类资产；第二，组合权重没有总和为 1 的限制，这源于对冲基金没有杠杆限制。

- 卖空偏好基金对于标准普尔 500 指数有着显著的负 β。
- 困境公司基金对于信用状况（此表中的信用价差越大，说明经济状况越好）和标准普尔 500 指数存在明显的风险敞口。这种风险敞口产生的原因在于重组活动通常依赖于借款的可获得性且成功重组经常依赖于宏观经济形势。
- 全球宏观形势基金对强势美元有负 β，因为强势美元使得海外投资贬值。

我们得出结论，多数对冲基金都在一系列经济因素上进行着明显的方向性赌注。

对冲基金的业绩评估

表 8-3 通过标准的指数模型计算了一系列对冲基金指数相对于市场基准的标准普尔 500 指数的业绩表现。模型计算了 2005 年 1 月至 2011 年 11 月各基金的月超额收益率。我们记录了每只基金相对于标准普尔 500 指数的 β 值、相关系数、夏普比率和 α。一般，这些对冲基金的 β 都小于 1，不出意外，卖空偏好的 β 数值很大且为负，而市场中性策略的 β 基本接近于 0。

表 8-3 对冲基金指数回归模型（预测期间：2005.1~2011.11）

	β	序列相关系数	α	夏普比率
对冲基金组合指数	0.355	0.321	0.200	0.123
事件驱动型：不良资产	0.324	0.570	0.206	0.120
事件驱动型：并购套利	0.153	0.254	0.273	0.287
事件驱动型：全部	0.368	0.466	0.216	0.128
市场中性	0.090	0.133	-0.007	0.007
卖空偏好	-0.668	0.147	-0.169	-0.076
新兴市场	0.618	0.357	0.415	0.133
多头/空头对冲	0.506	0.306	0.097	0.061

（续）

	β	序列相关系数	α	夏普比率
对冲基金的基金	0.261	0.361	-0.016	0.012
相对价值	0.245	0.576	0.300	0.204
固定收益：资产抵押债券	0.088	0.570	0.468	0.468
固定收益：可转债套利	0.435	0.597	0.163	0.072
固定收益：公司债	0.322	0.585	0.113	0.075
多策略	0.241	0.565	0.136	0.100
标准普尔500指数	1.000	0.218	0.000	0.031
对冲基金平均	0.238	0.415	0.171	0.123

资料来源：Authors' calculations using data downloaded from Hedge Fund Reasearch Inc., www.hedgefundresearch.com, March 2012.

总体来说，对冲基金的表现都是令人钦佩的，大多数基金的 α 都是大于 0 的，其平均 α 也较大，为每月 0.17%。同样，大多数基金的夏普比率都要高于标准普尔 500 指数，其平均夏普比率为 0.123，是标准普尔 500 指数夏普比率的 4 倍。如此优异表现的来源是什么？

当然，有一种可能性是：这个结果说明对冲基金经理技高一筹。另一种可能性是基金对于未知的因素具有敞口，从而具有正的风险溢价。一种可能的因素即为流动性，接下来我们将看到流动性和流动性风险与平均收益率息息相关。此外，另一些因素使得对冲基金难以评估，这些因素值得深思。

流动性与对冲基金业绩

流动性是对冲基金诱人业绩的一种解释。跟其他机构投资者比如共同基金相比，对冲基金更倾向于持有非流动性资产。它们可以这样做主要得益于禁售条款保证了投资在一段时期内的稳定性。因此，在评估业绩时应考虑流动性，否则对于流动性的补偿将被视为真正的 α，即经过风险调整后的异常收益。

Aragon 证实了拥有禁售限制的对冲基金乐于持有流动性较差的投资组

合。[1]此外，当控制住禁售和其他股份条款（如撤资通告期）时，这些基金显著的正 α 变得不显著。Aragon 认为，对冲基金所谓的"阿尔法"并非来自选股能力，而是流动性溢价。换句话说，对于其他拥有流动性的投资者而言，这是一个"公正的"奖赏。

非流动资产的特征之一为收益率的序列相关性。正序列相关表示正收益率之后更容易出现正收益率（与负收益率相比）。这种现象常常被看作市场缺乏流动性的征兆，因为交易不活跃资产的价格难以获得，对冲基金为了计算净资产价值和收益率必须对这些资产进行估值。Getmansky、Lo 和 Makarov 的研究表明，由于基金公司要么倾向于平滑其估计，要么倾向于向市值靠近，所以这一过程存在明显的缺陷，会导致价格正相关。[2]因此，正的序列相关通常用来证明流动性差的问题，在无摩擦的近似有效市场中，序列相关或者其他可预测的价格模式可以达到最小化。大多数共同基金的收益率不存在序列相关性，标准普尔 500 指数的序列相关性几乎为零。[3]

Hasanhodzic 和 Lo 发现对冲基金的收益率显示出强烈的正相关。平滑的价格给予我们两个重要启示：第一，它再度证明了对冲基金持有非流动性资产而且它们明显的 α 可能只是流动性溢价；第二，它说明对冲基金的评估指标是被高估的，因为任何平滑都会降低波动性（因此提升夏普比率）、协方差和对于系统因素的 β 值（提升经风险调整的 α 值）。图 8-2 显示表 8-3 中对冲基金指数的阿尔法和夏普比率随序列相关系数的增加而增

---

[1] George O. Aragon, "Share Restrictions and Asset Pricing: Evidence from the Hedge Fund Industry," *Journal of Financial Economics* 83 (2007), pp. 33–58.

[2] Mila Getmansky, Andrew W. Lo, and Igor Makarov, "An Economic Model of Serial Correlation and Illiquidity in Hedge Fund Returns," *Journal of Financial Economics* 74 (2004), pp. 529–609.

[3] 2005~2011 年，标准普尔 500 指数的月超额收益序列相关系数为 0.218（见表 8-3），是这一规律的一个例外。这个偏离是因为期间的金融危机，危机期间的几个月（2008 年 11~12 月，2009 年 1~2 月）的标准普尔收益率都显著为负。序列中收益率都显著为负使得序列正相关，导致了指数在这方面的异常表现。需要注意的是，即使在这段时间，对冲基金的序列相关系数仍是标准普尔 500 指数的两倍。

加。这个结果与 Hasanhodzic 和 Lo 在基金方面的研究相一致,同时表明价格平滑可以部分解释对冲基金平均较高的收益表现。

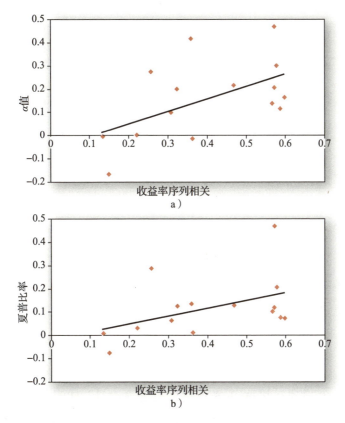

图 8-2 收益率序列相关较高(说明所持有的投资组合流动性很低)的对冲基金显现出了较高的夏普比率

资料来源:Plotted from data in Hasanhodzic and Lo, "Can Hedge Funds Be Replicated?"

Aragon 关注流动性的平均水平,而 Sadka 讨论了对冲基金的流动性风险。⊖他指出意外的市场流动性下降将严重影响对冲基金的平均收益率,而

⊖ Ronnie Sadka, "Liquidity Risk and the Cross-Section of Hedge-Fund Returns," *Journal of Financial Economics*, forthcoming.

最高和最低流动性敞口的基金收益率每年可相差6%。对冲基金业绩可视为对流动性风险的补偿。图8-3是根据表8-2中各类资产的平均超额收益和流动性风险β所绘的散点图。随着市场流动性的提升，平均收益率显著提高。

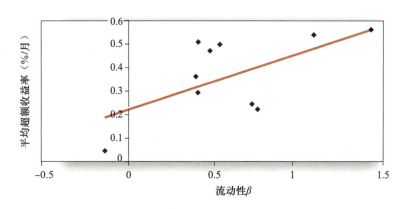

图8-3　将平均超额收益表示为流动性β的函数

资料来源：Plotted from data in Sadka, "Liquidity Risk and the Cross-Section of Hedge-Fund Returns".

如果对冲基金可以利用流动性缺乏的市场对流动性较差的资产故意进行错误估价，从而操纵收益率，情况就会变得更为复杂。这样一来，我们需要关注一个现象：比起其他月份，对冲基金12月的收益率格外得高。⊖对于那些处在激励费起征点附近的基金而言，此类现象更为严重。这说明在12月（相对于基准的年度业绩被计算的月份）流动性较差的资产被定价定高了。实际上，流动性越低的基金，其在12月的激励越大。如果基金利用市场来操纵收益率，业绩评估就更加变得不可能了。同时，一些对冲基金通过购买额外的其已持有仓位的股票来拉高其价格以操纵其业绩

⊖ Vikas Agarwal, Naveen D. Daniel, and Narayan Y. Naik, "Do Hedge Funds Manage Their Reported Returns?" *Review of Financial Studies* 24（2011），3281-3320.

评估。⊖这种现象一般发生在每月月末市场闭市前，而在月末，对冲基金需汇报其业绩表现。此外，这种操作在受其价格影响较大的流动性差的股票上更加集中。如果真如这些论文所述，对冲基金利用流动性缺乏的市场来获利，那么对其业绩的准确衡量就几乎不可能了。

对冲基金业绩与生存偏差

我们已经知道了生存偏差（只有成功的基金才被纳入数据库）可以影响普通共同基金的业绩评估。对冲基金也有同样的问题。**回填偏差**（back-fill bias）源于只有在对冲基金主动选择时，其基金报告才会进入数据库。对于从原始资本开始的基金，只有在其过去业绩足够好到可以吸引投资者时，才会选择向公众开放。**生存偏差**（survivorship bias）则源于失败的基金被自动剔出数据库，从而只有成功的基金幸存。马尔基尔（Malkiel）和Saha发现对冲基金的损耗率远远高于共同基金（通常是后者的两倍以上），这是一个值得研究的问题。⊜众多研究认为生存偏差可以达到2%~4%。⊝

对冲基金业绩与因素负荷变化

在第6章中，我们指出业绩评估的一个传统假设是组合经理有一个较为稳定的风险属性，但是对冲基金是天生的投机主义者，而且很容易改变属性。这也使得业绩评估更加扑朔迷离。如果风险不为常数，那么由标准线性模型估计出的 α 就会有偏差。另外，如果风险属性系统性地随着市场

⊖ Itzhak Ben-David, Francesco Franzoni, Augustin Landier, Rabih Moussawi, "Do Hedge Funds Manipulate Stock Prices?" *Journal of Finance*, forthcoming, 2013.
⊜ Burton G. Malkiel and Atanu Saha, "Hedge Funds: Risk and Return," *Financial Analysts Journal* 61 (2005), pp. 80-88.
⊝ 举例说明，Malkiel 和 Saha 估计偏差为4.4%；G. Amin and Kat, "Stock, Bonds and Hedge Funds: Not Fee Lunch!" Journal of Portfolio Management 29 (Summer 2003), pp. 113-20, 发现偏差大致为 2%；William Fung and David Hsieh, "Performance Characteristics of Hedge Funds and CTA Funds: Natural versus Spurious Biases," *Journal of Financial and Quantitative Analysis* 35 (2000), pp. 291-307, 认为偏差约为 3.6%。

期望收益率变化，则业绩评估可谓难上加难。

要问为什么，请看图8-4。该图显示了一个不涉及选股，仅在市场可能超过短期国库券收益时将资金从短期国库券转向市场组合的市场择机者（见第6.4节）特征线。其特征线不是线性的，当市场超额收益率为负时，其斜率为0，为正时其斜率为1。如果强行对其进行线性回归将会得到一个斜率介于0～1、α为正的拟合直线。可见统计学无法正确描述此类基金。

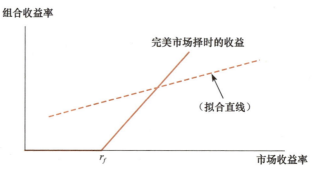

图8-4 完美市场择时者的特征线

注：真实的特征线类似于看涨期权，而拟合直线的斜率和截距都有偏差。

我们在第6章和图8-4中看到，准确择时的能力很像是一个无须付费的看涨期权。事实上，如果基金购入或售出期权也会有类似的非线性特征。图8-5a示例一个基金持有投资组合并且出售其看跌期权，图8-5b表示持有投资组合并出售其看涨期权。在这两种情况下，组合收益疲软时，特征线都会更加陡峭，也就是说，基金在其下跌时有更大的敏感度。这与择时能力具有相反的属性，择时能力更像是购入期权并且在市场上扬时获得更大的敏感性。⊖

图8-6证明了这类非线性性质。对冲基金收益关于标准普尔指数收益的散点图用非线性拟合后可知，每类基金在下行市场的β（斜率更大）都

⊖ 但是售出期权的公司因其不诱人的特征线已先行得到了补偿。

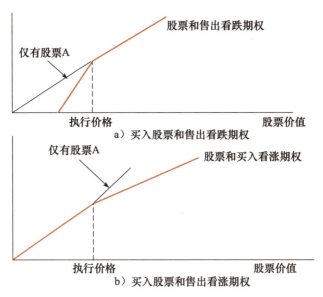

图 8-5 售出期权后的组合特征线

高于上行市场。[⊖]

这显然不是投资者想要的:市场走弱时,敏感度提升。这说明基金可能在出售期权,要么直接出售,要么通过动态交易策略间接出售。

正如对冲基金的 β 不稳定一样,对冲基金风险的某些方面也存在不稳定性,比如说收益的整体波动性。因为对冲基金经理在运用杠杆和衍生品交易方面有很大的自主性,这些基金有很强的能力去改变它们的风险敞口。回忆下在第 6 章中,当投资经理人在任何一个业绩衡量时期都可以改变他的风险时,他也可以操纵风险调整后收益的标准差测度。因此,他可能希望用类似于晨星风险调整后收益的方法来计算和汇报其操纵型业绩表现。

⊖ 不是所有类型的对冲基金都有此类性质。很多显示出了对称的上行、下行市场 β。但是,图 8-6a 把对冲基金看作一类,而图 8-6b 和图 8-6c 选取了最有名的两类非对称对冲基金。

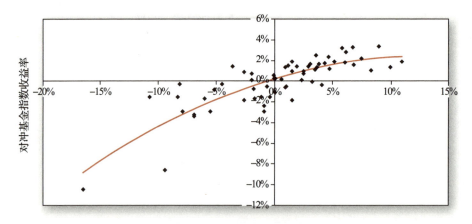

a）对冲基金指数

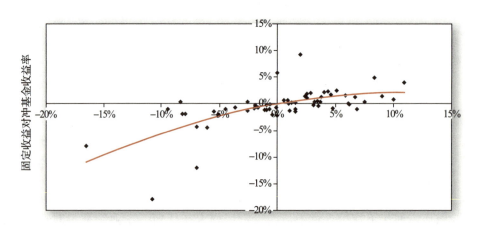

b）市场中性基金

图8-6　对冲基金指数月收益率和标准普尔500指数月收益率（2008～2012）

资料来源：Constructed from data downloaded from www.hedgeindex.com and finance.yahoo.com.

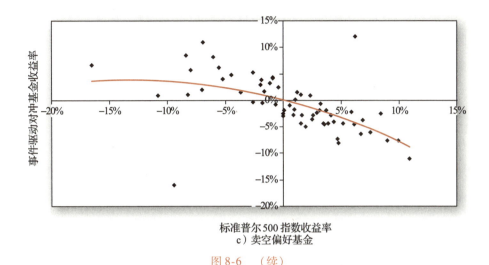

标准普尔500指数收益率
c)卖空偏好基金

图 8-6 （续）

尾部事件与对冲基金业绩

设想一个对冲基金的策略是持有标准普尔指数基金并且售出该指数通常难以执行的看涨期权。很明显该基金管理人不需要过多的技巧。但是如果你仅仅在短时间内知道其投资的结果，而不是其投资策略，你可能认为他绝顶聪明。因为如果期权的执行价格足够低，它们很难被执行，从而上述策略在很长时间内甚至很多年内都持续性地盈利。在多数时期内，这个策略会由于出售看涨期权而对于标准普尔500指数具有温和的溢价，给人留下持续优良表现的印象。但是多年一遇的市场下跌会对其造成毁灭性的打击。例如1987年10月的股市崩盘，这个策略会使基金失去过去10年的全部收益。但是如果你足够幸运，可以避免这些罕见的极端尾部事件（因为它们落在概率分布的左侧尾部），这个策略就会闪闪发光。

图 8-6 显示至少看上去对冲基金像是期权出售者，这一事实让我们感到紧张。而在研究对于极端尾部事件具有敞口的策略（例如出售期权）时，问题在于极端事件难以出现，所以想要给出公正的判断往往需要几十

年的数据。在两本有影响的书中，对冲基金经理纳西姆·塔勒布认为，实际中很多经理的做法与我们假设的一样，在绝大多数时间内攫取着名望与财富，但是将投资者置于蒙受巨大损失的风险中。⊖

塔勒布用到了黑天鹅的例子来阐述高度不可能却又具有颠覆性力量的事件。在澳大利亚被发现之前，欧洲人相信所有的天鹅都是白色的：他们从没见过不是白色的天鹅。在他们的知识中，黑天鹅是超出理性范围的，用统计术语来说，就是在他们样本下的极端离群值。塔勒布认为世界上充满了黑天鹅，仅仅因为现有知识积累所限而不为人知。我们不能预测黑天鹅的行为，我们也不知道黑天鹅在任意时刻会不会出现。1987年10月的崩盘，一日之内市场缩水20%，可以视作黑天鹅——一个从未发生过的、发生概率小到不值得为之建模却是致命性的事件。这些看似从天而降的事件，警醒着我们在使用过往经验预测未来行为风险时，应心存谦逊。了解了这些，我们来看LTCM的教训。

【例8-3】 尾部事件与LTCM

20世纪90年代末，LTCM普遍被认为是历史上最成功的对冲基金。它维持了两位数的收益率并且为其经理带来了数以亿计的激励费。该公司使用精细的计算机模型来估计资产间的相关性并且相信其资本几乎为它的组合收益标准差的10倍，从而可以经受任何"可能"的资产震动（至少在正态分布下）。但是1998年夏天，情况开始恶化。1998年8月17日，俄罗斯主权债务违约，将市场推入混乱。LTCM在8月21日一天的损失高达5.5亿美元（几乎是月度标准差的9倍）。8月的总亏损为13亿美元，尽管LTCM认为其主体仓位是市场中性的。几乎它的所有投资都出现了亏损，

⊖ Nassim N. Taleb, *Fooled by Randomness：The Hidden Role of Chance in Life and in the Markets* (New York：TEXERET (Thomson)，2004)；Nassim N. Taleb, *The Black Swan：The Impact of the Highly Improbable* (New York：Random House，2007)

情况与设想的投资分散化背道而驰。

怎么会这样？答案是俄罗斯违约引发投资者大规模转投高质量特别是高流动性的资产。LTCM 作为一个典型的流动性卖家（持有流动性较低的资产，出售高流动性资产，赚取收益率价差）蒙受了极大的损失。这是一个不同于过去样本/建模期的市场震动。被流动性危机侵袭的市场中，平时毫不起眼的流动性风险共性使得表面上不相关的资产类型紧密相连。过去经验中不可能的损失现在出现了，LTCM 成了黑天鹅的猎物。

然而，图 8-6 告诉我们，在 2008～2009 年金融危机时，大部分对冲基金指数并没有显示出比其他股票投资者更惊人的长尾风险。尽管权益投资收益率在这段时期非常惨淡，但典型的对冲基金收益率相对标准普尔 500 指数等的收益率呈现负值的情况少很多。这一现象，当然也与这些对冲基金的低 β 有关。

对冲基金的费用结构

对冲基金的常见费用结构包括资产 1%～2% 的管理费加上**激励费**（in- centive fee）。激励费是指每年投资超过某一基准后利润的 20%。激励费实际上是一个以现有组合价值乘以（1 + 基准收益率）为执行价格的看涨期权。如果增值足够多，经理就会得到这笔费用，在资产下跌时也不会有损失。图 8-7 展示了以 20% 作为激励费、以货币市场利率 r_f 作为基准的基金激励费。组合现值记为 S_0，年终价值为 S_T。激励费等于以 $S_0(1+r_f)$ 为执行价格的 0.2 个看涨期权。

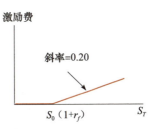

图 8-7 作为看涨期权的激励费

注：组合现值记为 S_0，年终价值为 S_T。激励费等于以 $S_0(1+r_f)$ 为执行价格的 0.2 个看涨期权。

【例8-4】 激励费的布莱克-斯科尔斯定价方法

假设对冲基金年收益率的标准差是30%,激励费是超过无风险利率部分的20%。如果组合现值为100美元/股,实际无风险年利率为5%(用连续复利计算则为4.88%),则激励费的执行价格为105美元。看涨期权的布莱克-斯科尔斯定价方法对于$S_0 = 100$,$X = 105$,$\sigma = 0.30$,$r = 0.0488$,$T = 1$年的看涨期权,定价为11.92美元,略小于净资产价值的12%。由于激励费为看涨期权的20%,其价值大约为净资产价值的2.4%,计入2%的管理费,对冲基金的投资人需要支付总价值4.4%的费用。

这个补偿费用结构的主要副作用就是**高水位线**(high water mark)。如果一个基金蒙受了损失,再到它取得比以前更高价值之前都无法收取激励费。如果亏损很严重,情况就更糟。水位线使经理们关闭表现糟糕的基金,这也是对冲基金损耗率较高的一个原因。

对冲基金中成长最快的一类是所谓的**对冲基金的基金**(funds of funds)。这种对冲基金投资于一个或多个其他对冲基金。基金中的基金也被称为联接基金,因为这些基金联结了投资人和其他基金。它们由于具备帮助投资者在基金之间分散化的能力而受到市场追捧,而且它们也可以代表投资者考察基金投资价值。理论上说,这是一种极富价值的服务,因为很多对冲基金作风神秘,而联接基金通常比个人投资者有更多的信息渠道。但是当2008年12月伯纳德·麦道夫(Bernard Madoff)因庞氏骗局被逮捕时,很多联接基金被证明是他的客户,可见它们的"代表"能力值得质疑。名列榜首的是法菲尔德-格林威治集团(Fairfield Greenwich Advisors),所陷金额高达75亿美元,其他多家联接基金和资产管理公司也被钓走10亿美元以上,其中包括特里蒙特对冲基金公司(Tremont Group Holdings)、西班牙国家银行(Banco Santander)(西班牙银行,欧元区最大的银行之一)、阿斯特合伙人对冲基金(Ascot Partners)和阿塞斯国际咨询(Access International Advisors)。事实证明,某些基金甚至变成了麦道夫的营销代理人。下面专栏详细讨论了麦道夫丑闻。

 华尔街实战

伯纳德·麦道夫丑闻

2008年12月13日,伯纳德·麦道夫向他的两个儿子承认他多年操纵庞氏骗局,金额高达600亿美元。庞氏骗局是一类臭名昭著的投资欺诈,管理人向客户收集资金,号称代为投资并声称获得了优厚的回报,但事实上将资金挪作他用。(此骗局因查尔斯·庞兹(Charles Ponzi)得名,其骗局在20世纪初期的美国臭名昭著。)当早期投资者要求撤资时,支付给他们的资金来源于新进入的投资者,而非投资的真实收益。只要新进入的投资可以满足撤资需求,骗局便可维持下去,而吸引新投资者进入的是早期投资者所获得的丰厚收益和灵活的撤资能力。

作为华尔街的大佬,麦道夫的骗局进展顺利。他是电子商务的先驱者,而且又是纳斯达克前任主席。除此之外,他名下的伯纳德·麦道夫投资证券也充当资金管理人的角色,不论市场好坏,每年都声称可以取得10%~12%的收益率。人们猜测他的策略大量应用了期权套期保值,但是麦道夫本人从不提及他的投资之道。即便如此,他在华尔街的声望以及他的客户名单依然向人们证明了他的合法性。此外,他努力吸收新客户,需要关系才可以加入其基金的事实更是钓足了投资人的胃口。据称骗局维持了数十年,在2008年股市大跌之际,几家大客户要求赎回70亿美元,而公司资产仅剩不足10亿美元,骗局因此大白于天下。

不是每个人都被愚弄了,回顾过往,曾有不少质疑和警告被提出过。例如,由于它异常神秘,数家机构投资者离开了基金。考虑到其资产的规模,被认为是麦道夫投资策略核心的期权交易应当主宰期权市场的交易规模，事实上并无迹象支持上述假定。不仅如此，麦道夫的审计公司只有 3 个职员（只有 1 个会计），似乎无法完成如此巨额且复杂交易的审计。进而言之，麦道夫的费用结构也与众不同。与对冲基金管理费加激励费的模式不同，他声称其利润来自交易佣金，若果真如此，对于客户可是一笔巨大的价差。最后，与多数基金将资金托管于银行不同，他声称将资金保管在家中，也就是说谁也无法确认它们的存在。2000 年，SEC 收到了一个名为哈利·马可波罗（Harry Markopolos）教授的来信，声称"麦道夫证券是全球最大的庞氏骗局"，但麦道夫经营照旧。

还有一些悬而未决的问题。麦道夫得到了哪些帮助？到底流失了多少资金？大多数"不见了的"资金说明麦道夫的利润是虚构的，其余资金则返还给了早期投资者。这些钱去向何方？它们到底是在失败投资中损失的还是被麦道夫挥霍一空？为什么早前的警告没有引起管理者的警觉？

类期权性质的补偿对于对冲基金的基金的预期费用有着深远的影响。这是因为即便联接基金的总业绩不佳，它仍然对每一家战胜基准的基金都支付激励费。这样一来，分散化会伤害你！⊖

【例8-5】 联接基金的激励费

假设一个联接基金对 3 家对冲基金分别投资 100 万美元。简化起见，我们忽略基于资产价值的费用（管理费）而仅仅关注激励费。假设基准收益率为零，所以每家基金都可以收到总收益 20% 的激励费。下表列出了各

⊖ S. J. Brown, W. N. Goetzmann, and B. Liang, "Fees on Fees in Funds of Funds," *Journal of Investment Management* 2（2004），pp. 39-56.

家基金在一年内的业绩、总收益率、激励费。基金1和基金2有正的收益率，因此获得激励费，而基金3业绩惨淡，激励费为零。

即使总组合的收益率为-5%，它仍需为每3美元的投资付出0.12美元的激励费，占到了资产净值的4%。如最后一列所示，联接基金的收益率从-5%降至-9%。

	基金1	基金2	基金3	基金中的基金
年初（百万美元）	1.00	1.00	1.00	3.00
年末（百万美元）	1.20	1.40	0.25	2.85
总收益率（%）	20%	40%	-75%	-5%
激励费（百万美元）	0.04	0.08	0.00	0.12
年末净费用	1.16	1.32	0.25	2.73
年末净收益	16%	32%	-75%	-9%

联接基金的基本理念在于将风险分散于多家基金。但是，投资者应该意识到联接基金的杠杆往往很大，这使得收益波动巨大。此外，如果联接基金投资的多家基金具有相似的投资风格，所谓分担风险的作用就会化为泡影，可是为此多付出的费用不会随之消失。⊖

⊖ One small silver lining: while funds of funds pay incentive fees to each of the underlying funds, the incentive fees they charge their own investors tend to be lower, typically around 10% rather than 20%.

第 9 章

积极型投资组合管理理论：如何构建主动管理的资产组合

INVESTMENTS

导读

本章阐述了实践中积极型投资组合管理人为客户构建最优组合的过程。标题中的"理论"二字看上去可能与我们的实践目标不一致,其实不是这样的。由于先前的章节已经讲述了几乎所有关于证券投资组合管理的理论,因此剩下的部分将更加注重应用与实践。

我们将看到即使在日常交易中,理论也显示出了惊人的作用。本章首先从特雷纳和布莱克提出的单指数模型进行投资组合最优化入手,根据实践中遇到的问题来讨论如何可以有效地应用该理论。然后讨论如何解决在执行特雷纳-布莱克模型时 α 预测精度的问题。进行了这些基本了解之后,接下来我们将介绍原型组织图表,并说明如何将其用于有效的投资组合管理。

我们将介绍特雷纳-布莱克模型,该模型允许灵活地改进资产配置。最后,我们将考察证券分析的盈利潜力。

最优投资组合与 α 值

在第 4 章中,我们展示了如何用单指数模型构建最优的风险投资组合。表 9-1 描述了优化过程的步骤,这就是著名的特雷纳-布莱克模型。[⊖]该过程所采用的指数模型忽略了残差的非零协方差。该模型有时被称为对角模型(diagonal model),因为它假设残差的协方差矩阵只有对角元素才是非零元素,而且从第 4 章投资组合构建的例子中我们看到,尽管一些残差之间存在明显的相关关系,比如壳牌和英国石油公司之间,但是由指数模型和马科维茨模型得到的有效边界几乎是一样的(见图 4-5)。

表 9-1 最优风险投资组合的构建和特性

1. 在积极型投资组合中证券 i 的初始头寸	$w_i^0 = \dfrac{\alpha_i}{\sigma^2(e_i)}$
2. 规模化初始头寸	$w_i = \dfrac{w_i^0}{\sum_{i=1}^{n} \dfrac{\alpha_i}{\sigma^2(e_i)}}$
3. 积极型投资组合的 α 值	$\alpha_A = \sum_{i=1}^{n} w_i \alpha_i$
4. 积极型投资组合的剩余方差	$\sigma^2(e_A) = \sum_{i=1}^{n} w_i^2 \sigma^2(e_i)$
5. 积极型组合的初始头寸	$W_A^0 = \dfrac{\dfrac{\alpha_A}{\sigma^2(e_A)}}{\dfrac{E(R_M)}{\sigma_M^2}}$
6. 积极型投资组合的 β 值	$\beta_A = \sum_{i=1}^{n} w_i \beta_i$
7. 积极型投资组合调整后(对 β)的头寸	$W_A^* = \dfrac{W_A^0}{1 + (1-\beta_A) W_A^0}$
8. 在消极型投资组合和在证券 i 中的最终权重	$W_M^* = 1 - W_A^*$; $W_i^* = W_A^* W_i$

⊖ 法玛和弗伦奇的多指数模型能够更好地刻画收益,这个模型在被动的指数投资组合将被加入考虑了其他因素的组合(例如,FF 模型中的公司规模和价值组合)。但是,特雷纳-布莱克模型的其他部分并没有改变。

	（续）
9. 最优风险投资组合的 β 值及其风险溢价	$\beta_P = W_M^* + W_A^* \beta_A = 1 - W_A^*(1-\beta_A)$ $E(R_P) = \beta_P E(R_M) + W_A^* \alpha_A$
10. 最优风险投资组合的方差	$\sigma_P^2 = \beta_P^2 \sigma_M^2 + [W_A^* \sigma(e_A)]^2$
11. 风险投资组合的夏普比率	$S_P^2 = S_M^2 + \sum_{i=1}^n \left(\dfrac{\alpha_i}{\sigma(e_i)}\right)^2$

为了便于说明，本章沿用第 4 章的例子。表 9-2 翻新了该例的数据和实验的结果。表 9-2d 显示了把 消极市场指数投资组合（passive market-index portfolio） 与 积极型投资组合（active portfolio） 相混合所带来的夏普比率的改善。为了更好地表现这一改进，我们利用 M^2 这一业绩度量指标来度量。M^2 是在积极型投资组合与短期国债混合以提供与指数投资组合相同的总体波动时，最优化投资组合相对于消极型投资组合所带来的期望收益率的增加（回顾第 6 章）。

对 α 的预测和极端组合权重

表 9-2 给人最深刻的印象就是可怜的业绩改善：表 9-2d 显示 M^2 仅仅提升了 19 个基点（相当于夏普比率提升 0.013 6）。我们可以看到，积极型投资组合的夏普比率劣于消极型投资组合的夏普比率（因为积极型投资组合的标准差较大），所以它的 M^2 实际上是负的。但是切记，积极型投资组合已与消极型投资组合混合，所以总波动性并非对其风险的合适度量。当与消极型投资组合混合时，业绩确实得到了改善，尽管这种改善非常有限。这是在给定 α 值（alpha values）时证券分析师所发现的最好结果（见表 9-2c）。我们可以看到，积极型投资组合的头寸占了 17%，部分资金来源于约 10% 的戴尔和沃尔玛的股票头寸。由于表 9-2 中的数据是按年计算的，所以这一结果与一年持有期收益率相等。

表 9-2 中所用到的 α 值与典型分析师的预测相比实在太小了。在本例中，我们下载了 6 月 1 日 6 只股票的实时价格以及分析师认为的 1 年后的

目标价格。这些数据及隐含的 α 值如表 9-3 所示。所有的 α 值都为正，可见分析师对这些股票非常乐观。图 9-1 显示了此前一年股票价格和标准普尔 500 指数（ticker = GSPC）的走势。该图说明表 9-3 所显示出的乐观并不是根据历史数据推断出来的。

表 9-2 包含 6 只股票的积极型投资组合管理

	A	B	C	D	E	F	G	H	I	J
1										
2										
3	a.可投资领域的风险参数（按年折算）									
4										
5		超值收益标准差	贝塔		系统部分标准差		残差标准差		与标准普尔500指数的相关系数	
6	S&P 500	0.135 8	1.00		0.135 8		0		1	
7	惠普	0.381 7	2.03		0.276 2		0.265 6		0.72	
8	戴尔	0.290 1	1.23		0.167 2		0.239 2		0.58	
9	沃尔玛	0.193 5	0.62		0.084 1		0.175 7		0.43	
10	塔吉特	0.261 1	1.27		0.172 0		0.198 1		0.66	
11	英国石油	0.182 2	0.47		0.063 4		0.172 2		0.35	
12	壳牌	0.198 8	0.67		0.091 4		0.178 0		0.46	
13										
14	b.指数模型的协方差矩阵									
15										
16			标准普尔500指数		惠普	戴尔	沃尔玛	塔吉特	英国石油	壳牌
17		贝塔	1.00		2.03	1.23	0.62	1.27	0.47	0.67
18	S&P 500	1.00	0.018 4		0.037 5	0.022 7	0.011 4	0.023 4	0.008 6	0.012 4
19	惠普	2.03	0.037 5		0.145 7	0.046 2	0.023 2	0.047 5	0.017 5	0.025 3
20	戴尔	1.23	0.022 7		0.046 2	0.084 2	0.014 1	0.028 8	0.010 6	0.015 3
21	沃尔玛	0.62	0.011 4		0.023 2	0.014 1	0.037 4	0.014 5	0.005 3	0.007 7
22	塔吉特	1.27	0.023 4		0.047 5	0.028 8	0.014 5	0.068 2	0.010 9	0.015 7
23	英国石油	0.47	0.008 6		0.017 5	0.010 6	0.005 3	0.010 9	0.033 2	0.005 8
24	壳牌	0.67	0.012 4		0.025 3	0.015 3	0.007 7	0.015 7	0.005 8	0.039 5
25		A	B	C	D	E	F	G	H	I	J
26	c.宏观预测（标准普尔500指数）与 α 值预测									
27										
28										
29			标准普尔500指数		惠普	戴尔	沃尔玛	塔吉特	英国石油	壳牌
30	α		0		0.015 0	-0.010 0	-0.005 0	0.007 5	0.012	0.002 5
31	风险溢价		0.060 0		0.137 1	0.063 9	0.032 2	0.083 5	0.040 0	0.042 9
32										
33	d.最优风险组合计算									
34										
35			标准普尔500指数	积极组合A	惠普	戴尔	沃尔玛	塔吉特	英国石油	壳牌
36				$\sigma^2(e)$	0.070 5	0.057 2	0.030 9	0.039 2	0.029 7	0.031 7
37			0.550 5	$\alpha/\sigma^2(e)$	0.212 6	-0.174 8	-0.161 9	0.191 1	0.404 5	0.078 9
38			1.000 0	$w_0(i)$	0.386 3	-0.317 6	-0.294 1	0.347 2	0.734 9	0.143 3
39				$[w(i)]^2$	0.149 2	0.100 9	0.086 5	0.120 5	0.540 0	0.020 5
40	α_A			0.022 2						
41	$\sigma^2(e_A)$			0.040 4						
42	w_A			0.169 1	投资组合整体					
43	w^*		0.828 2	0.171 8	0.066 3	-0.054 6	-0.050 5	0.059 6	0.126 2	0.024 6
44	β		1	1.092 2	1.015 8	0.066 3	-0.054 6	-0.050 5	0.059 6	0.126 2	0.024 6
45	风险溢价		0.06	0.087 8	0.064 8	0.075 0	0.112 1	0.068 9	0.044 7	0.088 0	0.030 5
46	标准差		0.135 8	0.249 7	0.142 2	0.381 7	0.290 1	0.193 5	0.261 1	0.182 2	0.198 8
47	夏普比率		0.44	0.35	0.455 6					
48	M^2		0	-0.012 3	0.001 9					
49	基准风险				0.034 6					

表9-3 6月1日的股票价格及分析师的目标价格

股票	惠普	戴尔	沃尔玛	塔吉特	英国石油	壳牌
当前价格	32.15	25.39	48.14	49.01	70.8	68.7
目标价格	36.88	29.84	57.44	62.8	83.52	71.15
隐含的 α	0.147 1	0.175 3	0.193 2	0.281 4	0.179 7	0.035 7

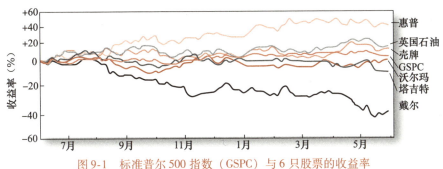

图9-1 标准普尔500指数（GSPC）与6只股票的收益率

表9-4展示了利用分析师的预测而不是表9-2d中的原始α值得到的最优投资组合，业绩之间的差异是非常显著的。新的最优投资组合的夏普比率从基准0.44提升至2.32，产生了巨大的风险调整收益优势。这说明M^2达到了25%~53%！但是这些结果也暴露了特雷纳-布莱克模型潜在的主要问题。最优投资组合要求极端的多头/空头头寸，这对现实中的投资组合管理者而言是完全不可行的。例如，该模型要求5.79（579%）的积极型投资组合头寸，而资金主要来源于标准普尔500指数-4.79的空头头寸。更关键的是，该最优投资组合的标准差达到了52.24%，这一风险水平恐怕只有进取心极强的对冲基金才敢冒险一试。此外，我们可以发现，该风险主要为非系统风险，因为积极型投资组合的β值0.95小于1，而且由于消极型投资组合中的空头头寸，整个风险投资组合的β值甚至更低，只有0.73。恐怕只有对冲基金才会对这种投资组合感兴趣。

针对这一问题的一种解决途径是限制极端头寸，首先是限制卖空。当消除掉标准普尔500指数的空头头寸后，就会迫使我们把积极型投资组合的头寸控制在1.0之内，把消极型投资组合（标准普尔500指数）的头寸控制在0，积极型投资组合便构成了整个风险头寸。表9-5显示最优投资

表 9-4 使用分析师新预测之后的最优风险投资组合

	标准普尔500	积极型投资组合 A		惠普	戴尔	沃尔玛	塔吉特	英国石油	壳牌
			$\sigma^2(e)$	0.070 5	0.057 2	0.030 9	0.039 2	0.029 7	0.031 7
		25.756 2	$\alpha/\sigma^2(e)$	2.085 5	3.064 1	6.254 4	7.170 1	6.056 6	1.125 5
		1.000 0	$W_0(i)$	0.081 0	0.119 0	0.242 8	0.278 4	0.235 2	0.043 7
			$[W_0(i)]^2$	0.006 6	0.014 2	0.059 0	0.077 5	0.055 3	0.001 9
α_A		0.201 8							
$\sigma^2(e_A)$		0.007 8							
W_0		7.911 6		0.469 116 3	0.689 245 9	1.406 903 5	1.612 880 3	1.362 406 1	0.253 185 5
W^*	−4.793 7	5.793 7							
			投资组合整体						
β	1	0.953 8	0.732 3	0.469 1	0.689 2	1.406 9	1.612 9	1.362 4	0.253 2
风险溢价	0.06	0.259 0	1.213 2	0.269 2	0.249 2	0.230 4	0.357 4	0.207 7	0.076 1
标准差	0.135 8	0.156 8	0.522 4	0.381 7	0.290 1	0.193 5	0.261 1	0.182 2	0.198 8
夏普比率	0.44	1.65	2.322 3						
M^2	0	0.164 2	0.255 3						
基准风险			0.514 6						

表 9-5 对积极型投资组合加以限制的最优投资组合（$w_A \leq 1$）

	标准普尔500	积极型投资组合 A		惠普	戴尔	沃尔玛	塔吉特	英国石油	壳牌
			$\sigma^2(e)$	0.070 5	0.057 2	0.030 9	0.039 2	0.029 7	0.031 7
		25.756 2	$\alpha/\sigma^2(e)$	2.085 5	3.064 1	6.254 4	7.170 1	6.056 6	1.125 5
		1.000 0	$W_0(i)$	0.081 0	0.119 0	0.242 8	0.278 4	0.235 2	0.043 7
α_A		0.201 8	$[W_0(i)]^2$	0.006 6	0.014 2	0.059 0	0.077 5	0.055 3	0.001 9
$\sigma^2(e_A)$		0.007 8							
W_0		7.911 6							
W^*	0.000 0	1.000 0		0.081 0	0.119 0	0.242 8	0.278 4	0.235 2	0.043 7
				投资组合整体					
β	1	0.953 8		0.081 0	0.119 0	0.242 8	0.278 4	0.235 2	0.043 7
风险溢价	0.06	0.259 0		0.269 2	0.249 2	0.230 4	0.357 4	0.207 7	0.076 1
标准差	0.135 8	0.156 8		0.381 7	0.290 1	0.193 5	0.261 1	0.182 2	0.198 8
夏普比率	0.44	1.65		1.651 5					
M^2	0	0.164 2		0.164 2					
基准风险				0.088 7					

组合标准差目前为 15.68%，比消极型投资组合的标准差（13.58%）高不了多少。整个风险投资组合的 β 值就是积极型投资组合的 β 值（0.95），从系统性风险看仍是一个偏防守型的投资组合。虽然存在严格限制，但优化过程仍然是相当有力的，最优风险投资组合（现在是积极型投资组合）的 M^2 达到了 16.42%。

上述解决方案令人满意吗？这可能取决于投资主体的类型。对于对冲基金而言，这可能是最理想的投资组合。而对于大多数共同基金而言，由于这种投资组合缺乏多样性，因此可能会将其排除在外。我们可以发现 6 只股票的头寸，仅沃尔玛、塔吉特、英国石油公司的头寸就占了整个投资组合的 76%。

诚然，我们要意识到我们例子的局限性。当然，分散化可以通过涵盖更多股票来实现。但是即使涵盖再多股票，极端多头/空头头寸的问题依然会存在，这使得该模型在实践中有待商榷。我们来看布莱克和利特曼（Litterman）⊖在一篇重要论文中的结论：

> 标准资产配置模型中使用的均值－方差优化对于投资者的期望收益相当敏感……在如此敏感度下，最优投资组合往往与投资者的观点很少甚至没有联系。因此，在实践中国际投资经理很少使用定量化模型来决策资产配置问题，尽管定量化方法在概念上非常有吸引力。

这段评述非常值得回味，此处引用是为了指出"国际投资经理很少使用定量化模型来决策资产配置问题"。事实上，这段描述也适用于出于其他原因而避免使用均值－方差优化过程的投资组合经理。

基准风险的限制

布莱克和利特曼指出了一个重要的实践问题。在实践中，许多投资经

⊖ Fischer Black and Robert Litterman, "Global Portfolio Optimization," *Financial Analysts Journal*, September/October 1992. © 1992, CFA Institute. Reprinted with permission from the CFA Institute.

理的业绩是依照**基准**(benchmark)业绩来评估的,基准指数往往写入共同基金的募股说明书中。在我们的例子中,消极型投资组合标准普尔500指数便可作为基准,但这种方法引起了对**追踪误差**(tracking error)的重视。追踪误差是指整个风险投资组合收益率与基准收益率时间序列的差,即 $T_E = R_P - R_M$。投资组合经理必须关注基准风险,也就是追踪误差的标准差。

最优风险投资组合的追踪误差可以用投资组合的 β 值来表示,因此追踪误差为

$$追踪误差 = T_E = R_P - R_M$$

$$R_P = w_A^* \alpha_A + [1 - w_A^*(1 - \beta_A)]R_M + w_A^* e_A$$

$$T_E = w_A^* \alpha_A - w_A^*(1 - \beta_A)R_M + w_A^* e_A$$

$$\text{Var}(T_E) = [w_A^*(1 - \beta_A)]^2 \text{Var}(R_M) + \text{Var}(w_A^* e_A)$$

$$= [w_A^*(1 - \beta_A)]^2 \sigma_M^2 + [w_A^* \sigma(e_A)]^2$$

$$基准风险 = \sigma(T_E) = w_A^* \sqrt{(1 - \beta_A)^2 \sigma_M^2 + [\sigma(e_A)]^2} \quad (9\text{-}1)$$

式(9-1)告诉我们如何计算追踪误差的波动,以及如何设定积极型投资组合的头寸 w_A^*,以把追踪风险控制在一定水平。对于一单位积极型投资组合的投资,也就是 $w_A^* = 1$,基准风险为

$$\sigma(T_E; w_A^* = 1) = \sqrt{(1 - \beta_A)^2 \sigma_M^2 + [\sigma(e_A)]^2} \quad (9\text{-}2)$$

对于理想的基准风险 $\sigma_0(T_E)$,我们可以把积极型投资组合的权重限制为

$$w_A(T_E) = \frac{\sigma_0(T_E)}{\sigma(T_E; w_A^* = 1)} \quad (9\text{-}3)$$

显然,控制追踪风险需要付出成本。我们必须把权重从积极型投资组合转向消极型投资组合。图9-2说明了该成本。通过优化过程,我们可以得到投资组合T,即与资本配置线(CAL)的切点,它是从无风险利率到有效边界的射线。通过从T向M转移权重来降低风险,我们是沿着有效市场边界而

非资本配置线来得到低风险头寸的,降低了限制投资组合的夏普比率和 M^2。

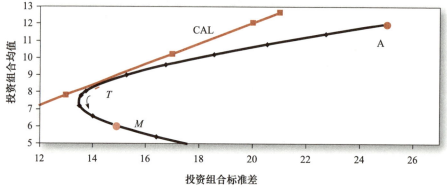

图 9-2 当基准风险降低时,有效性也在降低

我们注意到,在表 9-2 中,由于积极型投资组合仅占 17%,使用"微小" α 预测所得的追踪误差的标准差只有 3.46%。对投资组合权重没有约束并使用较高的 α 值(根据分析师的预测)时,追踪误差的标准差高达 51.46%(见表 9-4),远远超出了现实中管理者所愿意承受的范围。但是当积极型投资组合的权重为 1.0 时,基准风险便降至 8.87%(见表 9-5)。

最后,假设某投资经理希望把基准风险限制在与最初预测时所使用风险的同一水平上,即 3.46%。式(9-2)和式(9-3)告诉我们积极型投资组合的权重应为 $W_A=0.43$,可从表 9-6 得出这一结论。这一投资组合是温和的,却表现不俗:①标准差(13.85%)仅略高于消极型投资组合的标准差;② β 值为 0.98;③追踪误差的标准差非常低,只有 3.85%;④我们仅有 6 只股票,但最高头寸仅占了 12%(塔吉特),当包含更多股票时,还会更低;⑤夏普比率高达 1.06,M^2 也有 8.35%。因此,在控制了基准风险后,我们可以在取得高业绩的同时克服无约束投资组合的缺陷。

表9-6 使用分析师新预测后的最优风险投资组合（基准风险被控制在3.85%）

	标准普尔500	积极型投资组合A	投资组合整体	惠普	戴尔	沃尔玛	塔吉特	英国石油	壳牌
$\sigma^2(e)$				0.0705	0.0572	0.0309	0.0392	0.0297	0.0317
$\alpha/\sigma^2(e)$		25.7562		2.0855	3.0641	6.2544	7.1701	6.0566	1.1255
$W_0(i)$		1.0000		0.0810	0.1190	0.2428	0.2784	0.2352	0.0437
$[W_0(i)]^2$				0.0066	0.0142	0.0590	0.0775	0.0553	0.0019
α_A		0.2018							
$\sigma^2(e_A)$		0.0078							
W_0		7.9116							
W^*	0.5661	0.4339		0.0351	0.0516	0.1054	0.1208	0.1020	0.0190
投资组合整体									
β	1	0.9538	0.9800	0.0351	0.0516	0.1054	0.1208	0.1020	0.0190
风险溢价	0.06	0.2590	0.1464	0.0750	0.1121	0.0689	0.0447	0.0880	0.0305
标准差	0.1358	0.1568	0.1358	0.3817	0.2901	0.1935	0.2611	0.1822	0.1988
夏普比率	0.44	1.65	1.0569						
M^2	0	0.1642	0.0835						
基准风险			0.0385						

特雷纳-布莱克模型与预测精度

假设你所管理的401(k)退休基金现正在投资标准普尔500指数基金,而你正在权衡要不要承担一些额外风险把部分资金投入塔吉特股票中。你知道在缺乏分析人员研究的情况下,所有股票的 α 都应假设为零,所以塔吉特的 α 等于零是你的**先验分布**(prior distribution)。下载的塔吉特和标准普尔500指数的收益率数据显示残差标准差为19.8%。给定这一波动率和等于零的先验均值,再假设为正态分布,你便可以得到塔吉特 α 的先验分布。

我们可以根据先验分布进行决策,也可以通过努力获得更多数据来完善分布。在术语上,这种努力被称为试验。试验作为一种独立的投机,可以得到可能结果的概率分布。统计上最好的方法就是把 α 的先验分布与实验所得到的数据相结合得到**后验分布**(posterior distribution),然后用后验分布来做决策。

标准差很小的"紧缩型"先验分布,意味着在观察数据之前,对于 α 值的可能区间也有相当高的置信度。这样一来,试验难以影响你的判断,从而使得后验分布与先验分布无异。[⊖]对 α 的积极预测及其精准度提供了试验,从而会使你改变对 α 值的先验感知。投资组合经理的任务就是形成 α 的后验分布,从而为组合构建服务。

对于 α 精度的调整预测

你从雅虎财经上下载了本书在前一节中所用到的分析师的预测数据,得知塔吉特的 α 为28.1%。在调整 β 之前,你可以直接得出塔吉特的最优

⊖ 在社会事务的讨论中,你可以把偏执狂定义为先验分布相当紧缩的人,以至于任何事情都无法影响他的后验分布。

头寸为 $\alpha/\sigma^2(e) = 0.281/0.198^2 = 7.17(717\%)$ 的结论吗？自然地，任何理性投资经理在构建这种极端头寸前都会问："这个预测准确吗？""若预测不准确，我应该如何调整头寸？"

特雷纳和布莱克⊖提出了这些问题，而且给出了自己的答案。答案的逻辑非常易懂。你必须对预测的不确定性进行量化，就像你必须量化标的资产或投资组合的风险一样。从网上你可能查不到你所下载预测数据的精度，但发布这些预测数据的分析师的雇主有这些资料。那么，他们是如何获得这些数据的？答案是通过检查同一个预测者以往的**预测记录**（forecasting records）。

假设证券分析师定期（例如每月月初）向投资组合经理提供预测的 α。投资经理根据投资预测更新投资组合，并持有该投资组合至下个月更新预测时。在每个月末 T 时，塔吉特股票实现的异常收益等于 α 和残差之和

$$u(T) = R_{塔吉特}(T) - B_{塔吉特}R_M(T) = \alpha(T) + e(T) \quad (9-4)$$

此处的 β 值根据 T 时刻之前塔吉特的证券特征线（SCL）求得。

$$\text{SCL}: R_{塔吉特}(t) = \alpha + B_{塔吉特}R_M(t) + e(t), t < T \quad (9-5)$$

分析师在 T 月初发布的预测 $\alpha^f(T)$，目标是求式（9-4）中的超额收益率 $u(T)$。投资组合经理根据分析师的预测记录确定如何使用 T 月的预测。分析师的记录是所有历史预测 $\alpha^f(t)$ 和实际实现 $u(t)$ 的配对时间序列。为了评估预测精度，也就是预测 α 与已实现 α 的关系，投资组合经理可以根据记录估计回归

$$u(t) = a_0 + a_1\alpha^f(t) + \varepsilon(t) \quad (9-6)$$

我们的目标是通过调整 α 以合理解释不精确性。根据最初预测的

⊖ Jack Treynor and Fischer Black, "How to Use Security Analysis to Improve Portfolio Selection," *Journal of Business*, January 1973.

$\alpha^f(T)$ 和回归方程（9-6）的估计值，我们便可以得到未来一个月的**调整的 α**（adjusted alpha）预测值 $\alpha(T)$：

$$\alpha(T) = a_0 + a_1 \alpha^f(T) \tag{9-7}$$

回归估计的特性可以保证，调整后的预测是对塔吉特未来一个月的异常收益的"最优线性无偏估计"。"最优"的意思是在所有无偏估计中方差最小。在附录 A 中，我们说明了式（9-7）中 a_1 的值应用式（9-6）中 R^2 的值。由于 R^2 小于 1，这意味着我们把预测值"压缩"至零。最初预测的精度越低（即 R^2 越小），我们就会把调整 α 压缩得越多。若预测者一贯持悲观态度，则系数 a_0 向上调整预测，若预测者一贯持乐观态度，则应向下调整。

α 值的分布

式（9-7）说明，证券分析师预测的质量（用已实现异常收益率与分析师的预测值进行回归的 R^2 来测度）对构建最优投资组合以及业绩表现至关重要。不幸的是，这些数据难以获取。

卡恩（Kane）、金（Kim）和怀特（White）[1]从一家专门从事大型股票投资的、以标准普尔 500 指数为基准投资组合的投资公司得到了一个关于分析师预测数据的数据库。该数据库包含 1992 年 12 月～1995 年 12 月 37 个月 646～771 只股票的 α 及 β 预测值的配对数据。该公司把 α 预测值控制在 +14% 到 -12% 之间。[2]预测的直方图如图 9-3 所示。大型股票的收益率多在均值附近，如下表所示，该表包括了一个平均年份（1993）、一个糟糕年份（1994）和一个优良年份（1995）的收益率：

---

[1] Alex Kane, Tae-Hwan Kim, ans Halbert White, "Active Portfolio Management: The Power of the Treynor-Black Model," in Progress in Financial Market Research, ed. C. Kyrtsou (New York: Nova, 2004).

[2] 这是个合理的限制，因为它们意味着到年末股票价值会达到年初的 380% 或者降至 22%。

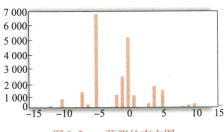

图 9-3　α 预测的直方图

	1993	1994	1995	1926~1999 年的平均值	标准差（%）
收益率（%）	9.87	1.29	37.71	12.50	20.39

直方图显示 α 预测值呈正偏分布，有大量的悲观预测。预测 α 与实际 α 回归所得的调整 R^2 为 0.001 134，说明相关系数只有 0.033 7。正如结果所示，乐观预测的质量优于悲观预测。当允许把系数分为正负两种情况进行预测时，R^2 增加到了 0.001 536，相关系数也达到了 0.039 2。

这一结果既包含"好消息"，也包含"坏消息"。"好消息"是在调整后，即使是最疯狂的预测（即预测下个月的 α 值为 12%），当 R^2 等于 0.001 时，预测者所采用的 α 也只有 0.012%，每个月只有 1.2 个基点。这等于每年 0.14%，约等于表 9-2 中对 α 的预测。在这种微小的预测下，极端投资组合权重的情况永远不会发生。"坏消息"产生于同样的数据：积极型投资组合的业绩比我们的例子好不到哪里去——M^2 只有 19 个基点。

这种业绩的投资公司一定会亏损。但是，这种业绩是根据仅包含 6 只股票的积极型投资组合得出的。在第 9.5 节中，我们将谈到，即使单只股票很小的信息比率也可以被加起来（见表 9-1 中第 11 行）。因此，根据低精确度的预测来构建一个足够大的投资组合，也可以获得大量利润。

到目前为止，我们假设各只股票的预测误差是独立的，但这一假设很可能不成立。当对各只股票的预测相关时，我们可以用预测误差的协方差矩阵来测度精准度。尽管这种情况下的预测调整非常烦琐，但这只是一些技术细节。我们可以预料到，预测误差之间的相关性将迫使我们进一步把调整的预测值压缩至零。

组织结构与业绩

最优风险投资组合的数学特性显示了投资公司的核心特点，即规模经济。根据表 9-1 中最优投资组合的夏普测度可以清楚看出，由夏普比率和 M^2 测度的业绩随积极型投资组合信息比率的平方单调递增（回顾第 4 章式（4-22）），反过来，这又是所包含证券的信息比率的平方和（见式（4-24））。因此，增加证券分析师的数量注定会提高业绩，至少在扣除成本之前会提高业绩。不仅如此，更广的投资范围会提高积极型投资组合的分散程度，缓和持有中性消极型投资组合头寸的需求，甚至可能产生有利可图的空头头寸。此外，可选证券种类的增加使得可以在不进行单一证券大宗交易的情况下扩大基金规模。最后，增加证券种类还创造了另一种分散化效应，即分析师预测误差的分散化效应。

为了追求好业绩而增加积极型投资组合的多样性必然会增加成本，因为高质量的分析师非常昂贵。而其他组织部门则可以在不增加成本的情况下处理更多业务。这些都说明大型投资公司的规模经济提供的组织结构是有效的。

风险投资组合的优化过程需要一系列专业化、独立化的任务。因此，投资组合管理机构的组织结构需要适当的分散化，并且受到恰当的控制。图 9-4 的组织结构图就是基于这一目标而设计的。该图非常清晰，且其结构与前面几章的理论分析是一致的，它可以为投资组合的日常管理提供有力的支持。图中结构印证了前些章节的结论。但是，提出几点建议还是有必要的。

负责预测记录和确定预测调整的控制部门直接影响了分析师的奖励和升迁，因此该部门必须与其他部门隔离，不能受到组织压力的影响。

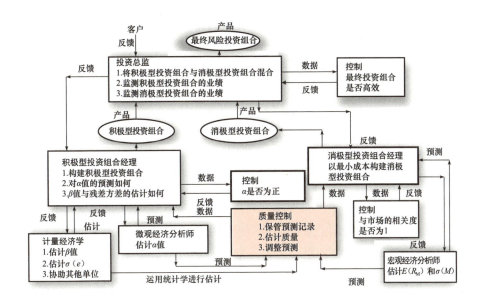

图9-4 投资组合管理的组织结构图

资料来源：Adapted from Robert C. Merton, *Finance Theory*, Chapter 12, Harvard Business School.

证券分析师观点的独立性与他们之间必要的合作、资源使用的协调及与公司、政府工作人员的联系之间相互矛盾，尤其是考虑到庞大的分析人员数量。相比之下，宏观经济分析部门往往与分析师太隔绝，在这些单位之间努力构建一种有效的沟通渠道是非常必要的。

最后，计量技术对组织而言是非常重要的，近年来已取得了巨大突破，且仍在加速发展。使负责估计的各部门跟上技术发展的前沿是非常重要的。

布莱克-利特曼模型

因特雷纳-布莱克模型和布莱克-斯科尔斯期权定价公式闻名的费雪·布莱克与罗伯特·利特曼提出了另一个重要的投资组合构建模型——布莱克-利特曼资模型（BL）。它允许投资组合经理对复杂的预测（他们称之为**观点**（views））进行量化并应用于投资组合的构建。⊖在介绍该模型之前，我们将简要介绍一下关于资产配置的问题。在后面，我们将比较两个模型，了解模型之间的共性可以帮助我们更好地理解布莱克－利特曼（BL）模型。

布莱克－利特曼资产配置决策

假设某投资组合经理正在努力为下个月进行**资产配置**（asset allocation），投资范围包括票据、债券和股票。为使夏普比率达到最大，投资组合应只包括债券和股票。最优化风险投资组合是与资本配置线（CAL）相切的投资组合。基金投资者根据自己的风险偏好沿资本配置线构建想要的头寸，也就是将票据与最优风险投资组合进行组合。在第 3 章中，我们是用一系列给定数据来优化投资组合的。但在实践中，如果知道数据，优化问题将迎刃而解，困扰投资组合经理的难题是如何获得数据。布莱克和利特曼提出了一种均衡考虑历史数据和投资组合经理未来短期观点的方法。

BL 模型中的数据来自两个方面：一个是过去的历史数据，另一个是对未来的预测数据，叫作观点。过去的历史样本用来预测资产配置中所需资产的协方差矩阵。预测所得的协方差矩阵与均衡模型（例如 CAPM）一起将产生一个基准预测，这将是被动策略的基础。接下来，观点将被引入并进行量化。观点代表的是相对于基准预测的偏离，这一偏离导致了对预期收益率的一系列修复。通过这些新的输入值（类似于 TB 模型中的 α 预测），一个最优的风险投资组合将代替（不再有效的）被动投资组合。

第一步： 根据历史数据计算协方差矩阵

这项简单的任务就是 BL 模型的第一步。假设利用短期历史超额收益

⊖ Black and Litterman, "Global Portfolio Optimization".

率得到的协方差矩阵如下。注意，这一步对于 BL 模型和特雷纳 – 布莱克（TB）模型是一样的。这一步也体现在图 9-4 所示的组织结构图中。

	债券（B）	股票（S）
标准差	0.08	0.17
相关系数（债券/股票）	0.3	
协方差		
债券	0.006 4	0.004 08
股票	0.004 08	0.028 9

第二步： 确定基线预测

由于历史数据在预测下月期望收益率方面作用有限，BL 提出了一个替代方案。他们假设当前市场是均衡的，股票和债券的价格包含了所有可获得的信息，因此权重与市值成比例的理论市场组合是有效的，进而导出了**基线预测**（baseline forecast）。假设根据当前市场中发行在外的债券和股票的市值，债券的权重 $w_B = 0.25$，股票的权重 $w_S = 0.75$。将这一权重用于第一步的协方差矩阵，得到基准投资组合的方差为

$$\text{Var}(R_M) = w_B^2 \text{Var}(R_B) + w_S^2 \text{Var}(R_S) + 2 w_B w_S \text{Cov}(R_B, R_S)$$

$$= 0.25^2 \times 0.006\,4 + 0.75^2 \times 0.028\,9 + 2 \times 0.25 \times 0.75 \times 0.004\,08$$

$$= 0.018\,1\,86 \tag{9-8}$$

CAPM 公式给出了市场投资组合风险（方差）与风险溢价（期望超额收益率）之间的关系

$$E(R_M) = \bar{A} \times \text{Var}(R_M) \tag{9-9}$$

式中，$\bar{A}$ 表示风险厌恶的平均系数。假设 $\bar{A} = 3$，那么基准投资组合的均衡风险溢价为：$E(R_M) = 3 \times 0.018\,186 = 0.054\,6 = 5.46\%$。债券和股票的均衡风险溢价可根据它们在基准投资组合中的 β 值求出

$$E(R_B) = \frac{\text{Cov}(R_B, R_M)}{\text{Var}(R_M)} E(R_M)$$

$$\text{Cov}(R_B, R_M) = \text{Cov}(R_B, w_B R_B + w_S R_S)$$

$$= 0.25 \times 0.0064 + 0.75 \times 0.00408 = 0.00466$$

$$E(R_B) = \frac{0.00466}{0.018186} \times 5.46\% = 1.40\% \ (债券 \beta = 0.26)$$

$$E(R_S) = \frac{0.75 \times 0.0289 + 0.25 \times 0.00408}{0.018186} \times 5.46\%$$

$$= 6.81\% \ (股票 \beta = 1.25) \tag{9-10}$$

因此,第二步得到债券风险溢价的基准预测为 1.40%,股票为 6.81%。

	债券(B)	股票(S)
期望收益率(%)	0.0140	0.0681
协方差		
债券	0.00064	0.0000408
股票	0.0000408	0.000289

第二步的最后工作是计算基线预测的协方差矩阵,不同于债券和股票投资组合已实现超额收益率的协方差矩阵,这是关于预测精准度的报告。我们想知道的是期望收益率估计的精确性,而不是关注实际收益率的波动。约定俗成的做法是将标准差设为收益率标准差的 10%(即为收益率方差的 1%)。比如说,在某种特定情况下,预测下个月的经济形势与过去 100 个月相近,也就是说过去 100 个月的平均收益率是下个月期望收益率的无偏估计,那么平均收益率的方差就是实际收益率方差的 1%。因此,在这种情况下,用收益率的协方差矩阵乘以 0.01 便可以得到期望收益率的协方差矩阵,那么第二步将得到下列预测和协方差矩阵。

现在我们已经处理完了市场预期,接下来我们将把投资经理的个人观点引入我们的分析中。

第三步： 融合投资经理的个人观点

BL 模型允许投资组合经理在优化过程中引入任何关于基准预测的观点，他们还会在这些观点后加上自己的置信度。在 BL 模型中，这些观点都被表示为各种超额收益率的不同线性组合的值，而置信度则作为这些值的误差的协方差矩阵。

【例 9-1】 BL 模型的观点

假设某投资经理对基线预测持约束的观点，具体来说，他相信债券的业绩将超过股票 0.5 个百分点。用公式表示为

$$1 \times R_B + (-1) \times R_S = 0.5\%$$

更一般地，任何观点（即相关超额收益率的线性组合）都可以表示为一个数组（在 Excel 中，数组是一列数字）与超额收益率数组（另一列数字）的乘积。在本例中，权重数组为 $P = (1, -1)$，超额收益数组为 (R_B, R_S)（在 Excel 中，这个乘法可由函数 SUMPRODUCT 完成）。线性组合的值，用字母 Q 表示，就是投资组合经理的观点。在本例中，$Q = 0.5\%$ 将在优化过程中用到。⊖

每个观点都有其置信水平，即衡量 Q 精确度的标准差。换句话说，投资组合经理的观点为 $Q + \varepsilon$，其中 ε 表示均值为零时的观点（观点的标准差反映了投资组合经理的置信度）周围的"噪声"。我们可以发现，股票和债券期望收益率之差的标准差为 1.65%⊖（计算见式（9-13）），如果投资组合经理认为 $\sigma(\varepsilon) = 1.73\%$，用 $R = (R_B, R_S)$ 来表示收益率数组，那

⊖ 一个更简单的观点，认为债券的收益是 3% 也是合理的，这样的话，$P = (1, 0)$，这就和特雷纳-布莱克（TB）模型中 α 的预测很相似了。如果所有的观点都和这一个一样么简单，TB 模型和 BL 模型就没有什么区别。
⊖ 由于缺少能够阐明观点标准差的部分信息，如观点来源的记录，基准预测的协方差矩阵的标准差常用来代替此处收益率差的标准差。

么经理的观点 P 便可以表示为[1]

$$PR^T = Q + \varepsilon$$
$$P = (1, -1)$$
$$R = (R_B, R_S)$$
$$Q = 0.5\% = 0.005$$
$$\sigma^2(\varepsilon) = 0.0173^2 = 0.0003 \tag{9-11}$$

第四步：修正（后验）期望

从市值及其协方差矩阵得来的基线预测构成了债券和股票收益率的先验分布。而投资组合经理的观点与其置信水平一起，提供了根据"试验"得来的概率分布，也就是说，附加信息必须与先验分布最佳结合。所得上述组合的结果就是在投资组合经理观点下的一系列新的期望收益。

为了更直观地理解，需要思考基准期望收益率暗含了什么观点。从市场数据得出的预期是债券的期望收益率为 1.40%，股票的为 6.81%。因此，基线观点为 $E(R_B) - E(R_S) = -5.41\%$。相比之下，投资组合经理认为这个差值应为 $Q = R_B - R_S = 0.5\%$。下面我们用 BL 线性方程组来表示市场期望

$$Q^E = PR_E^T$$
$$P = (1, -1)$$
$$R_E = [E(R_B), E(R_S)] = (1.40\%, 6.81\%)$$
$$Q^E = 1.40 - 6.81 = -5.41\% \tag{9-12}$$

因此，基线"观点"为 -5.41%（即股票的业绩会超过债券），这与

---

[1] 这里观点被表述成一个行向量，有多少种风险资产就有相应多少收益率，这个行向量就有同样多的元素（这里是 7 个）。投资经理的观点 Q 就等于 P（记录他们观点中资产的数量）乘以他们的实际收益，其中实际收益需要加 T（转置符号，将行向量变成列向量），这样才能求出这两个的乘积。

投资组合经理的观点大相径庭，其差值 D 为

$$D = Q - Q^E = 0.005 - (-0.0541) = 0.0591$$

$$\sigma^2(D) = \sigma^2(\varepsilon) + \sigma^2(Q^E) = 0.0003 + \sigma^2(Q^E)$$

$$\sigma^2(Q^E) = \mathrm{Var}[E(R_B) - E(R_S)] = \sigma^2_{E(R_B)} + \sigma^2_{E(R_S)} - 2\mathrm{Cov}[E(R_B), E(R_S)]$$

$$= 0.000064 + 0.000289 - 2 \times 0.0000408 = 0.0002714$$

$$\sigma^2(D) = 0.0003 + 0.0002714 = 0.0005714 \tag{9-13}$$

在基线预期与投资组合经理观点相差悬殊的情况下，我们可以预计，条件期望将与基准大不相同，进而最优投资组合也会发生巨大的变化。

期望收益率的变化是以下 4 个因素的函数：基线期望 $E(R)$、投资组合经理观点与基线观点之差 D（见式(9-13)）、资产对 D 方差的贡献和 D 的方差。利用 BL 模型可得到

$$E(R \mid 观点) = R + D \frac{资产对 \sigma_D^2 的贡献}{\sigma_D^2}$$

$$E(R_B \mid P) = E(R_B) + \frac{D\{\sigma^2_{E(R_B)} - \mathrm{Cov}[E(R_B), E(R_S)]\}}{\sigma_D^2}$$

$$= 0.0140 + \frac{0.0591(0.000064 - 0.0000408)}{0.0005714}$$

$$= 0.0140 + 0.0024 = 0.0164$$

$$E(R_S \mid P) = E(R_S) + \frac{D\{\mathrm{Cov}[E(R_B), E(R_S)] - \sigma^2_{E(R_S)}\}}{\sigma_D^2}$$

$$= 0.0681 + \frac{0.0591(0.0000408 - 0.000289)}{0.0005714}$$

$$= 0.0681 - 0.0257 = 0.0424 \tag{9-14}$$

我们可以看到，投资组合经理将债券的期望收益率调高了 0.24%，达到了 1.64%，将股票的期望收益率下调了 2.57%，变成了 4.24%。股票

和债券的期望收益率之差从 5.41% 降到了 2.60%。这是一个非常大的变化，可见投资组合经理最后的观点几乎是其先前观点和基线观点折中的结果。更一般地，折中的程度与各观点的精确度有关。

在这个例子中，我们只涉及了两类资产和一个观点，可以很容易推广到多种资产和关于未来收益率的多种观点，这比简单的两种收益率之差要复杂得多。这些观点可以为资产的任何线性组合赋值，且置信水平（各观点 ε 值的协方差矩阵）可以允许各观点之间存在依存性，这种量化投资组合经理独有信息的灵活性赋予了模型巨大的潜力。

第五步：投资组合优化

从现在开始，投资组合优化采用第 3 章所述的马科维茨过程，输入量由基线期望替换为产生于投资组合经理观点的条件期望。

表 9-7 列示了 BL 模型的计算过程。其中表 9-7a 列示了基准预测的计算过程；为了得到修正（条件）期望，表 9-7b 引入了投资组合经理的观点。图 9-5 显示了假设观点正确和错误时，不同置信水平下以 M^2 衡量的业绩表现情况。当观点的可信度下降时（观点的 SD 上升），债券的比重下降，当观点没有可信度（SD 非常大），债券的比重下降到 0.3，这个比重由基线预测决定。在这一点，这一组合是消极的，其 M^2 为 0。

在图中，我们还注意到，M^2 的形状是不对称的。当对观点的可信度很高导致债券配置比重较高时，当观点正确时，M^2 的增加值少于当观点错误时 M^2 的减少值。当对观点的可信度较低导致债券配置比重较低时，这个"游戏"在 M^2 的得失上将变得更加对称。由于决定观点的标准差的大小非常抽象，这张图告诉我们在质疑的部分犯错相对来讲是更谨慎的选择。

表9-7 布莱克－利特曼组合对于信心水平的敏感性

	A C	B	D E	F G	H I
1					
2					
3					
4	a.基于历史超额收益的协方差矩阵、				
5	市场价值权重、基线预测				
6					
7			债券 股票		
8		权重	0.25 0.75		
9	债券	0.25	64 40.8		
10	股票	0.75	40.8 289		
11		sumproduct	11.65 170.21		
12	市场组合方差V(M)=sum(c11:d11)			181.86	
13	代表性投资者的风险厌恶系数=			3	
14	基线市场组合风险溢价=0.01A×V(M)=			5.46	
15	协方差R_M		46.6 226.95		
16	基线风险溢价		1.40 6.81	0.256237542	
17				1.247920819	
18	协方差对于期望收益率的贡献比率			0.01	
19	期望收益率的协方差矩阵				
20			债券 股票		
21		债券	0.64 0.408		
22		股票	0.408 2.89		
23					
24	b.观点、信心与后验期望				
25					
26	观点、与基线数据之差Q=			0.5	
27	观点、基线预测Q^E=			-5.41	
28	Variance of Q^E=Var(R_B-R_S)			2.71	
29	Var[E(R_B)]- Cov[E(R_B),E(R_S)] =			0.23	
30	Cov[E(R_B),E(RS)]-Var[E(R_B)]=			-2.48	
31	观点、与基线数据之差D=			5.91	
32	用Q的标准描述的偏心水平				
33	可能的SD	0	1 1.73	3.00 6.00	
34	方差	0	1.5 3	9 36	基线
35	E(R_B^{IP})	1.90	1.72 1.64	1.52 1.43	1.40
36	E(R_S^{IP})	1.40	3.33 4.24	5.56 6.43	6.81

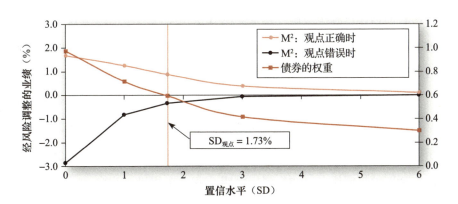

图9-5 布莱克－利特曼投资组合业绩对置信水平的敏感性分析

特雷纳-布莱克模型与布莱克-利特曼模型：互补而非替代

特雷纳、布莱克、利特曼成为投资领域的重要革新者，他们的模型被广泛使用，推动了投资行业的发展。这里将两个模型比较分析并非为了说明孰优孰劣（事实上，我们发现它们是互补的），而是为了在比较中发现其各自的价值。

首先要明确的是，在优化这一步骤中，两个模型都是一致的。也就是说，不论分析师使用哪个模型，只要他们的输入列表相同，就会得到相同的投资组合与相同的业绩指标。在后面内容中我们将看到用这两种模型构造的投资组合的业绩远远优于消极策略，也优于没有使用定量技术的积极策略。这两种模型的区别主要在于获得输入列表的方法，下面的分析告诉我们，它们是相互补充的，最好一起使用。

BL 模型是 TB 模型蛋糕上的奶油

特雷纳-布莱克（TB）模型针对单一证券进行分析，这可以从积极型投资组合的构建过程中看出。对证券的 α 赋值是相对于消极型投资组合得出的。如果所有 α 值全为零，那么该组合就是所要持有的组合。假设某投资公司的募股说明书说明将其投资组合的 70% 投资于美国大型股票，如标准普尔 500 指数，30% 投资于欧洲大型股票。在这种情况下，宏观经济分析必须针对两地分别进行，而 TB 模型也要分别应用。在每个地区，证券分析师编制出相对于其本身的消极型投资组合的 α 值。因此，该公司的产品将包括四种投资组合，两个消极型组合和两个积极型组合。只有将投资组合分别优化时，这套体系才会有效。也就是说，美国证券的参数（α 值、β 值、残差方差）是根据美国基准估计得出的，欧洲股票的参数是根据欧洲基准估计得出的。那么，投资组合构建问题就变成了标准的资产配置问题。

所得的投资组合可以用 BL 方法改进。首先，关于美国和欧洲市场相对表现的观点可以增加对两大经济实体进行宏观经济预测的信息。为了更加专业化，美国和欧洲的宏观经济分析师必须专注于各自的经济体。显然，随着更多国家和地区的投资组合进入该公司的投资范围，分散化会变得越来越重要，将 BL 模型运用到 TB 产品中的可能性就越大。此外，国外股票投资组合将导致投资者持有不同头寸的当地货币，这明显是国际金融的范畴，从这一分析中得到预测数据的唯一方法就是 BL 技术。⊖

为什么不用 BL 模型替代 TB 模型

如果整体投资组合包含根据比较经济和国际金融分析得出的预测值，那么就需要用到 BL 技术，正是这种需求让我们提出了这一问题。用 BL 模型构建有效投资组合的确可行，因为 TB 模型中的 α 可以用 BL 模型的观点来代替。举个简单的例子，如果积极型投资组合只包含一只股票。若采用 TB 模型构建积极型投资组合，需要宏观经济预测 $E(R_M)$ 和 σ_M，以及 α 值、β 值和残差标准差。若按 BL 模型的框架，上述输入列表也可以表示为以下形式

$$R = [E(R_M), E(R_A) = \beta_A E(R_M)]$$

$$P = (0, 1 + \frac{\alpha_A}{\beta_A E(R_M)})$$

$$PR^T = Q + \varepsilon = \alpha_A + \varepsilon$$

$$Q^E = 0$$

$$D = \alpha_A$$

$$\sigma^2(\varepsilon) = \text{Var}(预测误差) \quad 见式(9\text{-}6)$$

⊖ BL 模型中也可以用来引入关于美国与国外公司业绩的观点。

$$\sigma^2(D) = \sigma^2(\varepsilon) + \sigma^2(e) \qquad (9\text{-}15)$$

式中，e 表示式（9-5）中证券特征线回归的残差。如式（9-13）一样，利用式（9-15）计算的条件期望可以得出与 TB 模型式（9-7）一样的调整的 α 值。

这样看来，BL 模型可视为 TB 模型的推广。与 TB 模型一样，BL 模型允许你根据关于 α 的观点来调整期望收益，同时它也允许你对相对业绩发表观点，这一点是 TB 模型所不能企及的。

但是，这个结论可能误导投资管理行为。为了理解这一点，我们先讨论置信水平，它是全面描述 BL 模型中的观点所必需的。表 9-7 和图 9-5 说明最优组合的权重与业绩对 BL 观点的置信度非常敏感。因此，模型的有效性很大程度上依赖于 BL 观点的置信水平。

当用 BL 观点来替代 TB 框架下的直接 α 估计时，我们必须把式（9-7）中预测误差的方差用于式（9-15）。这便是 BL 模型对"置信度"的量化方法。在 TB 框架中，通过计算分析师的预测 α 值与相应的已实现 α 值之间的相关性，我们便可以测度预测的精确性，但将这一过程运用到 BL 关于相对业绩的观点中并没有那么简单。投资组合经理的观点在不同时期有不同的量化值，因此，我们无法用某一变量的长期历史预测数据来评估精确度。从目前来看，无论是学界还是业界，都没能优化 BL 模型中"信心水平"量化的方法。

这就引出了在 TB 模型中调整预测的问题。我们并不知道分析师的追踪记录经过系统编纂并用来调整 α 预测的真实结果，虽然我们不能断言这种努力是行不通的，但是间接证据说明在 TB 模型中，α 值往往没有经过调整。我们常常可以听到关于 TB 模型导致"极端"调整组合权重的抱怨。但我们在前面已看到，这些极端权重的产生原因是没有调整 α 值以反映预测精度。任何卓越的预测者得到的实际 R^2 都会带来适度的投资组合权重。

就算极端权重偶然出现,也会由于追踪误差方差的限制而消除。

因此,保持这两个模型的独立性和独特性非常必要;TB 模型可用于证券分析管理(预测值已经进行适当的调整),而 BL 模型可用于资产配置,尽管在资产配置实践中置信水平无法精确估计,但相对业绩的观点仍然非常有用。

积极型管理的价值

在第 6 章中,我们已看到,成功把握市场时机的价值是巨大的。即使是一个预测能力有限的预测者也能创造显著的价值。但是,有证券分析支持的积极型投资组合管理具有更大的潜力。即使每一个证券分析师的预测能力十分有限,但他们组合起来的效果是无可限量的。

潜在费用估计模型

市场择时的价值可由等数量看涨期权的价值得到,该看涨期权模仿择时者投资组合的收益。因此,我们可以对择时能力给出一个明确的市场价值,也就是说,我们可以对择时者的服务中所隐含的看涨期权进行定价。虽然我们不能获得积极型投资组合管理的估价,但我们退而求其次,计算一个典型投资者会为该项服务付出的费用。

Kane、Marcus 和 Trippi[⊖]得出了投资组合业绩的年度价值,以所管理资金的一定百分比来衡量。百分比费用 f,即投资者愿意为这项服务支付的费用,与积极型投资组合、消极型投资组合夏普比率的平方差有关

$$f = (S_P^2 - S_M^2)/2A \tag{9-16}$$

式中,A 是投资者的风险厌恶系数。

⊖ Alex Kane, Alan Marcus, and Robert R. Trippi, "The Valuation of Security Analysis," *Journal of Portfolio Management* 25 (Spring 1999).

积极型投资组合的威力来自**信息比率**（information ratios）平方的附加值（信息比率 = $\frac{\alpha_i}{\sigma(e_i)}$）和各个分析师的精确度。回顾最优风险投资组合夏普比率平方的表达式

$$S_P^2 = S_M^2 + \sum_{i=1}^{n} \left[\frac{\alpha_i}{\sigma(e_i)} \right]^2$$

因此，

$$f = \frac{1}{2A} \sum_{i=1}^{n} \left[\frac{\alpha_i}{\sigma(e_i)} \right]^2 \tag{9-17}$$

因此，费用 f 取决于 3 个因素：①风险厌恶系数；②在可选择证券中信息比率平方的分布；③证券分析人员的精确度。注意，此费用是超出指数基金收取的费用。如果指数基金收取 30 个基点的费用，积极型投资组合经理所收取额外的费用由式（9-17）算出。

实际信息比率分布的结论

Kane、Marcus 和 Trippi 研究了所有标准普尔 500 指数成分股在两个 5 年期内 IR^2 的分布，发现其期望值 $E(IR^2)$ 在 0.845 ~ 1.122 之间。风险厌恶系数为 3 的投资组合经理管理了 100 只股票，其证券分析师对实际 α 预测值的 R^2 仅为 0.001，对于这类投资经理每年可以比指数基金多收取 4.88% 的费用。此费用是各种 IR^2 的置信区间的最低值。

此研究的一大缺陷在于它假设投资组合经理知悉预测的质量，不论预测质量有多低。我们看到，投资组合权重对于预测质量很敏感，而如果质量有偏误，业绩将大打折扣。

实际预测分布的结果

Kane、Kim 和 White 对实际预测值的研究发现了 600 只股票在 37 个月内超过 11 000 个 α 预测值的分布（见图 9-3）。用最小二乘法进行回归时，这

些预测数据的 R^2 的平均精准度为 0.001 08，而区分乐观预测和悲观预测时，R^2 为 0.001 51。这只比用来解释 Kane、Marcus 和 Trippi 对已实现信息价值分布情况的精度高一点。Kane、Kim 和 White 使用这些 R^2 来调整其预测，并从投资公司持有的 646 只股票中随机选取了 105 只形成了最优投资组合。

Kane、Kim 和 White 假设每月对 105 只股票所有 α 值的预测质量一样，但又按照不知道预测质量的情况来预测。因此，每个月的调整过程是根据历史预测进行的。这就引出了另一种估计误差源，使得原本可怜的预测质量雪上加霜。为了缓解该问题，在评估预测质量时采用了改良的计量经济学方法。他们发现最小绝对离差法（LAD）的回归效果优于 OLS 法。优化模型同时使用了对角指数模型（如同在 TB 模型中一样）和完整协方差矩阵模型（马科维茨算法）。

表 9-8 列示了业绩的年度 M^2，其值从 2.67% ~ 6.31%，给人印象深刻。表 9-8 也显示，当股票数目增多时，使用完整的协方差矩阵可以显著地改良业绩，相反，第 4 章表 4-4 表明，当只包含 6 只股票时，业绩只有很小的改善。

表 9-8　投资组合的 M^2，实际预测

预测挑战	对角模型	协方差模型
直线①	2.67	3.01
曲线②	4.25	6.31

① 积极预测与消极预测的系数相同。
② 积极预测与消极预测的系数不同。

合理预测记录的结果

为了研究低质量预测记录对业绩产生的影响，Kane、Kim 和 White 以标准普尔 500 指数为基准模拟了与标准普尔 500 指数具有相同特征的 500 只股票。㊀根据可获得的 36 ~ 60 个月的预测记录从 500 只股票中随机选取

㊀ Alex Kane, Tae-Hwan Kim, and Halbert White, "Forecast Precision and Portfolio Performance," *Journal of Financial Econometrics*, (2010) 8(3).

股票，构建各种规模的积极型投资组合。为了避免使用投资组合经理可能无法获得的估计技术，这项研究的所有估计值都是根据最小二乘法回归得出的。

模拟中的投资组合经理必须使用一张全面的"组织结构图"来捕获真实环境下的业绩。在任何时候，投资组合经理只使用历史预测记录和历史收益数据来做出前瞻预测，包括：①基准的风险溢价及其标准差；②积极型投资组合中各只股票的 β 值系数；③各位分析师的预测质量。至此，投资组合经理从分析师那里得到一系列 α 预测，他们依此来构建最优投资组合。该投资组合的优化是根据对基准投资组合的宏观预测进行的，而 α 预测值是依据每一位分析师过去的业绩记录进行质量调整的。最后，模拟出下个月的收益，并记录投资组合的业绩。

表9-9总结了当证券分析师预测 R^2 为 0.001 时（投资组合经理不知情），投资组合的结果。随着业绩记录时间的延长，M^2 明显增加。这一结果也表明，随着投资组合规模的增加，业绩也会提升。

表9-9 模拟投资组合的 M^2

投资组合中的股票数量	预测记录（月度）		
	36	48	60
100	0.96	3.12	6.36
300	0.60	5.88	12.72
500	3.00	5.88	15.12

上述 3 项研究都表明，即使很低的预测能力也可以极大地改进投资组合业绩。此外，如果有更好的估计技术，投资业绩将进一步提高。深究上述方法没有在业界广为使用的原因，我们认为这与分析师认为较低的个体相关性有关，即意味着总的预测值也相应较低，因此他们不希望自己的能力被评估有关。希望我们的这些研究结果可以吸引更多投资公司使用这些技术，从而把行业推向一个新的高峰。

积极型管理总结

学习投资学的读者需要用到一系列数学和统计学知识，他们常有这样的疑惑：这些分析方法必要吗？甚至他们会问这些分析方法有用吗？这里有一些现象可以缓解这一困惑。近十年来，投资学理论经历了飞速的发展。令人意外的是，投资的基本理论与实际运用之间的差距在近年来变小了。这个令人满意的趋势至少部分得益于 CFA 的蓬勃发展。如今 CFA 几乎已经变成了事业成功的先决条件，正在努力获得这一认证的人数已超过了 MBA，他们也促进了投资学界与业界之间的联系。

更重要的在于 CFA 课程紧跟时下的理论发展。而金融学教授也间接受益，因为在试图证明一个内容的实用性时，他只需要说：这是 CFA 必备知识。

然而仍有一部分事件远落后于理论，即为本章——尽管 TB 模型和 BL 模型分别问世于 1973 年和 1992 年，但它们至今仍未在实际中得到应用，在前一节中我们揣测了相关缘由。我们也衷心希望，在未来的版本中，我们可以删掉这段话。

最后，在繁杂的投资学内容中，我们几乎不会涉及有效证券定价所带来的福利。有效定价对于经济社会的福利是巨大的，高质量的积极型管理不仅可以充实投资者的口袋，也可以为社会做出贡献。

INVESTMENTS

术语表

A

abnormal return 异常收益 仅依靠市场运动规律难以预测到的股票收益。累积异常收益（CAR）是信息公布期间异常收益的总和。

accounting earnings 会计收益 企业在利润表中报告的收益。

acid test ratio 酸性测验比率 参见 quick ratio。

active management 积极型管理 通过预测宏观市场形势或识别市场中某些定价错误的行业或证券，取得超常投资组合风险溢价收益。

active portfolio 积极型投资组合 在特雷纳－布莱克模型中，投资组合是由各种已知 α 值非零的股票混合组成的。最终，该投资组合将与消极管理的市场指数投资组合相结合。

adjusted alphas 调整的 α 通过特定统计方法将 α 调整，以提高分析师预测的准确性。

agency problem 代理问题 股东、债权人和经理人之间的利益冲突。

algorithmic trading 算法交易 用计算机程序来进行交易决策。

alpha α 超出 CAPM 和 APT 等均衡模型预测的证券的超常收益率。

alpha transfer α 转移 当投资时 α 为正值所使用的一种策略，用来对冲投资的系统性风险，并最终在负指数时建立市场风险。

American depository receipt（ADR）美国存托凭证 在美国国内交易的代表对外国股票份额要求权的证券。

American option 美式期权 美式期权可以在截止日期前任何一天执行期权；相反，欧式期权只能在截止日期当天执行期权。

announcement date 公告日 某公司公开发布特定消息的日期。在事件研究中，研究者用其评价股息事件的经济影响。

annual percentage rate（APR）年化百分比利率 按单利而不是复利计算的年利率。

anomalies 异象 违背有效市场假说的收益模式。

appraisal ratio 估价比率 分析师进行预测时使用的信号－噪声比率，即 α 与残值标准差的比率。

arbitrage 套利 零风险、零净投资且会产生利润的策略。

arbitrage pricing theory 套利定价理论 由因素模型推导出的资产定价理论，涉及分散化和套利的概念。该理论在无风险套利投资不会产生财富的假设下，描述了两种证券期望收益之间的关系。

asked price 卖价，卖方报价 交易商出售证券的价格。

asset allocation 资产配置 在股票、债券等主要资产类别中做出选择。

at the money 平价期权 行权价格与期权的资产价格相等时的现行价格。

auction market 拍卖市场 所有交易者聚集在一起交易同一种资产的一种市场，例如纽约证券交易所。

average collection period or days'receivables 应收账款平均收款期 应收账款与销售收入的比率，或每1美元日销售信用的加总（平均应收账款/销售额 × 365）。

B

backfill bias 回填偏差 某些基金表现良好时会被加进样本，因包含这部分基金的历史业绩而导致的基金样本的平均收益出现的偏差。

balance sheet 资产负债表 反映公司某特定时间财务状况的财务报表。

bank discount yield 银行贴现收益率 假设每年360天，使用证券的面值而不是买价，按照单利计算所投资的每1美元收益的年利率。

banker's acceptance 银行承兑汇票 是一种货币市场资产，其内容是顾客命令银行在未来某一日期支付某一数额的资金。

baseline forecasts 基线预测 在市场处于均衡状态且当前价格能反映所有信息的假设下对证券收益的预测。

basis 基差 期货合约中期货价格和现货价格的差额。

basis risk 基差风险 由期货价格和现货价格差额的波动引起的风险。

behavioral finance 行为金融 强调心理因素影响投资者行为的金融市场模型。

benchmark error 基准误差 对真实市场投资组合的替代存在不合理产生的误差。

benchmark portfolio 基准组合 评价经理人所依据的投资组合。

beta β 用来测量证券的系统性风险。它反映了市场行情波动时证券收益的趋势。

bid-asked spread 买卖价差 交易商买方报价和卖方报价的差额。

bid price 买价，买方报价 交易商愿意购买某种证券时的价格。

binominal model 二项式模型 一种预测期权价值的模型，假设在任意短的时间里，股票价格只有两种可能性。

Black-Scholes formula 布莱克－斯科尔斯定价公式 看涨期权的定价方程式。用于股票价格、行权价格、无风险利率、到期日和股票收益标准差的计算。

blocks, block sale 大宗交易 超过10 000股股票的交易。

bogey 基准收益 对投资经理进行业绩评估时所参考的投资收益。

bond 债券 是债务人发行的一种证

券，在一定持有期后向持有者支付特定款项。息票债券中，发行者在债券存续期间支付利息，在到期日返还面值。

bond equivalent yield 债券等值收益率 根据年百分比率计算的债券收益率，以区别有效年收益率。

bond indenture 债券契约 发行者和债券持有人之间的合约。

bond reconstitution 债券重组 组合国库券本息，再造国库券初始现金流。

bond stripping 债券剥离 将债券的现金流（利息或本金）作为单独的零息证券出售。

book-to-market effect 净市率效应 高市净率公司的股票产生异常收益的趋势。

book value 账面价值 根据公司资产负债表描述其普通权益净值的会计方法。

breadth 宽度 个股价格波动对宏观市场指数波动的反映程度。

brokered market 经纪人市场 经纪人为买卖双方提供搜索交易服务的市场。

budget deficit 预算赤字 政府支出超过政府收入的部分。

bull CD, bear CD 牛存单，熊存单 牛存单向持有人支付特定市场指数收益增长额的特定百分比，同时确保提供最小收益率；熊存单向持有者支付特定市场指数收益减少额的一部分。

bullish, bearish 牛市，熊市 用来描述投资者态度的词语。牛市意味着投资者的投资态度积极向上；熊市意味着投资者的投资态度消极懒怠。

bundling, unbundling 组合，拆分 通过将基础证券和衍生证券组合在一起或者将某项资产的收益率拆分的方式创造证券的趋势。

business cycle 经济周期 经济衰退与复苏的循环往复。

C

calendar spread 日历价差 购入一个期权的同时卖出一个到期日不同的期权。

callable bond 可赎回债券 投资者可以在特定时期以某一价格赎回的债券。

call option 看涨期权 在到期日当天或之前以某一行权价格买入某项资产的权利。

call protection 赎回保护期 可赎回债券刚发行时不可被赎回的那段时期。

capital allocation decision 资本配置决策 投资基金在无风险资产和风险投资组合之间的配置方法。

capital allocation line (CAL) 资本配置线 风险资产和无风险资产可行性风险回报组合图。

capital gains 资本利得 证券的出售价格超出购买价格的部分。

capital market line (CML) 资本市场线 市场指数投资组合形成的资本配置线。

capital market 资本市场 包括投资期限较长、风险较大的证券市场。

cash/bond selection 现金/债券选择 进行资产配置时，在投资期限较短的现金等价物和投资期限较长的债券之间做出选择。

cash equivalents 现金等价物 是短期货币市场证券。

cash flow matching 现金流匹配 是一种免除期限风险的形式,对债券投资组合的现金流和义务进行匹配。

cash ratio 现金比率 用来度量公司的流动性,是现金与市场证券和流动负债的比率。

cash settlement 现金交割 一些期货合约的条款规定根据标的资产的现金价值结算,而不是像农产品期货那样进行现货交易。

certainty equivalent rate 确定等价收益率 与风险投资组合提供相同效用的确定收益率。

certificate of deposit 大额存单 一种银行定期存款形式。

clearinghouse 清算所 交易所设立的促进交易证券转让的机构。在期权、期货交易过程中,清算所担任交易双方中间人的角色。

closed-end(mutual) fund 封闭式(共同)基金 份额通过经纪人以市场价格交易的基金;该基金不会以资产净值赎回份额。该基金的市场价格与其资产净值不同。

collar 双限期权 将投资组合的价值限制在两个边界之间的期权策略。

collateral 抵押品 为某种可能有风险的债券做抵押的资产。抵押债券用资产所有权担保。抵押信托债券用其他证券的所有权担保。设备合约债券用设备的所有权担保。

collateralized debt obligation(CDO)担保债务凭证 根据风险水平差异将贷款分成不同份额。

collateralized mortgage obligation(CMO)担保抵押债务 一种抵押转递证券,把根据约定规则得到的本金作为标的抵押的现金流分别付给债券持有人。

commercial paper 商业票据 大型公司发行的短期、无担保债券。

common stock 普通股 上市公司发行的代表一定所有权份额的权益证券。股东享有投票权,并且可能获得与所有权成比例的分红。

comparison universe 对比情况 收集投资风格相似的货币经理的情况,用来评价投资经理的相对业绩。

complete portfolio 完整资产组合 包括风险资产和无风险资产在内的全部投资组合。

conditional tail expectation 条件尾部期望 低于一些阈值的随机变量条件期望,通常用来测度下偏风险。

confidence index 信心指数 高等级公司债券收益与中级债券收益的比率。

conservativism 保守主义 认为投资者对新出现的迹象反应过慢,不能及时改变看法。

constant-growth DDM 固定增长的股利贴现模型 假设股利增长率不变的一种股利贴现模型。

contango theory 期货溢价理论　认为期货价格一定会超过未来现货价格的期望值。

contingent claim 或有权益　其价值直接取决于某些标的资产的价值。

contingent immunization 或有免疫　如果需要保证最低可接受收益，在不允许采用积极管理的情况下所采用的积极与消极相结合的管理策略，这样形成的组合可以消除风险。

convergence arbitrage 趋同套利　在两个或两个以上的价格发生偏离时进行交易，当价格回归到恰当关系时就能获利。

convergence property 收敛性　期货合约到期时，现货价格与期货价格趋于一致的性质。

convertible bond 可转换债券　债权人有权将债券转换成本公司一定数量的普通股股票。转换率是指可转换多少股票。市场转换价格是指债券可以交换的股票的现行价格。转换溢价是指债券价值超过转换价格的部分。

convexity 凸性　债券的价格–收益曲线的曲率性质。

corporate bonds 公司债券　公司发行的长期债券，通常每半年支付一次利息，到期时支付债券面值。

correlation coefficient 相关系数　由协方差表示的统计量，它的值介于－1（完全负相关）和＋1（完全正相关）之间。

cost-of-carry relationship 持有成本关系　参见 spot-futures parity theorem。

country selection 国家选择　一种积极的国际管理方式，测度了投资于业绩较好的国际股票市场对业绩的贡献程度。

coupon rate 息票利率　债券单位面值支付的利息。

covariance 协方差　两种风险资产收益关联变动程度的测量方法。协方差为正表明资产收益同方向变化。协方差为负表明两者反向变化。

covered call 抛补看涨期权　出售某股票看涨期权的同时买入该股票的投资组合。

covered interest arbitrage relationship 抛补利息套利关系　参见 interest rate parity relation。

credit default swap（CDS）信用违约掉期　是一种金融衍生工具，其内容是一方出售另一方有关信用风险的保险。

credit enhancement 信用增级　通过购买大保险公司的金融担保来增加资金信用。

credit risk 信用风险　即违约风险。

cross-hedging 交叉套期　用一种商品的期货合约为另一种资产套期保值。

cumulative abnormal return 累积异常收益　参见 abnormal return。

currency selection 货币选择　投资者在以不同货币标价的投资品中做出选择的资产配置方式。

current ratio 流动比率　表示公司用当

前流动资产偿付当前流动负债的能力（流动资产/流动负债）。

current yield 当期收益率　债券每年支付的利息与其价格的比率，不同于到期收益率。

cyclical industries 周期性行业　是指对经济形势较为敏感的行业。

D

data pools 数据池　电子交易网站，可供用户频繁买卖大量证券。

data mining 数据挖掘　为挖掘可采用的系统性模式而对大量历史数据进行整理。

day order 当日委托指令　当前交易日收盘前有效的买卖交易指令。

day's receivables 日应收款　参见 average collection period。

dealer market 交易商市场　交易商为自己的账户专门从事某种资产买卖的市场，例如场外交易市场。

debenture or unsecured bond 信用债券或无抵押债券　没有抵押品作为担保的债券。

debt securities 债券　即债务证券，也称为固定收益证券。

dedication strategy 量身定做策略　指的是多期现金流匹配的策略。

default premium 违约溢价　与承诺收益的差异，作为对投资者因购买公司债券承担违约风险的补偿。

defensive industries 防御性行业　对经济周期不太敏感的行业。

deferred annuities 延税年金　有纳税利益的寿险产品。延税年金提供税收延缓缴纳的同时还提供了以终身年金的形式提取基金的选择权。

defined benefit plans 固定给付计划　退休收益根据某固定公式计算的养老金计划。

defined contribution plans 固定缴纳计划　雇主根据某一固定公式出资的养老金计划。

degree of operating leverage 经营杠杆系数　销售量变动1%时利润变动的百分比。

delta (of option)（期权）德尔塔　见 hedge ratio。

delta neutral 德尔塔中性　投资组合的价值不受已签发期权的资产价值变动的影响。

demand shock 需求波动　影响经济中产品和服务需求的事件。

derivative asset/contigent claim 衍生资产/或有债权　证券的收益取决于商品价格、债券和股票价格或市场指数价值等其他资产的价值。例如期货和期权。

derivative security 衍生证券　收益取决于股票价格、利率或汇率等其他金融变量的证券。

direct search market 直接搜寻市场　买卖双方直接寻找交易对手并且直接交易的市场。

directional strategy 方向性策略　预测某些板块涨幅强于市场中其他板块的投机策略。

discount bond 折价债券　发行价低于面值的债券。

discretionary account 授权账户　是客户授权经纪人代表其买卖证券的一种账户。

disposition effect 处置效应　投资者坚持持有亏损投资的趋势。

diversifiable risk 可分散风险　属于公司特有风险或非市场风险。不可分散化风险是指系统或市场风险。

diversification 分散化　使投资组合包含多种投资产品从而避免过度暴露在某种风险之下。

dividend discount model(DDM)股利贴现模型　表明公司的内在价值是所有预期未来股息的现值的模型。

dividend payout ratio 股利支付率　股利占公司收益的百分比。

dividend yield 股息收益率　股息占股票价格的百分比。

dollar-weighted rate of return 美元加权收益率　投资的内部收益率。

doubling option 双重期权　偿债基金条款规定，允许两次（买入和卖出）以偿债基金的看涨期权价格购买所要求数量。

DuPont system 杜邦体系　将公司收益进行分解，找出决定这些收益的潜在因素。

duration 久期　用来测度债券的平均有效期，是债券持有至到期时间的加权平均，其权重与支付现值成比例。

dynamic hedging 动态套期保值　当市场状况发生变化时，不断更新套期保值的头寸。

E

EAFE index EAFE指数　摩根士丹利公司编制的欧洲、澳大利亚和远东指数，是被广泛应用的非美国股票指数。

earnings management 盈余管理　运用会计准则的灵活性原则明显提高公司收益的行为。

earnings retention ratio 收益留存率　利润再投资比率。

earnings yield 盈利率　收益与价格的比率。

economic earnings 经济利润　在公司生产能力不变的情况下，能够永远支付的实际现金流。

economic value added(EVA)经济增加值　资产收益率与资本成本之差乘以投入公司的资本，测度了公司收益超出机会成本部分的价值。

effective annual rate(EAR)有效年利率　使用复利计算而非单利计算的年利率。

effective annual yield 有效年收益率　使用复利计算得到的证券的年利率。

effective duration 有效久期　市场利率水平每变动一个百分点，债券价格变动的比例。

efficient diversification 有效分散化　现代投资组合理论的组织原则，认为任何风险厌恶型投资者会在任何投资风险水平下寻求最高期望收益。

efficient frontier 有效边界　代表一系列

使任何风险水平下收益最大化的投资组合。

efficient frontier of risky assets 风险资产有效边界 位于全部最小方差投资组合之上的最小方差边界的部分。

efficient market hypothesis 有效市场假说 证券价格完全反映市场信息。在有效市场购买证券的投资者期望得到均衡收益率。弱式有效市场假说认为股票价格能够反映所有的历史价格信息。半强式有效市场假说认为股票价格能够反映所有公开的信息。强式有效市场假说认为股价能够反映包括内部信息在内的所有相关信息。

elasticity(of an option)（期权）弹性 股票价值变动1%时期权价值变动的百分比。

electronic communication network(ECN) 电子通信网络 是计算机交易网络，为股票交易所和交易商市场的证券交易服务。

endowment funds 捐赠基金 为特定投资目的而设立的组织。

equities 股权 公司份额的所有权。

equity 权益 公司所有权，边际账户的净值。

equivalent taxable yield 应税等值收益率 是应纳税债券的税前收益率，它使该债券的税后收益率与免税市政债券的收益率相等。

Eurodollars 欧洲美元 在国外的银行或美国银行在国外的支行用美元标识的存款。

Europe，Australia，Far East (EAFE) index 欧洲、澳大利亚与远东指数 由摩根士丹利编制的被广泛应用的非美国股票指数。

European option 欧式期权 只能在到期日行权的期权。美式期权可以在到期日当天及之前的任何一天行权。

event study 事件研究 测度利率事件对股票收益影响的研究方法。

event tree 事件树 描述事件所有可能的序列。

excess return 超额收益 超过无风险利率的收益率。

exchange rate 汇率 一单位某国货币相对于另一国货币的价格。

exchange rate risk 汇率风险 由于美元和外国货币汇率的变动而导致的资产收益的不确定性。

exchange-traded fund(ETF) 交易所交易基金 共同基金的一种，使投资者可以像投资股票那样对证券投资组合进行交易。

exchanges 交易所 为会员提供设备进行证券交易的国家或区域性拍卖市场。在交易所中，一个席位代表一个会员。

exercise or strike price 行权价格 买入或卖出资产的价格。

expectations hypothesis (of interest rates)（利率的）期望假说 是关于远期利率是未来预期利率的无偏估计的理论。

expected return 期望收益 各种可能出现的结果的概率的加权平均。

expected return-beta (or mean-beta) relationship 期望收益-贝塔关系　资本资产定价模型的含义，即证券风险溢价（预期超额收益）与贝塔成比例。

expected shortfall 预期损失　当收益位于概率分布的左尾时，证券的预期损失。

F

face value 面值　债券到期时的价值。

factor beta 因子贝塔　证券收益率对系统因素变动的敏感性，也称因子载荷、因素敏感度。

factor loading 因子载荷　见 factor beta。

factor model 因素模型　将影响证券收益率的因素分解成共有影响和公司特有影响的方法。

factor portfolio 纯因子组合　一个充分分散化的投资组合，其中一种因素的 β 值为 1，其他因素的 β 值为 0。

factor sensitivity 因素敏感度　见 factor beta。

fair game 公平博弈　风险补偿为 0 的投资项目。

fair value accounting 公允价值会计　在公司财务报表中使用现值而非历史成本的方法。

federal funds 联邦基金　银行储蓄账户上的基金。

FIFO 先进先出法　一种存货计价的会计方法。

financial assets 金融资产　股票、债券等对真实资产产生的收入以及政府的收入享有所有权。

financial engineering 金融工程　创建和设立有特定性质的证券。

financial intermediary 金融中介　银行、共同基金、投资公司或保险公司等机构，为家庭和商业部门建立联系，以便于家庭投资，商业部门融资生产。

firm-specific risk 公司特有风险　见 diversification risk。

first-pass regression 一阶回归　估计证券或投资组合贝塔值的时间序列回归。

fiscal policy 财政政策　使用政府支出和税收的方法达到稳定经济的目的。

fixed annuities 固定年金　保险公司定期支付固定数额的年金合约。

fixed-charge coverage ratio 固定费用偿付比率　收益对所有固定现金债务的比率，包括租赁和偿债基金的支付。

fixed-income security 固定收益证券　一定时期支付一定现金流的证券，例如债券。

flight to quality 安全投资补偿　用来描述投资者在不确定经济形势下要求较大投资违约补偿的趋势。

floating-rate bond 浮动利率债券　根据特定市场利率定期重置利率的债券。

forced conversion 强制转换　当公司得知债权人将行权转换可转换债券时，就会行使权力赎回债券。

forecasting record 预测记录　证券分析师预测误差的历史纪录。

foreign exchange market 外汇市场　是银行和经纪人之间的一种信息网，允许顾客通过远期合约以当前约定的汇率在未来进行货币买卖。

foreign exchange swap 外汇互换　约定在未来某一个或某几个日期互换约定数量的货币协议。

forward contract 远期合约　要求在未来以约定价格交割某种资产的协议，也可参见 futures contract。

forward interest rate 远期利率　是未来一段时间的利率，它可以使长期债券的总收益与采用滚动策略的较短期债券的总收益相等。远期利率是从债券期限结构中推导出来的。

framing 框定　对选择的描述方式的不同会影响决策，例如，将不确定性看作基于低基准的潜在收益还是基于高基准值的损失所做出的决策是不同的。

fully diluted earnings per share 摊薄后的每股收益　假设所有流通在外的可转换证券和认股权证都行权之后的每股收益。

fundamental analysis 基本面分析　基于收益和股利预测、未来利率预期和公司风险评价等决定因素进而预测股票价值的研究。

fundamental risk 基本面风险　即使资产被错误定价，依然没有套利机会的风险。因为在价格最终回归内在价值之前，错误定价普遍存在。

funds of funds 基金的基金　投资于其他证券投资基金的基金。

futures contract 期货合约　规定交易商在未来某一时间以约定价格买卖某资产的协议。承诺买入的一方持有多头，承诺卖出的一方持有空头。期货与远期合约的区别在于标准化、交易所交易、需要缴纳保证金以及日结算（每日盯市）。

futures option 期权　未来以约定行权价格购入某期货合约的权利。

futures price 期货价格　期货交易商对标的资产的承诺交割价。

G

gamma 伽马　期权定价函数（标的资产价值的方程）曲线的曲率。

geometric average 几何平均　n 个数乘积的 n 次方根，用来测度收益的跨期复利率。

globalization 全球化　投资环境趋于世界化，各国资本市场趋于一体化。

gross domestic product（GDP）国内生产总值　一段时间内生产的货物和提供的服务的市场价值总和，包括在美国境内的外国公司和外国居民创造的收入，但除去美国居民和公司在海外创造的收入。

H

hedge fund 对冲基金　一种私募基金，面向机构投资者或资金充裕投资者，几乎不受美国证券交易委员会的监管，与共同基金相比，可以采纳更多的投机性策略。

hedge ratio（for an option）对冲比率（套期保值比率）　对冲持有某期权的价格风险所要求的股票数量，在期权领域应用时，也称期权的德尔塔。

hedging 套期保值　为减少某投资组合的整体风险投资于某项资产。

hedging demands 套保需求　除了通常的均方差分散化动机之外，证券对冲特定消费风险来源的需求。

hedge-frequency trading 高频交易　一个

子集的算法交易，依赖于计算机程序从而迅速做出交易决策。

high water mark 水位线 对冲基金收取奖励费之前投资组合必须再次达到的价值。

holding-period return 持有期收益 某一段时期的收益率。

home bias 本土偏好 投资者会倾向于将投资组合的大部分份额投资到国内证券，而非为分散化而平均分配的趋势。

homogenous expectations 同质期望 即假设所有投资者都使用相同的期望收益和证券收益的协方差矩阵作为证券分析的输入量。

horizon analysis 水平分析 预测不同持有期和投资范围可以实现的复利收益。

I

illiquidity 非流动性 不折价销售的情况下，要想在短期内销售资产的困难、成本和资产延迟销售时间。

illiquidity cost 非流动性成本 某些证券的不完全流动性造成的成本。

illiquidity premium 非流动溢价 作为对有限流动性补偿的超额期望收益。

immunization 免疫 资产与负债久期相匹配的策略，使净财富不受利率变动的影响。

implied volatility 隐含波动率 期权市场价值一致的股票回报率的标准差。

incentive fee 激励费 对冲基金收取的费用，等于超过规定标准业绩的投资收入的部分。

income beneficiaries 收入受益人 从信托中获取收益的人。

income statement 利润表 显示公司特定时期收入和费用的财务报表。

indenture 契约 债券发行人和持有人之间签订的合同文件。

index arbitrage 指数套利 挖掘期货实际价格与理论价格的差额从而获取利润的投资策略。

index fund 指数基金 持有的股票份额与标准普尔500指数等市场指数的股票构成比例的共同基金。

index model 指数模型 使用标准普尔500指数等市场指数代表共有或系统风险因素的股票收益模型。

index option 指数期权 在股票市场指数的基础上建立的看涨或看跌期权。

indifference curve 无差异曲线 在收益和标准差坐标系中，连接所有效用相同的投资组合的曲线。

industry life cycle 行业生命周期 在公司成长过程中通常会经历的几个阶段。

inflation 通货膨胀 产品和服务价格普遍上涨的百分比。

information ratio 信息比率 α值与可分散风险的标准差的比率。

initial public offering 首次公开发行 原私有企业第一次公开发行的股票。

input list 输入列表 用来决定最优风险投资组合的期望收益率、方差、协方差等参数列。

inside information 内幕信息 公司高管、主要控制人或其他有特权获得公司信息的个人等掌握的公司尚未公开的信息。

insider trading 内幕交易 公司高管、董事、主要控制人或其他拥有内部消息的人进行股票买卖而获利的交易。

insurance principle 保险原则　平均法则。

interest coverage ratio 利息覆盖倍数　财务杠杆的测量方法。用息税前利润对利息的倍数来表示。

interest coverage ratio，or times interest earned 利息覆盖倍数或利息保障比率　财务杠杆的度量方法，息税前利润与利息支出的比值。

interest rate 利率　每期投入的每单位美元的收入。

interest rate parity relationship (theorem) 利率平价关系　有效市场上即期汇率和远期汇率关系的理论。

interest rate swap 利率互换　是一种管理利率风险的方法，各方直接交易不同证券的现金流而不直接交易证券。

intermarket spread swap 市场间差价互换　从债券市场的一个细分市场向另一个细分市场的转换（例如，从国债转换到企业债券）。

in the money 实值期权　是指执行期权时会产生收益的期权。虚值期权是指执行期权时不会产生收益的期权。

international financial reporting standards (IFRS) 国际财务报告准则　在许多非美国国家适用的会计准则，与美国标准相比注重原则而不注重规则。

intrinsic value (of a firm)（企业的）内在价值　由必要收益率折现的企业的预期未来净现金流的现值。

intrinsic value of an option 期权的内在价值　立即执行市值期权所能获得的利润或股票价格与行权价格的差额。

inventory turnover ratio 存货周转率　用已销售货物的成本对平均存货成本的倍数来表示。

investment 投资　为了将来获得更多资源而对当前资源的委托行为。

investment bankers 投资银行　通常采用承销方式，专门从事新证券的发行销售的公司。

investment company 投资公司　为投资者管理基金的公司。一家投资公司可能同时管理几个共同基金。

investment-grade bond 投资级债券　在BBB级及以上的债券，或Baa级及以上的债券。级别较低的债券被归为投机级债券或垃圾债券。

investment horizon 投资期限　为达到投资决策目的而确定的时间范围。

investment portfolio 投资组合　投资者选择的一系列证券。

J

Jensen's alpha 詹森α　一项投资的α值。

junk bond 垃圾债券　见 speculative-grade bond。

K

kurtosis 峰度　概率分布肥尾的测度，表示观察到极值的概率。

L

latency 延迟时间　接受、处理和传递交易命令的时间。

Law of One Price 一价定律　为了排除套利机会，规定相同证券或证券组合必须以相同的价格出售的规则。

leading economic indicators 先行经济指标　先于经济中其他指标上升或下降的经

济序列。

leverage ratio 杠杆比率 公司负债与总资产的比率。

LIFO 后进先出法 会计上使用的一种存货计价法。

limited liability 有限责任 公司破产时，股东不以个人财产偿还债权人。

limit order 限价指令 明确说明投资者愿意在某价格买入或卖出某证券的指令。

liquidation value 清算价值 支付债务之后通过销售公司财产可以实现的净值。

liquidity 流动性 指的是某项资产可以转换成现金的速度和难易程度。

liquidity preference theory 流动性偏好理论 认为远期利率超过未来期望利率的理论。

liquidity premium 流动性溢价 远期利率与期望未来短期利率的差额。

load 手续费 购买某些共同基金所收取的销售费用。

load fund 收费基金 收取手续费或佣金的共同基金。

lock-up period 禁售期 投资者无法赎回其在对冲基金中的投资的那段时期。

lognormal distribution 对数正态分布 变量的对数为正态分布（钟形）。

London interbank offered rate(LIBOR) 伦敦银行同业拆借利率 大多数信誉良好的银行在伦敦市场上大量贷出欧洲美元时取取的利率。

long position or hedge 多头头寸或套期 通过采取多头期货头寸降低未来购买成本，以防止资产价格变化。

lower partial standard deviation 下偏标准差 只使用概率分布变量均值以下的部分计算的标准差。

M

Macaulay's duration 麦考利久期 债券以支付现值为权重的有效到期时间，等于每次支付时的加权平均时间。

maintenance, or variation, margin 维持保证金或可变保证金 交易者保证金的最低值，达到维持保证金要求投资者追加保证金。

margin 保证金 从经纪商处借款买入证券，目前最大额度的保证金比率是50%。

mark-to-market accounting 参见公允价值会计（或市值会计）。

market-book-value ratio(P/B) 市场价值与账面价值比率（市净率） 每股价格与每股账面价格的比率。

market capitalization rate 市场资本化率 市场认可的某公司现金流的贴现值。

market model 市场模型 指数模型的另一种形式，将收入的不确定性分为系统性因素和非系统性因素。

market neutral 市场中性 能够挖掘出市场中定价错误的证券，但是通过套期保值的方式避免整个市场风险的策略。

market order 市价委托指令 在当前市场价格立即执行的买入或卖出指令。

market of systematic risk, firm-specific risk 市场或系统风险、公司特有风险 市场风险是普遍存在的宏观经济因素引起的风险。公司特有风险反映了独立于市场风险的公司特有的风险。

market portfolio 市场投资组合 每种证券

的持有量与其市场价值成比例的投资组合。

market price of risk 风险的市场价格　投资者需要承担的风险的额外收入或风险溢价的度量方法。市场投资组合的收入–风险比率。

market risk　见 systematic risk。

market segmentation 市场分割理论　期限不同的债券在不同的细分市场上交易，价格互不影响的理论。

market timer 市场择机者　对整个市场变动进行投机，而不是投机于单个具体证券的投资者。

market timing 市场择时　如果预期市场表现会超过国库券，资产配置中对市场的投资就会增加。

market-value-weighted index 市值加权指数　通过计算指数中每种证券的收益率的加权平均值得到的一组证券的指数，其权重与当前市场价值成比例。

marking to market 盯市　描绘了期货多头的每日结算责任。

mean-variance analysis 均值–方差分析　基于可能性结果的期望值与方差对风险性预期的估计。

mean-variance criterion 均值–方差准则　基于回报率的期望值和方差选择投资组合。在给定的方差水平下选择期望回报率较高的组合，在给定的期望收益下选择方差较小的组合。

mental accounting 心理账户　个人在心理上将各项资产分成独立的账户而不是把它们看成整个组合的组成部分。

minimum-variance frontier 最小方差边界　给定期望收益下的最小可能方差的证券组合曲线。

minimum-variance portfolio 最小方差投资组合　方差最小的风险性资产的投资组合。

modern portfolio theory（MPT）现代投资组合理论　建立在风险–收益均衡和有效分散化基础上的理性投资组合选择的分析与评估原则。

modified duration 修正久期　麦考利久期除以（1+到期收益），测度债券的利率敏感性。

momentum effect 动量效应　某一时期业绩好的股票和业绩差的股票在下一个时期继续这种非正常业绩的趋势。

monetary policy 货币政策　联邦储蓄体系委员会采取的影响货币供应或利率的行动。

money market 货币市场　包括短期、高流动性和风险相对较低的债券工具。

mortality tables 死亡率表　一年内不同年龄段个人的死亡概率。

mortgage-backed security 抵押担保证券　持有人有权从一组抵押组合或这样一组抵押组合所担保的债券中获得现金流的证券，也称为转手证券，因为款项是由最初抵押发起人转给抵押证券的购买者的。

multifactor CAPM 多因素 CAPM　在基本的 CAPM 基础上考虑外部市场套期需求发展得出的 CAPM 模式。

multifactor models 多因素模型　证券收益模型，认为收益受几个系统因素影响。

municipal bond 市政债券　国家或当地政府发行的免税债券，通常用来为项目融资。一般责任债券由发行者的一般税收能力做担保。收益债券由发行筹资建设项目或发行机构担保。

mutual fund 共同基金 汇集并管理投资者资金的公司。

mutual fund theorem 共同基金原理 由资本资产定价模型发展得到的结果，认为投资者会选择将所有风险性投资组合投资于一个市场指数共同基金。

N

NAICS codes 北美工业分类码 用数字化区分行业的分类码。

naked option writing 裸卖期权 签发没有对冲股票头寸的期权。

NASDAQ 纳斯达克 场外交易市场的自动报价系统，显示数千种股票的当前买卖价格。

neglected-firm effect 被忽略公司效应 投资于不被人注意的公司的股票形成的非正常收益。

net asset value（NAV）资产净值 每股价值，表示为每股基础上的资产减负债。

nominal interest rate 名义利率 以名义美元（未经购买力调整）表示的利率。

nondirectional strategy 非方向性策略 用来挖掘相关定价暂时偏差的头寸，通常用相关证券的空头对某种证券的多头进行套期保值。

nondiversifiable risk 不可分散风险 见 systematic risk。

nonsystematic risk 非系统风险 可以通过分散化消除的非市场或公司特有的风险因素，也称为特有风险或可分散风险。系统风险指的是整个经济共有的风险因素。

normal distribution 正态分布 钟形概率分布，表现出许多自然现象的特征。

notional principal 名义本金 用来计算互换支付非本金数量。

O

on the run 新发行债券 刚发行债券，以接近面值的价格出售。

on-the-run yield curve 当期债券收益曲线 以面值出售的新发行的债券的到期收益和到期时间之间的关系。

open-end（mutual）fund 开放式（共同）基金 以资产净值申购或赎回份额的基金。

open interest 未平仓合约数 未清偿期货合约的数量。

optimal risky portfolio 最优风险组合 投资者风险性资产与安全资产的最佳组合。

option elasticity 期权弹性 目标债券价值变动1%时，期权价值增长百分比。

original issue discount bond 最初发行折价债券 折价销售的低利息率的债券。

out of the money 虚值期权 指的是执行期权时不会盈利的期权。实值期权是指执行期权时会产生利润的期权。

over-the-counter market 场外交易市场 经纪商和交易商协商证券销售的非正式网络（不是正式的交易所）。

P

pairs trading 配对交易 将价格走势相似的股票进行配对，并且对每对定价错误的股票建立多头或空头策略。

par value 面值 债券的面值。

passive investment strategy 消极投资策

略 见 passive management。

passive management 消极型管理 购买反映整个市场指数的充分分散化的投资组合，并不是为了寻找错误定价的证券。

passive market-index portfolio 消极市场指数投资组合 一种市场指数投资组合。

passive strategy 消极策略 见 passive management。

pass-through security 转递证券 打包出售的一组贷款（例如住房抵押贷款）。转递证券所有人将收到借款人支付的所有的本金和利息。

peak 高峰 从扩张期末期转换到收缩期初期的阶段。

P/E effect 市盈率效应 低市盈率股票的投资组合比高市盈率股票的投资组合的平均风险调整回报高。

personal trust 个人信托 托管人代表他人进行盈利的资产管理。

plowback ratio 盈余再投资率 公司利润再投资的比例（不会以股利形式发放）。盈余再投资率等于1减去股息支付率。

political risk 政治风险 是指资产征收、税收政策变化、外汇管制和一国经济环境的其他变化的可能性。

portable alpha; alpha transfer 可携阿尔法 投资于积极的阿尔法头寸，对冲投资的系统风险，最终通过消极指数建立市场风险敞口的策略。

portfolio insurance 投资组合保险 运用期权或动态套期保值策略为投资提供保护，同时保持其增长潜力的行为。

portfolio management 投资组合管理 根据投资者的偏好和需要拥有的投资组合，监督投资组合，评价业绩的过程。

portfolio opportunity set 投资组合机会集 可以由给定的一组资产构成的所有投资组合的期望收益-标准差组合。

posterior distribution 后验分布 按经验可能值调整后的变量的概率分布。

preferred habitat theory 优先置产理论 投资人对特定期限有偏好，只有当风险溢价充分大，投资者才会愿意转换非偏好期限的证券。

preferred stock 优先股 在公司中无投票权的股票，支付固定或非固定的股利。

premium 溢价，期权费 期权的购买价。

premium bond 溢价债券 卖出价高于面值的债券。

present value of growth opportunities (PVGO) 增长机会价值 公司未来投资的净现值。

price-earnings(P/E) multiple 价格收益乘数 见 price-earnings ratio。

price-earnings(P/E) ratio 市盈率 股票价格与每股收益的比率，也称为 P/E 乘数。

price value of a basis point 基点价值 由于资产到期收益率1个基点的变化带来的固定收益资产价值的变化。

price-weighted average 价格加权平均 权重与证券价格而不是总资本成比例。

primary market 一级市场 向公众公开发行新证券的市场。

primitive security, derivative security 原生证券、衍生证券 原生证券是股票、债券等投资工具，支付数额仅仅取决于发行者的金融地位。衍生证券是在原生证券的收益基础上产生的，它的收益不取决于发行者的情况，而是与其他资产价格相关。

principal 本金 贷款的未偿余额。

prior distribution 先验分布 按经验可能值调整前的变量的概率分布。

private equity 私募股权 在证券交易所进行交易的公司的投资。

private placement 私募 股份主要直接出售给小部分机构或资金充裕的投资者。

profit margin 利润率 见 return on sales。

program trading 程式交易 在计算机的帮助下完成全部投资组合的买卖指令的撮合，常常可以达到指数套利的目的。

prospect theory 前景理论 投资者行为效用模型（与理性模型不同）。投资者效用取决于财富的变化而非财富水平本身。

prospectus 募股说明书 一种包括要发行证券价格在内的经修订的最终记录册。

protective covenant 保护性条款 载明担保品、偿债基金、股利政策等要求的条款，用来保护债券持有人的利益。

protective put 保护性看跌期权 同时购买股票和看跌期权，从而保证最小收益等于看跌期权的行权价格。

proxy 投票委托书 授权代理商以股东名义投票的工具。

prudent investor rule 谨慎投资人法则 投资管理人必需的投资行为必须与假设谨慎投资者的行为一致。

pseudo-American call option value 伪美式看涨期权价值 假设期权被持有至到期时得到的最大价值，和假设期权恰好在分红日前行权的期权价值。

public offering, private placement 公开发行、私募 债券在一级市场向公众发售即公开发行，面向特定机构投资者的直接发售即私募。

pure plays 纯赌局 定位于某种觉察到的错误定价的资源，而对冲其他对价格的影响。

pure yield curve 纯收益曲线 描述的是到期收益和零息债券的到期日之间的关系。

pure yield pickup swap 纯收益获得互换 转向高收益债券。

put bond 可回卖债券 债券持有者可以选择在到期前的指定日期以面值进行兑现或者延期若干年。

put-call parity theorem 看跌－看涨期权平价定理 反映看跌、看涨价格关系的等式。违背平价关系会产生套利机会。

put/call ratio 看跌/看涨期权比率 某股票未清算看跌期权与看涨期权的比率。

put option 看跌期权 在到期日当天或之前以某行权价格出售资产的权利。

Q

quality of earnings 盈余质量 现实主义和保守主义的收益数额与范围，意味着我们的期望收益可维持在现有的水平上。

quick ratio 速动比率 一种流动性的测度方法，与流动比率相似，但是排除存货（现金加应收账款除以流动负债）。

R

random walk 随机漫步 认为股票价格变化是随机的、不可预测的。

rate anticipation swap 利率预期互换 根据利率预期而做的利率交换。

real assets, financial assets 实物资产、

金融资产　实物资产包括土地、建筑物和用来生产货物和服务的设备。金融资产是对实物资产收益的要求权，例如证券。

real interest rate 实际利率　名义利率超过通货膨胀率的部分，即投资获得的购买力的增长率。

realized compound reture 实现复利收益率　假设支付的利息以已有的市场利率再投资，直到债券到期所得的全部利息。

rebalancing 再平衡　按照需要重新编制投资组合中各个资产的比例。

registered bond 记名债券　发行商登记所有权和利息支付数额的债券，而不记名债券不登记所有权，持有即获得所有权。

regression equation 回归方程　描述因变量和一系列解释变量之间平均关系的方程式。

regret avoidance 避免后悔　行为金融的概念，指做出错误决定的人，决定越违反常规越后悔。

reinvestment rate risk 再投资利率风险　债券利息再投资时所获得的未来累积收益的不确定性。

REIT 房地产投资信托　与封闭式基金相似，它投资于不动产或由不动产担保的贷款，或者以这样的投资为基础发行股份。

relative strength 相对强度　某只证券价格表现超过或滞后于整体市场或某一特定行业的程度。

remaindermen 余额继承人　指当信托解散时收到本金的人。

replacement cost 重置成本　重新购置企业资产的成本，"再生产"成本。

representativeness bias 代表性偏差　人们往往相信小样本和大样本同样具有代表性，因而根据小样本的信息过快推断出某种结论。

repurchase agreements (repos) 回购协议　销售短期，通常是隔夜政府证券，并承诺以稍高的价格重新购回的协议。反向回购协议是承诺未来以某一价格重新出售证券的协议。

residual claim 剩余追索权　是指当公司倒闭或破产时，股东位于公司资产索取次序的最后一位。

residual income 剩余收益　见 economic value added (EVA)。

residual 残值　部分股票收益无法用解释变量（市场指数收益）解释，残值衡量了特定时期公司特有事件的影响。

resistance level 阻力水平　是据推测股票或股票指数很难超越的价格水平。

return on assets(ROA)资产收益率　一种盈利能力比率，用息税前利润除以总资产得出。

return on captial(ROC)资本回报率　用息税前利润除以长期资本得到的一种会计比率。

return on equity(ROE)净资产收益率　用净利润除以净资产得到的一种会计比率。

return on sales(ROS), or profit margin 销售收益率或利润率　销售1美元所得利润（息税前利润除以销售收入）。

reversal effect 反转效应　某一时期业绩好的股票和业绩差的股票往往在随后一段时期向反方向变化。

reversing trade 反向交易　进行反方向的期货头寸交易从而将现有期货头寸平仓。

reward-to-volatility ratio 报酬-波动性比率 额外收益与投资组合标准差之比。

riding the yield curve 滑动收益曲线 由于投资收益随债券到期日的缩短而降低，所以为获得资本利得而购买长期债券。

risk arbitrage 风险套利 发现定价错误的证券并进行投机，通常以收购兼并的企业的股票为目标。

risk-averse, risk-neutral, risk lover 风险厌恶、风险中性、风险偏好 风险厌恶型投资者只有在风险溢价能够得到补偿时才会投资风险性投资组合。风险中性型投资者不考虑风险水平，只关心风险的预期期望收益。风险偏好型投资者愿意在期望收益较低的情况下承担较高的风险。

risk-free asset 无风险资产 收益率确定的资产，常指短期国库券。

risk-free rate 无风险利率 确定能得到的利率。

risk lover 风险偏好 见 risk-averse。

risk-neutral 风险中性 见 risk-averse。

risk pooling 风险集合 将投资组合投资于许多风险性资产。

risk premium 风险溢价 超过无风险证券期望收益的部分，该溢价是对投资风险的补偿。

risk-return trade-off 风险-收益权衡 如果投资者愿意承担风险，就会有较高的期望收益作为回报。

risk sharing 风险共享 许多投资者共同承担一定规模的投资组合的风险。

risky asset 风险资产 收益率不确定的资产。

S

scatter diagram 散点图 两种证券收益的图示，每个点代表给定持有期内的一组收益。

seasoned new issue 再次发行 上市公司再次发行的股票。

secondary market 二级市场 交易已有证券的证券交易所或场外市场。

second-pass regression 二阶回归 投资组合收益对 β 值的横截回归，估计的斜率测度了一定期限内承担系统风险的回报。

sector rotation 部门转换 是一种投资策略，将投资组合投资于宏观经济预期下业绩较好的行业。

securitization 证券化 把不同类型贷款转换成由这些贷款担保的标准化证券，它们可以像任何其他证券那样交易。

security analysis 证券分析 确定市场中证券的正确价值的行为。

security characteristic line 证券特征线 证券超过无风险利率的超额收益作为市场超额收益的函数的图形。

security market line (SML) 证券市场线 资本资产定价模型的期望收益与贝塔之间关系的图形表示。

security selection 证券选择 见 security selection decision。

security selection decision 证券选择决策 将特定证券选入某投资组合的决策。

semistrong-form EMH 半强式有效市场假说 见 efficient market hypothesis。

separation property 分离特性 投资组合选择可以分为两项独立的工作：第一，确定最优风险投资组合，这是一个纯技术性问题；第二，根据个人偏好配置资本风险投资组合与无风险资产。

Sharpe ratio 夏普比率　报酬－波动性比率，投资组合额外收益与标准差的比率。

shelf registration 上架登记　在证券开始销售前两年就在证券交易委员会登记注册。

short position or hedge 空头头寸或套期　通过卖空期货合约保持已持有的某项资产的价值。

short rate 短期利率　一期利率。

short sale 卖空　投资者并不拥有所出售的份额，而是从经纪人那里借贷而来之后通过回购偿还贷款。如果初始售价比回购价格高就会获得利润。

single-factor model 单因素模型　仅含有一种公认的共同因素的证券收益模型。见 factor model。

single-index model 单指数模型　一种股票收益模型，将收益的影响因素分解成系统因素（用整个市场指数的收益衡量）和公司特有因素。

single-stock futures 单一股票期货　关于某只股票而非某个指数的期货合约。

sinking fund 偿债基金　要求债券发行人在公开市场或按照偿债基金条款所约定的价格赎回一定比率的未到期债券，并允许在到期时支付本金。

skew 偏度　衡量概率分布不对称性的指标。

small-firm effect 小公司效应　是指投资小规模公司的股票往往会取得异常收益。

soft dollars 软美元　经纪公司为换取投资经理的业务而向他们提供免费的研究服务的价值。

Sortino ratio 索提诺比率　额外收益除以下行标准差。

specialist 专家做市商　对一家或多家公司的股票进行交易的交易商，通过个人对股票的交易维持一个公平有序的市场。

speculation 投机　为获得比无风险投资更高的利润（风险溢价）因而承担风险。

speculative-grade bond 投机级债券　等级在穆迪评级 Ba 级及以下，或标准普尔评级 BB 级及以下或未评级的债券。

spot-futures parity theorem，cost-of-carry relationship 现货－期货平价定理，持有成本关系　描述了现货－期货价格之间的在理论上正确的关系，违背平价关系增加套利机会。

spot rate 即期利率　可以作为某些给定到期日现金流折现率的当期利率。

spread（futures）（期货）买卖价差　建立在同种标的物上，同时持有不同期限的多头期货合约和空头期货合约。

spread（options）（期权）价差套利　同一种标的物但行权价格或到期日不同的两个或多个看涨期权或看跌期权组合。货币价差是指不同行权价格的价差，时间价差是指不同行权期的价差。

standard deviation 标准差　见 root of the variance。

statement of cash flows 现金流量表　显示公司特定时期现金流入流出情况的财务报表。

statistical arbitrage 统计套利　使用定量系统揭示许多可觉察到的相对定价偏差，并且通过诸多小型交易确保总体上获利。

stock exchange 股票交易所　由会员交易已发行证券的二级市场。

stock selection 股票选择　是一种积极的

投资组合管理技术，关注某些股票而不是整个资产配置的最优选择。

stock split 股票拆分 公司发行给定数量的股票以交换股东目前持有的股票。拆分可能出现两种情况：增加或减少流通中的股票的数目。反向拆分会减少在流通股份数量。

stop-loss order 止损指令 股价跌至规定水平以下时发出的销售指令。

stop orders 止损指令 当证券价格不利于交易商时，以止损价交易的命令。

straddle 跨式期权 为从预期变动中获得利润而买入行权价格和到期日相同的同一标的看涨期权和看跌期权的策略。

straight bond 普通债券 没有赎回权和可转换权的债券。

street name 街名 经纪人代表顾客持有的但以公司名义登记的证券。

strike price 行权价格 见 exercise price。

strip, strap 底部条式组合、底部带式组合 跨式期权的变形。底部条式组合包括同一标的的两个看跌期权和一个看跌期权。底部带式组合包括两个看涨期权和一个看跌期权，该期权的行权价格和到期日相同。

stripped of coupons 息票分离债券 有些投资银行出售由付息国债做担保的有权一次性支付的"综合"零息债券。

strong-form EMH 强式有效市场假说 见 efficient market hypothesis。

subordination clause 次级条款 在债券契约中限制发行者未来借款额的条款，这是通过现有债券持有人对企业资产有优先要求权来实现的。在优先次序的债务偿付之前，不得对次级或初级债券进行偿付。

substitution swap 替代互换 将一种债券和另一种与其特征相同但价格更吸引人的债券相互交换。

supply shock 供给波动 影响经济中产能和成本的事件。

support level 支持水平 一种价格水平，据推测股票或股票指数一般都在此价格水平以上。

survivorship bias 生存偏差 失败的基金被从统计样本中剔除，导致基金历史收益率均值统计未能反映全貌，形成偏差。

swaption 互换期权 建立在互换合约基础上的期权。

systemic risk 系统风险 金融系统崩溃的风险，特别是当溢出效应从一个市场转移到另一个市场时。

systematic risk 系统性风险 整个经济体共有的风险因素，不可分散的风险，也称为市场风险。

T

tax anticipation notes 待付税款票据 实际收税前筹集资金支付费用的短期市政债券。

tax-deferral option 延税选择权 美国国内收入法规定，资产的资本利得税只在出售资产实现所得时才缴纳。

tax-deferred retirement plan 税收延迟退休计划 在作为利润支出之前允许捐助和收入免税累积的雇主支持的或其他的计划。

tax swap 税收互换 为取得税收上的优惠而进行的两个相似债券之间的互换。

technical analysis 技术分析 通过研究确认定价错误的证券，特别关注可复现、可预测的股票价格模式及市场买卖压力。

tender offer 招标收购股权 外部投资者主动向某公司的股东购买股票，其规定的价格通常高于市场价格，从而购进大量股票以获得对公司的控制权。

term insurance 定期人寿保险 只提供死亡收益，不提供现金价值增值。

term premiums 期限溢价 长期债券到期收益率超过短期债券到期收益率的部分。

term structure of interest rate 利率期限结构 不同期限现金流折现率与期限关系的模型。

times interest earned 利息保障倍数 利润与利息的比率。

time value(of an option)（期权的）时间价值 未到期期权所具有的价值的一部分，不要与货币现值或时间价值相混淆。

time-weighted average 时间加权收益率 各期持有期投资收益的平均值。

Tobin's q 托宾 q 值 公司市场价值与重置成本的比值。

total asset turnover 总资产周转率 单位美元资产所产生的年销售收入（销售收入/资产）。

tracking error 跟踪误差 指特定投资组合收益与复制该组合的基准组合收益之间的偏差。

tracking portfolio 跟踪证券组合 投资收益与系统性风险因素高度相关的投资组合。

tranche 份额 见 collateralized mortgage obligation。

treasury bill 短期国库券 折价发行的短期、流动性很高的政府证券，到期支付面值。

treasury bond or note 中长期国债 联邦政府发行的债券，每半年付息一次，发行价格等于或接近面值。

Treynor's measure 特雷纳测度 额外收益与贝塔的比率。

trin statistic Trin 统计量 下跌股票平均交易量与上涨股票平均交易量的比率。常用于技术分析。

trough 谷底 经济萧条与复苏的转折点。

turnover 换手率 投资组合成交量与流通总股数的比率。

12b-1 fees 12b-1 费用 共同基金每年收取的营销、宣传费。

U

unbundling 拆分 见 bundling。

underwriter 承销商 帮助公司公开发行证券的投资银行家。

underwriting，underwriting syndicate 承销、承销辛迪加 承销商（投资银行）从发行公司购买证券并出售的行为，投资银行辛迪加通常由一个牵头银行组织。

unemployment rate 失业率 失业人数与劳动力总量的比率。

unique risk 独特风险 见 diversifiable risk。

unit investment trust 单位投资信托 将货币投资于基金构成终身不变的投资组合。单位投资信托的份额称为可赎回信托凭证，售价高于净资产价值。

universal life policy 通用人寿保险单 允许在有效期内改变死亡赔付和溢价水平的保单，其现金值的利率与市场利率保持一致。

utility 效用 用来度量投资者的福利和满

意度。

utility value 效用值 特定投资者希望从具有某一收益和风险的投资中获得的福利。

V

value at risk（VaR）在险价值 衡量下偏风险，是指在一定的持有期和给定的置信水平下，发生极端不利价格变化事件时造成的损失。

variable annuities 可变年金 保险公司定期支付的金额与标的投资组合的投资业绩相关的年金合同。

variable life policy 可变人寿保险单 提供固定死亡保险和可投资于可选基金的现金值的保单。

variance 方差 衡量随机变量的分散程度，等于偏离均值部分的方差的期望值。

variation margin 可变保证金 见 maintenance margin。

vega 引申波幅敏感度 标的资产标准差的变动对期权价格的影响。

venture capital 风险投资 投资于一个新的、尚未上市的公司。

views 观点 分析师对某个股票或行业的可能的业绩或相对市场一致期望的股票的观点。

volatility risk 波动性风险 由于标的资产的波动性产生未预期变化而给期权投资组合带来的风险。

W

warrant 认股权证 某公司为购买本公司股票而发行的期权。

weak-form EMH 弱式有效市场假说 见 efficient market hypothesis。

well-diversified portfolio 充分分散的投资组合 投资组合向许多证券分散风险，以至于每种证券在组合中的权重接近零。

whole-life insurance policy 终身保险保单 提供死亡收益的同时，也提供某种储蓄计划以应付未来可能的提前支取。

workout period 市场疲软期 临时失调的收益关系的调整期。

world investable wealth 世界可投资财富 正在交易的那部分世界财富，也是投资者可以利用的那部分财富。

writing a call 卖出看涨期权 即出售看涨期权。

Y

yield curve 收益率曲线 到期收益率作为到期时间函数的图形。

yield to maturity 到期收益率 测度持有债券至到期时所获得的平均收益率。

Z

zero-beta portfolio 零贝塔资产组合 与所选有效资产组合无关的最小方差资产组合。

zero-coupon bond 零息债券 不支付利息，折价销售，到期时只支付面值的债券。

zero-investment portfolio 零投资组合 在套利策略中运用的，通过买入一些证券，同时做空这些证券而建立的净值为零的投资组合。